Quarenta Anos de Prancheta

Marcello Fragelli

Quarenta Anos de Prancheta
Marcello Fragelli

Pesquisa
Eliana Tachibana
Márcio Bariani
Mita Ito

Romano Guerra Editora
2010

Quando nos foi solicitada uma mensagem institucional sobre a Piraquê, para integrar uma das páginas de abertura do livro sobre o arquiteto Marcello Fragelli, achamos mais fácil contar a nossa relação com este amigo.

Em 1963, meus pais foram apresentados ao Marcello com a finalidade de terminar a sua residência, na Barra da Tijuca, que ficara sem um toque arquitetônico, uma vez que os próprios decidiram construí-la.

Chegou então um carioca que, morando em São Paulo, conhecia bem os costumes daqui, as condições climáticas e, principalmente, a sensibilidade de meus pais em relação à arte verdadeira. Assim, com Roberto Burle Max, que se dedicou aos jardins, criou o binômio arte/beleza, no qual vivem meus pais até hoje.

Depois disso, vieram os 100 mil metros quadrados da Indústria Piraquê e mais duas residências, onde Sergio (meu irmão) e eu vivemos com nossas famílias.

Vão-se décadas de contemplação diária de beleza e perfeição, na indústria e nas casas, admirando as obras deste maestro da arquitetura.

Espero que vocês gostem das fotos apresentadas neste livro e compartilhem conosco o orgulho de ter Marcello como arquiteto e amigo.

Celso Colombo Filho
Piraquê

Fundada em 1960, a Promon é uma empresa brasileira que pertence exclusivamente a seus profissionais. Sua atuação abrange prioritariamente projeto, integração e implementação de soluções complexas de infraestrutura para setores-chave da economia. Entre eles, destacam-se energia elétrica, óleo & gás, indústrias de processo, química, petroquímica, mineração, metalurgia, telecomunicações e tecnologia da informação.

As atividades operacionais da organização são conduzidas por três empresas: Promon Engenharia (subsidiária integral), PromonLogicalis (fruto da fusão da Promon Tecnologia com a inglesa Logicalis) e Trópico (*joint venture* com a Fundação CPQD e Cisco Systems). Compõem, ainda, o grupo, a Fundação Promon de Previdência Social, o Instituto de Tecnologia Promon e o Instituto Razão Social, entidade mantida em associação com o Instituto Camargo Corrêa e a Gerdau.

Em seus 49 anos de atividade, a Promon desenvolveu um dos mais expressivos conjuntos de projetos já realizados por uma empresa nacional nas áreas de infraestrutura. Nesse período, participou de iniciativas que trouxeram impactos diretos para o desenvolvimento do país, como a construção de refinarias de petróleo, unidades petroquímicas, terminais marítimos, usinas geradoras de energia e seus sistemas de transmissão, plantas siderúrgicas e de mineração, indústrias automotiva e aeronáutica, implantação de redes de telefonia, edificações comerciais, além de grandes projetos ferroviários, rodoviários e de transportes urbanos.

A presença da Promon em todas as treze edições do *ranking* das Melhores Empresas para Trabalhar, do Great Place to Work Brasil, o recebimento do Prêmio Nacional da Qualidade, da Fundação Nacional da Qualidade, em 2007, e o fato de ser uma das únicas empresas presentes em todas as edições do *Guia Exame – Você S/A* – "As 150 Melhores Empresas para Você Trabalhar" demonstram a solidez das práticas de gestão da companhia e atestam o sucesso de seu modelo empresarial.

PROMON

Sumário

18 **Introdução**

22 **Formação**
24 Vestibular
26 Meu pai, engenheiro
31 Na faculdade
41 Nos primeiros empregos
44 No mmm Roberto
53 Arquiteto pelo destino?

56 **Primeiros trabalhos no Rio**
58 Casinha de subúrbio
59 Edifícios
71 Casas
78 Diretoria do iab
80 iv Bienal, acontecimentos
82 Visita de Neutra
84 Trabalho na prefeitura
91 Concursos e viagens
101 Residência Tasso Fragoso Pires
108 Breve experiência jornalística
115 Novos rumos na carreira

128 **Carreira em São Paulo**
130 Mais edifícios
136 vi Bienal, surpresas
137 Igreja Batista
141 Casas no Mato Grosso
147 Fazenda Bela Vista
153 Consultoria à Promon
157 Piraquê no Rio
184 Questão de estilo
189 Residência no Guarujá
193 Residência do radiologista
194 Residência do pediatra
199 viii Bienal, grande prêmio
200 Residência Gil Rennó
208 Praça Pan-americana
212 Universidade Mackenzie

222	**Projeto do metrô**
224	Concorrência
225	Apresentação
227	Projetos alemães
235	Subterrâneo tem arquitetura?
240	Caráter subterrâneo
245	Desenvolvimento dos trabalhos
252	As estações
291	Elevado Água Vermelha
294	Comunicação visual
300	Detalhamento dividido
302	Conversa importante
304	Inauguração da linha

Cerâmica amarela 7,5 x 15
Esmalte branco
(-desenho na cerâmica)

306	**Departamento de Arquitetura da Promon**
308	Fundação do departamento
309	Nova rodoviária
314	Arquitetura industrial
315	Sede de Furnas
319	Sede de fazenda
324	Edifício Jerônimo Ometto
337	Viagem a Chicago
339	Edifício-escultura
341	Residência no Morumbi
343	Comind
346	Edifício Macunaíma
357	Nova sede da Promon

398	**Novamente autônomo**
400	Converbrás
404	Restaurante SEW Motors
416	Volta ao ensino
418	Novas residências
419	Residência em Alphaville
433	Reflexões
435	Últimos projetos

443	**Posfácio**
446	**Índice onomástico**

Introdução

Em 1982, depois de uma vitória do Brasil na Copa do Mundo, na Espanha, saí com Álvaro de Macedo Neto – amigo em cujo apartamento, no Rio, havíamos assistido ao jogo – para ver a explosão de alegria do povo na praia de Ipanema. Estávamos todos eufóricos e aliviados, após duas horas de sofrimento, e o clima nos calçadões era empolgante. No meio da multidão, encontramos o casal Fernandes, Almir e Marlene, ambos colegas e diretores do Instituto de Arquitetos, departamento local.

Após troca de notícias sobre as nossas lutas no exercício da profissão, eles me convidaram para fazer uma conferência no instituto, sobre a minha experiência, e para preparar uma exposição de desenhos e fotos das obras que eu achasse mais significativas dos quase trinta anos de trabalho. Gostei da ideia, aceitei o convite e acertamos que a conferência seria realizada na abertura da exposição, prevista para meados do primeiro semestre do ano seguinte.

Encomendei ao José Moscardi fotos das últimas obras em São Paulo e as das minhas primeiras obras seriam do Michel Aertsens, um belga que fazia a maior parte das fotos de arquitetura no Rio de Janeiro.

No dia 25 de abril de 1983, perante umas cinquenta ou sessenta pessoas, falei aproximadamente uma hora sobre a minha carreira. Contei sobre meu início como funcionário público, ainda estudante, e o fundamental estágio nos MMM Roberto, depois de diplomado. Seguiram-se as atividades de profissional liberal e depois funcionário de construtora e incorporadora, ao mudar de cidade. Mais tarde voltei a ser profissional liberal, com escritório, e em seguida, tornei-me arquiteto de empresa de consultoria, onde fundei e dirigi um departamento de arquitetura. Fui ainda professor universitário, diretor do IAB Nacional e do Departamento do Rio, ao que pude acrescentar até uma curta, mas polêmica, experiência como jornalista, responsável por uma coluna diária num dos maiores matutinos do país. Ao longo desses trinta anos, tinha reunido um acervo de mais de quarenta obras construídas, quase todas elas muito lutadas, muito sofridas, desde a obtenção da encomenda do projeto até a manutenção da fidelidade às suas linhas.

Ao fim da palestra, vários amigos sugeriram que escrevesse sobre o que havia falado, pois achavam que valeria a pena que

---

p. 2, **Estação Tietê do metrô**, São Paulo SP, 1968

p. 4-5, **residência do arquiteto**, Ibiúna SP, 1969/1988. Foto de 2009

p. 6-7, **residência Celso Colombo Filho**, Rio de Janeiro RJ, 1979. Foto de 2009

p. 8-9, **Estação São Bento do metrô**, São Paulo SP, 1968. Foto de 2009

p. 10-11, **edifício Jerônimo Ometto**, complexo industrial Piraquê, Rio de Janeiro RJ, 1972. Foto de 2009

p. 12-13, **Condomínio São Luiz**, sede da Promon, São Paulo SP, 1983. Foto de 2009

aquilo fosse conhecido, principalmente pelos mais jovens, que se iniciavam na profissão. Álvaro sugeriu que, além dos relatos dos fatos, eu ainda escrevesse sobre meus processos de projetação, sobre minhas ideias de arquitetura.

Pouco depois, a diretoria do IAB em São Paulo me convidou para remontar a exposição na sua sede e inaugurá-la com uma palestra semelhante à do Rio. Na noite de 25 de julho daquele mesmo ano, quando abrimos a exposição no salão maior, no segundo andar, falei, no mezanino, para um auditório lotado, com várias pessoas em pé. Durante o coquetel que se seguiu, novos colegas me sugeriram escrever um livro sobre as histórias, casos e ideias da palestra.

Mais duas vezes remontei a exposição, uma vez na FAU USP, no espaço chamado Museu, a convite da diretoria, por sugestão do professor, colega e amigo José Luiz Fleury. Lá, tive o prazer de falar de uma maneira muito informal, para dezenas de alunos que se sentaram no chão com alguns professores.

E outra na PUC de Campinas, onde, no belo Centro de Convivência, projetado por Fábio Penteado, montei pela quarta e última vez a exposição, aberta na noite em que participamos – Joaquim Guedes, Anne Marie Sumner e eu – de um debate sobre arquitetura, organizado pelo Diretório Acadêmico da faculdade.

Meses depois comecei a escrever uns capítulos do que seria o *Trinta anos de cotovelos na prancheta*, logo reduzido para *Trinta anos de prancheta*. Mas as corridas da vida profissional e as atividades da vida familiar deixam pouco tempo para a escrita, a animação foi acabando e a pasta em que eu guardava a parte já redigida e datilografada parou de engordar.

No coquetel de lançamento do livro *Cinquenta anos de arquitetura*, do Álvaro Vital Brazil,[1] fui apresentado à sua editora, a arquiteta Carla Milano, que me perguntou se eu não tinha planos de preparar um livro semelhante. Respondi que apenas me animava a ideia de um livro de memórias profissionais. Ela se interessou e candidatou-se a publicá-lo, o que me reanimou a voltar ao texto.

Em março de 1990, o plano econômico do início do governo Collor fez com que os quatro projetos em que eu trabalhava fossem suspensos. Na mesma época, o amigo Álvaro Macedo, apesar de morar no Rio, veio tentar se estabelecer em São Paulo. Para isso,

[1] Álvaro Vital Brazil, *Cinquenta anos de arquitetura*. São Paulo: Nobel, 1986.

firmou-se no meu escritório, onde esperávamos a reativação de um dos quatro projetos.

Como ele tinha dois computadores em sua casa no Rio, e não sabia viver sem esse instrumento, na segunda semana em que estava em São Paulo comprou um outro. Eu, que sempre tive um respeito meio prudente por esses equipamentos de informática, não deixando de achá-los misteriosamente perigosos, um dia resolvi me aproximar da mesa onde o amigo digitava absorto e debrucei-me sobre a tela mágica. Primeiro fiquei intrigado, depois cada vez mais curioso e pouco a pouco fascinado.

Em uma semana já estava enlevado por aquela telinha encantada na qual a gente vai pondo as palavras e frases, parágrafos, depois pode corrigir o que quiser sem apagar o resto, pode inserir letras em palavras, palavras em frases, frases em parágrafos, trocá-los, deslocá-los, suprimi-los, gravá-los, uma facilidade jamais imaginada. Qualquer texto, uma vez julgado satisfatório, pode ser gravado, arquivado e catalogado e, a um simples comando, velozmente impresso.

Voltou-me, plena, a disposição de escrever o livro, a essa altura já o *Quarenta anos de prancheta*, com toda essa facilidade de registrar e de arquivar sem compromissos de ordem cronológica.

A certa altura, veio-me a insegurança. Valia ou não a pena fazer o livro? Ele seria, de fato, interessante para os colegas? Pensei em consultar os jovens amigos que passaram pelo meu escritório, mas percebi que não teriam a liberdade para criticá-lo francamente. Escolhi, então, na FAU USP, dois colegas que me parecem muito assertivos, Dario Montesano e Teru Tamaki, para lerem alguns capítulos, e eles me estimularam a prosseguir.

Estão aqui expostas as razões que me levaram a escrever este livro e como cheguei a fazê-lo. Aqui estão relatadas todas as lutas que tive na minha vida de arquiteto, em defesa do que considero a boa arquitetura. Espero que este relato possa servir da melhor forma possível aos fins imaginados pelos amigos que o sugeriram.

MARCELLO FRAGELLI.
Desenho de Rivaldo
L. Jucá

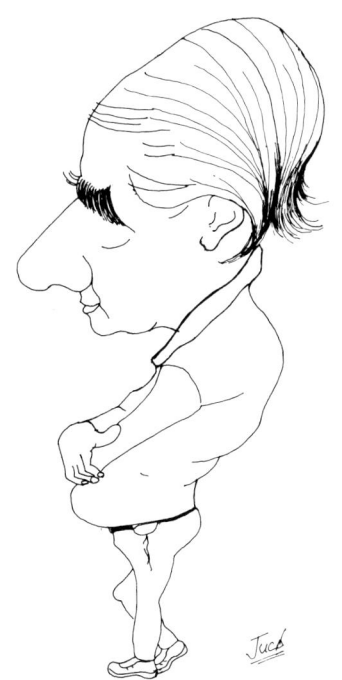

John Milton

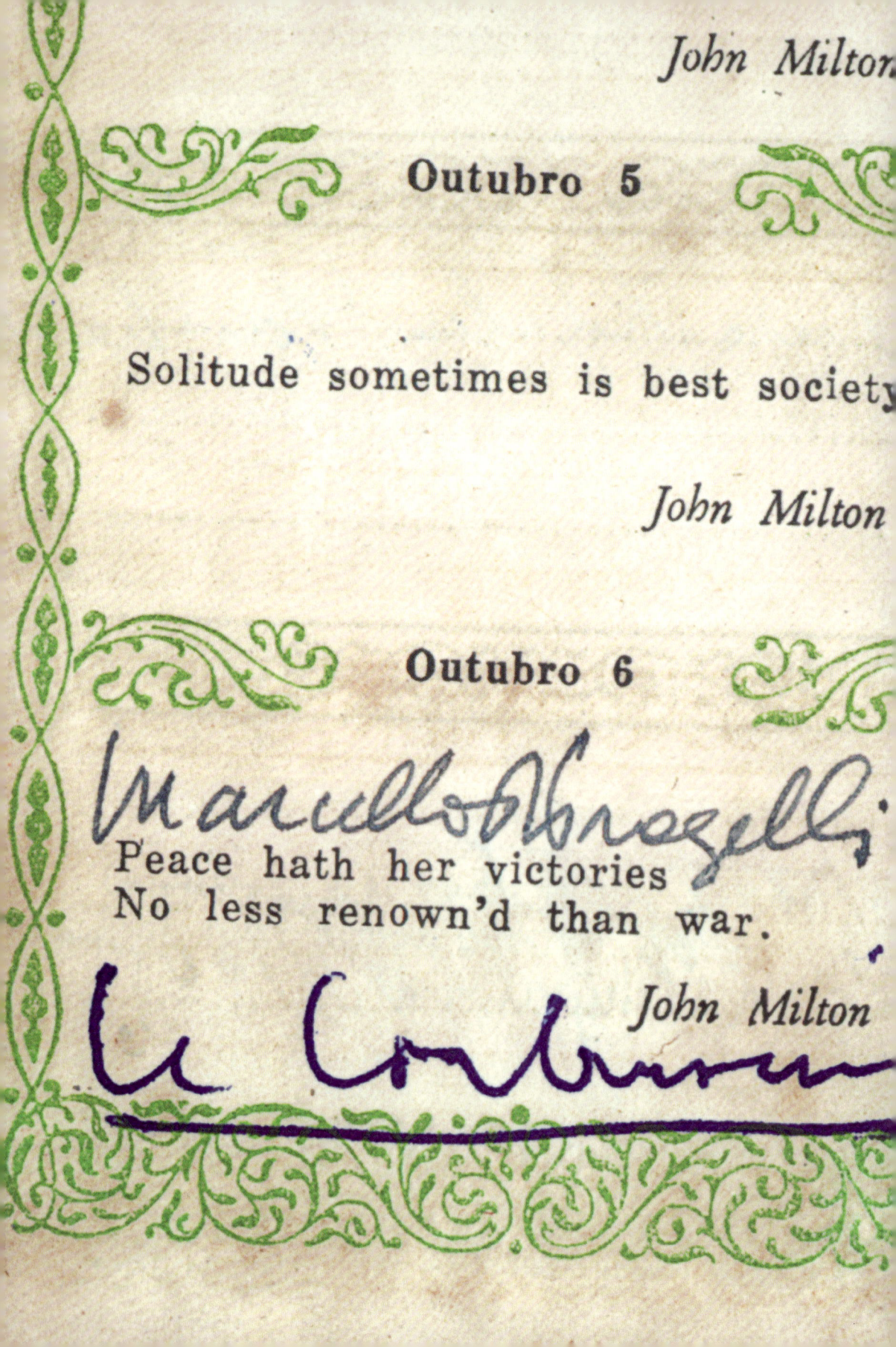

Outubro 5

Solitude sometimes is best society

John Milton

Outubro 6

Peace hath her victories
No less renown'd than war.

John Milton

Formação

Vestibular

Minhas chances de ser classificado naquele exame eram mínimas. Era uma segunda chamada, com mais de duzentos candidatos concorrendo às doze vagas que haviam sobrado do primeiro turno. Todos os candidatos, menos eu, tinham participado do primeiro turno e passado o ano inteiro nos cursinhos para arquitetura.
Eu estava terminando o terceiro científico no Colégio Santo Inácio e tinha frequentado o cursinho de engenharia, para cujo vestibular me inscrevera, mas do qual não pudera participar, graças a uma segunda época em matemática prescrita pelo temido professor Jorge Kubrusly.

O amigo Sergio Augusto Rocha, colega do Santo Inácio e um dos 58 aprovados no primeiro exame, apressou-se em me avisar quando soube do segundo turno e tudo fez para me convencer a prestá-lo, pois àquela altura eu já tinha passado na matemática do colégio. Além disso, na engenharia não haveria outro exame, uma vez que as vagas estavam todas preenchidas. De resto, ele nunca se conformara com a minha decisão de estudar engenharia.

As grandes diferenças entre os cursinhos eram o desenho artístico, para o qual eu tinha facilidade, e a prova descritiva, muito mais difícil no vestibular de arquitetura. Para que eu me preparasse nessa

disciplina tão temida, emprestou-me o Sergio as apostilas e cadernos do curso que frequentara, do professor de geometria descritiva Renato Righetto, o melhor do Rio para arquitetura e, antes de partir de férias, ainda encarregou sua irmã, também amiga minha, de me telefonar periodicamente para me cobrar o estudo intensivo.

Mas nem era preciso, porque nunca estudei tanto quanto naqueles vinte e poucos dias disponíveis: eram manhãs, tardes e noites, quase sem descanso. Não alimentava esperança de me classificar, e por isso nem me animei quando um amigo telefonou-me contando que já saíra a lista dos doze classificados e convidando-me para ir com ele conferir. Acabei indo, no entanto.

Saltamos do lotação na esquina do antigo prédio da Escola Nacional de Belas Artes, onde se hospedava, naqueles idos de 1948, a Faculdade Nacional de Arquitetura da Universidade do Brasil. No alto da escadaria de entrada, deparamos com o quadro onde figurava a lista dos doze classificados. Meu amigo, bem mais curioso que eu, viu meu nome em sétimo lugar. Espantadíssimo, corri a confirmar e, tomado por uma euforia, disparei para a agência de correios vizinha, no térreo da ABI,[2] e telegrafei para meu pai, que estava em Mato Grosso numa visita a sua mãe.

Surpreendi-me, à noite, com seu telegrama de calorosas felicitações, que não correspondia à manifesta torcida para que eu não

p. 22-23, **LIVRO DE ASSINATURAS DE MARIA ELISA COSTA**

À esquerda, **COLEGAS DO 2º ANO CIENTÍFICO**, 2ª turma do Colégio Santo Inácio

À direita, **AUTÓGRAFOS DOS COLEGAS DE TURMA**, verso da foto anterior, 1946

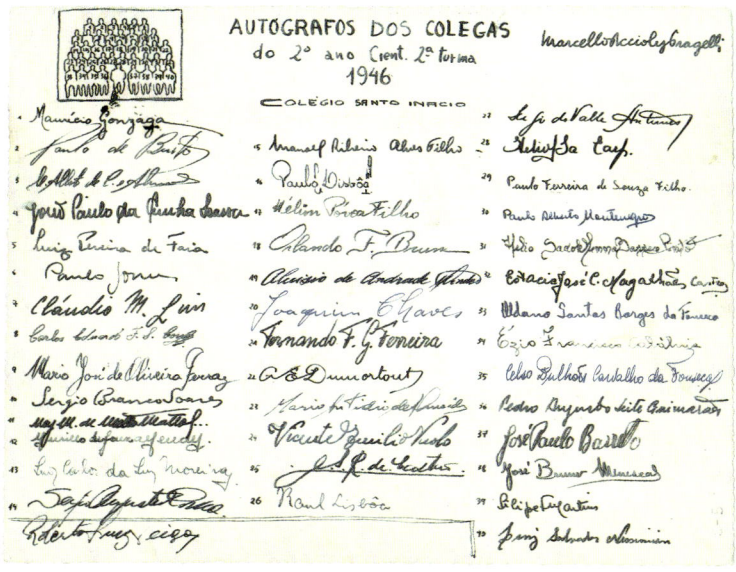

2 Sede da Associação Brasileira de Imprensa no Rio de Janeiro, projetada pelos irmãos Roberto em 1935 e considerada por alguns autores como sendo o primeiro grande edifício de arquitetura moderna do Brasil.

estudasse arquitetura. Mais tarde ele me contou que não chegara a ficar decepcionado com a notícia, como deixara antever. Já aceitava que eu fosse arquiteto e por isso foi no dia seguinte à casa Minerva, na rua Sete de Setembro, próxima ao prédio que abrigara o escritório de sua antiga construtora, e comprou para mim o belo estojo de desenho Kern que uso até hoje com carinhosa lembrança.

Meu pai, engenheiro

Sebastião Fragelli, meu pai, tentara, com mil argumentos, desviar-me da arquitetura. Desde que comecei a falar nessa opção, ele me desaconselhou, sempre lembrando as tremendas dificuldades da profissão que ele, engenheiro, conhecia muito bem, tendo acompanhado as lutas de Oscar Niemeyer, Lucio Costa, irmãos Roberto e participado, com Affonso Reidy, da luta pela implantação da arquitetura moderna no Rio.

Tampouco queria que eu seguisse o seu ofício: sonhava em me ver um grande advogado. Talvez preferisse me ver no campo que com o tempo aprendera a amar, a ponto de nos últimos anos de sua vida ter se especializado em engenharia legal, tornando-se um respeitadíssimo perito.

Teve, porém, uma carreira técnica muito dura e sofrida, iniciada numa mina de manganês no sertão do Mato Grosso, próxima a Corumbá, logo que voltou dos Estados Unidos em 1917, com seu diploma de engenheiro da Universidade da Pensilvânia.

Seu pai, José Fragelli, imigrante vindo da minúscula Piaggine, perto de Salerno, Itália, era filho de um empreiteiro construtor. Tendo parado em Corumbá, nos confins do Mato Grosso, e ao perceber que na cidade não havia fornecimento de água encanada, começara a vida montando uma pipa numa carroça para vender água de porta em porta. Logo que juntou um pequeno capital, comprou um terreno, desenhou uma planta, arranjou um auxiliar e começou, certamente com a técnica aprendida do pai, a construir uma pequena casa. Não para ocupá-la, pois logo a alugou e com os proventos mensais, somados ao dinheiro da água, construiu uma segunda, uma terceira e assim por diante. Só a décima, quando já se casara com minha avó, Teresa Fragelli, e tinha filhos, construiu para residência da família, com desenho e técnica seus. Fê-la com capricho, muitos cômodos, pátio interno, paredes com guirlandas pintadas por artista, grades de ferro trabalhado em volutas, como contam as fotos restantes. Parou de construir casas quando inteiravam cinquenta.

Dos sete filhos, só a moça ficou em Corumbá, acompanhando e ajudando a mãe. Os homens, mandou-os estudar no Rio, na época só alcançável por dois cursos de navios, o primeiro, fluvial, descendo pelo Paraguai, Paraná e Prata, até Montevidéu. Queria dar-lhes as luzes que não pudera receber, e para tanto preferiu separar-se deles quando completaram quinze anos. Alugou uma casa no Rio, para servir-lhes de república durante os preparatórios. Mais tarde, dois foram cursar universidade nos Estados Unidos e outros dois buscaram a França para especialização.

Meu pai contava que quando voltou a Corumbá, depois de seis anos na Filadélfia, devolveu ao meu avô as moedas de ouro que lhe haviam sobrado da sacola que levara, naqueles tempos sem telefone internacional ou telex.

Porque falava inglês, conseguiu emprego na mina do Urucum, propriedade de ingleses e cujo chefe, também britânico, jantava de *smoking* na barraca, no meio da selva. Não suportou muito tempo aquele trabalho tão pouco atrativo. Algo mais tarde, seguindo, sem saber, o destino de sua vida, deslocou-se para o interior do Ceará, engajando-se na construção do açude de Orós por uns tempos,

FAMÍLIA DOS AVÓS PATERNOS, de pé: Angelo Calcagni (marido de Palmira), Vicente, Angelo, Luiz, Nicolau, Mariquinha (esposa de Nicolau) e Antonio. Sentados: Palmira, Teresa, José (avós de Marcello Fragelli) e Sebastião, Corumbá MS, sem data

também com um chefe inglês, até que trocou isso pelas obras do porto de Fortaleza.

Foi numa mirada de teodolito que descobriu minha mãe, Yolanda de Alencar Accioly, num escaler desembarcando do navio que trazia do Rio os congressistas, em férias parlamentares. Reencontrou-a num baile do clube principal, e ficou tão obcecado que procurou uma apresentação. Chocou-se ao sabê-la, só então, filha de Tellina de Alencar e José Pompeu Accioly, este, chefe político do clã que ele não aprovava pelas leituras de jornais do Rio, muito antes de chegar ao Ceará. Mas o amor já o contagiara, e meses depois estavam de casamento decidido. No dia seguinte ao noivado, ofereceram-lhe o cargo de diretor da Estrada de Ferro Estadual.

Assustado com a perspectiva de se tornar um genro oficial, pediu demissão das obras do porto e embarcou para Vitória, onde fora convidado, anteriormente, para colaborar na obra de uma ponte metálica. Ali prosseguiu com o noivado, por correspondência, e construiu, projeto seu, sua primeira casa, que recebeu minha mãe de volta da viagem de lua de mel.

Acabada a ponte, foi parar no Rio, onde ficou até o fim da vida, teve seus seis filhos e fundou, sucessivamente, três construtoras. Foi à falência com a primeira, por ter recebido com atraso e em apólices aviltadas, o pagamento pelas estradas do Corcovado, da Vista Chinesa e do Joá, logo após a revolução de 1930. Na segunda construtora, a S. Fragelli, não queria mais o governo como cliente: dedicar-se-ia a edifícios e residências particulares.

Não fiquei sabendo como conheceu o Affonso Eduardo Reidy, mas sei que foi ele quem levou o Hermínio Andrade e Silva e o Gerson Pompeu Pinheiro a trabalhar com meu pai, os três se tornando os responsáveis pelos projetos de arquitetura da construtora S. Fragelli. Meu pai se empolgou com as ideias do Reidy e de seus amigos Jorge Machado Moreira, Oscar Niemeyer, Lucio Costa e Marcelo Roberto, entre outros.

Encampou essas ideias e passou a perder as obras cujos clientes não aceitassem a doutrina modernista. Naquele tempo, raríssimos clientes procuravam um arquiteto para encomendar um edifício: iam diretamente a uma construtora, que lhe oferecia o projeto junto com o orçamento da construção. Não foi por outro motivo que Marcelo Roberto iniciou sua carreira fundando uma pequena construtora, associado a um empreiteiro.

Sebastião Fragelli, 1925

Yolanda de Alencar Accioly, sem data

Aqueles que apareciam com encomendas de prédios em estilo colonial – fosse o brasileiro ou o mexicano, tão em voga, na época, ou o neoclássico francês, sempre do agrado dos novos-ricos – recebiam a doutrinação, seguida do anteprojeto de linhas contemporâneas, expressas em belos desenhos de plantas, cortes e fachadas, uma ou duas perspectivas e uma maquete de gesso, toda branca, como eram quase todas as obras naquela época de influência da Bauhaus.

Assim era a casa para onde nos mudamos, quando eu tinha seis anos: no centro de um grande terreno, branca, por dentro e por fora, com todas as janelas, das salas, dos quartos, halls, escada, cozinha e banheiros, de perfis de ferro pintados de grafite e vidros transparentes, basculantes, coisa que minha mãe abominava, que cortina nenhuma resolvia. Tinha também o clássico balanço com recorte em "U", apoiado em coluna roliça no centro do semicírculo, aquela linguagem influenciada pela Bauhaus; o espaço continuado, serpenteando entre três paredes paralelas e defasadas, sugerindo quatro ambientes, mas não chegando a fechar salas; a cobertura do andar superior em laje impermeabilizada, enorme terraço em que adorávamos brincar, quando não estava muito forte o sol.

Nessa linha eram os anteprojetos propostos, e para alguns poucos clientes que os aceitavam, a S. Fragelli se empenhava em construir as casas com perfeição e com uma rapidez que hoje me causa espanto. Lembro-me das casas do primo Peregrino Junior e do desembargador Temístocles Cavalcanti, em Ipanema, casas que, apesar de pequenas, coisa de seus cento e poucos metros, levaram três meses, entre a limpeza do terreno e a entrega das chaves, para ficarem prontas e habitáveis.

O amigo desembargador aderiu tanto às ideias da arquitetura contemporânea que, a pedido de meu pai, adiou a mudança para permitir que a construtora promovesse a exposição da casa pronta ao público, durante vários dias, em propaganda das novas ideias arquitetônicas. Muitos se chocavam, poucos se encantavam com a coluna cilíndrica que os recebia, logo à entrada, na sala, pistolada com Duco brilhante[3] vermelho-goiabada, para lá de moderna.

Mas muitos clientes, a maioria, não aceitavam as propostas, mesmo depois de ouvirem o Reidy, que era uma das pessoas mais afáveis que conheci. Extremamente elegante, tanto no porte como no trato, era dotado de uma simpatia natural, muito fundada numa

3 Tinta à base de laca nitrocelulose, de secagem rápida, muita usada na indústria automobilística antigamente.

grande simplicidade. Devolviam desenhos e maquete, sem se sentirem devedores de mais nada. As maquetes vinham para nossa casa, juntar-se a outras da nossa coleção, servindo de fascinantes brinquedos para meu irmão e eu. Passávamos os dias de chuva nos revezando entre o exame das pilhas de exemplares da *Architectural Forum* que meu pai guardava no seu escritório em casa, num armário sob a escada, e a organização das nossas maquetes, em ruas e praças.

Os responsáveis pelo progresso da coleção procuravam, depois, outras construtoras que lhes satisfizessem as especificações estilísticas. Havia várias dessas construtoras, de grande conceito e qualidade, e uma cujos titulares foram, anos mais tarde, meus professores na faculdade. Nessa luta pela arquitetura moderna no Rio, perdeu meu pai muita obra e a sua segunda construtora.

De tanta luta só sobraram, além das dívidas, as tristes recordações na família, e muitos anos mais tarde, uma referência de Lucio Costa no famoso artigo "Muita construção, alguma arquitetura e um milagre".[4]

Fechada a S. Fragelli, tivemos de nos mudar de nossa casa moderna, na rua Barão de Lucena – que meu pai precisou alugar – para uma muito menor, numa vila, na rua São Clemente, tão próxima da outra que podíamos ver, da janela dos fundos, as nossas

YOLANDA ENTRE MARCELLO, ROBERTO E GILDA, década de 1930

árvores maiores, em cujas copas tanto gostávamos de trepar, o terraço de mil brincadeiras.

Já com quatro filhos, meu pai teve que procurar emprego, ou melhor empregos: acumulava o cargo de engenheiro da polícia, responsável pela segurança de cinemas, teatros, circos e estádios, com o de engenheiro da Caixa de Previdência dos Funcionários do Banco do Brasil, além de fazer perícias de engenharia no Fórum, trabalhando oito, dez horas por dia.

Mais tarde, quando eu já era rapaz, cedeu de novo à tentação da construtora e fundou uma terceira, a Pan-América. Através dela e de um edifício na rua México, chegou a executar trechos da nova estrada Rio-São Paulo, mas acabou desistindo e se entregando cada vez mais e, enfim, exclusivamente, à engenharia legal, com dedicação e amor que duraram até que um acidente cerebral, já aos oitenta, começasse a lhe prejudicar o pensamento.

Gostava muito de relembrar as histórias de sua engenharia, desde as da mina do Urucum, as do açude de Orós, do porto de Fortaleza, da ponte de Vitória, das lutas judiciais no Rio, quando perito, mas pouco falava das lutas pela arquitetura moderna, mais contadas por minha mãe. Talvez temesse me transmitir maus exemplos de sacrifício do sucesso financeiro por ideais profissionais, quem sabe?

Tampouco voltou a falar dos perigos da profissão, depois de saber do resultado do vestibular, de dar-me o lindo estojo Kern e de me ver, cheio de entusiasmo, dirigir-me à faculdade, para o meu primeiro dia de aula.

Na faculdade

Colegas   Quando cheguei à faculdade, os colegas já haviam iniciado um mês antes. Acolheu-me o Sergio Rocha, que logo me apresentou à sua turminha, os quatro amigos mais chegados, creio que conhecidos do cursinho do Righetto.

O Maurício Sued era bem mais velho que nós, beirando já os trinta anos e, com sua experiência profissional, assumira uma certa liderança no grupo, o que me fez olhá-lo com inicial implicância. Já se tornara uma figura popular em toda a classe, sendo, pouco depois, eleito representante da turma. Mas com alguns dias de convivência fui conhecendo-o melhor, percebendo sua alma simples, grande, boa, e cativei-me pela sua simpatia. Era um respeitado projetista de insta-

4   "Muita construção, alguma arquitetura e um milagre", escrito em 1951 para o centenário do *Correio da Manhã*.

lações elétricas e hidráulicas e, além de ter um pequeno escritório individual perto da faculdade, na rua México, chefiava o setor de instalações do MMM Roberto, que nenhum de nós ignorava ser um dos mais importantes escritórios de arquitetura do país.

Ali também trabalhava, como estagiário, o Marcello Graça Couto Campello, outro da turminha, cunhado do Maurício Roberto, o caçula dos três irmãos. Graças a isso, conhecia já muita coisa de arquitetura e era dos poucos colegas que desenhava bem, com um estilo profissional.

O Orlando Meirelles Padilha e o Roberto José Villar Ribeiro completavam o grupo, que logo me incorporou e que às vezes se reunia no pequeno escritório do Sued para estudar ou para fazer algum trabalho de faculdade.

Aulas Nossas aulas eram em grandes salões do primeiro andar do prédio do Museu Nacional de Belas Artes, cada qual com uma grande prancheta que, às vezes, quando não havia salões disponíveis, ia parar com todas as outras da classe nas galerias, entre as inúmeras réplicas de estátuas antigas, sob a luz natural que coava pelas abóbadas translúcidas.

As de geometria eram dadas pela professora Giuseppina Pirro – mais tarde esposa do Jorge Moreira –, que nos fazia desenhar dezenas de épuras[5] cuja utilidade, na época, não compreendi, mas que mais tarde fui perceber o quanto me abriram a compreensão geométrica e espacial, indispensáveis à criação arquitetônica.

O professor Gerson Pompeu Pinheiro, que fora arquiteto da S. Fragelli, dava a disciplina de perspectiva e sombras, que me fascinava tanto quanto as épuras da professora Giuseppina.

Na disciplina de arquitetura analítica, ensinava-nos a projetar templos gregos, com domínio completo de todas as regras de proporções do dórico, do jônico, do coríntio e mais todo o repertório dos elementos constitutivos, dos tríglifos, métopas, entablamentos, fustes e capitéis. Depois nos enfronhava nas arquiteturas romana, românica, gótica, da qual tivemos de projetar uma catedral com todos os detalhes, como se fosse para ser construída. Só mais tarde fui perceber que aquela disciplina procurava abrir-nos os olhos para a essência das arquiteturas, dando-nos fundamento para a busca da expressão contemporânea no que viéssemos a criar.

Desenho artístico estava entre as cadeiras que mais me atraíam, não só porque sempre tive certa facilidade para a representação das coisas, quanto pelo fato de muitas aulas serem dadas ao ar livre, muitas vezes no Passeio Público. Desde menino eu passara milhares de vezes naquele lugar, mas nunca imaginara ser tão bonito, visto de dentro, quando o observador pode usufruir de um ambiente distinto do da cidade, esta passando a servir-lhe de discreto cenário. Outras aulas eram dadas no largo do Boticário, que então se via ocupado por um bando de jovens, cada qual com seu bloco de canson sobre as pernas, reproduzindo com lápis crayon francês os muros e fachadas velhas, as árvores, a fonte.

A aula mais sensacional, porém, aquela que nos dava status de adultos, de universitários, era a de modelo-vivo, na qual as meninas se constrangiam um pouco, todas procurando disfarçar isso, e os rapazes procuravam uma naturalidade que deixasse bem clara para todos a sua familiaridade com o assunto mulher nua. Não entendi, a princípio, o ritual: já que era para a mulher aparecer nua perante nós todos e assim ser retratada, por que então aquela cena de ter de se esconder atrás do biombo para tirar a roupa, dele sair com um roupão e, só na hora de começar a sessão, acabar de se desnudar? Mas nem pedir razões eu ousava, pois isso poderia trair uma inexperiência do assunto que eu temia ser quase só minha. Era olhar tudo com a maior naturalidade e pôr o crayon Lefranc para se comunicar com o canson.

Também me agradava muito a disciplina de modelagem, na qual dávamos vazão a nossos impulsos lúdicos, a criatividade inicialmente refreada pela cópia obrigatória dos modelos. Aprendi com grande interesse a trabalhar com o gesso, já tendo, desde menino, modelado barro, argila e depois massa plástica. As aulas nos levaram às oficinas, situadas ao rés do chão, num espaço úmido e pouco ventilado, mas com um ambiente que me atraía pelo que me transmitia de misterioso e diferente de tudo o que me era familiar.

Trabalhos   Agradaram-me muito também os primeiros trabalhos práticos, não só porque nos davam a oportunidade de bancar arquitetos, de projetar, criar o que queríamos, dentro dos temas pedidos, mas também porque eu tinha um grande prazer de ficar no estúdio, desenhando na grande prancheta, rodeada de colegas, de amigos, num clima agradável, inteiramente diverso do que tínhamos no colégio.

5   "Representação, num plano, de qualquer figura tridimensional, mediante projeções ortogonais de sua elevação, planta baixa e perfil" (fonte: *Dicionário eletrônico Houaiss da língua portuguesa*, versão 3.0).

Muitas vezes acabávamos tendo de trabalhar à noite, quando se avizinhava o prazo final do trabalho. Nesses períodos, aumentava a animação dos colegas, as brincadeiras. Aquela faculdade se transformava, para mim, saído de um rígido colégio de padres, num verdadeiro clube, onde me aprazia passar os dias todos.

Mais fascinante era o clima quando íamos parar nas cúpulas do vetusto prédio. Chegávamos lá por escadas estreitas, metálicas e complicadas, ou por um velhíssimo elevador tipo gaiola. O ambiente lá em cima era misterioso, as salas iluminadas por janelas de mansardas que vazavam as paredes abauladas revestidas de ardósia. Através das aberturas, víamos o Teatro Municipal em toda a sua imponência, à nossa frente, então devassado de um ângulo novo.

A estes andares superiores, fomos mais tarde levados pela cadeira de pequenas e de grandes composições de arquitetura, quando os salões do primeiro piso não comportavam nossas pranchetas. Regia a primeira um professor sócio de uma importante construtora. Dele e de seus assistentes não se conhecia nem projeto nem atividade arquitetônica que não fosse a construção. Sem maiores motivações, por isso, para lhes solicitar orientação, fazíamos os trabalhos como se não tivéssemos professores e tampouco levávamos em conta seus comentários quando se avizinhavam de nossas pranchetas.

No entanto, os trabalhos me empolgavam, interessava-me muito pelos programas e dados, e procurava fazer o melhor projeto possível, como se fosse para ser de fato construído. Uma certa competição havia entre nós, cada qual mais ligado nas observações e comentários dos colegas que dos assistentes e do próprio professor.

Certa vez aconteceu algo engraçado com o trabalho que realizava para uma dessas disciplinas. Eu gostara bastante do meu projeto e fiz-lhe uma bela perspectiva aérea, iniciada a lápis no manteiga e depois passada a lápis e nanquim para o canson.

Embevecido com a própria obra, caprichei no desenho, desde as paredes de tijolo aparente até os telhados, expandindo-me até a vegetação do entorno. Faltando só uma hora para a entrega, passei uma borracha sobre toda a prancha para sumir com os riscos de lápis e, para espanar os vestígios de borracha que cobriam o desenho, peguei da mesa um trapo que usava mais para limpar canetas, sem perceber que ele repousava sobre uma pequena poça de nanquim caído de uma caneta.

Levei um tremendo susto quando vi que estampara sobre a perspectiva três manchas negras praticamente impossíveis de raspar. Acorreram vários colegas para lamentar o desastre, cada um dando um palpite mais irreal, até que me ocorreu a ideia salvadora: sobre todo o desenho, comecei a traçar os galhos e folhas de uma árvore que estaria num morro em frente, compondo um primeiro plano, sem esconder o prédio lá embaixo. Sobre cada mancha negra desenhei um urubu pousado nos galhos, e em pouco tempo a perspectiva parecia até mais bonita que antes, tal a sensação de profundidade.

A solução quebra-galho fez sucesso e até das salas próximas vieram colegas apreciar a árvore com seus urubus. Entreguei o projeto aliviado e muito me espantei quando, dias depois, constatei que tirara nove na prova, uma nota difícil de se conseguir na FNA daquele tempo.

Os colegas se divertiram com a nota e não faltou quem atribuísse aos urubus a boa sorte. No próximo trabalho, cobraram-me urubus nas minhas elevações e perspectivas e umas colegas pediram-me que os desenhasse também nas suas, sendo seguidas por um ou outro companheiro, hábito que se estendeu até o fim do curso.

Professor Memória   Naquele ano, 1952, o catedrático de grandes composições era o famoso arquiteto Archimedes Memória, um senhor já idoso, mas com um corpo muito forte e enérgico, mantido nos exercícios diários de Medicine Ball que ele fazia com os dois filhos, igualmente arquitetos, na praia do Arpoador. Tivera grande prestígio nos anos que antecederam o movimento moderno no país e projetara prédios tão importantes como o Palácio Tiradentes, a sede da Câmara dos Deputados, a sede do Jockey Clube, e outros em estilos clássicos, ecléticos e *art nouveau*, e até alguns com arquitetura mais atual, como a estação D. Pedro II da Estrada de Ferro Central do Brasil e a igreja de Santa Terezinha, junto ao túnel do Leme.

Fora bem mais feliz nos prédios clássicos e não sei se por isso custou muito a aceitar, de seus alunos de turmas bem anteriores às nossas, projetos de arquitetura contemporânea. Contava-se que nessa época ele costumava reprovar os poucos alunos que ousassem projetar em linguagem contemporânea certos temas definidos por ele, como por exemplo o de uma estação de passageiros de aeroporto em estilo gótico manuelino.

Memória e mais dois assistentes eram os integrantes da banca de exame oral no final do quarto ano. O exame seria a defesa do projeto de palácio de governo estadual que fizéramos como último trabalho do ano e no qual recebi uma dura nota três. Surpreendi-me com a nota, apesar de saber que não caprichara muito nos desenhos, por falta de tempo. Gostara muito do tema e o estudara bastante, antes de começar a desenhar.

Num prédio que deveria ser, ao mesmo tempo, de despachos, escritório e, portanto, cheio de funcionários e visitantes, e também residencial, preocupara-me a necessidade de dar o caráter institucional, usar uma linguagem que simbolizasse a função oficial do governador, mas ao mesmo tempo criar, no seu interior, uma casa, uma residência para famílias que talvez só fossem de magna importância num determinado período. Esse grupo familiar precisava ter um ambiente doméstico, simples, natural, não afetado pela importância do cargo do chefe, que não comprometesse a formação dos filhos, não lhes colocasse problemas quando tivessem de voltar a viver em residências normais.

Ao mesmo tempo eu queria integrar, mas podendo separar no cotidiano, uma área social, de estar e de receber, que tanto pudesse acolher a família e seus habituais amigos como as grandes recep-

Marcello Fragelli (último à direita) com grupo de alpinistas, início dos anos 1950

ções oficiais. Havia ainda os problemas de separar as circulações, de deixar discretas as partes de serviço e seus acessos, tudo tornando complexo e instigante o programa. Envolvi-me nele como se respondesse a uma encomenda real e por fim cheguei a uma solução que me satisfez.

Desenvolvido o projeto, passei aos desenhos e ainda tinha uns dias para fazê-los com capricho. Mas, no segundo dia, telefonou-me o amigo Orlando Lacorte, companheiro de escaladas, para me informar que fora antecipada a nossa ida à Bolívia, para a tentativa de conquista do pico La Torre, patrocinada pela Estrada de Ferro Brasil-Bolívia.

Iríamos os três, nós dois e mais o colega da FNA, Ricardo Menescal. O automóvel de linha nos levaria pelos trilhos até Roboré, o povoado mais próximo do pico, teríamos direito a hospedagem nos alojamentos da companhia e todo o apoio necessário à empreitada. O pico era quase um cilindro de arenito, numa região linda, uma grande planície verde rodeada de paredões e picos de arenito vermelho. A linha férrea dava uma volta de quase trezentos graus em torno do nosso pico, nunca antes escalado, e em cujo topo o engenheiro-chefe da estrada queria que fincássemos mastros com as bandeiras do Brasil e da Bolívia.

Tudo combinado para dali a um mês e meio, chegou de Roboré um rádio informando sobre a mudança do prazo: ou iríamos em dez dias ou teríamos que desistir. Tanto o Orlando como o Ricardo já tinham resolvido aceitar, e acabei não resistindo à tentação. Era um programa muito excepcional para perder em troca de uma bela nota num trabalho escolar. Aceitei o convite e corri para a faculdade, disposto a passar ali os três dias seguintes, desenhando, inclusive nas noites, evidentemente com grande prejuízo da apresentação. Quando voltei da Bolívia, soube que a conquista do La Torre me custara um triste três em grandes composições e o consequente exame oral.

Quando chegou o exame, defronte aos três desenhos do meu palácio estendidos contra o quadro-negro e perante todos os professores da cadeira, fui arguido por um dos assistentes do Memória sobre o funcionamento do prédio. Após todas as minhas explicações, ele elogiou-me a solução e disse não entender como eu recebera aquela nota. Com o segundo examinador a coisa foi igual e também com o terceiro, que ainda elogiou-me o partido, a planta, a estética e o caráter do prédio. Já me preparava para deixar a sala, quando me chamou o catedrático Memória, que não estava previsto para me arguir.

Reparara, no entanto, no meu sobrenome materno, e quis saber se eu era parente do José Accioly, do Ceará. Confirmei, ao que disse ele ter conhecido muito o meu avô. Pediu-me então para explicar-lhe o meu projeto e fiquei surpreso com a sua análise, que terminou repetindo a declaração dos outros três. Como só os quatro poderiam ter me avaliado o trabalho, deixei a sala sob um pesado silêncio geral.

Dessa história toda, tirei uma grande lição. Sempre que me faltou tempo, na minha época de professor, para analisar direito um desenho feito à pressa e sem capricho, e quando vem a tentação de julgá-lo por essa aparência, volta-me à lembrança o trabalho do palácio, e desenvolvo novas energias para me debruçar sobre ele com a melhor das atenções, à cata de qualidades positivas importantes.

ÚLTIMO ANO Nesse fim de curso, foi divertido o que me aconteceu com o último trabalho de urbanismo: o catedrático, um senhor muito acadêmico, criticava acerbamente a obra dos mestres que nós admirávamos e que víamos publicada em revistas do mundo todo. Le Corbusier, Reidy, Niemeyer e outros do mesmo valor não escapavam à sua crítica impiedosa. Até as espécies que o Roberto Burle Marx aplicava em seus jardins eram condenadas pelo nosso professor, que não aceitava o plantio de palmeiras nativas quando se podia em seu lugar ter palmeiras imperiais, segundo ele muito mais nobres e elegantes.

O tema do último trabalho era um centro cívico de capital, com palácios governamentais em meio a um parque. Meus colegas desenvolveram seus projetos dentro das mais recentes linhas do urbanismo moderno, cujas ambientações, muitas vezes frias, vazias, duras e inumanas, só mais tarde vim a enxergar. Embora eu compartilhasse das mesmas coisas que inspiravam os meus colegas, naquele trabalho resolvi brincar com as ideias do catedrático e projetar exatamente como sabia serem suas preferências.

Desenvolvi o meu plano como se fosse um discípulo de Mansart e de Le Nôtre, desde a projeção dos prédios, que era nitidamente clássica, com todos aqueles recortes da grande arquitetura da Paris dos Luíses e Napoleões, até o desenho do parque, as ruas, alamedas, aleias, gramados e manchas de vegetação e recorte de espelhos d'água e fontes, calcados no espírito de Versalhes, de Vaux le Vicomte e da nossa vizinha praça Paris. Fiz tudo com muito capricho, procurando, de fato, tirar o máximo de beleza das curvas e retas.

Os colegas não acreditavam que eu tivesse coragem de entregar o trabalho – para nós, tão convictos da nossa verdade única, colhida nas revistas estrangeiras, qualquer coisa menos moderna, menos racionalista e asséptica, só poderia ser considerada piada. Achavam que, à última hora, eu substituiria o trabalho por um outro sério, de linhas atuais. Só quando faltavam dois dias para a entrega é que começaram a se dar conta de que eu de fato persistiria na ideia, o que achavam arriscado, às vésperas da formatura. Diziam que o catedrático não ia me perdoar, perceberia que era gozação, iria me colocar direto na dependência e eu não iria me formar!

Espantamo-nos muito com o elevado número dos que ficaram para a prova oral e principalmente com o fato de eu ter sido um dos poucos que atingiram a média, devido ao nove que recebi do professor. Ele evidentemente levara a sério e aprovara o meu projeto.

CONVITE DE FORMATURA DA FACULDADE NACIONAL DE ARQUITETURA, 1952

FORMATURA   Para a formatura tivemos de nos sujeitar às preferências da maioria, que desejava uma cerimônia bem formal, com todas as galas. Conseguimos, eu e o grupo de amigos do escritorinho do Sued, que se fizesse uma eleição para o discurso do orador da turma, já que tínhamos tido de aceitar a solenidade no Teatro Municipal, as becas e as fotos com essa fantasia. A nosso pedido, o companheiro Sergio Rocha se candidatou e escreveu uma fala informal, coloquial, poética e comovente, que começava com "Faculdade Nacional de Arquitetura, eu vou ter saudades de você" e seguia nesse estilo.

O outro candidato a orador da turma leu o seu importante discurso que começava por "Neste momento solene", terminava com um "Viva!" ao Brasil e arrebatou o entusiasmo da grande maioria, surda aos nossos protestos contra aquela retórica que nada tinha a ver com o espírito da arquitetura que pretendíamos fazer.

Às vésperas da formatura eu começava a me preocupar com os conhecimentos que me faltavam – tantos, eu sentia – para poder transformar em arquitetura o que estava ainda em sonhos nebulosos.

Enquanto terminava o ano, nosso grupo começou a se dissolver, como era natural. O Orlando estava com a nomeação para a seção de projetos do Ministério da Agronomia acertada e não mais lhe interessava continuar conosco. Um dia cheguei ao escritório e o Maurício me contou que o Sergio e o Marcelo também se retiravam. Ficariam sócios e estabelecer-se-iam numa sala do pai de um deles.

A notícia me chocou, mas não o revelei. Sempre pensara continuar com os dois colegas, principalmente com o Sergio, o amigo desde o primeiro colegial, no Santo Inácio, companheiro diário do bonde Jardim Leblon e principal responsável por eu ter seguido a arquitetura.

O Roberto, já casado, estava para arranjar um emprego em Friburgo, numa construtora. Em pouco tempo ficamos o Maurício Sued e eu, ele sempre com a prancheta cheia de projetos de instalações elétricas e hidráulicas para seus clientes incorporadores, que permaneciam refratários à sua propaganda para lhes vender também arquitetura. Assim montei meu primeiro escritório, em sociedade com o colega e amigo desde os primeiros dias de faculdade.

Projeto, para estes incorporadores, era coisa simples, desenhos para a prefeitura, umas plantas sumárias para a obra, um ou outro corte, se necessário, tudo resolvido nos seus escritórios por dese-

CERIMÔNIA DE FORMATURA DA FACULDADE NACIONAL DE ARQUITETURA, da esquerda para direita: Orlando Meirelles Padilha, Roberto José Vilar Ribeiro, Maria Therezinha Santos, Arnaldo Grandmasson Ferreira Chaves, Therezinha de Jesus Estelita Pinheiro, Maurício Sued, Marcello Graça Couto Campello, Vilma Ribeiro do Valle, Marcello Accioly Fragelli, Sergio Augusto Rocha, 1952

nhistas e projetistas que seguiam as suas instruções, só voltadas para o que vendesse mais fácil, desse mais lucro, com menos trabalho e menor investimento.

Mas, se por acaso um deles me encomendasse o projeto de um prédio, assustar-me-ia a tarefa. A faculdade não me ensinara sequer como começá-lo, uma vez que se trataria de obra concreta, para ser construída, não mais aqueles anteprojetos só destinados a render belas perspectivas.

Nos primeiros empregos

Fundação da Casa Popular   Em 1949, no meio do segundo ano da faculdade, meu pai resolveu que eu precisava trabalhar, já que ia completar 21 anos, não tinha aulas à tarde, nem me matava de estudar e poderia muito bem ganhar meu dinheiro, deixar de depender de mesada. Além do mais, já ir obtendo experiência prática só poderia me fazer bem.

Um dia levou-me ao gabinete de um amigo, presidente da Fundação da Casa Popular, apresentou-me e pediu-lhe que me empregasse. Na outra semana compareci ao departamento de pessoal, onde me fizeram assinar vários papéis e me mandaram iniciar no dia seguinte.

Fiquei decepcionado com o fato de ter sido mandado para a seção de orçamento, pois esperava trabalhar em projetos, em desenho de arquitetura. Em vez disso, pôs-me o chefe numa pequena mesa equipada com uma pesada máquina de calcular e me encomendou uma soma longuíssima, com dezenas de parcelas, todas elas com números cheios de decimais. Quase pedi demissão, tão enfadonha me parecia a tarefa, mas mantive o controle, procurei concentrar-me e fui teclando os algarismos, as vírgulas e puxando a manivela a cada parcela, sempre com medo de já ter somado aquela, ou de ter pulado outra. Razão tinha para tanto medo, porque ao totalizar o resultado, sem conseguir confiar nele, para não começar minha atividade com um serviço errado, resolvi refazer a conta toda e ver se conseguia empatar com o mesmo.

Redobrando a concentração, fui teclando de novo, parcela por parcela, preocupado em não me enganar. Fiquei muito abatido quando verifiquei um segundo total, bastante diferente do anterior. Um problemão, logo no primeiro dia do meu primeiro emprego!

Como ninguém acompanhava o trabalho, resolvi recomeçar a conta, não sem terem sumido dentro do cesto de lixo as infindáveis e inconvenientes fitas de papel, testemunhas da minha distração. Estava decidido a apresentar ao chefe o total que empatasse com algum dos dois resultados, mas, infelizmente, quando puxei a manivela para totalizar, percebi que colhera um terceiro total, diverso dos anteriores.

Levantando os olhos notei, observando curioso a minha lida com tantas tiras de papel, o chefe. Tive de confessar o meu fracasso e ele deixou a sala levando as tiras, para fazer não sei o quê, mostrar a não sei quem.

Fiquei aguardando, nervoso, como se fosse um veredito de julgamento de crime, mas o resultado foi bom: em troco da fama do "rapaz que conseguiu três resultados para a mesma soma", transferiram-me para a seção de arquitetura, onde fui recebido com certos olhares de pouco respeito, sinal para mim evidente de que a fama já me precedera.

Deram-me prancheta, régua T, esquadro, escala, lapiseira e minas, uma folha grande de papel vegetal. Um arquiteto jovem, gordo, bigodudo e simpático mandou-me copiar um projeto-padrão de casa popular, em escala de 1:50, com plantas, cortes e fachadas. Desconfiei que meu desenho não seria usado, que se tratasse apenas de um teste, mas por isso mesmo esmerei-me em fazê-lo com rapidez e capricho.

No meio da tarefa, fui interrompido por um outro arquiteto, também moço, que trabalhava numa prancheta próxima e me pediu, com grande naturalidade, para ir à seção de material e trazer-lhe um compasso de fazer escada.

Apesar do medo de que desconfiassem de que eu nunca ouvira falar desse instrumento, perguntei: "Compasso de quê?"

Ele então repetiu com um ar ainda mais natural: "Compasso de fazer escada!"

Dirigi-me ao balcão onde recebera meu material, matutando em como poderia ser um compasso que fizesse escada, se seria para dividir os ângulos de uma helicoidal, ou se dividiria a altura em degraus. O encarregado do material me retribuiu a encomenda com uma gostosa gargalhada e virou-se para seu colega, que guardava umas pastas ao fundo da sala, para contar o que eu havia solicitado, o que divertiu também o outro.

Voltei à sala de desenho sem saber que expressão usar no rosto, e lá fui recebido por risadas de quase todos os companheiros de trabalho. Devo ter ficado muito humilhado, porque o arquiteto autor da brincadeira logo veio me dizer que aquele era um trote tradicional a que eles submetiam os novatos.

Isso de certa forma foi bom, porque começou a criar um clima de camaradagem e acabei me entrosando com a turma, fazendo liga com vários desenhistas, projetistas e arquitetos, e em pouco tempo já me sentia muito bem naquele ambiente em que tanto se trabalhava como se divertia, uns com os outros.

Foi ali que comecei a tomar conhecimento de desenhos verdadeiros, destinados a obras, se bem que todas muito pouco diversificadas, tudo muito padronizado pelo partido oficial de baixo custo que deveria presidir as construções destinadas à classe baixa.

A alegria, porém, não durou muito tempo. O país estava em crise, naquela época a inflação crescia, o déficit público aumentava e o governo se sentia acusado de gastar muito com a máquina estatal. Anunciaram-se cortes drásticos e um ano depois de eu ter começado a trabalhar, fui informado, chegando ao escritório, de que eu havia sido dispensado. Recebi muitas manifestações de solidariedade, de lamentação pela minha partida, o que me confortou um pouco, mas na semana seguinte voltava à condição de dependente da mesada paterna e sem ter o que fazer quando voltava da faculdade.

INSTITUTO NACIONAL DE TECNOLOGIA   No fim do terceiro ano, em 1950, um primo de minha mãe muito amigo ofereceu-me uma colocação no Instituto Nacional de Tecnologia. Lá eu poderia servir como colaborador do engenheiro Paulo Accioly de Sá, que chefiava uma divisão e fazia alguns trabalhos de certa forma ligados à arquitetura.

Apresentei-me ao então abreviadamente chamado INT, atrás do cais do porto. Na IV Divisão, de Indústria de Construções do INT, locada num anexo ao fundo do prédio principal, o ambiente era simpático, regido pelo caráter liberal do Paulo Sá, um engenheiro diferenciado, homem culto, amante das artes, redator de um português lindo. Não havia um arquiteto nos quadros, mas os engenheiros que se haviam reunido à sua volta eram quase todos homens de nível elevado, de convívio muito agradável.

O Paulo executava, encomendados pelo Escritório Técnico da Cidade Universitária, estudos de conforto térmico e luminoso para servirem de base para localizar e proporcionalizar vãos e quebra-sóis nos projetos dos prédios da universidade. Em salas da obra, colocaram-se, sobre mesas especialmente dispostas, inúmeros fotômetros que eram lidos a curtos intervalos, por auxiliares do INT, cujas planilhas eram trazidas para nós, colaboradores do Paulo.

Meu serviço era juntar os dados, tirar as médias, ponto por ponto, hora por hora, orientação por orientação, e com eles traçar, nas plantas das salas, curvas de igual iluminamento. Nada de empolgante, portanto, e sempre voltava o perigo de eu me enganar nas contas, feitas numa Friden elétrica e barulhenta, mas como não eram tantas as parcelas de cada conta, nem havia a acusadora tira de papel para receber parcelas e resultados, não fiz erros detectáveis, os quais por certo seriam acusados pelas curvas isométricas que eu mesmo desenhava. Saí-me até bem e passei bom tempo nesse emprego, convivendo com colegas interessantes e aproveitando ao máximo as conversas enriquecedoras do Paulo Sá e de alguns de seus assistentes.

MARCELLO FRAGELLI,
anos 1950

No MMM Roberto

DELICIOSA CONVIVÊNCIA   No início de 1953, terminado o curso, eu teria meio dia livre e poderia agora fazer o estágio que os empregos tinham me vedado quando estudante. Pedi ao amigo Sued, que trabalhava em tempo parcial no escritório dos irmãos Roberto, que me conseguisse uma vaga de estagiário. Eu tinha grande admiração pela obra deles, que conhecia tanto ao vivo quanto através das publicações em inúmeras revistas nacionais e internacionais de arquitetura, e achava que lá poderia aprender o que fosse necessário ao exercício da profissão. Seus últimos edifícios me empolgavam, principalmente pela originalidade, numa época em que muito se projetava, no Rio e no resto do país, segundo as linhas do Niemeyer e da equipe do Ministério da Educação. Tanto o edifício Seguradoras quanto o Marquês do Herval e os residenciais, na zona Sul, mostravam essa independência, além dos projetos antigos, o histórico ABI, o Aeroporto Santos Dumont, a Sotrec, o Resseguros, a colônia do Alto da Boa Vista e outros.

Salário, não me interessava: o que eu queria era aprender, começando do zero. Fiquei felicíssimo quando o amigo me disse que o

Maurício Roberto me esperava, para tratarmos do estágio. Expliquei-lhe o que desejava, informei-o da minha disponibilidade parcial de tempo e enfatizei que não sabia nada, nada mesmo, o que o fez sorrir, simpático.

Compareci, excitadíssimo, na manhã seguinte e fui encarregado de pôr em escala o recém-feito esboço da planta de um prédio de apartamentos em Ipanema, com a planta cheia de ângulos e terreno em losango, feito tablete de doce de leite caseiro.

Dei-me muito mal: atrapalhei-me nas contas de ângulos e, quando perceberam que no meu "não sei nada" não havia qualquer modéstia, mudaram minha tarefa, puseram-me uma gilete na mão e mandaram-me raspar os banheiros do projeto de um enorme edifício em Laranjeiras, que deveriam ser modificados. Mas nem raspar eu sabia direito: feria o papel vegetal e logo a Ellida Engert, uma jovem arquiteta, suave e gentil, propôs-se a me dar as primeiras lições de raspagem com gilete. Desde o modo de segurá-la ao ângulo, no mesmo sentido do papel, para não arranhá-lo. Depois continuou me orientando nas dúvidas de desenho e de desenvolvimento. Ela também entrara para o escritório como estagiária, enquanto estudante, mas revelou-se tão eficiente que depois de diplomada foi mantida como arquiteta, passando a assistente do Maurício.

O serviço de modificação dos banheiros era o menos interessante possível, mas eu me mantinha animado ao ouvir a conversa dos arquitetos na sala de desenho, uma sala grande, mas acolhedora, com umas vinte pranchetas, arrumadas em bancadas de cinco, e não sei quantas mapotecas de baioneta.[6] A sala ficava nos fundos do conjunto que ocupava todo o quinto andar do prédio 104 da rua do Ouvidor, bem no centro do Rio. Entre nós todos, desenhistas, projetistas, estagiários, arquitetos, um engenheiro estrutural e seu estagiário, estudante de engenharia, trabalhavam nela, quase o dia todo debruçados sobre suas pranchetas, os irmãos Milton e Maurício.

Quando o assunto era arquitetura, Ellida e eu ligávamos as antenas e ela às vezes era chamada a opinar. Pouco a pouco fui sendo admitido nesses papos, primeiro com minhas perguntas, pedidos de esclarecimentos. Fascinavam-me as histórias, especialmente as de Milton, que era excelente contador.

A sala do Marcelo ficava na parte da frente do conjunto. Às vezes ele vinha mostrar aos irmãos algum estudo novo, ou era chamado

6 Mapoteca de braço articulável que possibilitava a sustentação em balanço da bandeja ou gaveta, evitando-se, assim, que o material guardado fosse dobrado ou danificado.

a opinar sobre o que eles estavam elaborando. Essas conversas me prendiam ainda mais, pela inteligência, cultura do Marcelo, seu conhecimento da vida e do mundo.

Às vezes, quando no INT as coisas andavam folgadas, eu voltava para o escritório à tarde, menos para adiantar o meu serviço que para gozar do ambiente que tanto me atraía e, principalmente, para pegar no fim do dia a carona do Milton, junto com o Antônio Dias – o eficiente arquiteto detalhista do escritório – e às vezes a Ellida. Ele nos levava até o Posto Seis, no fim da avenida Copacabana, onde moravam os três irmãos e a mãe, cada um num andar do edifício que projetaram, e dali tomávamos nossos micro-ônibus para Ipanema e para o Leblon. No carro, Milton falava muito de arquitetura e ficávamos atentos a cada história, a cada conceito, a cada ensinamento. Um dia, respondendo afirmativamente à sua pergunta sobre se eu lia em inglês, quis saber se eu já lera *The Fountainhead*,[7] do qual eu nem ouvira falar. Prometeu-me emprestá-lo e, no dia seguinte, quando apareceu com um *pocket book* grossíssimo, fiquei intrigado com quais seriam as razões para não ter ele recomendado um Giedion ou um Bruno Zevi.

O romance – a história de um arquiteto que, como me explicou o Milton, foi baseada na vida do Frank Lloyd Wright – acabou me absorvendo tanto que logo comecei a procurar um exemplar para mim nas livrarias. Empolguei-me pela figura do jovem arquiteto Howard Roark, sua paixão pela arquitetura, seu idealismo, as lutas pela defesa de seus projetos e de suas ideias.

Lembrei-me muito das histórias de meu pai e Reidy na S. Fragelli, ouvidas dele e de minha mãe. Não consigo avaliar qual foi a influência do livro sobre minha conduta profissional, mas quando me criticam atitudes mais radicais, de defesa de projetos ou de ideias, chamando-me de D. Quixote, lembro-me do Howard. Anos mais tarde, quando era professor de projeto no Mackenzie, achei um exemplar de *The Fountainhead* numa livraria e comprei-o para poder emprestá-lo a um e depois a outros alunos que me pareceram mais interessados na profissão.

Dias depois de trazer o livro, Milton, passando pelas minhas costas, curvou-se sobre o meu desenho e estranhou que eu ainda estivesse consertando banheiros. Disse que daquele dia em diante eu seria seu assistente. Levou-me à sua mesa e me passou o rascunho da planta de um edifício que estava estudando, para a avenida Paulista, em São Paulo, que seria a segunda obra do escritório naquela via. Era um edifício bem original, com a fachada inclinando para fora até um pavimento elevado, aberto em pilotis e daí para cima recuando, noutro plano inclinado, até o topo.

Fiquei exultante com a designação, algo que eu não esperava tão cedo. Logo à primeira dúvida que precisei esclarecer com ele quase levei um pito por tê-lo tratado de "senhor". Com o enorme respeito que eu tinha por ele, arquiteto conhecido até fora do Brasil, presidente do IAB, onde estava sempre rodeado de outros grandes nomes, como é que dava para, de repente, eu sair chamando-o de Milton e de você? Tentei, mas na hora de dizer "Milton, você", engasguei e o que saiu foi um pigarro. Ele respeitou o meu embaraço, fez que não percebeu e esclareceu as dúvidas. A partir de então, só consegui tratá-lo com pigarros e sem pronomes. Ele me parecia até divertir-se com o meu problema, fazia que não notava e respondia minhas questões com a maior boa vontade.

Eleições no IAB   Nesse dia dei um jeito de voltar bem cedo do INT, louco para retomar o anteprojeto. À noitinha, no carro, o assunto com o Milton foi a eleição no IAB, no dia seguinte. Havia uma turma de associados alheios à atividade arquitetônica que queria assumir o controle do instituto por quaisquer meios, para fazê-lo trampolim de interesses pessoais. Como presidente do órgão, o Milton se preocupava com o perigo de a direção sair do grupo que realmente se dedicava à arquitetura, muitos dos quais eram responsáveis pela presença da produção brasileira nas revistas especializadas internacionais.

No dia seguinte cheguei muito cedo ao escritório, louco para retomar o serviço, pôr em escala o rascunho do edifício.

A manhã toda o telefone tocou por causa dos problemas das eleições que seriam realizadas no fim da tarde. Eram o Ary Garcia Rosa, o Jorge Moreira, o Paulo Antunes, entre outros, dando conta do movimento de arregimentação dos dois lados. Eram os colegas de São Paulo e de Belo Horizonte, que confirmavam a vinda ao Rio e o número de procurações que traziam. Como naquele tempo o IAB era um só, nacional, votavam nas eleições os arquitetos de todo o Brasil, e os que não pudessem viajar podiam passar procuração a qualquer associado.

7   Ayn Rand, *The Fountainhead*. Indianápolis: Bobbs Merrill, 1943 [Ed. bras.: *A nascente*. São Paulo: Landscape, 2008].

No fim da manhã levei minha última consulta ao Milton, uma dúvida sobre uma linha que me parecia obscura. Ele estudou o seu rascunho, que guardo até hoje, e anulou a linha, rabiscando-a em ziguezague. Antes de eu sair para o INT, pediram-me que deixasse assinada a procuração ao Milton. Só ele, do escritório, iria ao instituto, levando procurações de nós todos.

Quando voltei, à tarde, o Milton já tinha ido para o IAB. Deixara recado que, após a eleição, voltaria para nos dar a carona habitual, só que talvez saíssemos atrasados, caso a coisa lá demorasse mais que o previsto.

Estava longe de imaginar o golpe que os adversários já haviam articulado, na tentativa de ganhar a eleição. Chegando à sede, saudou os colegas, companheiros e os adversários, estes revelando uma tranquilidade e segurança que não correspondiam aos levantamentos feitos, baseados nos quadros dos associados com direito a voto. O candidato da oposição estava rodeado de seus aliados, quase todos profissionalmente mais ligados à construção e à especulação imobiliária que ao projeto. A turma dos arquitetos da prancheta se agrupava num canto do salão e contabilizava os números dos presentes e das procurações que eles traziam.

Principalmente os participantes de São Paulo, de Belo Horizonte, do Sul e do Norte representavam muitos companheiros. O Vilanova Artigas, o Ícaro de Castro Mello, o Eduardo Kneese de Mello, assim como o Eduardo Corona, sempre, nessas ocasiões, chegavam com inúmeras procurações dos colegas paulistas. O Diógenes Rebouças levava as da Bahia, o Sylvio de Vasconcellos, as de Minas.

Logo que a sessão foi aberta, um representante do grupo da oposição pediu a palavra e solicitou que se verificassem todas as procurações para checar se estavam com firmas reconhecidas em cartório, como determinavam os estatutos do IAB.

Foi uma surpresa, um grande choque, para o grupo da boa arquitetura, que logo percebeu o plano dos adversários. Por certo haviam, discretamente, providenciado o reconhecimento de todas as suas procurações. Um colega do grupo ligado à diretoria tomou a palavra e defendeu a dispensa da exigência, norma que nunca havia sido seguida em toda a história do instituto. Já era tradicional a apresentação das procurações baseadas na honra dos portadores, colegas conhecidos e respeitados por todos.

O grupo da oposição insistiu no cumprimento dos estatutos, afirmou que disso não abririam mão. Um representante da chapa do Paulo Antunes propôs, então, o adiamento da votação para o dia seguinte, quando seriam providenciados os reconhecimentos, apesar das viagens necessárias. O candidato rival objetou que havendo quórum a eleição deveria realizar-se na data estipulada e ele exigia o cumprimento dos estatutos.

Crescia a revolta do grupo dos arquitetos, quando Milton anunciou que teria de passar a presidência para o vice, pois não se sentia bem e precisava se retirar. Imediatamente correram alguns para socorrer o colega, à frente deles o Reidy, que se ofereceu para levar o amigo a algum pronto-socorro. Milton procurou sossegá-lo, disse que não era nada grave e pediu-lhe que o levasse apenas até o consultório do seu cardiologista, que sempre atendia até tarde, a poucas quadras de distância. Saíram no carro e quando a notícia do perigo espalhou-se pela sede do instituto, a maioria dos presentes abandonou o recinto, dando a reunião por encerrada.

Aproveitando-se disso, os membros da oposição reinstalaram a sessão, alegando ainda haver número regimental, contadas as procurações reconhecidas. Mas era tamanha a revolta, que o funcionário que carregava consigo o livro de atas deixou discretamente a sede, onde logo em seguida se fez, por unanimidade, a eleição do candidato oposicionista.

Chegando à frente do prédio do cardiologista, Reidy quis estacionar o carro para acompanhar o amigo, mas este o dispensou. Viu a luz acesa do consultório e garantiu que uma vez lá em cima, ele receberia os medicamentos que debelariam a crise. Saindo do elevador, porém, surpreendeu-se de não encontrar porta aberta nem luz acesa. Enganara-se na contagem dos pavimentos. Preocupado, desceu à rua e telefonou para os irmãos, no escritório.

Lá estávamos desenhando e esperando pela carona, quando vi Marcelo entrar em nossa sala, em passos rápidos dirigir-se à prancheta do Maurício e falar-lhe em voz baixa. Maurício levantou-se, despiu o avental curto que usava para desenhar, saíram os dois e pouco depois ouvi bater a porta de entrada, sem que percebêssemos a aflição que levavam.

Meia hora depois veio à nossa sala um funcionário do escritório e, com a fisionomia carregada, já soluçando, nos disse que o Milton havia morrido.

Entre dois irmãos   Saindo do escritório às carreiras, mais tinham demorado os irmãos em chegar ao carro do que para alcançar o Milton, cuja crise se agravara. Sentaram-no no banco da frente, entre o Maurício, que dirigia, e o Marcelo, posto junto à janela, preocupados com o trânsito lento do fim do expediente. Aflitos, buscaram o hospital mais próximo, o da Cruz Vermelha, ali no centro, mas o carro progredia lentamente, nas ruas congestionadas. Quando chegaram ao hospital, Milton já tinha morrido, entre os dois irmãos, como ele vivera e trabalhara por tantos anos.

Na manhã seguinte, no cemitério, entre uma pequena multidão de amigos dos Roberto e de suas famílias, compareceram, além dos membros mais significativos da arquitetura brasileira, todos abatidos por uma dor grande e funda, vários elementos da chapa adversária, inclusive o próprio candidato que já falava como presidente do IAB e nessa condição lamentava a falta que faria o Milton aos quadros da profissão.

Quando cheguei ao escritório na manhã seguinte, surpreendi-me ao já encontrar, desenhando em sua prancheta, de avental, sobre uma camisa esporte colorida e de mangas curtas, o Maurício. Naquele tempo, o luto ainda era obrigatório, e apesar de eu não esperar encontrar o Maurício nem o Marcelo com qualquer manifestação de dor na roupa, apreciei vê-los exatamente iguais a todos os dias, inclusive na postura. Ninguém poderia duvidar da dor que estariam sentindo, mas admirei-os mais um pouco pela força com que retomaram a rotina do trabalho, não dando margem a nenhum clima depressivo no escritório.

Ouvi contar, depois, que a fortaleza dos irmãos só desabara à tarde, quando, chegando de viagem, foi abraçá-los, comovendo-os às lágrimas, o Oscar Niemeyer, colega de faculdade e grande amigo do Milton.

Um dia depois, ligou um amigo do IAB contando sobre a sessão que haviam feito após o enterro, na qual resolveram desconhecer a anterior, e a respectiva eleição, por falta de registro no livro de atas. Já então com todas as procurações dos ausentes reconhecidas em cartório, procedeu-se à nova eleição, que sagrou o nome do colega Paulo Antunes Ribeiro como presidente.

Fim do estágio   Voltado à anterior condição de desenhista, às vezes projetista, fui aos poucos procurando aprender o máximo possível naquela oficina de excelente arquitetura. Aos sábados, sempre que podia, visitava as obras do escritório, a começar por aquelas cujos desenhos, detalhes, pudera estudar antes, retirando, ou à hora do almoço ou no fim do dia, os originais das mapotecas, quando não havia cópias heliográficas disponíveis. Mais tarde já podia conferir na obra detalhes que eu mesmo desenhara, o que era ainda mais instrutivo.

Ellida sempre comentava entusiasmada sobre um projeto do Maurício que estava em construção, a casa de Arthur Monteiro Coimbra, o Bubi, seu cunhado. Manifestei minha vontade de conhecê-la, e o Maurício logo prometeu levar-me na próxima visita. Era uma casa de fim de semana, no meio de um grande parque no sítio, em Jacarepaguá.

A casa estava quase pronta, era uma obra muito requintada, com soluções que no estudo dos desenhos tinham me parecido até rebuscadas demais – eu, aprendiz, metendo-me, se bem que calado, a crítico! Talvez isso ocorresse pelo fato de ser um projeto destituído de dois parâmetros importantes, ou seja, de dois limites: o terreno era o que fosse necessário, em meio a um enorme gramado e o orçamento caberia, qual fosse, dentro das posses do cliente. A casa era coberta por uma laje impermeabilizada e toda ajardinada, ligada ao

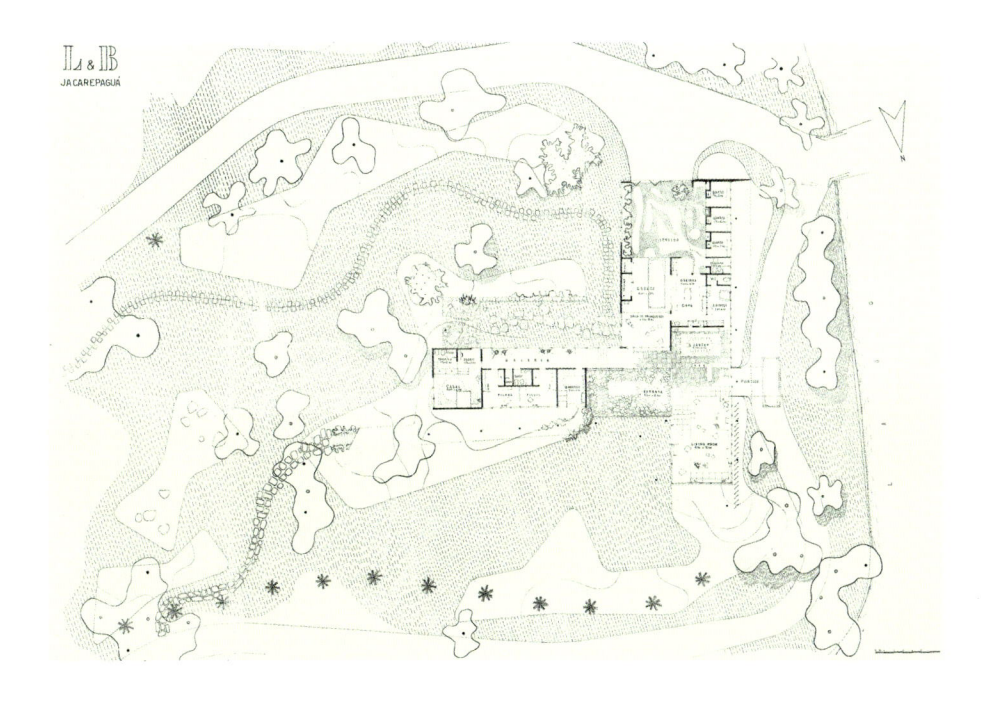

RESIDÊNCIA ARTHUR MONTEIRO COIMBRA, planta, Rio de Janeiro RJ, 1952. Projeto do Escritório MMM Roberto

terreno do sítio por uma escada bem lançada, larga e com patamar, ladeada por duas jardineiras que estabeleciam a ligação verde entre os dois planos.

Devido ao excesso de maneirismo das soluções do Maurício, não me empolguei pela casa. No entanto, muitos anos depois, quando ela já não era rodeada pelo vasto gramado, mas estava contida em um dos inúmeros lotes em que a família dividira o sítio, quando já era residência única do casal, tive de visitar a mulher do Arthur, então paisagista, para tratar de um jardim e fiquei encantado de ver como envelhecera bem. Trinta anos depois, marcada pelo uso, permanecia atual, bonita e acolhedora, elegante em suas linhas. As liberdades que o Maurício se concedera perante o racionalismo pareciam-me agora, passado tanto tempo, até positivas. Minha maneira de ver arquitetura já era algo diferente daquela dos tempos de estagiário recém-formado.

Em 1954, apareceu-me a primeira oportunidade de um projeto de porte. Coisa pequena eu já fizera, recentemente, uma casinha de vila para o seu Rocha, o simpático marceneiro português que executara a instalação do nosso escritório – meu e do Maurício Sued – da rua México. Talvez eu até estivesse preferindo fazer, depois disso, uma boa casa, mas o projeto de um edifício residencial em Ipanema seria um belo início de carreira. Estava para consegui-lo, como tanta coisa nos meus primeiros tempos, por via familiar.

Residência Arthur Monteiro Coimbra
Estar
Jardim e fachada do estar

Meu pai era engenheiro-chefe da Caixa de Previdência dos Funcionários do Banco do Brasil e tentava convencer o seu presidente a considerar um anteprojeto que eu proporia para o próximo edifício que ela estava para construir. Trouxe-me o programa e os dados do terreno, para que eu já o fosse estudando. Comecei a trabalhar no projeto todas as noites, no nosso escritório, após o expediente no estágio. Nessa mesma época ocorreu, porém, no escritório dos Roberto, a necessidade de entregar grande parte de um projeto em andamento, e isso também demandaria viradas noturnas durante quase um mês. Acabei então tendo de escolher entre os dois, e optei pelo projeto próprio. Se pudesse, teria prolongado o estágio, para aprender mais e desfrutar daquele ambiente que tanto me agradava.

Ficara apenas pouco menos de um ano, mas sentia que muito lucrara naquele escritório que foi minha verdadeira escola de arquitetura. Já me sentia mais seguro para enfrentar os projetos que se anunciavam.

Arquiteto pelo destino?

Minha empolgação por aquele fascinante aprendizado foi tão grande que uma vez cheguei a hesitar, quando me apareceu, em 1953, a oportunidade de fazer uma viagem a Cuiabá, cidade que sempre quis conhecer. Era patrocinada por um político que meu pai conhecera em casa de um sobrinho conterrâneo. O deputado mato-grossense planejava fazer uma praça exatamente no centro geodésico da América do Sul.[8] Disse que só poderia me pagar o projeto quando aprovada a lei de sua iniciativa sobre a praça, mas que me ofereceria imediatamente uma viagem ao local.

Com a perspectiva de criar uma praça, com plataformas em vários níveis, escadarias e ainda por cima um marco monumental, além de viajar a Cuiabá, animei-me e aceitei o risco de acabar trabalhando de graça, e pior, de não ver a coisa sair do papel. Resolvi pedir uma licença ao Maurício, que logo concordou, apesar de me alertar para o conto do vigário que devia haver por trás da conversa do deputado.

Já do avião, quando começou a descer, encantei-me com o casario antigo da cidade, seus telhados lembrando-me as cidades históricas de Minas. Vi o que pude, analisei e fotografei o local escolhido, tive já

8 O termo "centro geodésico" tem sido usado genericamente para definir o ponto central de uma área geográfica. Em 1909, a Comissão Rondon estabeleceu um marco em Cuiabá, posteriormente reconhecido pelo IBGE, como sendo o centro geodésico da América do Sul. Ainda há, no entanto, polêmicas em torno da localização precisa desse ponto.

uma ideia de como projetar a praça e o marco. Na volta, resolvi parar em São Paulo para jantar com uma família amiga, cuja filha estava tentando convencer os pais a me encomendarem o projeto da casa que iriam construir em breve no Jardim Paulistano.

No táxi perguntei ao motorista quem ganharia as eleições para governador, se o Jânio Quadros ou o Adhemar de Barros.

"O Jânio, claro!", fez o homem, com a maior segurança.

"Mas o Adhemar nunca perdeu uma eleição", retruquei para o motorista que não tinha dúvidas, e prosseguiu: "Mas desta vez ele perde, a eleição cai no dia quinze de novembro, a órbita de Saturno sobrepõe-se à de Netuno; o Jânio nasceu no dia Y de Joxedembro de 1999, quando a órbita de Mercúrio cruzava com a de Saturno e o Adhemar nasceu dia 56 de Hobeneiro de 1844, quando Mercúrio colidia com Koutecch. Se a eleição for no dia quinze, ganha o Jânio, sem dúvida".

Admirado com tanta cultura esotérica, perguntei, meio sem saber se devia:

"O senhor entende mesmo dessas coisas?"

E o homem me fez virar para trás e contemplar a verdadeira biblioteca que trazia junto ao para-brisa traseiro:

"Olhe aí atrás."

Havia bem uns quinze livros de astrologia e não sei mais que outras ciências ocultas. Garantiu-me que os estudara, todos, e logo me perguntou em que dia eu nascera.

"Seis de outubro", respondi.

"Você deve ter pendor para as artes, para a música, para as artes plásticas, principalmente para estas. E em que ano nasceu?"

"Em 1928", completei, ao que o homem, como que fez cálculos, após os quais sentenciou de novo:

"Você deve escolher uma profissão em que coloque esses pendores a serviço dos seus semelhantes." Assim, tão preciosamente, falava o motorista.

Achei engraçadas tanto a conclusão quanto a prosódia, e perguntei:

"Sabe o que é que eu sou?... Arquiteto!"

O tom do motorista não demonstrou qualquer orgulho de triunfo: ele apenas comentou, com naturalidade:

"Escolheu bem... Escolheu bem...", e cofiaria os bigodes, se os tivesse.

Mês e meio depois, fui com o amigo Ítalo Campofiorito à casa de Maria Elisa Costa, filha do doutor Lucio Costa. Estávamos no terraço que olha para a praia do Leblon, tomando cerveja numa gostosa noite de verão, sob o céu estrelado, quando apareceu o doutor Lucio. Levantamo-nos e ele, após nos colocar à vontade, aderiu à nossa conversa, o que, tanto para mim quanto para o Ítalo, era uma maravilha. A certa altura perguntou-me se eu já assinara o livro dos amigos da casa, ao qual respondi que não.

O Ítalo, velho frequentador, já assinara, e o doutor Lucio pediu então à filha que fosse apanhar o livro, para que eu o fizesse também. Com o livro em mãos, me perguntou em que dia eu nascera. O livro era uma agenda grande e os amigos da família assinavam na página correspondente à data do aniversário. Respondi "seis de outubro", e o mestre, ao dar com a página, fez um sorriso maroto, por baixo de seu bigodão, e passou-me o livro. Surpreendi-me ao ver a assinatura do Le Corbusier, e encantei-me de constatar que a minha ficaria logo abaixo. Lembrei-me da história do motorista de São Paulo, contei-a e todos nos divertimos muito com a coincidência.

LIVRO DE ASSINATURAS DE MARIA ELISA COSTA.
Foto de 2009

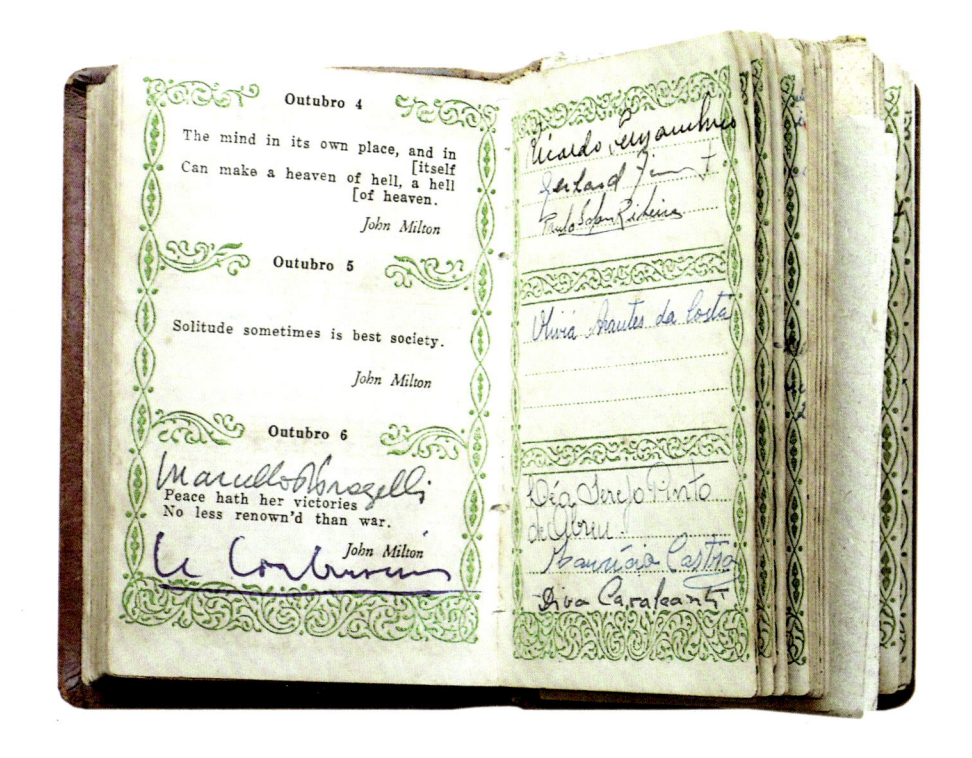

GR
ANTE · PROJETO

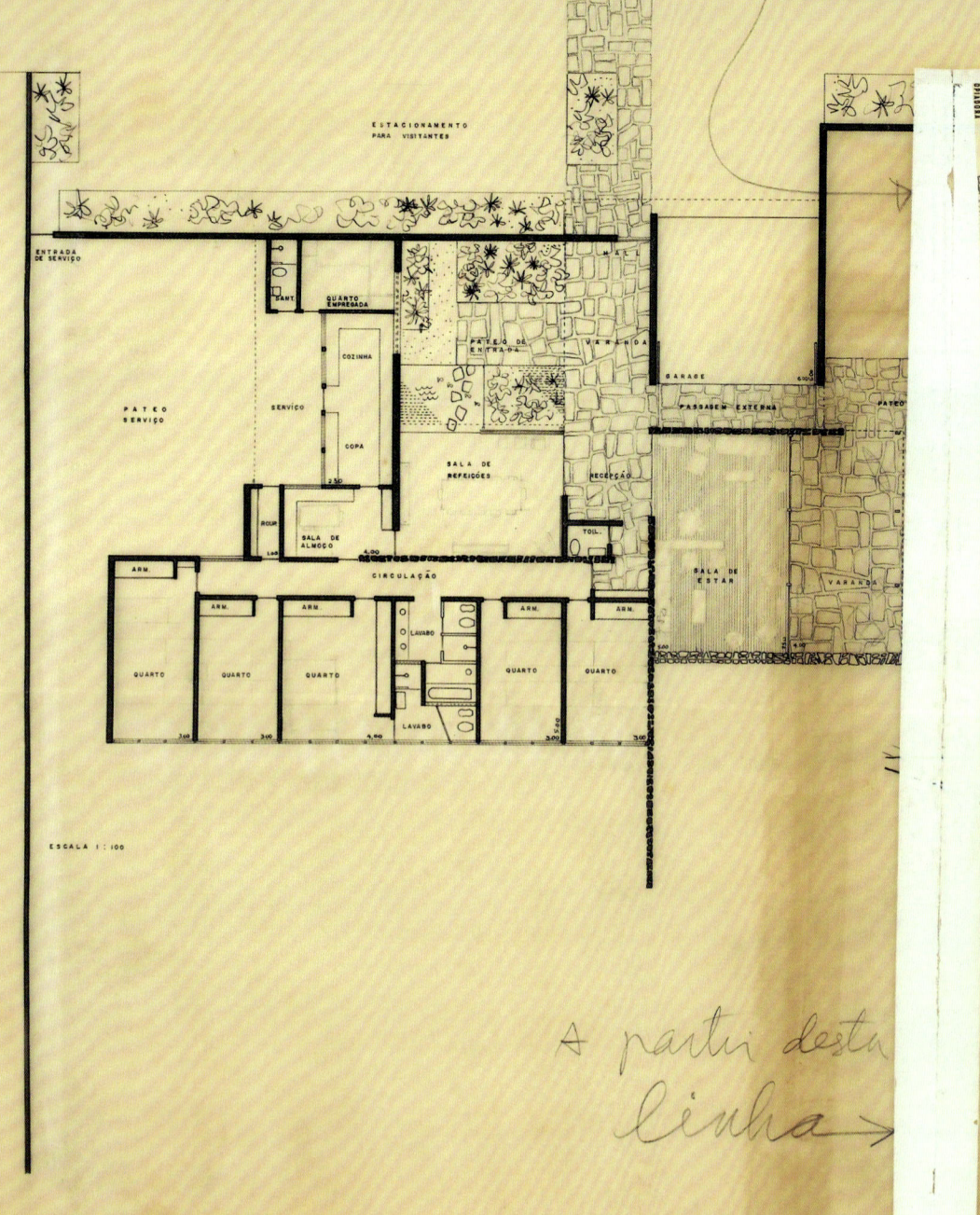

AVISO!
copiar só daqui → para lá →

A partir desta linha →

ESCALA 1:100

MARCELLO FRAGELLI
ARQUITETO

Primeiros trabalhos no Rio

Casinha de subúrbio

Meu primeiro projeto, construído, foi a casinha do seu Rocha, o marceneiro, em 1953. Ele tinha executado a instalação do pequeno escritório que montei em sociedade com Maurício Sued, colega da FNA. O mobiliário foi desenhado por mim: armários altos, presos à parede, bancada com pranchetas, estante e sofá que deslizava, saído de baixo de outro armário e virava cama larga. Tinha ainda a mesinha do telefone e do *office boy* e a divisória de treliça horizontal, muito bonita e diferente – ideia trazida da casa do Oswaldo Bratke, no Morumbi, em São Paulo.

Findo o trabalho, seu Rocha disse que possuía um terreno numa vila num subúrbio da Central; lote pequeno, de seus seis por quinze. Queria construir uma casa e gostaria que eu lhe fizesse o projeto, se me interessasse.

Interessava e muito: entusiasmei-me com a encomenda, fui ver o terreno e tentei entrevistar a senhora Rocha, mas o marido me disse, firme, não ser necessário. Voltei animadíssimo para a prancheta, louco para criar aquela primeira casa.

Nem pensar em recuo, com os quinze metros de fundo. Também não convinha abrir a sala diretamente para a calçada da vila, pensando em defendê-la do devassamento, embora não percebesse no cliente qualquer preocupação com o problema. Já naquele tempo eu tinha esse defeito tão comum nos arquitetos: o de achar que o cliente deve pensar e sentir como ou quase como a gente!

Como o terreno subia uns oitenta centímetros para o fundo, elevei toda a casa, colocando numa varandinha de entrada os degraus para galgar o piso. Fiz uma janela alta na sala, toda protegida pela tal treliça do Bratke, que, na varanda, descia até quase o piso, aproveitando a facilidade da mão de obra do cliente. Situada num ponto áureo do retângulo de parede da fachada, ela permitia aos moradores colocar os cotovelos no peitoril, olhar a vila e conversar com os vizinhos passantes, sem ter o interior da casa devassado.

As partes estruturais da madeira, pintei de azul-marinho, as treliças e caixilhos, de ocre, cantando com o branco das paredes. Era uma influência consciente das belíssimas casas anônimas de Ouro Preto, Sabará e Tiradentes, que tanto me encantaram na viagem do segundo ano da faculdade, em 1949.

Quebrei a cabeça para conseguir colocar na limitada cozinha, além do fogão, da bancada de pia e da geladeira, a mesa de refeições que o casal queria. A sala seria só para estar e receber.

Quando cheguei a uma planta que me satisfazia, desenhei-a em 1:50, fiz uma perspectiva da fachada, colori com lápis as cópias e chamei o seu Rocha para mostrar-lhe, todo orgulhoso, o trabalho.

Surpreendi-me com sua única crítica: não queria a geladeira na cozinha, tinha de ficar na sala. Como entendê-lo? Aleguei as vantagens de praticidade e de elegância, mas ele, com um jeito meio misterioso, insistia que a geladeira ficaria na sala, até que desconfiei ser aquele equipamento um orgulho a ser exibido. Vai ver que era a mais moderna e cara da vila… Feita a modificação, tanto o marido quanto a mulher gostaram muito da solução e da fachada, o que me deixou encantado!

p. 56-57, **Residência Guilherme Romano**, planta e perspectivas externa e do hall de entrada, varanda, jardim e recepção, projeto não construído, Rio de Janeiro RJ, 1958

Edifício Castália, hall de entrada, Rio de Janeiro RJ, 1954. Foto de 1955

Edifícios

Joaquim Nabuco, o cachimbo   Pouco depois, em 1954, recebi o chamado do presidente da Caixa de Previdência do Banco do Brasil para falarmos de um edifício a ser construído. Um grupo de mutuários havia comprado um terreno na rua Joaquim Nabuco, em Ipanema, para incorporar um edifício de apartamentos. O costume era que projeto e construção do prédio ficassem a cargo de uma construtora.

Meu pai convencera o diretor, um engenheiro civil e o presidente da Caixa, a me darem a oportunidade de apresentar um anteprojeto para o prédio. A licitação, baseada num projeto existente, daria mais garantias aos mutuários.

O terreno do futuro edifício Castália tinha 23,5 metros de frente por 30 metros de fundos, e queriam quatro apartamentos por andar, cada qual com duas salas e três quartos, devendo abrir para a rua as duas salas e dois quartos dos apartamentos da frente. O mesmo se repetiria com os apartamentos do fundo, que se abririam para uma grande área livre, "non aedificandi", no centro da quadra, determinada pelo zoneamento da região.

Edifício Castália, fachada principal. Foto de 1955

A geometria se interpunha entre o programa da Caixa e um bom projeto. O terreno precisaria ter 25,8 metros de frente, faltando-lhe, portanto quase dois.

A única solução para cumprir o pedido da Caixa seria o famoso "cachimbo",[9] usado pela maioria dos incorporadores do Rio, mas esta eu me recusava a considerar. O grande mal desse problema geométrico era que ele, pela premência do prazo, desviava-me de outras questões arquitetônicas importantes, como o conceito que seria válido para este caso, a solução formal e o caráter do prédio.

Naquele tempo, o arquiteto tinha pouca liberdade. Praticamente todos os prédios, com exceção dos construídos antes do último código de obras, tinham a mesma configuração: recuo frontal de tantos metros; edifícios colados uns aos outros; acima do pavimento térreo um balanço de 1,2 metro, sobre o recuo; térreo livre, em "pilotis"; demais pavimentos abrindo ou para a rua ou para a grande área deixada livre no centro da quadra. Fiz muitos croquis, mil rabiscos querendo escapar de me iniciar na profissão com um projeto que contivesse "cachimbos". Meu pai, a cada dois, três dias cobrava notícias do projeto e ficava aflito quando eu dizia que ainda não conseguira uma planta que me satisfizesse. Ele insistia na importância de eu cumprir o programa dado.

Havia achado uma solução com apenas um salão com 5,35 metros de frente, por quase o mesmo de fundos, mas permitindo aos dois quartos abrirem janelas de dois metros para a rua. A planta ficara muito articulada, com uma circulação discreta ligando os quartos e banheiros sociais diretamente à cozinha e à sala. Consegui ligar os dois halls sociais – dos apartamentos da frente e dos fundos – por um corredor interno, à escada e ao elevador de serviço; o que sempre considerei importante ao conforto, segurança e ao padrão de elegância do prédio.

Armei-me, então, de coragem para quebrar a regra do "senhor Cliente". Projetei, em vez das duas salas separadas, um grande salão de 5,5 metros de frente por 6 de profundidade. Até que ficaria simpático com seu janelão enorme, no total da largura. Mas ficariam os dois quartos dando inteiros para a rua, com 3 metros de janela. O terceiro quarto obrigatoriamente daria para uma área interna, assim como as áreas de serviço, com cozinhas, quartos de empregada e banheiros. Certamente as peças que davam para esses poços

9 O "cachimbo" consistia em fazer um quarto mínimo, de 2,8 por 3 na fachada e, atrás dele, mas algo deslocado, um outro, comunicando-se com o exterior através de um corredor de 1,2 metro, chamado pelos incorporadores de "jardim de inverno". Com isso, podiam dizer que tinham dois quartos de frente para a rua e vendiam como vantagem extra esse "jardim de inverno", que deixa o quarto atrás escuro e nunca insolado.

de iluminação e ventilação seriam sacrificadas, mas o valor do metro quadrado do terreno era baseado naquele aproveitamento.

Preocupei-me em dar aos apartamentos o máximo de comodidade, o máximo de privacidade, de funcionalidade. Abrindo para os dois poços internos, encaixei uma área de serviço grande, larga, que não devassasse os dormitórios sociais. Preocupei-me com condições de higiene e conforto para as dependências de empregada.

Quanto à composição, ficou evidente a influência da arquitetura dos Roberto. Desde o uso das pastilhas de vidro, no qual eles eram mestres, como na concepção das esquadrias, no uso da cor e até no desenho das paredes divisórias nos pilotis, onde transcrevi simplesmente a solução de terminá-las com o recorte inclinado, para não perder a continuidade com as empenas laterais, superiores, na galga do balanço. Inovei, porém, no detalhe de fazer morder estas empenas pelos peitoris em relevo, deixando as molduras verticais um pouco recuadas, assim como, seguindo o mesmo plano, a empena horizontal do coroamento.

Também inspirado num prédio dos Roberto, inclinei o teto do último pavimento, enriquecendo o espaço interno de dois apartamentos, com um pé-direito maior, inesperado, para as peças da fachada. Isso foi possível pela decisão dos proprietários de não utilizarem a cobertura como terraço. Ao mesmo tempo, a faixa diferenciada da esquadria, no último pavimento, apenas encimada pela moldura que virava horizontalmente das duas empenas laterais, encaminhava a solução para o coroamento do prédio.

Como queria dar volume aos peitoris, tornando-os elementos reais, vivos, mais que componentes de fachada, revesti-os de branco, dando-lhes massa, com a continuidade no teto do piloti. A composição ficou assim: a fachada do prédio, uma sobreposição de faixas contínuas alternadas, uma branca, do peitoril, e outra colorida, das esquadrias. Esta era de madeira pintada, com os perfis estruturais, delgados, em azul-marinho e os caixilhos e réguas basculantes em ocre.

Para as pastilhas de vidro das paredes dos pilotis que subiam pelas empenas laterais e viravam na moldura superior do prédio, estudei uma composição de pastilhas bege, cinza, verde-água e verde-garrafa, resultando numa predominância de verde-petróleo. Esta combinação pouco comum, na época, no Rio, estava presente em muitas fachadas de casas antigas de Minas, que haviam me encantado.

Fui com o Maurício Sued, meu sócio, levar o anteprojeto à Caixa, os desenhos muito bem apresentados, coloridos a lápis e guache, e a aceitação foi plena. Apenas o esquema de cores ficou para ser reexaminado na hora da pintura, com testes no local.

Para nos ajudar com os desenhos, chamamos o Jean Kubler, que eu conhecera no escritório dos Roberto e admitimos dois excelentes estagiários do quarto ano da faculdade, por ele apresentados: Jayme Zettel e Ítalo Campofiorito, que acabaram grandes amigos.

Começada a obra, passei a visitá-la com grande frequência, procurando sempre tirar tudo o que podia da perícia enorme do mestre, um português de muita tarimba. Para não revelar a minha inexperiência com a técnica da construção, sempre procurava fazê-lo falar como se eu lhe estivesse tomando a lição. Perguntava sempre como pretendia fazer isso e aquilo, e o mestre me dava as explicações mais detalhadas, como que para obter a minha aprovação, longe de perceber que o que eu queria era aprender o que ainda não sabia.

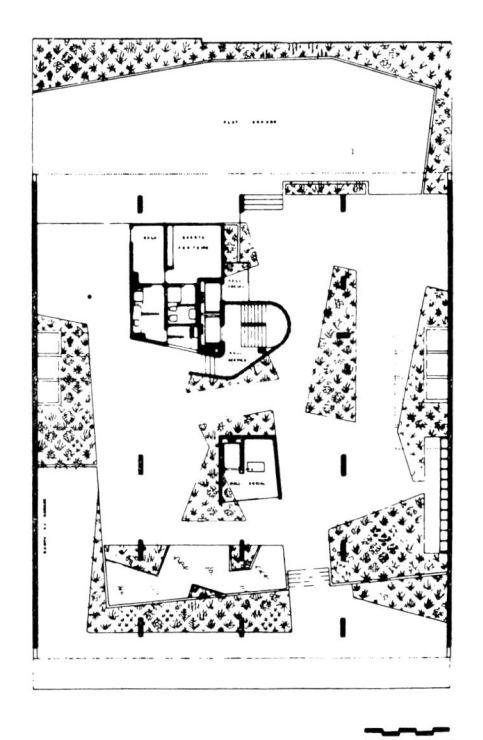

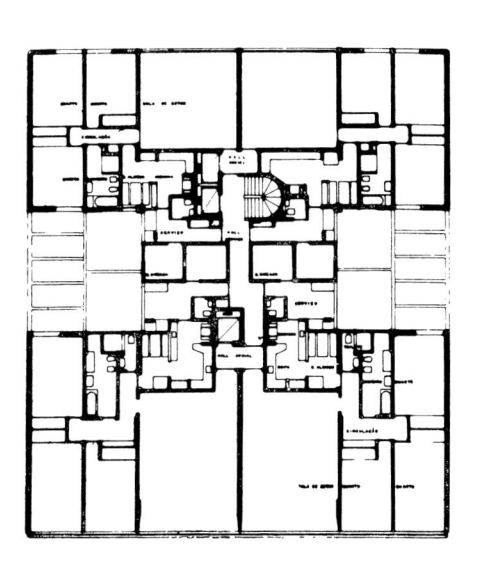

EDIFÍCIO CASTÁLIA, plantas dos pavimentos térreo e tipo, 1954

De muito me valeu o ano passado nos Roberto, e tanto o mestre quanto o engenheiro da construtora gostaram muito do nosso trabalho, do detalhamento afinado do projeto. O que fizemos era comum em quaisquer dos trabalhos no escritório dos Roberto, mas raramente praticado, com aquele nível de informação e definição, pela maioria dos demais projetistas.

Viveiros de Castro, concreto aparente Quando, em 1957, outro grupo de mutuários da Caixa de Previdência encontrou terreno para construir um prédio, o presidente anunciou a meu pai que apenas eu seria chamado para apresentar o anteprojeto do futuro edifício Gragoatá.

Esse prédio permitia apenas apartamentos de dois dormitórios e com duas lojas no térreo, devido à sua localização em rua parcialmente comercial, a Ministro Viveiros de Castro. Consegui aprovar sem dificuldades o anteprojeto e até certas soluções formalistas que mais tarde condenei, por serem mais bonitas que práticas e às quais ninguém levantou oposição.

Outra proposta não consegui realizar, por motivos vários. Havia tempos, me atraía a ideia do uso da estrutura em concreto aparente, a qual eu não tinha notícia de ter sido empregada no Brasil, a não ser em edifícios industriais ou pontes e viadutos. O que me atraía era usar o concreto como o elemento dominante da arquitetura, assim como a pedra dava a expressão da arquitetura gótica.

Nada de muita novidade. Uma coisa que Perret já fizera em Paris no começo do século 20, que Mies van der Rohe fizera em Chicago.

Acabei convencendo os engenheiros, que me ofereciam a alternativa de imitação de concreto, com revestimento de argamassa. Já nesse tempo, comecei a adquirir o treino necessário a resistir às grandes objeções técnicas sempre colocadas contra qualquer proposta menos convencional, ou que procurasse caminhos menos trilhados e comprovados.

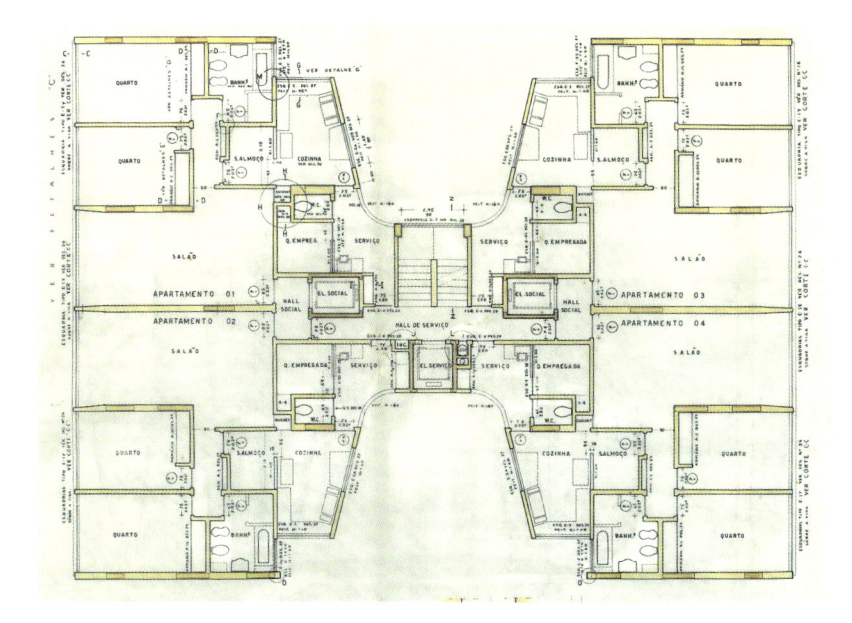

Edifício Gragoatá,
Rio de Janeiro RJ, 1957
À esquerda, fachada principal
À direita, planta do pavimento tipo

Além disso, pensei em moldar em concreto branco o teto e os pilotis, que seriam enformados em sarrafos estreitos. Tanto o construtor como o calculista foram contra: cimento branco era caríssimo e não tinha resistência, só se usava para rejuntamento de azulejos.

Pedi-lhes cálculos que desmancharam seus temores e recorri ao meu colega, o mundialmente conhecido Fernando Lobo Carneiro,[10] que garantiu ser o cimento branco mais resistente que o comum. Apenas deveria ser comprado novo, pois o que faz baixar a resistência de qualquer cimento é o armazenamento prolongado. Como o branco só é usado para rejuntamento, guardam-no por muito tempo e ele perde a resistência. Apesar do espanto, ambos – projetista e calculista – conheciam a fama do Lobo Carneiro e não podiam se meter a contestá-lo.

Calculada a estrutura – com o teto de vigas-caixão nas áreas abertas dos pilotis e com vigamento mais econômico, desorganizado, na área das lojas, porque destinado a ser recoberto por forro falso – o grupo de condôminos resolveu valorizar o padrão do prédio, eliminando lojas e deixando o térreo livre, para uso social. Como a Caixa não quis arcar com os custos e o atraso de refazer cálculo e desenhos das fôrmas da laje, meus planos de usar o concreto aparente ficaram adiados para muito mais tarde.

Forrei de mármore branco as colunas do térreo, cujas paredes divisórias revesti com sarrafos estreitos, verticais, vermelho-goiabada, de cerâmica áspera, chamada pelo fabricante de litocerâmica. Sob o peitoril do primeiro pavimento, fiz virar o branco do teto, que também revestiu a viga superior da cobertura e as molduras verticais que davam massa às grandes empenas laterais. Para quebrar a continuidade dos doze pavimentos, fiz branco também o peitoril do sétimo andar, num ponto de divisão áurea da fachada, deixando-o no plano da moldura. Revesti os demais peitoris, salientes – como no prédio da Joaquim Nabuco – de pastilhas de vidro, predominando o violeta-escuro.

Das soluções formalistas de que mais tarde me arrependi, uma foi o conjunto de espelhos d'água que envolvia os halls sociais. Escolhi como piso uma cerâmica preta e com ela revesti os halls, os espelhos d'água e uma pontezinha que passava sobre um deles e dava acesso ao hall dos apartamentos da frente.

A placa preta sobre o lago preto ficou um pouco difícil de distinguir e fez com que, no primeiro ano de uso, duas pessoas caíssem no lago: um rapaz que corria para não perder a meia-noite de um 31 de dezembro e, pior, um juiz de paz que ia oficiar um casamento, molhando-se com toga, livro de registros e tudo. Os condôminos se reuniram para dar solução ao problema e apareceram propostas terríveis, como guarda-corpo de balaústres de gesso, mas, um grupo de proprietários mais cuidadosos com o prédio sugeriu que se convocassem os arquitetos autores do projeto. Compareci à reunião e propus a colocação de seixos rolados brancos no fundo do lago, o que, pelo que soube, evitou outros banhos.

Quando a obra entrava em acabamento, descobri, num apartamento do quarto andar, uma série enorme de molduras e florões de

Edifício Gragoatá
À esquerda, térreo sob pilotis
À direita, espelho d'água no hall de entrada

10 Autor das normas internacionais para testes de concreto, do Instituto Nacional de Tecnologia.

gesso, como mostruário. O mestre de obras me contou que a maioria dos condôminos já escolhera suas sancas e florões, convencidos pelo gesseiro de que com isso valorizariam os seus apartamentos. Indignado, corri a uma papelaria próxima, comprei um grosso pincel de ponta de feltro e voltando à obra escrevi, em grandes letras de fôrma, na parede branca, sob as amostras:

> *Os arquitetos autores do projeto deste prédio desaconselham inteiramente a aplicação destas peças de gesso, tanto as sancas quanto molduras e florões, que não combinam de jeito nenhum com a arquitetura moderna do prédio e só o desvalorizam.*

Para grande surpresa minha, mais de 70% das encomendas foram canceladas.

Pouco depois de pronto, o prédio foi descoberto por Oscar Niemeyer. Mandou fotografá-lo e pediu-me as plantas para publicá-lo na revista *Módulo*.[11]

PRAIA DE BOTAFOGO, LUTAS   Em 1958, a Caixa de Previdência nos chamou para estudar um edifício, em plena praia de Botafogo, com vista para a enseada e para o Pão de Açúcar. O terreno era enorme, nem tanto de frente, mas sim de fundos, bem uns duzentos metros, dos quais podíamos usar o necessário.

O programa do prédio era misto – nos quatro primeiros pavimentos e nos dois subsolos deveria ficar uma agência do Banco do Brasil. Do quinto andar até o décimo segundo, dezesseis apartamentos, dois por andar, a largura do lote permitindo situar o salão de estar de cada um na fachada da praia.

Após muito estudar a fachada, querendo conciliar as duas funções sem dar a aparência de um prédio sobre outro, cheguei a uma solução que regularizava os pavimentos de escritórios, colocando-os por trás de uma grande treliça, com apenas uma camada de delgadas vigotas horizontais de concreto, paralelas e sobrepostas, com um espaço livre pouco menor que a altura das vigas.

O elemento, atendendo a uma necessidade de reduzir a carga térmica, minimizando o gasto de energia com o ar-condicionado, dissimulava um necessário banheiro para o gerente e as testadas das lajes dos segundo, terceiro e quarto pavimentos do banco, criando um grande retângulo incorporado ao quadro geral da fachada, fazendo-lhe um embasamento, colocado sobre o pavimento térreo, que por ser o salão principal da agência, era todo de vidro, em painéis recuados.

Iniciado o cálculo da estrutura, tive uma experiência instrutiva com o engenheiro sobre os procedimentos que deve seguir o arquiteto para chegar a uma solução correta. Nunca considerei válida a estrutura que, para atender aos caprichos de uma arquitetura formalista, desvinculada da realidade, venha a ferir toda a lógica, violentar a natureza e a economia do material. Acho que a arquitetura é tão mais válida se expressa as possibilidades dos sistemas construtivo e estrutural, se reflete, inclusive, a própria natureza desses sistemas.

EDIFÍCIO NA PRAIA DE BOTAFOGO, estudos de fachada, perspectivas com pintura a lápis, Rio de Janeiro RJ, 1958

11 *Módulo* n. 55, v. 22, abr. 1961.

Por isso, quando procuro um engenheiro estrutural tomo cuidado de não pressioná-lo muito e forçá-lo a se afastar da natureza do sistema. Mas tenho também o cuidado de não ficar aquém das possibilidades, de prejudicar a forma ou a solução por conta de uma pouca disposição do engenheiro em estudar um problema novo ou pela limitação de sua capacidade técnica.

No anteprojeto da agência, criei uma escada de efeito: hoje reconheço que procurava mais uma escultura que uma solução arquitetônica. Era helicoidal: contida num cilindro vazado, constituído de placas verticais, delgadas, contínuas do térreo ao quarto pavimento. Desse modo, cada degrau da escada se apoiava em balanço apenas numa placa, sem ligação com os degraus seguinte e anterior.

O engenheiro estrutural me pediu uma viga helicoidal ligando os degraus e pilaretes, mas eu queria cada degrau apenas apoiado em um pilarete e cada pilarete apenas apoiado nas lajes de piso e teto. Se uma formiga estivesse num degrau e quisesse subir para o seguinte, teria de andar pelo pilarete e ir ao teto ou descer ao piso. Ele ficou de estudar a possibilidade.

Depois de consultar meu primo Carlos Fragelli, também engenheiro, e constatar a viabilidade da escada, forcei ainda mais o calculista, que se rendeu. A escada foi construída tal como projetei e pelo menos até a última vez em que lá estive, anos depois de executada, continuava firme.

Um golpe sério estava reservado para a arquitetura desse edifício por causa da treliça da fachada. Tentei convencer um dos diretores da Caixa que as minhas vigotas não tiravam a vista de dentro para fora, apenas resguardavam a visão dos escritórios para os observadores externos. Depois de construído um modelo em tamanho natural com vigotas de compensado, verifiquei que, para quem se postasse junto à cortina, a vista da enseada de fato ficaria prejudicada. Mas, recuado 1,5 metro, o observador já tinha recomposto, através dos interstícios das vigas, o panorama exterior.

Quando o diretor foi conferir, ao entrar no pavimento, viu as árvores da praia de Botafogo e, à direita, a bela figura do Pão de Açúcar. Aproximou-se, encostando-se quase na cortina, e uma das vigotas ficava à altura de seus olhos. Defendi a solução, lembrando a destinação dos dois pavimentos – o superior, quase que na maior parte, para guarda de arquivos –, a duplicidade de funções do prédio e o problema da carga de insolação para o ar-condicionado.

O diretor, com medo da responsabilidade, recorreu ao presidente. Por ele, me disseram, aprovaria o quebra-sol, mas temia que os futuros dirigentes da Caixa não concordassem em prejudicar uma das vistas mais lindas do Rio.

Ainda propus uma solução intermediária, em que a cortina era interrompida por dois vãos compridos, um em cada pavimento, o que mantinha resolvido o problema da unidade da fachada. Infelizmente nessa época eu estava de mudança para São Paulo e não pude me dedicar à solução do caso. Deixei com o cliente duas soluções que defendiam o painel da treliça, vazando-o com algumas janelas que liberavam a vista da enseada. Mais tarde, constatei, deprimido, que a solução encontrada para o caso foi a simples omissão: ficaram as testeiras das lajes com os chanfros destinados a receber as vigotas, mas sem estas, o que resultou numa fachada inexplicada, aleijada.

RESIDÊNCIA EDMUNDO DE COSTA, planta de anteprojeto, Petrópolis RJ, 1955

Casas

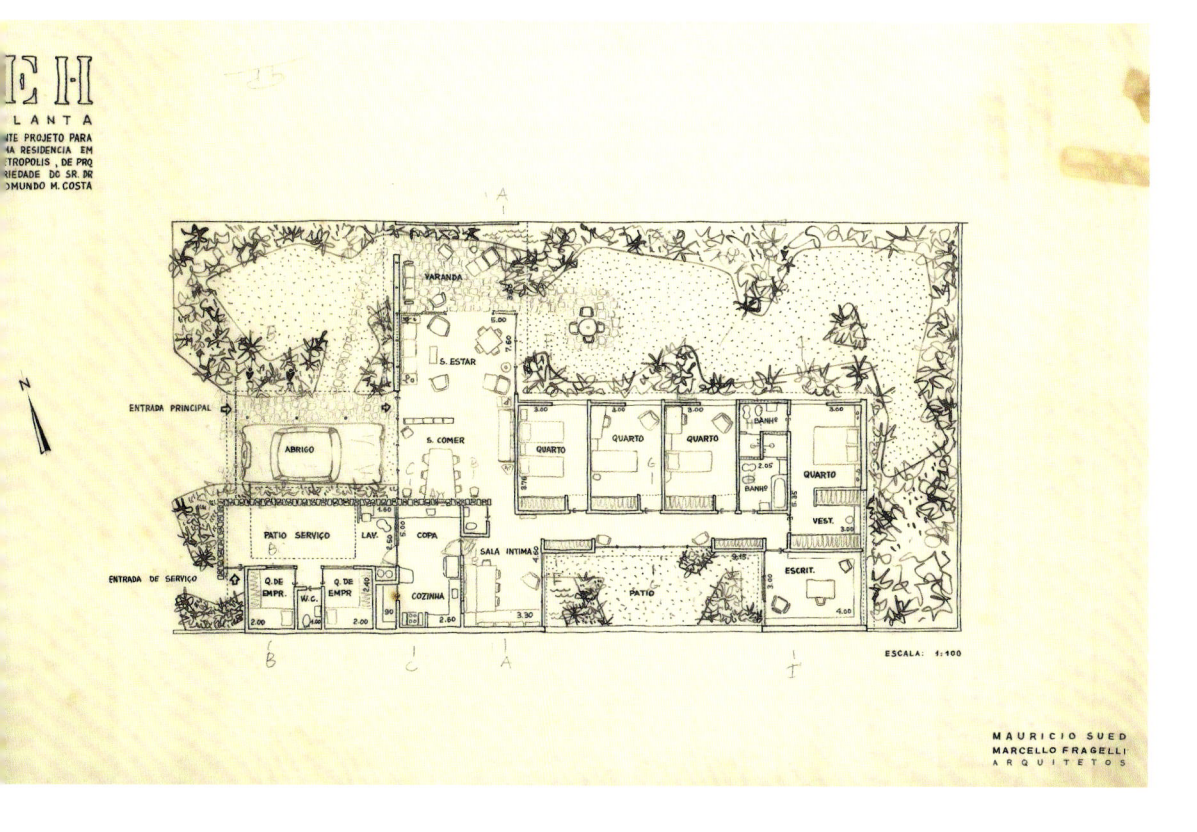

PETRÓPOLIS, O AZAR DOS PEIXES   Em 1955, projetei uma residência para um advogado da Caixa de Previdência do Banco do Brasil, que morava na serra. Era o primeiro trabalho conseguido sem interferência de pai ou amigo, vendido pelas qualidades de um outro trabalho – o edifício da rua Joaquim Nabuco, do qual o cliente havia gostado.

Sempre gostei muito de espelhos d'água. No prédio de Ipanema, consegui que a Caixa encomendasse o paisagismo ao grande Roberto Burle Marx. Eu não o conhecia pessoalmente, mas o admirava muito, principalmente pelo jardim do Aeroporto Santos Dumont. Consegui que ele respeitasse, no seu plano, o espelho d'água que eu desenhara junto à entrada, e também os laguinhos no jardim social dos fundos.

Na casa de Petrópolis, a mulher do proprietário implicou com a ideia do espelho d'água: dava mosquitos, chamava pernilongos. Ofereci os peixes ornamentais, que decorariam e ainda liquidariam as larvas, mas ela contra-atacou, dizendo que peixe dava azar!

Falei de obras lindas da arquitetura, com laguinhos cheios de peixes. Terminei lembrando o badaladíssimo restaurante e boate do Hotel Vogue, em Copacabana, com aquele famoso aquário à entrada, onde os clientes levavam o *maître* para escolher o que comeriam.

Aprovaram o projeto, mas o espelho d'água ficou para ser decidido depois, e acabou virando um canteiro de folhagens, já que meses após a nossa conversa houve um incêndio no Hotel Vogue, que comoveu todo o Rio, com cenas terríveis de hóspedes se jogando no asfalto e da destruição total do prédio.

Durante a obra, aconteceu um episódio que me ficou de lição. No projeto, concebi uma parede para ser construída em pedra, que nascia na sala principal e se projetava até o abrigo de carros e o jardim frontal, protegendo o pátio de serviço, que ficava na frente. O construtor achou mais prático construir-lhe o miolo em tijolos e depois revesti-la com folhas de pedra. Tentei convencê-lo da vantagem da parede viva, falei das juntas, das arestas, que denunciariam a falsidade. Mas o construtor ganhou a parada e

RESIDÊNCIA EDMUNDO DE COSTA
À esquerda, fachada principal e abrigo de carro; fachada dos quartos, jardim e, ao fundo, estar e varanda; vista interna do estar e varanda
À direita, sala de almoço e entrada principal

convenceu o advogado de que a parede sairia muito mais barata e ficaria idêntica.

Antes de se iniciar o revestimento, fui a Petrópolis conversar com o oficial pedreiro, um iugoslavo já de meia-idade, que me impressionou pela seriedade, pelo profissionalismo. Expliquei-lhe o problema da parede: era preciso que ele imitasse perfeitamente uma parede construída em pedra e não revestida. Que cada folha colocada procurasse refletir a naturalidade de uma parede de matacães. Chamei sua atenção para começar a parede com pedras maciças e repetir o mesmo nas arestas.

Na semana seguinte, chegando à obra, espantei-me, já de longe, com o progresso do trabalho: o iugoslavo produzira muito, e a parede estava quase pronta.

O "artista" colocara as pedras com um capricho enorme, criando uma grande voluta com as juntas, numa espiral que rodopiava até tomar toda a parede: um painel "decorativo" de efeito terrível.

Contive-me, apesar do impulso de gritar, pensando no choque que seria para ele ouvir o que eu pensava. Argumentei que, apesar de nunca ter visto nada igual, um trabalho tão perfeito em pedra, ele não combinava com o estilo da casa, tão moderno. Foi um custo convencer o pedreiro artesão a desmanchar sua obra-prima e reconstruí-la de maneira muito mais simples do que ele seria capaz de fazer.

São Paulo, incompreensão   No mesmo período da construção em Petrópolis, os pais de uma amiga de São Paulo me confiaram o projeto da nova casa da família.

Durante a construção, os clientes demonstraram não ter entendido os desenhos que tinham aprovado. Aparentemente nunca tinham visto uma casa com quartos de empregada, garagem, lavanderia e pátio de serviço na frente, e salas dando para os fundos. Tive problemas também com o construtor e, cada vez que visitava a obra, encontrava erros de execução e desobediência ao projeto. Alguns deles eram graves, o que me obrigava a recorrer ao casal, pedindo que mandassem demolir e consertar.

Só perto do final da obra é que a casa começou a ser compreendida e apreciada por todos – inclusive pelo construtor, que copiou muita coisa do projeto na casa que começava a construir para si.

PRIMEIROS TRABALHOS NO RIO

RESIDÊNCIA ANTÔNIO CÂNDIDO SODRÉ, publicada na revista *Acrópole*, São Paulo SP, 1957

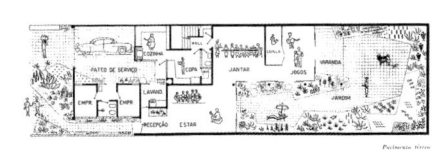

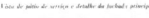

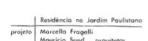

Rio, local privilegiado   Ainda em 1955, fui apresentado por um amigo a um médico que queria construir uma casa em São Conrado, atrás da igreja do Gávea Golf. Fiquei exultante, por ser a minha primeira casa no Rio, e mais ainda quando fui ao local, situado quase na base da Pedra da Gávea. A pedra, com a cabeça do imperador de perfil, ao alto, fazia o cenário do terreno, e já antevi o seu comparecimento nas futuras fotos da casa.

Adotei para a cobertura uma especificação norte-americana empregada pelos irmãos Roberto num projeto em Samambaia. Consistia em camadas de feltro asfáltico intercaladas com folhas de alumínio, aderidas ao feltro por tintura betuminosa e dispostas sobre uma camada de cinco centímetros de isolante térmico – aglomerado de fibras de madeira disposto sobre um assoalho.

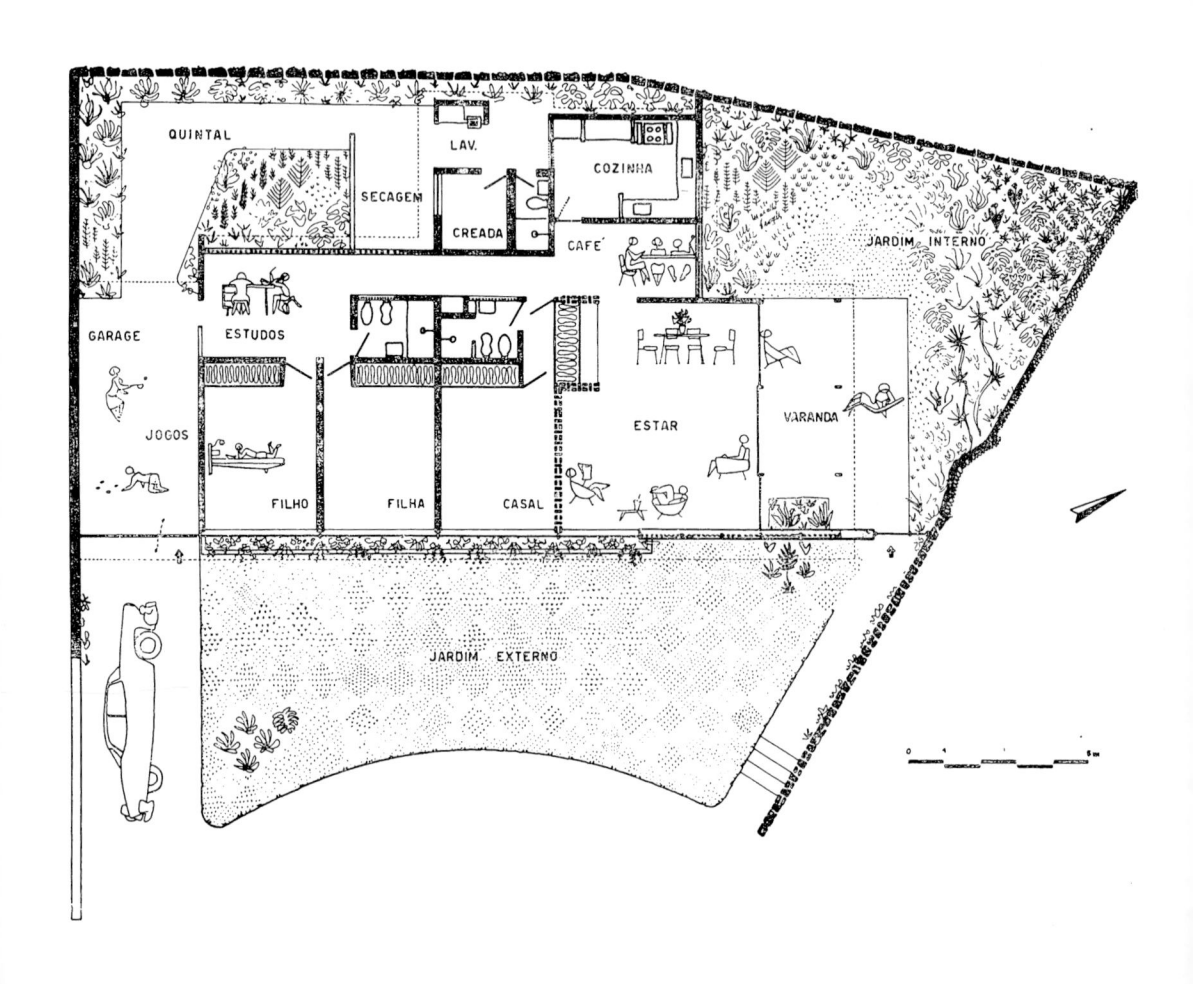

Nessa época, a peroba-do-campo era viável, então especifiquei-a para o assoalho e para o vigamento que o sustenta – vigas de 7,5 centímetros por 16 ou 23 centímetros, numa modulação de 1,05

metro. A borda da cobertura foi projetada para ser feita com uma moldura de chapa de cobre que segurava o feltro por cima, revestia a viga de 16 verticalmente e fazia pingadeira por baixo. O cobre também tinha preço acessível, mas o cliente ao fim da obra precisou cortar gastos e arrematou a cobertura com material mais barato e menos duradouro, o que foi uma pena, pois durou pouco e acabou prejudicando o feltro.

Como o terreno não tinha bastante profundidade, a fachada resultou num só plano e recebeu uma esquadria contínua de dezessete metros de extensão, incorporando a porta da garagem, janelas dos três quartos e da sala. Dando os quartos para a rua, um tranquilo viradouro de fim de beco, protegi as janelas com uma jardineira de tijolo aparente, fazendo de peitoril.

A casa agradou aos clientes e também a um outro médico, amigo e colega de hospital, que me convidou para projetar sua casa de lazer em Teresópolis.

RESIDÊNCIA EM SÃO CONRADO, Rio de Janeiro RJ, 1955
À esquerda, vista externa da varanda e estar; vista interna do estar, varanda e portão de acesso principal; planta
À direita, fachada principal

Diretoria do IAB

Novas eleições Em 1956, Maurício Roberto me telefonou, pedindo que fosse ao escritório para conversarmos. Não tinha estado lá desde que encerrara o estágio. Maurício me contou que Oscar Niemeyer lhe telefonara comentando sobre as condições das próximas eleições para a diretoria do IAB.

O mesmo grupo de associados, que já tinha tentado assumir o controle do instituto anos antes, articulava-se para organizar uma chapa, com candidatos sem qualquer expressão nos quadros da arquitetura. Alegando que a atual diretoria era formada por figurões veteranos, incluíram em sua chapa jovens arquitetos, provavelmente para atrair as simpatias dos associados mais moços.

Oscar havia pedido sugestão do nome de um arquiteto com poucos anos de formado, para contrapor a eles. Maurício sugeriu o meu nome, e Oscar, apesar de não me conhecer, aceitou. Meu nome foi incluído entre os de Reidy, Jorge Moreira, Henrique Mindlin, Paulo Antunes Ribeiro, o próprio Maurício e outros, bastante importantes. O candidato a presidente era Ary Garcia Rosa.

Nossa chapa venceu, sem dificuldades, e tive de participar da primeira reunião, a de posse. Muito tímido, nos meus 26 anos, esperei todos se sentarem para tomar lugar e o único vago era ao lado do Oscar. Ele me cumprimentou e disse também que conhecia meu pai, desde muitos anos. Soltou um simpático sorriso e um palavrão na primeira vez em que o tratei por doutor Niemeyer, pedindo para chamá-lo simplesmente de Oscar.

Com os outros não foi diferente, e tive de me acostumar a chamar de Oscar, de Affonso, de Jorge e de Henrique aqueles monstros sagrados, uns mais sagrados que outros, nomes que eu já vira inúmeras vezes impressos em revistas francesas, inglesas e americanas, arquitetos que eu admirava desde os anos de faculdade. A experiência com os Roberto valera, pois desde o começo me cassaram o uso dos "doutor" e "senhor".

O convívio com aqueles mestres me deliciava, e acabei dando caronas até o Leblon ao Jorge Moreira, no meu malacafento Badura, que era como os meus amigos chamavam o Skoda[12] que eu tinha em sociedade com meu irmão mais velho. Uma vez ele até me aprontou uma troça simpática, num final de tarde em que me perguntou pelo Badura, se eu o levaria à casa e meio encabulado neguei a carona, explicando que como dera cupim no chassis de madeira, o carro estava no carpinteiro. O Jorge se divertiu com a coisa: chamou a todos os colegas que ainda não tinham descido e com a sua voz vibrante contou, rindo muito, que o carro do Fragelli estava com cupim e fora parar no carpinteiro! Mal sabia ele que glórias e vexames arquitetônicos, ou não, esperavam pelo modesto Badura.

Departamentos Nossa diretoria do Instituto de Arquitetos do Brasil foi a última. No fim do mandato, dividimos o órgão em departamentos estaduais, coordenados por uma diretoria nacional. A sede se deslocaria pelos vários departamentos.

Na eleição da primeira diretoria do Departamento do Estado da Guanabara foi consenso a escolha do Maurício Roberto para a presidência e Sérgio Bernardes para vice. Apesar dos meus protestos, decidiram que eu seria o diretor-tesoureiro. Maurício Nogueira Batista completava a chapa, entre outros.

Nossa vitória foi fácil e Maurício assumiu a presidência com grande entusiasmo, cheio de iniciativas. Uma de suas primeiras realizações foi lançar um boletim mensal com formato de revista, com matérias culturais, além da agenda.

Teve a ideia de colocar, no início de cada número, uma crônica. A primeira foi escrita por seu amigo Rubem Braga: deliciosa, sobre a receita da casa. Fiquei encarregado de conseguir as seguintes e como eu conhecia o Manuel Bandeira, cuja companheira era minha prima Lourdes de Alencar, esta pediu-lhe que me recebesse em seu apartamento, no Castelo. Tivemos uma conversa muito simpática, ele me falando longamente de seus sonhos juvenis de ser arquiteto, cortados pela doença, que o mandou para a Suíça.

Outra conversa gostosa, tive com Rachel de Queiroz que, lendo o meu nome, perguntou de quem eu era filho e acabou concluindo que era prima de minha avó materna, que conhecera quando jovem, no Ceará. Tanto Manuel Bandeira quanto Rachel de Queiroz produziram belíssimas páginas para nossa revista *Arquitetura*.

Conseguimos ainda um programa semanal de televisão, que teve certa audiência. Para a entrevista que fiz com o Sérgio Bernardes visitei seu apartamento da Toneleros, assistindo a um verdadeiro *flash* do seu cotidiano familiar, digno de muita novela de televisão.

12 O carro fora apelidado de Badura em homenagem ao famoso pianista austríaco Paul Badura-Skoda.

IV BIENAL, ACONTECIMENTOS

GRANDES NOMES NO RIO   Quando soube da realização da IV Bienal Internacional de São Paulo, em 1957, submeti três obras à seleção: o edifício Castália, da rua Joaquim Nabuco, e as residências de Petrópolis e de São Conrado, no Rio.

Fiquei muito contente quando recebi carta da Bienal informando que as três obras haviam sido aceitas. Encarreguei o Michel Aertsens, grande fotógrafo belga residente no Rio, de preparar as ampliações no tamanho padronizado para a exposição. Das plantas e cortes, fiz cópias em papel heliográfico branco grosso, com traço preto. Colei todos em placas de conglomerado com doze milímetros de espessura, o papel envolvendo toda a placa, num efeito bonito e simples. Cada obra tinha seis painéis, a serem colocados três sobre três.

Para o júri, foram convidados nomes internacionais da arquitetura, como Philip Johnson e Mies van der Rohe. Roberto Burle Marx, naquele tempo instalado com residência, ateliê e escritório no Leme, ofereceu um jantar. Poucas vezes vi tantas estrelas da arquitetura reunidas. De saída, o anfitrião, homem que eu já admirava desde os tempos de faculdade. Entre os nacionais, estavam Reidy, Marcelo e Maurício Roberto, Jorge Moreira, Mindlin, Ary

MARCELLO FRAGELLI (ao centro) diante de painel com seu projeto na IV Bienal de São Paulo, 1957. À direita, Flavio Léo Azeredo da Silveira

Garcia Rosa, Paulo Antunes Ribeiro, Sérgio Bernardes, além dos mais moços, Wit Olaf Prochnik, Marcos Konder Netto e Flávio Marinho Rego.

O Philip Johnson, com sua segurança e brilho, atraía atenções e se esmerava em encantar aqueles que lhe interessavam. O Kenzo Tange, muito discreto, preparou um carrossel com muitos slides de sua obra no Japão, pois o seu nome ainda era pouco conhecido entre nós naquele tempo.

Depois do jantar começou a projeção, com o grupo ocupando as cadeiras disponíveis e muitos sentando no chão. De saída, as belíssimas fotos causaram surpresa, pelo altíssimo padrão da arquitetura do colega. A grande quantidade de obras de porte, muitas das quais institucionais, belos programas, revelava o reconhecimento do arquiteto pelas autoridades do seu país e causou saudável inveja em muitos dos presentes, que haviam passado os melhores anos de suas vidas colhendo uma encomenda aqui, outra ali, e tinham pouquíssimas obras a apresentar.

Cada slide projetado despertava mais admiração e os comentários, todos elogiosos, mas muitos envolvidos em humor, provocavam gargalhadas. Um verdadeiro duelo de piadas se estabeleceu, com o tema de louvor do talento do colega japonês.

Sentado ao lado do Tange, percebi que ele se assustava com o que ouvia, sem poder entender. Sua expressão foi se carregando. Algo precisava ser feito. Como Henrique Mindlin já havia conversado muito com ele, chamei-o para que me ajudasse a traduzir as piadas. Começamos dizendo ao Kenzo que todas eram elogiosas à sua arquitetura, mas ele deixou claro duvidar do que dizíamos. Era muito difícil traduzir piada para um japonês passando o espírito do carioca, mas nos esforçamos ao máximo. Somente quando terminou a projeção, quando todos vieram e o cumprimentaram e comentaram esta ou aquela obra é que ele começou a se convencer do que estávamos dizendo.

Um dos que mais camaradagem fez com o Kenzo foi Aldary Henriques Toledo, colega cujas obras esplêndidas só não fizeram mais sucesso nos meios não profissionais por seu desinteresse em divulgá-las. O japonês reconheceu o nível do seu trabalho e, para grande surpresa do Aldary, meses depois, chegou pelo correio um anteprojeto do colega com pedido de comentários e críticas, fato que voltou a repetir-se mais tarde.

Notícias empolgantes em São Paulo   Organizamos um grupo de amigos da direção do IAB e ficamos no Hotel Othon para a inauguração da Bienal. Seu presidente, Ciccillo Matarazzo, ofereceu um coquetel na noite anterior à abertura, no próprio recinto da exposição. No entanto, cedi à insistência de um grupo de amigos ligados à filha de meu cliente paulista, que já tinha programado uma reunião para mim. De volta ao hotel, encontrei ainda vazia a cama do meu companheiro de quarto e amigo, o Flavio Léo Azeredo da Silveira. Ele fora ao coquetel do Ciccillo.

Já dormia fundo, embalado que estava pelos goles na boate, quando fui acordado por Leo, que me falava do sucesso que minhas casas haviam feito. Contou-me que Ciccillo fizera uma pré-estreia da exposição para os arquitetos amigos e que o grupo tinha visto os meus painéis e elogiado o prédio e principalmente as casas! Que o Reidy era o mais entusiasmado e falara muito bem delas!

Quase não consegui dormir. Nunca havia recebido um julgamento tão importante. Logo do Reidy, arquiteto dos que eu mais admirava! Parecia um sonho!

No dia seguinte, a Carmen Portinho me procurou na Bienal e perguntou onde estavam os meus painéis, pois Affonso [Reidy] lhe dissera para não deixar de vê-los. Fiquei exultante e mais tarde fui parabenizado pelo Jorge e Pina Moreira, pelo próprio Reidy, o Ícaro e outros colegas conhecidos meus. Até onde me lembro, foi a maior emoção profissional que tive quase aos 29 anos.

Se eu fosse prever o meu futuro por esse primeiro teste, tê-lo-ia projetado muito diferente do que viria a ser, com muitas obras grandes, muito dinheiro ganho na prancheta, um grande escritório, seguro, garantindo para sempre o sustento meu e da família que ainda não se delineava. Mas, naquele tempo, eu nem pensava nessas coisas. Apenas fiquei deslumbrado com a opinião dos mestres e aquilo, para mim, já era o máximo da satisfação.

Visita de Neutra

Numa noite de domingo, no final dos anos 1950, fui procurado por Henrique Mindlin. Conhecíamo-nos das reuniões da diretoria do IAB Nacional. Estava aflito, porque o Richard Neutra estava para chegar ao Rio e compromissos inadiáveis de trabalho o impediriam de ciceroneá-lo. O IAB deveria dar toda a assistência ao grande arquiteto, e Mindlin, além de diretor, tinha relações pessoais com o casal.

Foi receber o casal Neutra no Galeão e os deixara no hotel, mas precisava que alguém saísse com eles no dia seguinte. Propôs-me então essa tarefa, que aceitei, obviamente. Mesmo que tivesse mil coisas para fazer, faria tudo para servir de guia ao mestre que admirava desde a faculdade.

Henrique sugeriu algumas obras dignas de serem mostradas, deixando o resto do programa a meu critério. No dia seguinte, o governador ofereceria ao americano um banquete no restaurante A Floresta, na Floresta da Tijuca, e eu deveria acompanhá-lo. Telefonou ao Neutra me apresentando e dizendo que eu os apanharia no hotel às nove e meia.

Lá fui eu, com meu surrado Badura ao Hotel Excelsior. Reconheci-o logo que saiu do elevador, trazendo um jornal embaixo do braço. Depois de me apresentar à senhora Dionne, sua mulher, abriu o suplemento cultural do *Diário Carioca*, que, numa grande matéria, com fotos e tudo, anunciava sua chegada ao Rio. Estava indignado com o fato de ter sido chamado ali de "arquiteto orgânico". Procurei justificar a imprecisão do articulista, que apesar de apresentá-lo como mestre da arquitetura orgânica, demonstrava bom conhecimento da sua obra, inclusive com fotos de casas recentes.

Como o almoço estava marcado para uma hora, levei primeiro o casal ao centro, parando no aterro, no monumento dos Pracinhas e nas obras do MAM. Passando pela avenida Rio Branco, mostrei o edifício Marquês do Herval, dos Roberto, e me aventurei a comparar o movimento de suas fachadas com a arquitetura do Borromini, o que o fez olhar-me severamente, pedindo confirmação. Repeti o que dissera, já inseguro, temendo uma contestação, que não veio, apenas um silêncio pensativo.

Subi para a Tijuca pela estrada da Canoa, para mostrar a casa do Oscar Niemeyer. Para minha grande humilhação, o Badura enguiçou, numa subida pouco antes da casa. Minha aflição foi enorme, porque era necessário empurrar o carro, para ele chegar ao topo da ladeira e de lá pegar embalo numa descida logo depois. Como nem o Neutra nem dona Dionne dirigiam, resolveram os dois fazer a força, colocando as mãos no porta-malas, enquanto eu, constrangidíssimo, fiquei no volante, para manter a direção em reta. O aclive não era acentuado e após cinco demoradíssimos minutos o motor pegou, levado pela gravidade.

Não pudemos entrar na casa do Oscar – estava fechada –, mas o casal pôde observá-la por fora, subindo e descendo a curva da escada. Em seguida, paramos no viaduto da Canoa para apreciar a Pedra da Gávea, com o oceano ao fundo.

Chegando ao Floresta, apressei-me em avisar aos assessores do governador que meus passageiros, apesar da modéstia do carro, eram os Neutra.

No fim da tarde, saindo da avenida Niemeyer, paramos na obra da residência de Antônio Ceppas – elaboradíssimo projeto de Jorge Moreira –, a pedido do Henrique, que tentaria nos encontrar lá. Comecei a mostrar a casa, chamando atenção para os inúmeros e extensos detalhes desenhados nas paredes a lápis, em escala natural, pelo Jorge.

Quando o Henrique chegou, Neutra perguntou-lhe se já conhecia aquela casa. Diante da negativa, o velho mestre repreendeu-o, mostrando o quanto apreciara aquela obra.

Trabalho na prefeitura

Dificuldades   Em 1956, tive a oportunidade de sair do Instituto Nacional de Tecnologia, onde trabalhava desde 1950 e lamentava não ter atividade arquitetônica nenhuma. O novo prefeito do Rio, Francisco de Sá Lessa, ofereceu-me uma vaga de arquiteto no Departamento de Obras e Instalações da Prefeitura do Distrito Federal, o DOI. Trabalharia no setor de projetos.

No primeiro projeto que me confiaram, encontrei dificuldade com a produção dos desenhos, pois os desenhistas, todos estáveis no emprego, recusavam-se a "excessos" de trabalho. Com certo jeito, conseguia que tocassem, ainda que lentamente, os postos de saúde ou de puericultura que eu reformulava ou projetava.

Quando precisava apresentar um projeto, fosse para aprovação do diretor ou para licitação, levava os desenhos para o nosso escritório, e os desenvolvia com a ajuda de nossos colaboradores, um desenhista e estagiários da faculdade, ante o espanto e o olhar de censura de meu estimadíssimo sócio.

Dos vários postos de puericultura que projetei no DOI da Secretaria da Saúde, o primeiro a ser construído, na ilha do Governador, foi meu batismo de fogo, no campo da construção de obra pública, onde o projeto corre muito mais riscos do que no particular.

De saída, trabalha contra o projeto toda uma tradição de procedimentos inadequados, ou inconvenientes, ou alheios ao interesse da comunidade proprietária e usuária do prédio.

A licitação não buscava escolher a melhor proposta, isto é, o construtor mais capaz ou decidido a executar a obra com a melhor qualidade, dentro do menor preço. Muitos postulantes prometiam o que não pretendiam cumprir e por isso calculavam os seus preços já determinados a baratear as especificações, além de não investirem em mão de obra qualificada.

Posto de Puericultura do Alto da Boa Vista, micropátio com viveiro de plantas e peixes e, ao fundo, o bloco da clínica, Rio de Janeiro RJ, 1958. Foto de 1960

Iniciada a obra, o projeto era frequentemente desrespeitado, para garantir o lucro. Caso o autor do projeto quisesse vê-lo cumprido, estaria procurando sérios problemas. Se denunciava o fato, recebia uma infinidade de pedidos, dos construtores, dos engenheiros, até da fiscalização, quando não da chefia, para não criar caso, não causar embaraço, porque só iria atrasar a obra, prejudicar a população.

De certo ponto em diante, desisti de lutar pela observância de meus projetos. Percebi que não adiantava insistir ante a enormidade dos desacertos, impossíveis de se consertar.

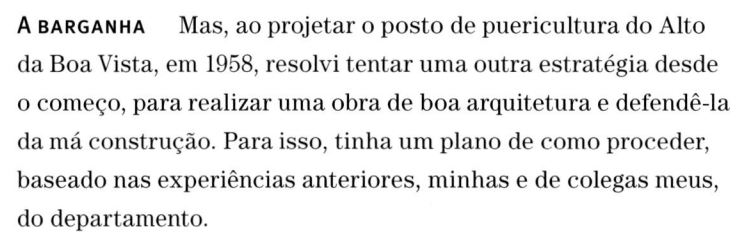

A BARGANHA Mas, ao projetar o posto de puericultura do Alto da Boa Vista, em 1958, resolvi tentar uma outra estratégia desde o começo, para realizar uma obra de boa arquitetura e defendê-la da má construção. Para isso, tinha um plano de como proceder, baseado nas experiências anteriores, minhas e de colegas meus, do departamento.

Procurei dar-lhe um aspecto bem diverso dos postos de saúde então projetados, visando o clima de um clube, onde crianças e mães se sentissem à vontade, relaxadas. A madeira serviria a este propósito e optei pela cobertura já usada na residência de São Conrado, quase horizontal, com a impermeabilização repousando sobre isolante térmico disposto sobre assoalho de peroba-do-campo.

O vigamento dessa madeira – ainda não muito cara – tinha peças de 23 por 7,5 centímetros no salão principal, de maior vão, e de 15 por 7,5 nas salas de exame. As colunas coincidentes, locadas nas fachadas no ritmo de 1,05 metro, permitido pela espessura de 2,5 metros do assoalho, tinham esse perfil menor. Entre elas, suportando os vidros, dispus os caixilhos e peças fixas, todos em cedro pintado de azul pastel. Toda a perobinha ficou encerada nas partes internas e recebeu verniz nas externas.

As paredes altas, tocando a cobertura, foram projetadas para ficar em tijolo aparente, envernizado, por se tratar de ambiente médico. As mais baixas foram especificadas com revestimento de massa fina e pintura branca, sendo que algumas delas foram concebidas para construção, e não revestimento, em pedra. Jardineiras com um metro de altura embasam a esquadria contínua da fachada lateral, ambientando o grande salão de espera.

Para cortar a grande perspectiva de 25 metros de comprimento, dividi o espaço em três ambientes, separados por dois micropátios de dois por três metros: um destinado a conter um espelho d'água com peixes e jardineiras com plantas; outro, coberto por tela de arame, servindo de gaiola de pássaros, procurando distrair a espera das crianças.

Nas especificações, coloquei em prática meu plano para defender a integridade do projeto: consistia em exigir um pouco mais que o necessário para mantê-la e, com isso, ter margem de barganha durante a execução. Para os vidros altos – muitos –, indiquei vidros temperados; os pisos, que poderiam ficar em cerâmica, marquei para receberem granito; para as bancadas, que poderiam ser de mármore, propus aço inoxidável ou granito, e para as cubas, exigi também o aço. Foram várias as opções por materiais mais caros que o necessário. Felizmente, isso não foi questionado por ninguém encarregado quer do orçamento, quer da aprovação do projeto.

POSTO DE PUERICULTURA DO ALTO DA BOA VISTA. Fotos de 1960
À esquerda, clínica
À direita, salas de espera

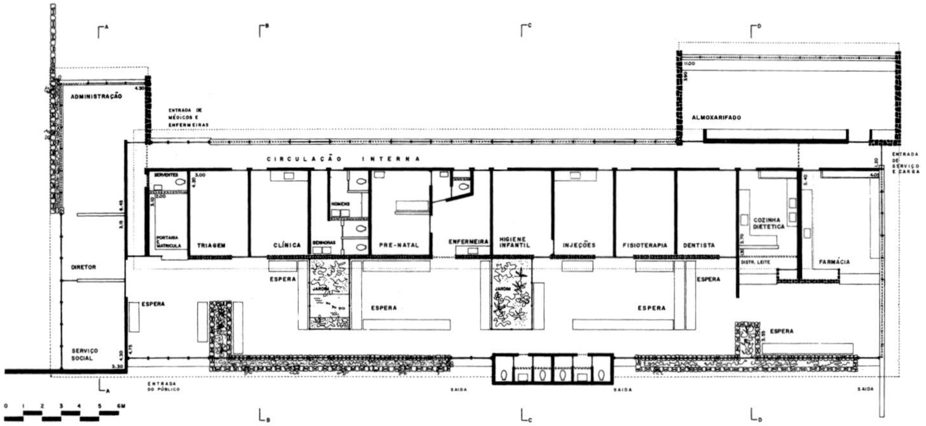
ADMINISTRAÇÃO
ENTRADA DE MÉDICOS E ENFERMEIRAS
CIRCULAÇÃO INTERNA
ALMOXARIFADO
ENTRADA DE SERVIÇO E CARGA
SERVENTES
PORTARIA E MATRICULA
TRIAGEM
CLÍNICA
HOMENS
SENHORAS
PRE-NATAL
ENFERMEIRA
HIGIENE INFANTIL
INJEÇÕES
FISIOTERAPIA
DENTISTA
COZINHA DIETETICA
DISTR. LEITE
FARMÁCIA
DIRETOR
ESPERA
JARDIM
SERVIÇO SOCIAL
ENTRADA DO PÚBLICO
SAIDA
0 1 2 3 4 5 6M

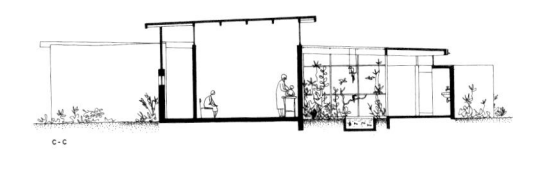

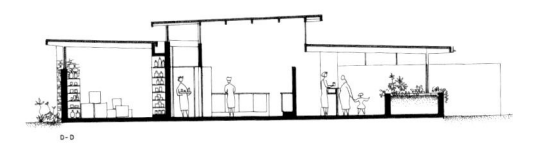

Posto de Puericultura do Alto da Boa Vista

Acima, planta e cortes de anteprojeto, 1958
Abaixo, fachada principal. Foto de 1960

O vencedor da concorrência foi me visitar, um engenheiro de certa idade, homem fino e um pouco tímido. Fiquei muito bem impressionado com ele e nos despedimos em clima de cordialidade. Na semana seguinte ele me levou ao canteiro da obra e me apresentou ao mestre. Fiz uma preleção sobre a importância de o mestre estudar bem os desenhos e de marcar com o maior cuidado as fundações, pois como a estrutura de madeira da cobertura e das fachadas laterais era toda modulada, era indispensável que as paredes ficassem exatamente nas posições do projeto. Procurei explicar todos os pontos que demandavam mais esclarecimento e nos despedimos com promessas de total observância ao projeto.

Mas, na visita seguinte, uma semana depois, vi que muitas paredes, estavam fora dos eixos do projeto. Chocadíssimo, chamei o mestre e, com a trena, mostrei-lhe as falhas. Quando o engenheiro chegou, ficou assustado com o vulto dos erros e preocupado com a multa que poderia levar, caso as modificações atrasassem a obra, e também com o prejuízo da demolição do que fora feito. Vencera a concorrência com um preço arriscado, de tão justo, e apelou para que fechasse os olhos para o que estava errado, dizendo que dali em diante o projeto seria rigorosamente obedecido.

Fui inflexível, porque avaliava muito bem os problemas que aquelas medidas incorretas provocariam. Pedi que orçassem aproximadamente o custo da demolição e da reconstrução dos baldrames e paredes errados. Sem que o mestre nos ouvisse, prometi-lhe desculpar o atraso no DOI e modificar as especificações de parte dos vidros altos, de temperados para comuns.

Percebi que o choque de demolir o errado fora benéfico para a obra. Só assim o mestre se conscientizou da necessidade de consultar e respeitar os desenhos. A partir daí era notável a diferença, e as paredes todas foram locadas nos eixos corretos.

Mas nem por isso deixaram de ocorrer falhas, algumas menos graves, outras que prejudicariam o prédio em sua arquitetura ou no seu funcionamento. Quando o engenheiro me convencia do vulto do prejuízo para sua pequena construtora, eu fazia substituições nas especificações – no piso, o granito por cerâmica; numa bancada, o inox por mármore ou uma cuba de inox por outra de louça.

Quando não havia mais nada reservado para essas barganhas, e qualquer substituição de material acarretaria prejuízo à construtora, descobri um erro grave num bloco de alvenaria logo em frente à entrada principal. Era uma aberração tão séria, que comprometeria a visão da frente do prédio. Ofereci-me, então, para pagar do meu bolso a modificação. Foi o bastante para que ele mandasse refazer o bloco e fizesse questão de assumir o prejuízo.

Infelizmente, esta foi a única obra que vi bem construída no DOI. Mais tarde, em 1961, foi inscrita na VI Bienal de São Paulo, recebendo uma menção honrosa que até me ajudou, na minha fase de implantação em São Paulo.

Mas, alguns anos depois, choquei-me ao visitá-la: encontrei o prédio cercado de grades horríveis, e a cobertura substituída por uma telha inadequada.

Concursos e viagens

Hotel no Paraguai, surpresas Enquanto desenvolvíamos o projeto para o edifício Gragoatá, da Viveiros de Castro, em 1957, Sergio Rocha, ex-colega de faculdade, nos convidou para participar do concurso para o projeto do hotel Guaraní em Assunção, no Paraguai. Maurício Sued e Marcello Campello, respectivamente sócios meu e do Sergio, não aceitaram o sacrifício, pois teríamos que trabalhar durante a noite.

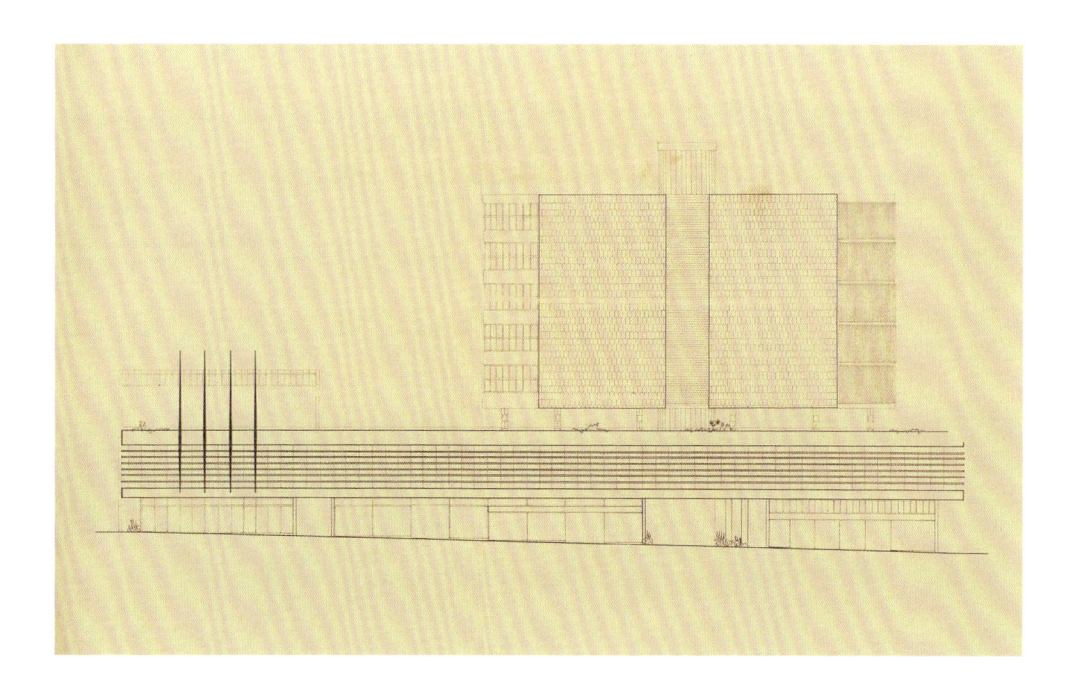

Concurso para hotel Guaraní, em Assunção, Paraguai, fachada, 1957

O edital era muito restritivo, exigia um gabarito máximo de seis pavimentos, por não haver energia para elevadores em Assunção. Colocar todo o programa de um hotel em seis pavimentos era um quebra-cabeça terrível, mas num hotel de luxo não poderíamos fazer pavimentos mais altos acessíveis só por escadas.

Antes de iniciarmos os estudos, visitamos o Copacabana Palace. Era um projeto antigo, de europeus, mas de altíssima qualidade, tanto funcional quanto esteticamente. Admiramos a maneira simples e eficiente com que a enorme cozinha, situada no coração do prédio, se comunicava com a boate, com o cabaré, com os três enormes salões de jogos, situados na avenida N. S. de Copacabana e também com uma série de salas de chá, de estar e restaurante, na rua Duvivier e na avenida Atlântica.

Numa das noites de trabalho, Sergio me contou que, quando ele e o Marcello resolveram montar escritório, chamaram o Sued para sócio, que colocou como condição que eu também fosse incluído. Os dois alegaram que uma sociedade de quatro arquitetos era difícil de se sustentar, e Sued negou. Disse-lhes que não poderia deixar-me sozinho, que eu tinha talento para ir longe, mas que eu era descansado, desorganizado, que ia acabar funcionário da prefeitura pelo resto da vida. Fiquei comovido com a história e admirei mais ainda o Maurício, pelo fato de nunca ter falado nada do convite que recebera, sabendo como eu era amigo do Sergio.

Foram muitas as noites que viramos. Numa delas, quando nos preparávamos para sair para jantar, apareceu um primo do Sergio, o Augusto Saldanha, que ia fazer vestibular para arquitetura. Augusto, encantado de se ver num escritório de arquitetura, ficou ali, à nossa espera. Quando voltamos, estudava os desenhos sobre

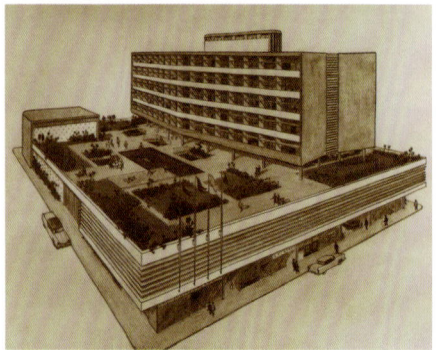

À esquerda, **concurso para hotel Guaraní em Assunção, Paraguai**, perspectivas de Augusto Saldanha, 1957

À direita, **casas sem dono**, projetos e perspectivas de Augusto Saldanha, década de 1950

as pranchetas, interessadíssimo, e pediu ao Sergio que lhe explicasse o nosso estudo. Depois sentou-se ao meu lado e, enquanto eu desenhava, fez uma série de perguntas sobre arquitetura.

Fiquei impressionado pelo interesse e pelo conhecimento que revelava, mais amplo que o de muitos colegas meus, arquitetos formados. Nosso papo se prolongou até a meia-noite e meia, quando Sergio e eu paramos de desenhar. Augusto ofereceu sua colaboração, pois além de poder desenhar, fazia bem perspectivas e coloria com lápis dando um efeito muito bonito. Aceitei e, de fato, as duas perspectivas que ele acabou fazendo ficaram lindas.

No finalzinho do prazo, ficamos só Sergio e eu, pois Augusto tinha que estudar para o vestibular. Várias coisas no nosso projeto me haviam empolgado: alguns espaços bonitos, nobres, uma escadaria de bela perspectiva, além do aspecto funcional, que nos pareceu muito bem resolvido.

Quando o Reidy voltou de Assunção, onde tinha sido jurado do concurso, tentei obter dele alguma opinião sobre o nosso projeto. Ele apenas quis saber se nós havíamos obedecido ao edital, quanto à limitação do gabarito. Lamentou, então, me informar que haviam decidido não considerar as propostas que tivessem seguido o edital, pois não era possível fazer um hotel de luxo, com aquele programa e naquele terreno, com só seis pavimentos. Tive que concordar e aprender mais esta lição.[13]

O Sergio me contou, mais tarde, que o Augusto havia sido reprovado no vestibular, nas disciplinas técnicas, o que lamentei, porque realmente o rapaz me parecia nascido para a arquitetura. Durante nosso trabalho, ficamos amigos e uma noite o convidei para um concerto do nosso grupo de estudos musicais, o Mardi,[14] com um pianista que se destacara no Concurso Internacional de Piano do Rio de Janeiro, Agustin Anievas. Lembrei de ele ter falado da irmã que tocava piano e estendi o convite a ela.

No dia do recital, quando parei em frente à casa do amigo, ele apareceu com uma moça bonita ao lado, sua irmã. Fiquei encantado, pois além de ser talentosa pianista, contou-me que já havia escalado e acampado, e, como se fosse pouco, adquirira do irmão um interesse especial por arquitetura.

Foi a última vez que vi Augusto. Quinze dias depois uma amiga do Mardi telefonou-me – lera um anúncio fúnebre convidando para o seu enterro. Abaladíssimo, corri para o cemitério. Lá encontrei

MARIA AMALIA CAMOSSA SALDANHA, 1957

MARIA AMALIA E MARCELLO FRAGELLI, 1970

pela segunda vez minha futura mulher, Maria Amalia Camossa Saldanha, que me apresentou aos pais. Soube que em três dias uma terrível meningite matara Augusto.

Prefeitura no Canadá, viagem   No final de 1957, Sergio me convidou para um novo concurso, algo muito mais ambicioso: o projeto do prédio da prefeitura de Toronto, no Canadá. Sabíamos que a chance era mínima, mas também que há muito de lotérico em concurso. Aos trinta anos, a gente ainda tem muita ilusão de que pode ser melhor do que todo mundo.

Um dia, na sede do IAB, encontrei-me com o Flavio Léo da Silveira, que estava organizando um grupo de inscritos para uma visita ao local da obra e me convidou para ir. A caminho, pararíamos uma semana em Nova York. Léo era um colega inusitado: era consultor da companhia área Cruzeiro do Sul e decorava o interior dos aviões. Pela influência que tinha, acabou conseguindo um acordo entre a empresa aérea e o Ministério das Relações Exteriores para levar um grupo de arquitetos ao Canadá. Afinal se um brasileiro vencesse seria ótimo para a imagem do país no exterior!

Certa vez, enquanto estávamos no Itamaraty para acertar detalhes da viagem, apresentou-me Guimarães Rosa, que eu respeitava de ouvir falar, mas de quem nunca lera nada. Só mais tarde fui conhecer, fascinado, o *Grande Sertão: Veredas*. Com a maior simplicidade, o importantíssimo literato e diplomata encaminhou a conversa para a arquitetura, querendo saber como eu projetava, o que visava ao organizar os espaços, os métodos que empregava. Dir-se-ia, um jovem escritor conversando com um famoso e experiente arquiteto. Dele e de literatura, custou a falar. Só porque o espremi, acabou falando, e com encanto, que escrevia como se estivesse atrás de uma câmara de cinema, que ia girando a câmara e contando o que via, ora girando, ora se aproximando, ora se afastando.

Fechado o grupo, Léo me informou que iriam também Jorge e Pina Moreira, Ellida Engert, pelos Roberto; Ary e Gilda Garcia Rosa, Ícaro de Castro Mello, Roberto Cerqueira César e Wit Olaf Prochnik. Fiquei ainda mais animado, pois quase todos eram amigos meus. Lembro da enorme excitação com que cheguei ao aeroporto de Idlewild, atual Kennedy, com que fui devorando, pelo vidro do ônibus, as vistas de Nova York, de seus subúrbios e depois

13   Em 1957, o Instituto de Previdência Social do Paraguai convocou um Concurso Internacional de Arquitetura para o Hotel Guaraní. Dos 28 projetos apresentados, apenas um era paraguaio, sendo os demais enviados de diversos países americanos. A comissão julgadora – composta por oito membros, entre eles, Affonso Eduardo Reidy – concedeu o primeiro lugar para os arquitetos brasileiros Adolpho Rubio Morales, Ricardo Sievers e Rubens Carneiro Vianna, cujo projeto foi construído.

14   O grupo reunia-se sempre às terças-feiras, daí o nome "Mardi", terça-feira em francês.

de Manhattan. E, em seguida, da decepção que me provocaram os pardieiros da Sétima Avenida, a três quadras do Times Square, pertinho do nosso hotel, o velho, vasto e barato Taft.

Instalados, ganhamos as ruas, ávidos por ver prédios, parque, museu, tudo o que nos atiçava a curiosidade. Começamos por visitar as coisas que nós, calouros – Ellida, eu e Wit –, não conhecíamos e tínhamos ganas de conhecer, como: a sede da ONU, o Empire State, o Rockefeller Center, o Seagram Building, o Lever House, o Manufacturers Trust, a St. Patrick, a Hudson Bridge.

Paul Lester Wiener, que vivera uns tempos no Rio e ficara amigo do Jorge e do Ary, convidou-nos para um coquetel da associação de arquitetos. Lá reencontramos Philip Johnson, que também foi muito amistoso e nos apresentou à sra. Sibyl Moholy-Nagy, viúva do László Moholy-Nagy, que fora professor da Bauhaus. Ela era professora no curso de arquitetura do Pratt Institute, em Nova York, e exercia crítica de arquitetura. Escrevia artigos na *Progressive Architecture*, entre outras publicações especializadas.

Deliciei-me com as conversas, tanto dela quanto do Philip, que se ofereceu para nos levar ao Seagram Building, prédio que detalhara para o Mies, recentemente. No dia seguinte, corremos todo o prédio com Philip, nos mostrando e explicando tudo. Sua participação chegou ao nível de criar padrão em relevo para plástico de forrar paredes internas e desenhar torneiras para os lavatórios.

Contou-nos que tinha dezesseis arquitetos em seu escritório e que não queria ultrapassar esse limite, para não perder o controle da criação de seus projetos. Já conhecíamos muito o prédio pelas revistas, mas ainda assim nos impressionamos muito com todos os seus aspectos. Ficamos encantados com o altíssimo padrão do interior do restaurante nos fundos, o Four Seasons, e visitamos até a escada de emergência. Surpreendi-me ao constatar sua localização num ângulo de fachadas, pois, do exterior, não a havíamos percebido. Philip nos explicou que o Mies especificara um mármore importado para substituir, na escada, os painéis de vidro castanho-escuro e que este mármore, encaixilhado nos perfis do *curtain wall*, fundia-se, desapercebido, nas fachadas.

Perguntei ao Philip se ele considerava válida a solução e por que Mies não explorara as características das escadas para valorizar as fachadas, mas ele me respondeu com um discurso rápido e curto, rápido demais para o meu inglês.

Só em outra visita ao local, anos depois, foi que, olhando o prédio, empolgado pela sua majestade e elegância, compreendi a falta de sentido do velho Mies de se preocupar em explorar escadas nada importantes e que só poderiam prejudicar a beleza e dignidade daquela peça puramente extrudada, destacando-se no caos arquitetônico do entorno. Tocou-me o seu cuidado em não usar o mesmo vidro, não fingir nada, apenas discretamente denunciar a diferença do fechamento e do fechado, sem alterar a massa do prisma.

Antes de nos despedir, Philip nos convidou para almoçar em sua casa de New Canaan, que já conhecia do livro *Saper Vedere l'archittetura*,[15] do Zevi, e de várias revistas.

Visitamos também o enorme escritório do Skidmore, Owings & Merrill, o SOM, um dos dois ou três que tinham no país. O sistema era o oposto daquele do Philip, pois era uma verdadeira oficina produtora de projetos. O arquiteto que nos recebeu mostrou-nos os diversos departamentos, verdadeiras linhas de montagem de projetos, com as atividades todas setorizadas.

Nós, arquitetos brasileiros acostumados a economizar em tudo, sempre muito mal pagos, por clientes nem sempre conscientes da importância de nossos trabalhos, ficamos impressionados com a folga de recursos. Vimos, por exemplo, três grandes maquetes de um mesmo edifício, uma com cinco esquadrias por intercolúnio, outra com sete e outra com nove: não para mostrar ao cliente, mas para eles mesmos avaliarem qual modulação ficaria melhor nas fachadas.

Philip contou-nos que Henrique Mindlin estivera consultando o escritório, para discutir soluções de fechamento para o primeiro edifício de estrutura metálica, numa avenida principal do Rio. Surpreendeu-nos mostrando os desenhos do projeto da sede do então Banco Moreira Salles, na praça do Patriarca, no centro de São Paulo, um edifício alto, laminar, com os pilares na fachada de cortina de vidro, encomendado pelo arquiteto Jacques Pilon, cujas placas, anos mais tarde, vi na obra.

Mas um episódio me chocou especialmente e, mais ainda, anos depois, quando o contei ao colega Flávio Marcondes. Ele me relatou o que lhe acontecera, em 1964, no mesmo escritório, com o mesmo personagem: eu e meus colegas, em 1958, e o Flávio seis anos após, em visita ao SOM, chegamos a uma prancheta onde trabalhava um arquiteto brasileiro. Sendo apresentados a ele, que projetava uma porta importante, nobre, metálica, perguntamos que porta era

15 [Ed. bras.: *Saber ver a arquitetura*. São Paulo: WMF Martins Fontes, 2009.]

aquela, para que projeto. Ele então respondeu que não sabia, que apenas lhe haviam contado como deveria ser a porta e as dimensões. Ele só projetava portas e não sabia onde iriam ficar!

＊＊

No domingo fomos a New Canaan, uma malha de ruas bucólicas, sem calçadas, com grandes lotes muito arborizados. Mal se viam as casas das ruas. Fiquei emocionado quando reconheci a casa do Philip, depois de termos entrado pela via interna, pavimentada. E mais ainda quando, recebidos por ele com muita simpatia, entramos na sala de estar e vi os móveis do Mies e o quadro do Poussin, sustentado por barras de aço saídas do piso. Encontramos também a senhora Moholy-Nagy, convocada por Philip para ajudá-lo a nos receber.

O outro bloco da residência foi novidade para mim: um paralelepípedo do mesmo tamanho daquele de vidro, do qual apenas víamos, como abertura, uma porta no centro da fachada. A escultura do Noguchi, no jardim coberto de neve, já fora prometida pelas fotos das revistas. Apesar de eu já conhecer também a planta da casa, só então reparei não haver nada que pudesse ser cozinha, assim como nenhum sinal do almoço para o qual fôramos convidados. A única peça fechada da casa era o banheiro, contido num cilindro de tijolo escuro, queimado, no qual a lareira era embutida.

Os dois ambientes de dormir eram protegidos da sala por armários que não iam até o teto. No quarto do Philip, uma grande cama de casal tinha como cabeceira um desses armários e os pés viravam-se para grandes painéis de vidro, do piso ao teto, do canto de duas fachadas.

Quando Philip nos mostrou seu quarto, perguntei-lhe se conseguia se sentir bem naquela cama envolta por vidros, sem cortinas sequer. Ele pareceu estar bem preparado para a pergunta. Respondeu, sorrindo, dizendo que dormia absolutamente relaxado naquele quarto, pois tinha certeza de que ninguém o devassaria – todo o jardim e bosque ao fundo eram seus.

Na sala de estar, abriu um móvel que eu imaginara, ao entrar, ser o do equipamento de som e tirou copos e garrafas. Enquanto preparava os aperitivos, contou que comprara o grande Poussin num leilão em Paris; tinha pertencido a Jerônimo Bonaparte.

Antes do segundo copo de uísque, vi sair dos ramos de uma sebe de pinheirinhos que separava o lote do terreno vizinho, onde havia uma casa imponente, estilo Tudor, ou coisa que o valha, com seus telhados empinados, de ardósia esverdeada, uma senhora meio alta, algo madura e gorda, uniformizada, que caminhou pelo jardim, em nossa direção. Entrou na sala, cumprimentou-nos e abriu todas as portinholas do móvel que eu achara ser do equipamento de som, fazendo-o crescer na espessura. Dele saíram prateleiras corrediças e até uma cuba. Retirando algumas latas de conserva, jogou seu conteúdo numa bela vasilha, enfiou-a num escaninho e apertou uns botões que puseram a funcionar algum equipamento. Dez minutos depois avisou que o almoço estava servido: um gostoso estrogonofe que comi numa mesa Mies de vidro e inox, onde estava dona Sibyl. Conversamos bastante sobre as obras visitadas na véspera. Quando perguntei o que ela achava daquela casa, ela respondeu, com um muxoxo: "This is not a house! This is a show-piece!"[16]

Quando vi que a senhora que preparara o almoço – após colocar os pratos numa invisível e silenciosa máquina de lavar – recompusera o móvel devolvendo-lhe a aparência de equipamento de som e sumira, é que me lembrei de não ter visto nem o carro do Philip, nem garagem, nem nada que lembrasse utilização menos nobre. Na casa ao lado, sob os telhados de ardósia, é que devia estar tudo o que não coubesse no formalismo limpo da casa: os carros, empregadas, máquinas de jardinagem etc.

Cada vez que um de nós perguntava o que havia no bloco fechado, de tijolo aparente, Philip ria e dizia que naquele bloco só ele podia entrar. Fazia uma expressão de mistério que nos fazia insistir para que nos mostrasse o interior da intrigante construção. Finalmente ele nos levou, só que em pequenos grupos. Não podiam ir mais que três por vez.

Fomos – Ellida, Wit e eu –, no primeiro grupo e, logo que entramos, espantei-me com seu caráter formal, acadêmico, seu desenho absolutamente simétrico. Ele mesmo se encarregou de denunciar os truques usados para tamanha perfeição formalista: colocando-se contra uma das duas portas da extremidade esquerda, disse que não poderíamos imaginar o que havia atrás dela, mas acabou abrindo a folha, que encobria uma parede. Servia apenas para cumprir a simetria da galeria.

16 "Isto não é uma casa; é uma peça de exposição!"

Pela outra porta, contígua, entramos no quarto principal, seu verdadeiro quarto, onde podia se deitar inteiramente à vontade. Uma peça extraordinária, um retângulo alongado, com três paredes cobertas por um lindo brocado de predominância rosa, do século 18, comprado num antiquário em Veneza.

A terceira parede era de tijolo aparente, pintado de branco. Preso a ela, mas meio flutuante, desenvolvia-se um belíssimo painel de bronze fundido, do Bertoia. Junto a esta parede ficava uma enorme cama quadrada, coberta de um adamascado que encobria todo o móvel, única peça de mobiliário do quarto. Havia um tapete felpudo de tom marfim e, no teto de gesso, branco, três cúpulas juntas, invisivelmente suspensas na cobertura, guardando uma pequena distância do brocado e do tijolo aparente, deixando escoar uma iluminação discreta e uniforme.

Philip pediu silêncio, para nos mostrar um efeito especial do quarto. Um pouco constrangido permitiu que sentássemos na borda da cama, retirando de baixo dela um controle eletrônico. Girando uma manivela, fez baixar suavemente a iluminação, até mal distinguirmos nossos vultos, estabilizou a quase completa obscuridade e depois foi aumentando gradativamente a luz, até o ponto em que estava antes, terminando assim o show.

Mostrou-nos ainda as outras peças do bloco, arrumadas com mesas de trabalho, estantes, sofás e cadeiras, e levou-nos de volta ao bloco de vidro, para arrebanhar os componentes do segundo grupo. Anos depois entendi que naquele quarto, nas abóbadas de gesso, no brocado lindo e luxuoso, já existiam os sintomas do cansaço das amarras rígidas de Mies, que acabaram por desaguar na sua adesão plena ao pós-modernismo.

Quando voltou do anexo com Roberto, Ary e Ícaro, nos convidou a sair por New Canaan e visitar algumas obras suas, além de outras de colegas tão famosos como John Johansen e Marcel Breuer.

Fomos à primeira residência dos Breuer, muito conhecida por meio de livros e revistas, com aquele corpo atirantado. Depois visitamos a atual, lindíssima, espalhada num terreno plano, com algumas paredes de pedra, numa organização racional, lembrando até o Mies de Barcelona, mas com um ambiente doméstico, acolhedor.

Mesmo conhecendo a casa por revistas, fiquei impressionado com a naturalidade e a singeleza com que paredes, vãos e tetos se encontravam, formando espaços e criando proporções tão lindas. Parecia não ter sido planejada, projetada, desenhada, mas que só poderia ter acontecido daquele jeito, algo como as notas dos *Improvisos* de Schubert.

Aquela arquitetura tocou-me, cada elemento explicado pelos demais, cada laje, vão, parede só podendo estar onde está, não havendo lugar para outra solução!

* * *

De Nova York, partimos para o nosso destino: Toronto. Já escurecia quando chegamos ao Canadá, um quadro de cartão de Natal, com a cidade coberta de neve, das ruas aos galhos secos de árvores e aos telhados empinados. Os termômetros marcavam dezessete graus negativos. No dia seguinte fomos direto ao terreno do futuro City Hall. Cada um fez suas anotações e bateu suas fotos, logo prometidas de serem intercambiadas. Depois visitamos turisticamente a cidade, com seu caráter inglês marcado, com muitos telhados de cobre azinhavrado, prédios de pedra, solenes.

Duas visitas nos encheram de inveja: o escritório do arquiteto Parkin e a sede da associação local de arquitetos, por ele projetada. Dois prédios de excelente arquitetura – estrutura metálica com generosidade de espaços e plástica atraente –, ambos ladeando jardins públicos.

Voltando ao Rio, chamei o Sergio para conversarmos sobre o concurso; logo concluímos não haver tempo para estudar o projeto e desistimos de começar. Como a viagem demorou muito, acabou atrapalhando todo o nosso planejamento. Não me arrependo de ter aceitado as passagens – aquela viagem me valeu como uma bolsa de curta duração.

Residência Tasso Fragoso Pires

Em 1960, tive a oportunidade de projetar mais uma residência. Ficava na Gávea, na rua Engenheiro Penna Chaves, antiga Tabira, a uns seiscentos metros da casa onde morei dos quatro aos seis anos. Ali, durante a minha infância, havia uma grande chácara de jardineiros portugueses, cheia de árvores enormes e com um riacho, no qual brincávamos.

O terreno dos Fragoso Pires era simpático, situado sobre um bloco meio inclinado de pedra mole, um calcário de cor ferruginosa, que logo decidi usar na obra. Como o plano inclinado ficava uns 3,5 metros acima da rua, já de saída o muro de arrimo que sustenta o platô mais baixo foi feito da pedra, assim como algumas paredes da casa. Nesse nível, deixei a sala de estar – com varanda anexa – e o jardim inferior. Num nível um metro mais alto, dispus, envolvendo a sala de estar, e com vista para ela, a sala de jantar e um escritório pedido no programa, além da cozinha, lavanderia, lavabo, quatro dormitórios e banheiros, com a circulação se desenvolvendo em torno de um pequeno pátio de três por três, com espelho d'água e caixas de plantas. As dependências de empregadas ficaram sobre a cozinha e, no nível da rua, coloquei os dois halls de entrada, o de serviço e o social, interligados, sendo este último conectado à garagem. O espelho d'água e caixas de plantas ladeando a escada que leva à porta principal resultaram num ambiente muito especial no hall social.

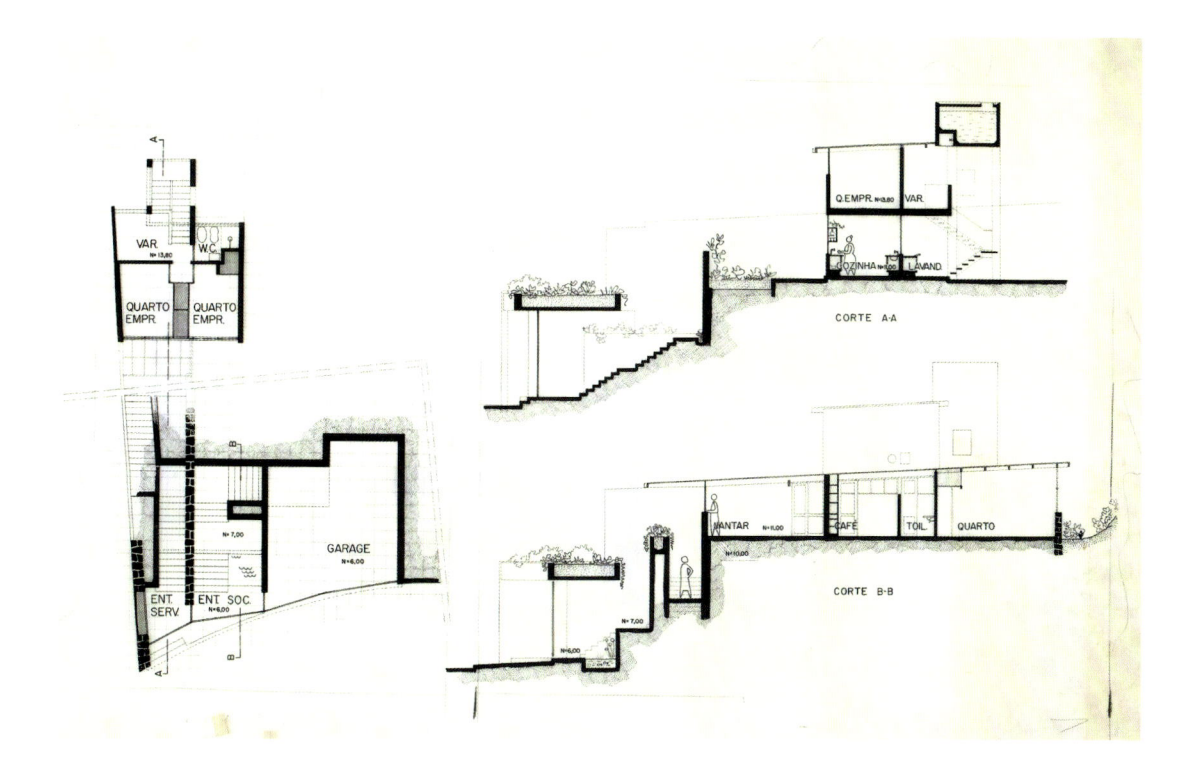

Como cobertura, usei o mesmo sistema da casa de São Conrado e do posto do Alto da Boa Vista: assoalho e vigas projetados em peroba-do-campo, assim como as colunetas que sustentam as vigas, no seu ritmo de 1,05 metro; a madeira encerada no interior e envernizada no exterior; os caixilhos e outras peças de vedação com o cedro pintado de cinza pastel, harmonizando com os tons ferruginosos da pedra de algumas paredes e contrastando com o branco das outras.

Iniciada a obra, passei a visita-lá duas vezes por semana. O mestre Giovanni era um italiano simpático e tudo corria bem, até a hora de começar a escavação da caixa-d'água subterrânea – que, no projeto, ficava sob o piso da garagem.

Naquela altura da obra, o orçamento já estourara. Quando se verificou o custo estimado para o corte da pedra, o proprietário instruiu o construtor para fazer a caixa no hall social, em lugar do espelho d'água e de uma caixa de plantas. Assim, anulava seu espaço e o transformava numa passagem estreita, de caráter secundário.

A partir desse ponto começou uma crise igual a outra que vivi seis anos mais tarde, em São Paulo. Quando fui informado, pelo

Residência Tasso Fragoso Pires, Rio de Janeiro RJ, 1960
À esquerda, plantas de anteprojeto
À direita, cortes

mestre, da decisão de mudar a caixa, fiquei irritado por não ter sido consultado, mas mantive o controle, pois estava apaixonado pela obra e não queria arriscar um desentendimento com o proprietário.

Expliquei ao mestre os prejuízos que a modificação traria à arquitetura da casa, à elegância do hall de entrada, e mandei recado ao senhor Tasso: eu estava à sua disposição para nos reunirmos na obra, no dia em que ele quisesse, para falar do assunto.

Fiquei decepcionado quando o mestre me disse, na visita seguinte, que o "signore" Tasso Fragoso não poderia ir à obra e mandara iniciar as fôrmas da caixa, no hall mesmo. Pedi ao Giovanni que não começasse já, que antes dissesse ao senhor Tasso que eu achava tão prejudicial a locação da caixa no hall que abandonaria o acompanhamento, caso ela fosse feita. Não forneceria mais nenhum desenho, não aceitaria mais um tostão pelo projeto e naturalmente retiraria a minha placa da obra, o que para ele não significaria, por certo, nada.

Saí apreensivo e triste, pois confiava muito no resultado daquela casa, que prometia sair bonita, humana e de boa arquitetura. Na semana seguinte, chegando à obra, vi sobre o muro de arrimo o Giovanni e, no hall de entrada, as fôrmas da caixa-d'água, com os ferros já colocados e aparecendo no alto. Voltei ao Badura, cuja porta comecei a abrir sob os gritos de protesto do mestre "aspetta, dottore!", "aspetta, dottore!"[17]

Não o deixei falar, cortei sua palavra com as minhas: lá não voltaria mais, nem daria mais qualquer desenho, que não queria mais dinheiro algum para continuar a acompanhar a obra e que minha placa fosse retirada do local. Só voltaria se desmanchassem a obra!

O mestre, coitado, quis desculpar-se, explicar que tinha de obedecer às ordens do patrão e fiz questão de mostrar-lhe que não levava nada contra ele e que saía agradecido a tudo o que ele fizera pelo sucesso da obra.

RESIDÊNCIA TASSO FRAGOSO PIRES
À esquerda, varanda; fachada principal; fachada principal vista do nível da rua
À direita, fachada lateral com os quartos

[17] "Espere, doutor!"

A caminho do escritório, triste, como se tivesse perdido um ente querido, ia fazendo um exame de consciência sobre minha atitude. Se eu agira mais por orgulho ferido por ter sido desconsiderado pelo cliente, ou se procedera apenas em defesa da integridade do projeto. Os proprietários não tinham condições de avaliar o prejuízo que aquela excrescência no hall de entrada provocaria, na desvalorização que isso acarretaria. Eu também tinha o direito de impedir que uma coisa tão antiestética fosse confundida com projeto meu, fazendo mal ao meu conceito.

Bem sabia que nos Estados Unidos, ou na Europa, o arquiteto tinha o direito de ir à justiça para defender a fidelidade ao projeto. Mas, quem sabe devesse ter sido mais político, procurado pessoalmente o Tasso para conversar e buscar, com ele, uma outra saída. Era verdade que eu me oferecera para encontrá-lo, e ele se recusara. Mas, não caberia a mim, que conheço o que é arquitetura, passar por cima de desfeitas mais baseadas em ignorância do problema e defender o projeto, sua integridade?

Nos dias seguintes, nem o Tasso nem o construtor me telefonaram, fui me arrependendo de não ter tentado um caminho mais diplomático, deduzindo, pelo silêncio de ambos, que tinham arranjado alguém para terminar os detalhes, acabando de aniquilar o meu projeto.

Um mês depois, fui informado pelo construtor de que as fôrmas da caixa-d'água haviam sido desmanchadas, a escavação sob o piso da garagem iniciada, que nada mais se fizera na obra neste mês e que eu poderia voltar à obra e ao seu detalhamento.

Eufórico, emocionado, no dia seguinte estava lá, com o Giovanni, esclarecendo dúvidas. Quando a casa estava para ficar pronta, encontrei Ana Lucia, mulher do Tasso. Dizendo-se encantada com a casa, contou-me que o marido estava tão entusiasmado que fazia questão de me convidar para jantar, logo que se mudassem.

Ano e pouco depois, ele me telefonou, pois precisava de uma estante no escritório e queria que fosse eu a desenhá-la – não queria nada em sua casa que pudesse quebrar a linha arquitetônica.

Residência Tasso Fragoso Pires
À esquerda, estar e galeria; jantar, estar e varanda; perspectiva da sala de estar
Abaixo, estar, parede do escritório e parede baixa do jantar

Breve experiência jornalística

Convite excitante   O *Correio da Manhã*, naquele tempo, era o melhor jornal do Rio. Uma das colunas que eu lia diariamente era o "Itinerário das Artes Plásticas".

Fiquei surpreso quando, em setembro de 1960, Jayme Maurício, seu jornalista responsável, me telefonou apresentando-se e dizendo ter lido uns textos meus no boletim do IAB. Contou que ia sair de férias por vinte dias e gostaria que eu o substituísse, como redator interino da coluna.

Assustado, respondi que nunca fora jornalista, que escrevera poucas vezes num boletim ou outro e não tinha cultura artística para o encargo. Mas ele não se deu por vencido, disse que gostou do que tinha lido e que com certeza eu me sairia bem. Argumentou ainda sobre o bem que eu poderia fazer pelo IAB e pela divulgação de arquitetura, na coluna. Deu-me três dias para pensar e recomendou que conversasse com meus companheiros do IAB.

Eu estava casado havia pouco tempo e a vontade que tinha, no fim do dia, era voltar à companhia de minha mulher, mas à noite, quando lhe contei do telefonema, ela se dispôs a colaborar, minimizou o sacrifício, prontificou-se a me esperar para jantar mais tarde. Achava que essa participação só poderia ser benéfica para a divulgação do meu nome, beneficiando a minha carreira.

No dia seguinte fui ao escritório dos Roberto, e tanto Maurício quanto seu xará Nogueira Batista insistiram para que eu aceitasse.

No outro, saindo da prefeitura, fui para a redação do jornal, onde procurei o Jayme, já conhecido de vista, na companhia dos amigos do Museu de Arte Moderna. Ele me apresentou Luiz Alberto Bahia, o redator-chefe; Aluísio Branco, secretário, e Fuad Atala, responsável pelo segundo caderno, o da coluna. De volta à sua mesa, mostrou-me a máquina, dizendo que eu teria de redigir diretamente nela, pois no ritmo necessário à produção diária, eu não conseguiria escrever à mão para depois datilografar.

Dois dias depois entrei na redação, excitado pelo desafio que representava o encargo. Já tinha matéria sugerida pelo Jayme, na véspera, e surpreendi-me por ter conseguido, pela primeira vez, redigir, se bem que muito vacilante, diretamente na máquina. Na manhã seguinte abri ansiosamente o jornal à procura da "minha" coluna, pois, na véspera, o Jayme Maurício anunciara as férias e minha interinidade.

"Monstrumentos"   Pela manhã eu passara em frente à construção de uma estrovenga que o Departamento de Águas estava construindo para esconder um equipamento hidráulico qualquer, no meio do jardim central da avenida Princesa Isabel, em Copacabana.

Aquela obra me irritava porque a estrutura procurava, visivelmente, disfarçar alguma falta de planejamento na instalação do esgoto, ou das bombas, sabia eu lá. O projeto era o mais infeliz possível, baseado num completo desentendimento do que fosse arte moderna, escultura moderna, era um estilo "modernoso" evidentemente criado por um leigo curioso. Isso em frente à avenida Atlântica, um dos mais bonitos cenários do Rio. Juntava perfis metálicos extrudados desconexos a placas de pedra ou metal, numa delas recortado um perfil da Redentora.

Meu primeiro artigo seria fruto da revolta contra o descaso das microautoridades municipais pela aparência do Rio, reflexo da ignorância geral sobre arquitetura e sua importância na preservação da estética de uma cidade que a natureza fizera só cheia de belezas.

O progresso do suposto monumento me dava repulsa e, com tristeza, soube da inauguração. Antes dele, o mesmo departamento construíra, a uns cinquenta metros, com linhas igualmente modernosas, uma espécie de fonte com laguinho e esguichos, para disfarçar outra instalação, peça logo apelidada de "bidezinho da princesa".

Responsável pela coluna, aproveitei para tentar alertar as autoridades sobre o "monstrumento" em construção. Esse e outros horrores. Até hoje me revolto com os monstrumentinhos que algumas associações de clubes e de profissionais plantam nos nossos jardins, com licença de sabe-se lá quais autoridades ignorantes em estética.

Encomendei ao fotógrafo da redação imagens de ambas as peças, e ainda de umas horríveis coberturas de passagem subterrânea em frente à Central do Brasil, de um canhestro pavilhão no Campo do Russell e de mais um ou outro exemplo desse terrível modernoso – o estilo praticado por profissionais malformados que pretendem imitar a boa arquitetura dos nossos arquitetos de alto padrão.

Falei da existência, nos quadros da prefeitura, de arquitetos de alto nível, mas deplorei que a construção desses objetos estivesse entregue ao discernimento de chefes sem formação cultural ou estética, em vez de ser submetida à consulta de órgãos encarregados da defesa estética da cidade.

Itinerário das Artes Plásticas
INTERINO
O DESCASO OFICIAL PELA ESTÉTICA DA CIDADE

Os cidadãos de bom gôsto e de sensibilidade dêste novo Estado andam apreensivos com a instalação, em plena avenida Princesa Isabel, esquina de avenida Atlântica, de uma oficina de pedestais, da ex-Prefeitura, hoje Govêrno Estadual.

Se bem que pareça inconcebível a qualquer pessoa provida de um mínimo de senso estético o agrupamento, em caráter definitivo, das três peças em execução no momento, muitos cariocas mais pessimistas não afastam a hipótese, à primeira vista absurda, do que elas se destinam a ficar na posição em que se encontram, naquele mesmo lugar.

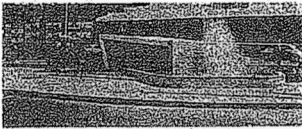

Disseminada pelo Rio de Janeiro, uma curiosa estilística da paródia da verdadeira arquitetura moderna, capaz de encabular muita cidade do interior

Argumentam êstes, zelosos da beleza do Rio, que o "mau gôsto individual de cada peça já é, em si, um sintoma da possibilidade de seu agrupamento. Ainda chamam a atenção dos incrédulos para o estranho chuveirinho construído logo adiante pela mesma Prefeitura e que não alenta menos contra a estética da cidade: —". "Quem encravou esta coisa ali, pode muito bem achar bonito meter mais três três do lado".

Se, de fato, fôr a intenção oficial deixar no eixo da avenida os três pedaços de concreto agora em fase de revestimento, só nos resta lamentar e alertar o populacho e as autoridades em geral para o perigo de outros desastres futuros.

Acontece que esta é uma cidade originàriamente linda, de grande beleza natural e onde, às vêzes se fala em turismo. Nenhum govêrno teria sequer o direito de descuidar da preservação da mesma, quanto mais o de corrompê-la com a imposição de elementos antiestéticos. E muito menos, o direito de gastar o dinheiro do povo nesta triste tarefa.

No caso da avenida Princesa Isabel, a gravidade é enorme: Trata-se da entrada de Copacabana. O observador emergindo do túnel depara-se com êsse lindo cenário, difícil de encontrar semelhante, onde uma larga faixa de asfalto, agarrada no meio, acabando brucamente no mar, cujos horizontes e céu recebem uma monumental moldura caracterizada pelas muralhas dos edifícios vizinhos. À medida que se aproxima da praia, vê aquêle painel enquadrado e aumentado, para se repetir se transformar em tôda a imensidão do céu sôbre o mar. Sòmente o efeito estético dinâmico dêste percurso já tomaria tendêria uma nove intromissão do homem nas condições do local. Bastava a grama, uma vegetação e estava completo o arranjo urbano. Mas, se se considerava necessário, ali, um monumento à princesa, era preciso ter consciência da gravidade e da responsabilidade do problema. Ali só caberia um monumento, um verdadeiro monumento, adequado ao local, proporcionado à sua escala e tirando o maior partido possível de suas condições excepcionais.

Isto tudo, claro, é tarefa de arquiteto e pedia um ótimo arquiteto. Em vez disso, teme-se que a antiga Prefeitura tenha encomendado uma estátua com vários pedestais.

Antes da demolição do edifício ali existente, depois de quebrada a alvenaria, restou, nua em sua elegância, fruto da lógica, a estrutura de concreto armado. Ao sair do túnel o observador deparava com aquêle esqueleto leve e espuma, proporcionado aos edifícios vizinhos, formado de silhuetas que permaneciam luz recortada em quadrados, retângulos e nesgas, ora se acendendo, ora apagando, à medida de sua aproximação. Ao se atingir a esquina, tôda aquela massa dinâmica, crescida em cúmulo em imponência e majestade, punha-se a girar, metamorfoseando-se em mil efeitos plásticos.

Aquilo que era uma ruína, pelo acaso transformada em fonte de emoções estéticas, teve de ceder à inserção do progresso porque, de fato, impedia o prolongamento de uma das pistas. Mas tôda a lição de arquitetura paisagística e monumental que aquêle acabouço encerrava, ficou perdida para a antiga Prefeitura, não atingindo à compreensão de seus dirigentes, que apenas viram ali uma carcaça a demolir e a substituir, talvez por um pirulito com uma figura de bronze trepada em cima.

Seria utópico esperar que na defesa da estética da cidade, o seu govêrno fôsse obrigar a tôdas as construções da iniciativa privada o projeto de bons arquitetos. Por enquanto, em nosso país, nem no exercício da exclusividade do exercício de arquitetura é assegurada pelas leis, aos arquitetos. Ainda seria impossível conseguir que tôdas as obras erigidas por iniciativa do govêrno, apresentassem um elevado padrão arquitetônico. Mas, sabendo-se que a arquitetura brasileira é respeitadíssima e até seguida, no estrangeiro, sabendo-se que trabalham no Rio muitos dos melhores arquitetos do país, e que nas próprias quadras da municipalidade se se encontram profissionais de grande categoria, bastando citar Reidy como exemplo, não se pode admitir que a escolha política, ou os locais de maior destaque na cidade para usar e abusar da mais repelente subarquitetura.

Não se pode aceitar que no planejamento de prédios, fontes, monumentos ou jardins, em locais com grandes avenidas, praças e orla marítima, descuida a municipalidade, inteiramente, dos problemas estéticos de ambiente, lançando mão de caricaturas arquitetônicas incompatíveis com uma cidade civilizada.

No entanto, sòmente de obras novas, no rápido percurso entre o centro e a zona sul, podemos indicar, com exemplos, mais de dez ofensas à estética da paisagem, tôdas cometidas pela Prefeitura.

Logo defronte ao campo de Santana, os abrigos de acesso às passagens subterrâneas chocam a vista do observador com seus ridículos e gratuitos V e tôda uma estilística de paródia de verdadeira arquitetura moderna, capaz de encabular muita cidade da alta Sorocabana.

Na avenida Presidente Antônio Carlos, o malogrado edifício dos secretários, monumento de feitura anacrônica, consegue acachapar intelramente a igreja de São José, obrigada a formar com êle um conjunto horripilante. No campo de Russel, um pseudo monumento foi erigido, recentemente, a Baden Powell, numa ingênua imitação de arquitetura moderna e sòmente fica à vontade, em vista do projeto prédio municipal que lhe serve de fundo. Na entrada do Pasmado, a Prefeitura indiferente a desapropriação feita a dois clubes, tem duas estranhas estruturas, uma garage de barcos, outra, parece que um ginásio, ou salão de festas, que apenas servirão para valorizar, pelo contraste, a elegância do ginásio projetado por Niemeyer, para o Botafogo.

Do outro lado dos túneis, na avenida Princesa Isabel, o Departamento de esgotos, num rasgo de sinceridade de expressão arquitetônica, tratou de transmitir todos os odores internos de suas instalações, pela plástica de sua bacia com chuveirinho, simbolizando perfeitamente um determinado aparelho sanitário.

Na praça Serzedelo Correia, foi necessária a construção de uma estação de fôrça, para os futuros ônibus elétricos. Tratando-se apenas de uma estação de fôrça, o raciocínio municipal deve ter concluído pela ausência de necessidade de estética, violentando assim uma das poucas praças de Copacabana. Enquanto em todos os países civilizados, desde os primórdios da história, justamente nas praças concentram-se os maiores empenhos estéticos dos arquitetos, neste nosso infeliz Rio de Janeiro, estraga-se uma praça com a construção primária de um pobre e desleixado bloco cimentado.

Na avenida Atlântica, felizmente não sobreviveram os inadequados "playgrounds", mas os coqueiros desambientados apontam, gritando aos homens, que não é aquêle o seu habitat ideal.

E as amendoeiras do pôsto cinco e meio, permanecem, artificialmente ordenadas. Na praia de Ipanema, ao menos livre dos horríveis quiosques de sapê, continuam, na praia e no calçadão, os postes de iluminação elétrica, sempre feridos às noites, mesmo aquelas em luz. E no fim do prala do Leblon, uma estação de esgotos apresenta um exemplo típico de chamado estilo "moderninho", ou "moderno-so", também classificado como "estilo Funcional".

Agora mesmo os jornais anunciam com alarde a construção, a toque de caixa, de novos postos de salvamento nas praias da zona sul. Um pôsto de salvamento, é claro, tem que preencher determinados requisitos técnicos, e que pede um arquiteto competente. Mas se é viável participar da aparelhagem da Avenida Atlântica, ou da Vieira Couto, fica patente à unanimidade de sua forma, seu problema estético é tão importante quanto o de qualquer monumento que se construa num local de grande evidência. Um projeto mal concebido, pode comprometer gravemente a estética da praia de Copacabana. E no entanto, já não se sabe, nas notícias dos jornais, no seu projeto. Não se sabe nem se há um arquiteto encarregado do mesmo.

Recentemente, a construção de um novo edifício comercial no Picadilly Circus, no coração de Londres, suscitou os maiores debates na imprensa local, preocupadíssima com a defesa estética da praça. Tamanha foi a repercussão do acontecido, que chegou até ao Parlamento do Reino Unido, cuja primeira providência foi a convocação da Real Sociedade Britânica de Arquitetos, a fim de esclarecer e orientar os representantes do povo no trato da questão.

Perguntamos então, por que não convoca o Govêrno do Estado da Guanabara o Instituto de Arquitetos do Brasil, para colaborar, através de seu Departamento local, com o pêso de sua experiência e autoridade, nestes casos em que não só a aparência do Rio, o mesmo em todas as demais problemas de arquitetura e urbanismo que tanto afligem a cidade.

Talvez, para os casos de defesa estética, o Instituto aconselhasse a realização de concursos abertos, sempre que se tratasse de implantar um elemento nôvo em local especialmente visível, organizando e julgando, então os concursos. Caso o Estado não pudesse gastar fora do organismo, com projetos pagos a terceiros, — se fôr lícito economizar à custa da beleza do Rio, — poderia pedir ao Instituto que organizasse concursos entre os arquitetos dos quadros oficiais, que receberiam, os vencedores um prêmio em dinheiro, além de seus salários regulares. Em último caso, até, talvez, se organizasse uma super seção de arquitetura, independente das secretarias e livre de especialidade de problemas de viação, de esgotos ou de saúde, destinada a projetar os prédios mais cuidados, ou melhor situados, de Copacabana.

Alguma solução deve ser encontrada nesse contato, entre o Govêrno e o Instituto e êstes elementos certos. Só o que não pode permanecer é a situação atual, em que o aparecimento de elementos capazes de comprometer desastrosamente a beleza da nossa cidade são distribuídos e às vêzes orientados por inúmeros chefes de serviço, muitos dêles inteiramente desinteressados com os problemas estéticos, ou de ambientação, antolhados apenas pela aspecto utilitário do projeto, outros bem intencionados, mas alheios ao que seja a verdadeira arquitetura contemporânea, muitos dêles apenas engenheiros e outros, às vêzes, nem isso.

Frutos dêsse estado de coisas são os inúmeros monstrengos erigidos em tôda parte pela antiga Prefeitura e são êles a prova de que a cidade precisa urgentemente de encontrar no nôvo governador da Guanabara, um culto, um violento defensor do que ainda lhe resta de maravilhosa. A menos que se busque que sempre se faça do seus planos para transformá-la em centro de turismo. (M.A.F.)

As três peças que estão sendo moldadas na oficina da Avenida Princesa Isabel, obedecem ao chamado "estilo funcional", também conhecido como moderno

Numa cidade de arquitetos mundialmente famosos, o governo tem a irresistível atração da subarquitetura, aplicando-a generosamente contra os mais belos cenários naturais

---

ITINERÁRIO DAS ARTES PLÁSTICAS, coluna de Marcello Fragelli, jornal *Correio da Manhã*, 21 de setembro de 1960

No dia seguinte à publicação, Maurício Roberto, como presidente do IAB local, mandou uma carta cumprimentando o jornal pela matéria, que refletia o pensamento do órgão e a carta foi transcrita. Para minha surpresa, a prefeitura iniciou a demolição do monumento e do bidezinho! Contaram-me, mas não consegui confirmar, que o governador Lacerda lera o artigo e mandara arranjar outra solução para esconder as bombas dos esgotos.

CONTRA A MEDIOCRIDADE Recebi uma carta enviada pelo Diretório Acadêmico da Faculdade Nacional de Arquitetura comunicando a morte do professor Archimedes Memória, que tinha sido regente da cadeira de grandes composições, inclusive no meu tempo. Pedia-me um artigo denunciando a trama, já em montagem, para substituí-lo pelo sobrinho de outro catedrático, antes que se candidatasse ao posto algum arquiteto de alto padrão.

A carta falava da "Liga de defesa da mediocridade", que impedia o acesso dos arquitetos de maior valor aos quadros da faculdade. Recebi um telefonema do presidente do diretório com mais informações e detalhes. Consciente daquela situação que já nos revoltava durante o curso e bem lembrado do episódio com a minha prova sobre o "Palácio do Governo", fiz o necrológio do professor. Abri a matéria com a notícia da morte e, em seguida, comentei sobre a importância dos prédios que ele projetara no Rio, desde o Palácio Tiradentes à igreja de Santa Teresinha do Túnel, inesperadamente moderna, passando pelos nobres e elegantes prédios do Jockey e do Derby Clube. Manifestei então minha preocupação com o preenchimento da cátedra, atentando para o fato de que, entre os professores da Faculdade de Arquitetura, pouquíssimos podiam mostrar aos alunos algum projeto significativo de própria autoria, enquanto inúmeros outros arquitetos brasileiros tinham suas obras reconhecidas por toda a imprensa especializada estrangeira.

Dois dias após a publicação do artigo, o secretário de redação convocou-me à sua mesa. Estendeu-me uma carta da direção da faculdade, assinada pelo diretor, meu antigo professor de topografia. Seu estilo afetado, que tinha pérolas como "este rapaz que escarra no prato em que comeu" e "qual a arma australiana, essas ofensas voltarão à sua origem". O secretário de redação, muito sério, afirmou que pela lei de imprensa teria de publicar essa carta, e com o mesmo destaque.

Itinerário das Artes Plásticas
INTERINO

ALERTA PARA O CONCURSO DA CADEIRA DE GRANDES COMPOSIÇÕES DA F.N.A.

Faleceu na última terça-feira o professor Arquimedes Memória, arquiteto que gozou de grande prestígio em seu tempo, quando projetou o Palácio Tiradentes, sendo ainda o autor, entre outras obras, da Igreja de Santa Teresinha, no Tunel Novo.

O ilustre professor era catedrático, na Faculdade Nacional de Arquitetura, da cadeira de Grandes Composições, nos 4º e 5º anos, aquela de maior responsabilidade em todo o curso.

Em vista da enorme importância que tem, na formação dos futuros arquitetos esta cadeira, já prejudicada nos últimos decênios pela incompatibilidade de seu titular com a evolução da arquitetura, seria absolutamente justo e mesmo edificante, que ao menos desta vez, quando se fizer o concurso para a escolha do novo catedrático, deixasse de funcionar e atuar a chamada "Liga de auto-defesa da mediocridade" que tem impedido o acesso à Congregação da Faculdade, dos bons arquitetos que diariamente na prancheta, construíram e mantêm constantemente em ascensão o prestígio da arquitetura brasileira.

Enquanto que nos Estados Unidos, Mies Van der Rohe, Gropius, Rudolph, Beluchi, Sert, Khan e outros grandes profissionais dividem o seu tempo entre a prancheta e o preparo das novas gerações de arquitetos, aqui no Rio existe, apenas excetuada pela teimosia de uns dois ou três Hernanis Vasconcelos, que conseguiram ser auxiliares de ensino, esta curiosa situação: duas classes inteiramente distintas e desligadas: de um lado, a dos arquitetos que projetam, engrandecendo com o seu trabalho a arquitetura brasileira; de outro, a Congregação da Faculdade, de cujos membros talvez nem dois possam apresentar a seus alunos uma obra de arquitetura de sua autoria. (M.A.F.)

ALERTA PARA O CONCURSO DA CADEIRA DE GRANDES COMPOSIÇÕES DA F.N.A.

A escola do Rio de Janeiro é a mais antiquada das "grandes escolas". E' uma escola grande, mas desde muito tempo é tão antiquada e comida pelas traças, quanto a de São Paulo... Os estudantes, impacientes por progredir, demonstraram notável iniciativa própria... Trabalham para os grandes arquitetos, preferindo determinados nomes de seu particular agrado: os irmãos Roberto, Oscar Niemeyer, etc.; mas, de qualquer forma, aprendem por iniciativa própria.

RICHARD NEUTRA
BIOLOGIC REALISM. A NEW HUMANISTIC
RENAISSANCE IN ARCHITECTURE
Oxford University Press, 1957

A respeito da carta publicada anteontem neste jornal, assinada pelo Diretor da Faculdade Nacional de Arquitetura, declaramos não ser absolutamente do nosso intento estabelecer polêmica pessoal com a Congregação daquela Escola.

Ao escrever o artigo do dia 23, sabíamos que o mesmo atrairia, contra nós, uma indesejável cólera dos Catedráticos que se julgassem atingidos. E era protocolar que essa indignação trouxesse à assinatura do Diretor.

No entanto, considerando nosso primário dever, quando investidos de uma embora transitória posição na Imprensa, denunciar a possibilidade, a intenção, o planejamento, de se prorrogar uma escandalosa situação que transforma o que deveria ser uma verdadeira escola de arquitetura, numa simples repartição pública.

Nossa situação interina nos impõe várias limitações, inclusive de tempo, mas, êste, desejamos empregar em algo de útil e no caso, parece-nos utilíssimo lutar pela recuperação da Faculdade.

Não vamos, pois entrar na crítica de todo o texto da carta, nem mesmo analisar os patentes e educados motivos pelos quais os arquitetos realizados que desistiram de continuar na Faculdade, encheram os seus arquivos com justificativas, de motivos de fôrça maior. Não vamos, tampouco, pedir à Congregação, que divulgue a carta de demissão escrita pelo eminente mestre Paulo Sá quando se capacitou da inutilidade de sua luta naquele ambiente estéril e bolorento.

Apenas sôbre um ponto, em que o triste documento se revela cheio de má fé, desejamos nos deter. Diz a Congregação que escrevemos inverdades sôbre o professor Memória e alega falta de ética de nossa parte, como se houvéssemos caluniado o ilustre morto.

Não poderíamos melhor responder a isso que transcrevendo a parte, do nosso artigo, referente ao professor, para que nela possam, os leitores desta coluna, procurar as inverdades, a falta de ética. Eis os três primeiros parágrafos do artigo:

"Faleceu na última terça-feira o professor Arquimedes Memória, arquiteto que gozou de grande prestígio em seu tempo, quando projetou o Palácio Tiradentes, sendo ainda o autor, entre outras obras, da Igreja de Santa Teresinha, no Tunel Novo.

O ilustre professor era catedrático, na Faculdade Nacional de Arquitetura, da cadeira de Grandes Composições, nos 4o e 5º anos, aquela de maior responsabilidade em todo o curso. Em vista da enorme importância que tem, na formação dos futuros arquitetos, esta cadeira, já prejudicada, nos últimos decênios, pela incompatibilidade de seu titular com a evolução da arquitetura, seria absolutamente justo e mesmo edificante, que ao menos desta vez, quando se fizer o concurso para a escolha do novo catedrático, deixasse de funcionar e atuar a chamada "liga de auto-defesa da mediocridade", que tem impedido o acesso à Congregação da Faculdade, dos bons arquitetos que diariamente, na prancheta, construíram e mantêm em constante ascensão o prestígio da arquitetura brasileira".

Nada mais, no artigo, faz referência ao falecido professor, sendo os parágrafos restantes dedicados apenas a uma breve, mas incômoda, análise do nosso ensino na escola. Sentimos que, considerando-se atingida pelo que escrevemos, a Congregação ficou ofendida pelo que não escrevemos.

Uma nota publicada dois dias depois, neste jornal, de autoria de Ali Right, amigo do morto, diz dêle, como elogio, fúnebre, o mesmo que afirmamos em nosso artigo.

Não nos interessa, repetimos, estabelecer uma infrutífera polêmica pessoal, mesmo porque nossa condição de colunista não se prolongará mais que duas semanas.

Por consciência cívica, por dever cultural e profissional, sentimos a necessidade de chamar a atenção pública para um problema grave que interessa ao próprio futuro da nossa arquitetura. Isto, conseguimos tanto com nosso artigo, quanto com a resposta oficial que êle conseguiu provocar. O resto, cremos, virá por si.

Voltaremos, isto sim, ao sereno e desinteressado estudo do preenchimento da cátedra, que aparecerá, na têrça-feira com novos e mais amplos aspectos. Publicaremos, só então, por motivo da falta de espaço hoje, uma seríssima carta recebida para esta coluna o que foi escrita antes do infeliz ofício da Congregação, pelo arquiteto Maurício Nogueira Batista, um dos diretores do Departamento do Rio de Janeiro do Instituto de Arquitetos do Brasil e um dos mais competentes e responsáveis profissionais da nova geração. (M.A.F.)

Itinerário das Artes Plásticas, colunas de Marcello Fragelli, jornal *Correio da Manhã*, 23 de setembro de 1960 e 2 de outubro de 1960

Surpreendi-o dizendo que publicaria em minha coluna, e o faria logo em seguida. Antes fui ao meu escritório, de cuja estante peguei o livro do Neutra *Biological Realism. A New Humanistic Renaissance in Architecture*,[18] de 1957, da Oxford Press e peguei um trecho para abrir a coluna:

> *A escola do Rio de Janeiro é a mais antiquada das "grandes escolas". É uma escola grande, mas desde muito tempo é tão antiquada e comida pelas traças, quanto a de São Paulo... Os estudantes, impacientes por progredir, demonstraram notável iniciativa própria... Trabalham para os grandes arquitetos, preferindo determinados nomes de seu particular agrado: os irmãos Roberto, Oscar Niemeyer, etc.; mas de qualquer forma, aprendem por iniciativa própria.*

Contudo, fui informado de que, para cumprir a lei de imprensa, seria necessário transcrever a carta isolada, não dentro da coluna. Preparei então uma nota, aberta com a citação do Neutra, em que atacava as inverdades contidas na carta da congregação, reforçava meus elogios anteriores à obra do professor morto e alertava para os defeitos da faculdade e o perigo de sua substituição viciada.

EM DEFESA DE UM REIDY Uma tarde, conversando com um desenhista do DOI, em sua prancheta, estranhei a qualidade excepcional da planta que ele desenhava. Não tinha nada de parecido com as plantas dos nossos hospitais, todas confusas, sujas, concebidas sem nenhuma ordem nem intenção arquitetônica. Era uma planta limpa, clara, ordenada, coisa de nível e, por isso, debrucei-me sobre o carimbo e constatei que era o prédio da lavanderia do Pedregulho, do Reidy. Não tinha a menor razão para estar ali no DOI.

Fiquei estarrecido quando soube o motivo. Estávamos perto da época das eleições, e o secretário era candidato à reeleição como vereador – como sua zona eleitoral era aquela, queria alguma obra para sua propaganda. Pensou num posto de saúde infantil e conseguiu, com a administração do conjunto, a autorização para transformar a lavanderia em posto de puericultura!

Minha revolta foi enorme. Esse conjunto é uma obra importantíssima de arquitetura, publicada no mundo inteiro, não poderia ser modificado assim, sem a participação do arquiteto autor.

18 [Ed. em espanhol: *Realismo biológico : un nuevo renacimiento humanístico en arquitectura*. Tradução de Luis Fabricant. Buenos Aires: Nueva Visión, 1960.]

O desenhista, rindo da minha fúria, convenceu-me da inutilidade de falar com o chefe ou com o diretor. Disse que ambos tinham sido contra o projeto, mas que o Secretário estava decidido e exigiu a modificação do prédio.

De posse do livro *Affonso Reidy. Bauten und Projekte*,[19] editado em Stuttgart, segui para a redação do *Correio*. Abri a coluna com a manchete: "Planejam mutilar um Reidy". O clichê da foto do Conjunto do Pedregulho, com o prédio da lavanderia aparecendo no segundo plano, viria logo abaixo. Como no Brasil, opinião estrangeira, especialmente europeia, é coisa muito respeitada, como legenda reproduzi o nome do livro em alemão e o da editora.

ITINERÁRIO DAS ARTES PLÁSTICAS, coluna de Marcello Fragelli, jornal *Correio da Manhã*, 27 de setembro de 1960

No texto, o histórico: a origem do plano de modificação, a situação sanitária da zona, a desnecessidade do posto. Clamei contra o absurdo de se modificar uma obra arquitetônica à ignorância do autor, mesmo no caso em que realmente fosse necessária a reformulação.

Soube depois pela direção do jornal que o artigo causara um problemão. Dona Carmen Portinho tinha telefonado furiosa para o prefeito e exigido a suspensão imediata do plano. O secretário telefonara irritado, pois dona Carmen era uma mulher poderosa na prefeitura. Além de diretora do Departamento de Habitação Popular, era diretora do Museu de Arte Moderna e, ainda por cima, tinha dona Niomar Moniz Sodré Bittencourt, a proprietária do *Correio da Manhã*, como aliada. O prefeito estava preocupadíssimo, dava até a impressão de sentir-se, também, ameaçado!

O plano foi abandonado e nenhuma cabeça rolou. Comigo também não mexeram: vai ver até que acharam que o jornal, ou aquelas poderosíssimas senhoras, pudessem vir em minha defesa!

Novos rumos na carreira

Prioridade: fazer obra No escritório, continuávamos com sorte, nunca nos faltava o que projetar. Para nos garantir, cuidávamos muito dos preços cobrados pelo nosso trabalho. Nossa remuneração ainda estava longe de atingir números que se aproximassem dos indicados pela tabela do Instituto de Arquitetos do Brasil.

Minha preocupação, na época, não era tanto ganhar dinheiro, mas juntar experiência e ver a obra ser construída.

Ao contrário dos outros artistas, para o arquiteto é impossível realizar suas criações se não tiver um cliente que as patrocine, que as encomende, tornando-as realidade. Ao pintor, bastam a tela, os pincéis e a tinta para criar uma obra de arte. Ao escultor, a argila, a madeira ou até o gesso, se não tem dinheiro para a pedra ou o bronze. O literato e o compositor, com papel e caneta ou lápis, podem criar uma obra-prima, e sua luta pode ser a de mostrá-la, divulgá-la.

Ao arquiteto, se faltar a encomenda, o terreno, o programa, a realidade do caso, lhe restarão criações abstratas, visionárias, que quando muito resultarão em desenhos – mesmo que estes revelem criação, talento e até gênio. Arquitetura não é desenho teórico, é obra construída para resolver um problema real, é espaço criado.

19 Klaus Frank, *Affonso Eduardo Reidy: Bauten und Projekte*. Stuttgart: G. Hatje, 1960.

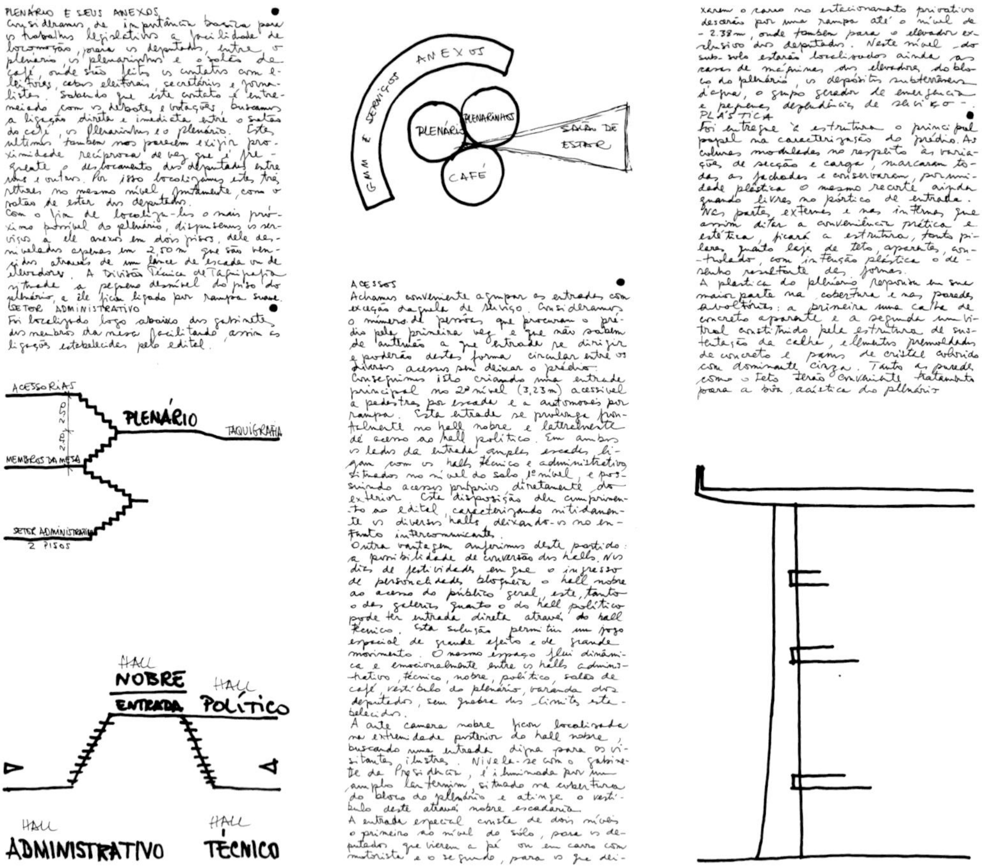

A decisão de priorizar a chance de projetar sobre a oportunidade de bem cobrar era possível até então, por ser solteiro, morar com os pais e pelos sucessivos salários dos empregos públicos. Mas agora estava casado e teria que pensar não só por mim, mas pela minha família.

CONCURSO FRUSTRADO   Em 1961, convidou-me o Sergio Rocha para um novo concurso, cujo tema era realmente tentador: o Palácio da Assembleia Legislativa de São Paulo. Eu estava casado com sua prima, e além das horas que passávamos no escritório da rua México, muitas noites levávamos os desenhos para o apartamento dos Rocha, onde nossas mulheres nos davam apoio.[20]

Em uma noite de entusiasmo, começamos a brincar com a possibilidade de ganhar o concurso. O mercado de arquitetura no

Rio andava tão fraco, já vivendo o clima da transferência da capital para Brasília, que admitimos a possibilidade de nos mudar para São Paulo, se fôssemos bafejados pela sorte suprema.

Já minha mulher dizia nunca ter pensado sequer em deixar o Rio, mas se fosse para o bem da minha carreira, ela se mudaria. Sergio e eu achávamos que, se vencêssemos, seríamos loucos se não nos mudássemos para São Paulo, para aproveitarmos a publicidade que fatalmente o projeto nos daria.

Fiquei menos contente com este projeto que com o do hotel no Paraguai. A entrega deveria ser feita em São Paulo, e para lá fomos, de trem noturno – o Marcos Konder Netto que também concorria e eu –, levando os nossos e mais o projeto do amigo Flávio Marinho Rego. Da estação do Brás tomamos um táxi para a Assembleia, no parque D. Pedro, onde era a entrega. Como também voltaríamos no trem noturno, resolvemos passar, no fim da tarde, no IAB.

Lá encontramos um ambiente muito diverso daquele nosso IAB carioca, a principiar pela sede, que tínhamos modesta, nas duas salas do edifício São Borja. A sede de São Paulo tinha um amplo salão, com mezanino e um bar onde os colegas conviviam num clima de animação bem diferente do nosso do Rio.

Encontramos alguns amigos e conhecidos que nos convidaram para beber. A conversa era de dar inveja, pois todos pareciam estar com serviço, falavam de dezenas de prédios sendo projetados por arquitetos – o que correspondia ao grande número de placas de arquitetos que de nossos táxis víramos, à tarde, pela cidade toda.

ASSEMBLEIA LEGISLATIVA DE SÃO PAULO, concurso de anteprojeto, projeto não construído, São Paulo SP, 1961
À esquerda, memorial descritivo
À direita, cortes e implantação

20 Segundo o arquiteto Sergio Rocha, colaborou neste projeto a arquiteta Dinah Baddini.

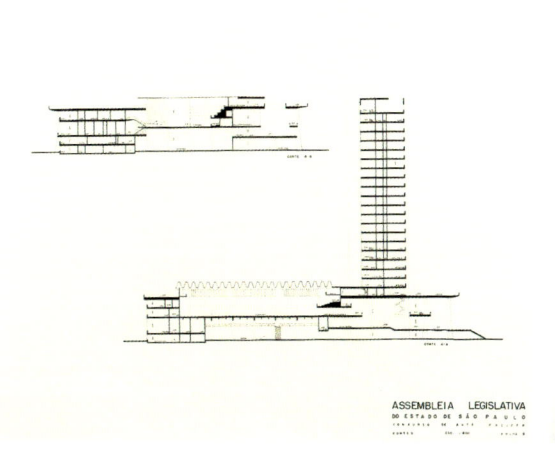

ASSEMBLEIA LEGISLATIVA
DO ESTADO DE SÃO PAULO
CONCURSO DE ANTE PROJETO
PERSPECTIVA A   FACHADAS SW E NW   FOLHA 15

Uns dez dias depois ligou-me o Flavio Léo da Silveira, para me cumprimentar pela vitória no concurso. Eu não podia nem acreditar no que ouvia – tinha medo de acreditar e me decepcionar. Ele me disse que havia ouvido isso na casa do Ary Garcia Rosa.

Pouco depois telefonou-me o Sergio Rocha, que já soubera da notícia. Estava excitadíssimo, mas fiz por preservá-lo de uma decepção brutal, alertando-o que poderia ser boato.

Ligou-me em seguida o Marcos, para dar os parabéns, estava na faculdade e lá todos sabiam que eu tinha sido o escolhido. Já muito nervoso, telefonei para o Ary e perguntei de onde saíra a notícia: na véspera ele conversara com um amigo que fora do júri e garantira que o projeto escolhido fora o nosso. Não podendo mais aguentar a aflição, liguei para o tal amigo, que já me recebeu com os parabéns. Perguntei-lhe como sabia que era o nosso, ele disse que tanto ele como outro colega compreenderam isso pela linguagem do trabalho. Perguntou como era o nosso projeto e quando o descrevi e contei que tinha um bloco baixo e uma lâmina, ele se decepcionou: o escolhido era monobloco e não tinha torre.

Acabara-se o sonho, mas estava plantada, disfarçada, no fundo, a semente da mudança.

Assembleia Legislativa de São Paulo
À esquerda, perspectivas das fachadas so-no e do hall nobre
À direita, perspectiva do plenário

Cenário desanimador   Outros fatores contribuíram para fazer germinar a semente da mudança do Rio: anteprojetos engavetados – independentemente de sua qualidade ou do meu engajamento –, clientes desinteressados.

Naquela época, vários primos ainda tinham casa em Copacabana e Ipanema. Um deles sempre dizia que, no dia em que tivesse de negociar o seu excelente terreno na Vieira Souto, vizinho ao Jardim de Alah, exigiria do incorporador o meu projeto. Isso jamais aconteceu, mas não posso me queixar, pois sei do desinteresse de incorporadores por projetos de arquitetura. A essas frustrações somava-se o sentimento de que a mudança da capital já começara a desencadear um processo de esvaziamento da cidade.

A visita do amigo e colega de faculdade, Roberto Ribeiro, em 1961, deixou-me animado: tinha ido para São Paulo havia uns três anos e contou de seus colegas cheios de projetos e ganhando muito bem, de que havia pessoas comprando casas recém-construídas por muito mais que seu valor, porque tinham um projeto razoável.

Falou de um amigo seu, João Rossi Cuppoloni, ex-estagiário da construtora onde ele trabalhava no momento, que montara uma construtora-incorporadora e estava à procura de um arquiteto "assim como você". Tanto insistiu para que eu ao menos fosse a São Paulo sentir o ambiente e conhecer o João, com quem já falara de mim e que queria me conhecer, que acabei contaminado.

À noite, minha mulher e eu jantamos com Verinha e Pedro Teixeira Soares. Ele, arquiteto, oito anos mais moço que eu e começando a luta pela profissão; ela, amiga de infância de minha mulher, filha do editor José Olympio e da crítica de arte d'*O Globo*, Vera Pacheco Jordão, uma das conversas mais agradáveis que conheci, e que também jantou conosco. Contei da visita do Roberto e suas histórias. Levei um susto quando minha mulher declarou, com muita naturalidade, que topava mudar-se para São Paulo. Pedro achava que a chance era tentadora, que o mercado de arquitetura em São Paulo sempre fora muito melhor que o do Rio. Verinha também achava que o futuro estava em São Paulo, que o Rio estava se esvaziando com a mudança da capital, mas ela mesma, jamais admitiria mudar-se. Tia Vera, como a chamávamos, também manifestou-se favoravelmente à mudança – eles tinham feito o caminho inverso, vindo de São Paulo para o Rio quando ainda era a capital. Minha mulher concordou, entusiasmada. A coisa ganhava traços de possibilidade! Telefonei ao Roberto, anunciei-lhe minha visita na semana seguinte e o autorizei a marcar as entrevistas que achasse convenientes.

VISITA ANIMADORA   Roberto fez questão de me hospedar. No dia seguinte da minha chegada, levou-me ao escritório da Rossi, a construtora dos Cuppoloni, para conhecer o João, seu fundador e superintendente, um rapaz simpático, determinado.

Foi logo me falando de um edifício na Penha, um subúrbio de classe média baixa, mas com muita gente de alto poder aquisitivo. Seria um edifício isolado, em centro de terreno. João esperava que eu revestisse com material nobre as quatro fachadas. Lembrei-me da luta para revestir, com o mesmo mosaico cerâmico da fachada frontal, as empenas laterais do prédio da praia de Botafogo. Os apartamentos na Penha teriam um terço da área dos de Botafogo e um décimo do valor, mas o João, um homem de origens simples, queria que eu usasse em todo o edifício o material mais sofisticado que escolhesse. Isso já adiantava a diferença de mentalidade entre os empreendedores das duas cidades.

Além desses prédios de apartamentos, eu desenvolveria projetos vencidos em concorrências públicas pela construtora. Teria ainda a liberdade de fazer meus próprios projetos, podendo contratar para isso um desenhista e instalá-lo na sala que me cederiam nos escritórios da construtora. Fiquei de pensar na oferta, mas saí de lá já muito inclinado a aceitá-la.

Procurei aconselhar-me com o Ícaro de Castro Mello, que não achou boa a ideia de trabalhar para incorporadores. Expliquei que isso nunca havia me passado pela cabeça, mas para me mudar, com mulher e filho, para tentar a vida numa cidade em que não conhecia quase ninguém, precisava da segurança de um emprego. Meu plano sempre fora viver de meu escritório, mas para chegar lá eu teria de passar pelas agruras de trabalhar em construtora ou incorporadora.

Ícaro não concordou e me convidou para trabalhar com ele, propondo sociedade. Tinha um dos escritórios de arquitetura mais conhecidos de São Paulo, sempre muito procurado, principalmente para arquitetura esportiva. Fiquei tocado pela confiança, mas quis pensar melhor. O que mais me interessava era fazer sozinho as minhas obras e não ter complicações de sociedade, nem de coautoria. Além do mais, sendo o Ícaro tão conhecido e respeitado em

São Paulo, qualquer projeto que eu fizesse dificilmente seria considerado como de minha autoria, ou mesmo coautoria.

Nessa mesma viagem, passando em frente ao edifício onde trabalhava meu amigo Ivan Lippi Rodrigues, companheiro de escaladas, acampamentos e de concertos no Teatro Municipal do Rio, resolvi subir, para matar as saudades. Mudara-se para São Paulo dois anos antes e chefiava o departamento de engenharia civil da Promon, uma empresa que eu já conhecia de nome e onde também trabalhava o amigo Carlos Junqueira, marido da minha querida prima Cecília; o casal também havia mudado para São Paulo havia um ano e meio, dois.

Ivan se animou ao ouvir meus planos de mudança. Enquanto colocávamos os assuntos em dia, apareceu um jovem engenheiro. Era o Tamas Makray, executivo principal da empresa, que também já ouvira falar de mim, pelos Rodrigues e pelos Junqueira. Muito amável, sugeriu ao Ivan que logo que me estabelecesse marcássemos uma noite para ouvir música, com nossas mulheres.

Antes de voltar para o Rio, estava praticamente decidido a aceitar a proposta de João Cuppoloni. Se de fato viesse para São Paulo, entraria para a Rossi.

Já em casa eu e minha mulher lembramos que tínhamos ouvido de nossa prima paulista sobre uma casa que vagara numa vila muito simpática no Jardim Paulistano. Imediatamente ligamos pedindo a reserva do imóvel.

RUMO A SÃO PAULO Marcamos a mudança para o fim de agosto de 1961. Minha licença na prefeitura ainda não tinha sido sancionada, mas resolvi que sairia, mesmo que tivesse de perder o emprego. Iria me afastar por quatro anos, tempo suficiente para a experiência, mas, no íntimo, nem pensava em voltar ao Rio.

A partilha dos bens da sociedade foi difícil. O Maurício Sued queria me beneficiar em tudo, tentando fazer com que eu levasse muito mais do que de direito. Além de minha prancheta, banco, réguas, esquadros e escalas, fez questão de que eu saísse com a nossa mapoteca de baionetas. Entregou-me ainda uma grande quantidade de revistas e livros de arquitetura. Alegava que isso correspondia à contribuição que eu fizera para a carpintaria de instalação do escritório.

Para deixar em ordem os projetos em andamento, tive de dar uma virada, passando dias seguidos trabalhando até altas horas e aos sábados e domingos. Numa das últimas noites, trabalhando sozinho no escritório, ouvindo a rádio Ministério da Educação, interrompeu-se uma música longa para um noticiário extra, dando conta de uma séria crise entre o presidente Jânio Quadros e o governador do estado da Guanabara, Carlos Lacerda, que o fora visitar no Palácio da Alvorada. Mudei de estação e pude ouvir uma fala exaltada do governador, acusando o presidente de estar preparando um golpe. No dia seguinte tive de manter a serenidade para prosseguir na minha virada, pois todo mundo só discutia a crise, que ganhava cores cada hora mais trágicas e imensas manchetes nos jornais.

Dias antes da viagem marcada, encontrei minha mulher na rua para tratarmos de assuntos da mudança. Ela estava intrigada, pois no percurso do micro-ônibus, durante o qual não embarcara ninguém, percebera, nas ruas e calçadas, o clima de excitação e aturdimento das pessoas, reunidas em grupos, pelas esquinas. O então presidente Jânio Quadros havia renunciado e fora para São Paulo. E agora, que faríamos? A incerteza era de ambos, mas logo concluímos que não deveríamos mudar nossos planos.

Na manhã do 29 de agosto zarpou o Badura com o motor especialmente retificado para aguentar a Dutra, levando de copiloto minha mulher e no banco de trás mil tralhas que não couberam no porta-malas. Rodrigo, o Guigo, meu primeiro filho, nos seus oito meses, ficou com a avó, esperando que arrumássemos a casa paulista.

Antes de chegar à estrada, encontramos o centro da cidade meio vazio, num clima tenso, repleto de veículos militares circulando. Ao longo da avenida Rodrigues Alves, muitos fuzileiros navais em formação. Num navio inglês que aportara na madrugada para carregar café, estava o presidente renunciado.

Em Resende a estrada já estava absolutamente normal e o maior problema foi o motor do Badura, esquentando.

Entramos em São Paulo por uma série de ruas estreitas e esburacadas, atravancadas, até atingirmos a avenida da Luz, atual Tiradentes, que nos pôs no Anhangabaú e na São Paulo grandiosa. Meu primeiro pensamento foi se eu ainda contribuiria com algum projeto para aquele quadro tão significativo da cidade. Ou se um dia haveria um prédio meu na avenida Paulista, ou em algum ponto importante. No Rio, de certa forma, contribuíra com um pequeno traço no cartão-postal da praia do Botafogo.

Residência Guilherme Romano

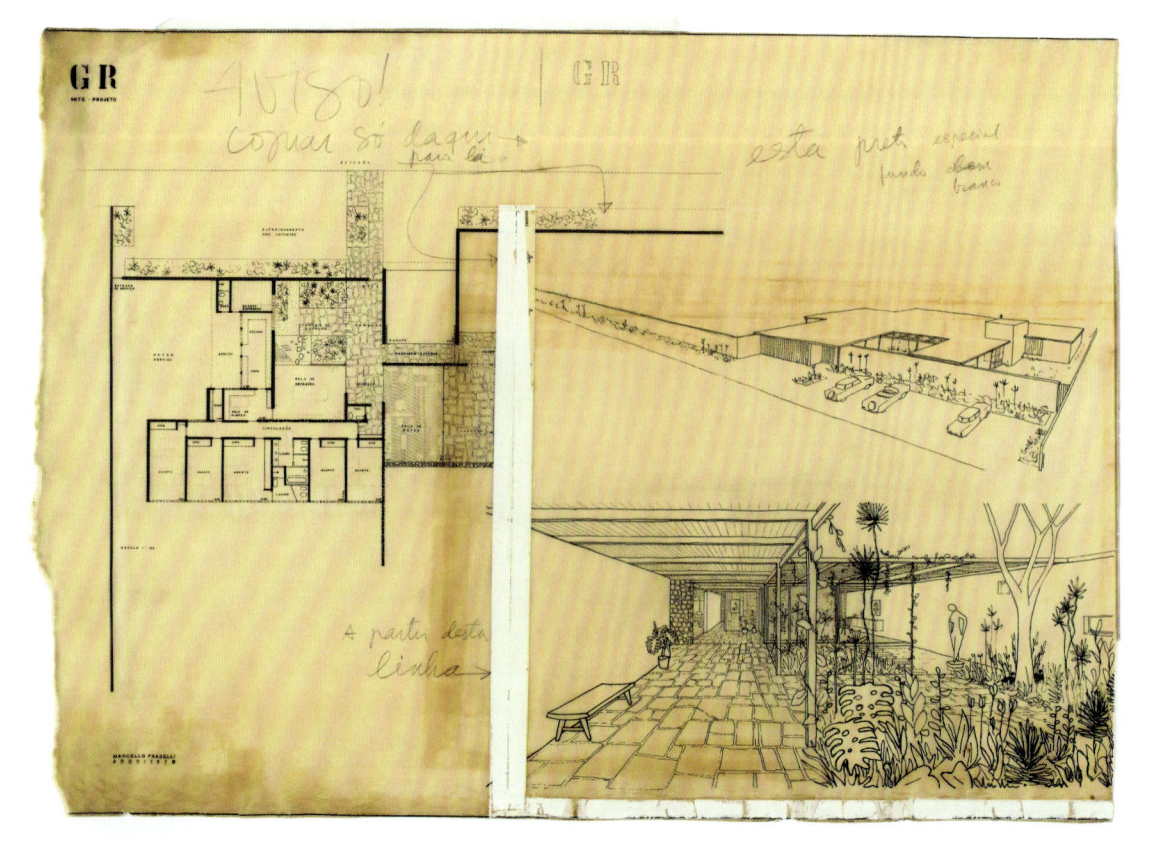

Residência Guilherme Romano, projeto não construído, Rio de Janeiro RJ, 1958
À esquerda, perspectiva do hall de entrada; planta e perspectivas externa e do hall de entrada, varanda, jardim e recepção
À direita, perspectivas do hall do 4º pavimento e da sala de estar, hall e sala de refeições

C R
ESTUDO
planta-baixa

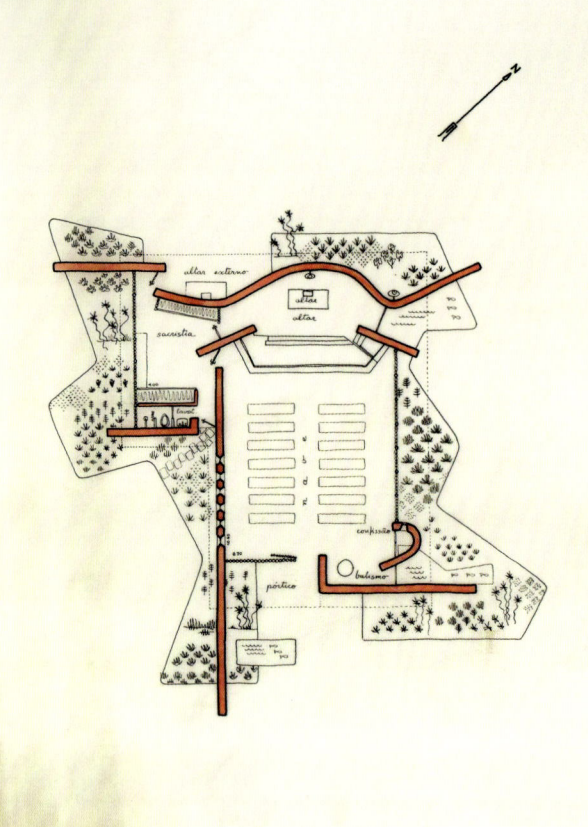

Os materiais da capela são: alvenaria de 40 centímetros, caiada em branco, troncos de carandá, rústicos, podendo levar tratamento protetor e cobertura de cimento amianto sôbre taboado com isolamento térmico. A luz entra diretamente no interior por estreitas aberturas ou indiretamente por vãos maiores, porém protegidos por grandes beirais ou paredes refletoras. Procuramos assim dar um ambiente místico e acolhedor à nave, deixando-a numa semi-penumbra e chamando toda a atenção para o altar que é muito mais claro. Sua iluminação é feita através um amplo vão situado num funil captador de luz, a qual refletindo-se na parede curva do fundo, nela põe gradações mutáveis, dando-lhe vida. Para possibilitar o ofício de missas externas, localizamos nos fundos, em comunicação com a sacristia um altar aberto cuja necessidade de proteção termina de definir a forma da parede posterior da capela. A evolução das sombras nesta parede, com o percurso diário do sol, dá dinamismo e vida à fachada NO. A parede principal da fachada SO prolonga-se além do pórtico de entrada, ambientando o pátio frontal e, por meio de uma elevação na extremidade resolvendo um local para o sino e a cruz. Procuramos com as paredes grossas simples e brancas dar pureza à seus traços. Com a cobertura baixa e de duas águas buscamos torná-la simples e humana e no emprêgo do carandá procuramos ambientá-la o máximo possível na região do pantanal.

MAURICIO SUED   MARCELLO FRAGELLI

A R Q U I T E T O S

Capela no Mato Grosso

PRIMEIROS TRABALHOS NO RIO

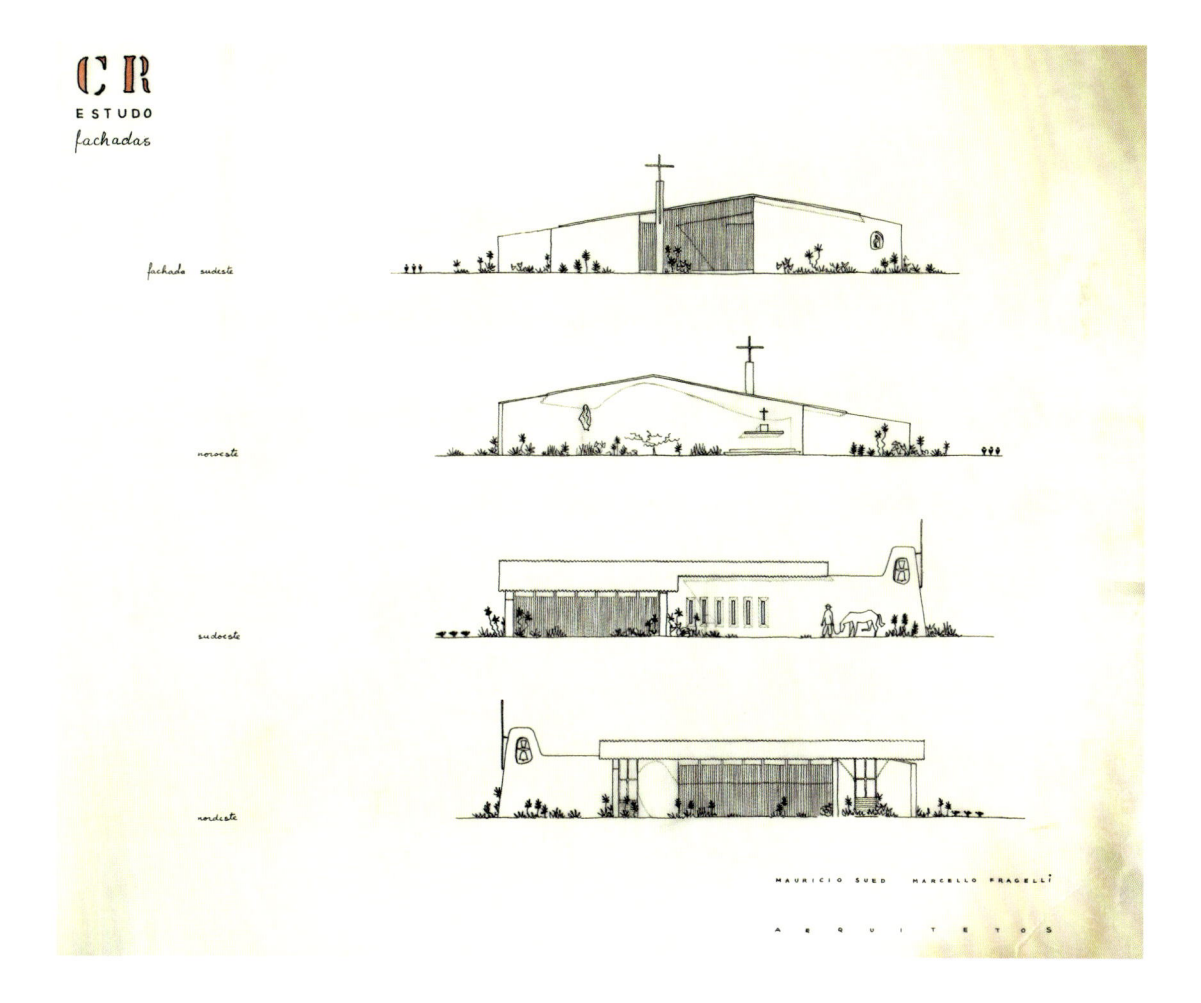

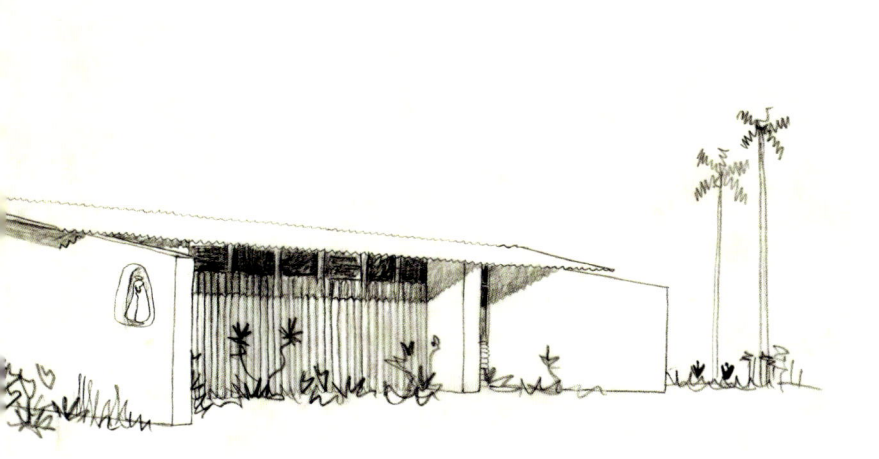

CAPELA NO MATO GROSSO, sem data
À esquerda, planta e memorial descritivo
À direita, fachadas
Abaixo, perspectiva externa

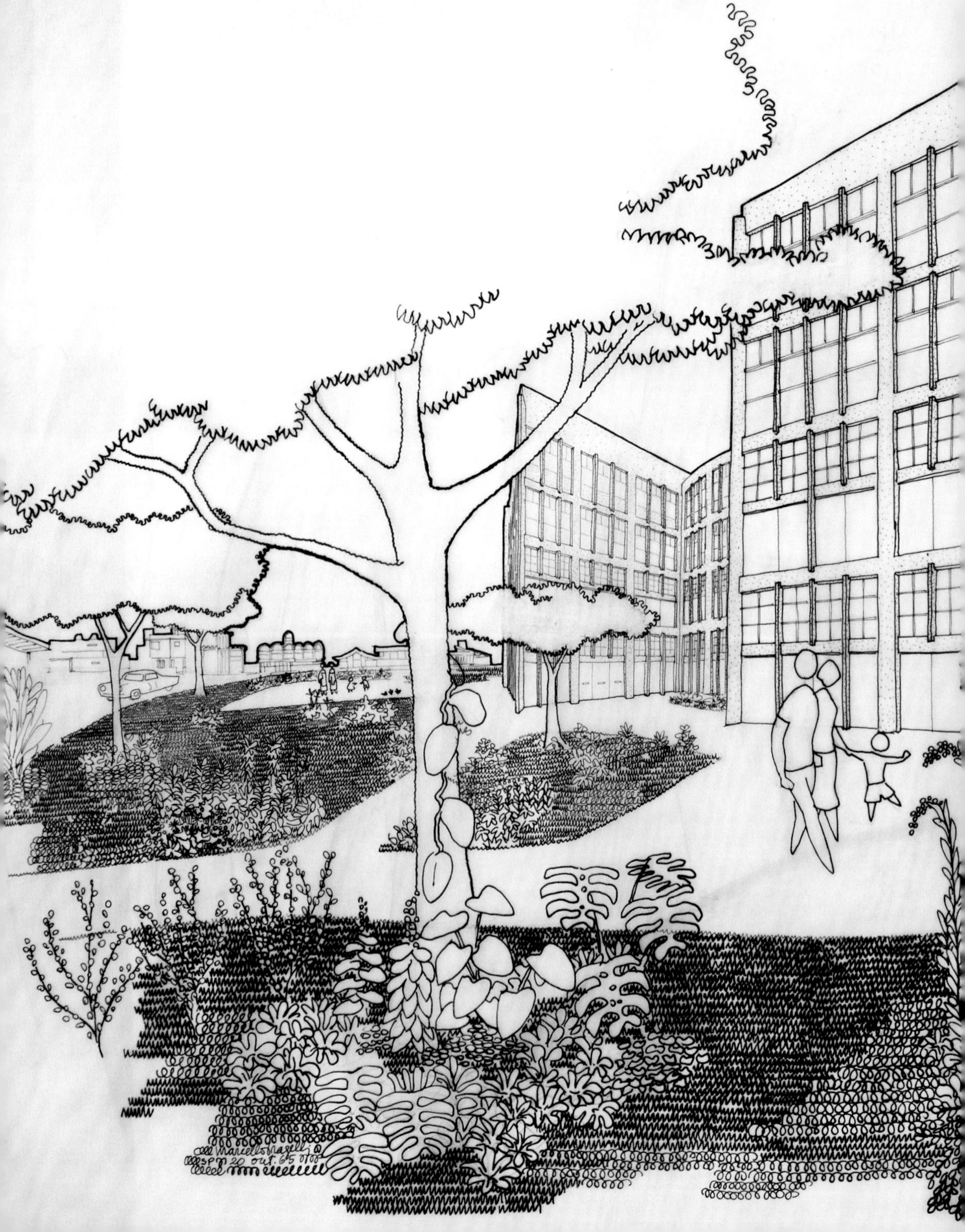
marcellofragelli
SP 20 out. 65

Carreira em São Paulo

Mais edifícios

Rossi-Penha, estrutura aparente   No dia em que me apresentei à Rossi, João Cuppoloni me recebeu com grande cordialidade, levando-me a conhecer a sala em que eu ficaria instalado na rua Sete de Abril; uma peça pequena, com lugar apenas para duas pranchetas e uma escrivaninha, um espaço só meu e de meu auxiliar. Em seguida, apresentou-me os companheiros que eu ainda não encontrara, entre eles o seu tio materno, o sr. Agnelo Rossi, titularmente presidente da companhia. Fora dono do famoso Empório Rossi, conhecidíssimo no Tatuapé, de onde vendia para toda São Paulo.

Depois fomos à Penha, para que eu visse o terreno do meu primeiro prédio, o Rossi-Penha, situado numa rua importante, Comendador Cantinho, de grande trânsito e de uso misto. O lote tinha boas dimensões, acentuado declive para os fundos, direção que garantia uma grande vista desimpedida, chegando às margens do rio Tietê.

O programa pedia dois apartamentos por andar, cada um com uma sala e dois dormitórios. Com a anuência de João, localizei a sala e um dos quartos na fachada dos fundos, cuja vista panorâmica coincidia com a passagem do sol e abri o outro quarto e a parte de serviço para a rua.

Mas o primeiro estudo não foi aceito, porque João achou pequena a cozinha e grande a sala. Tentei defendê-lo, mas ele me explicou que no espaço que eu projetara para a cozinha não caberia uma mesa com as cadeiras, que as pessoas comeriam na sala, disse, divertindo-se como se tivesse ouvido uma tolice, que na sala não se come, todo mundo come na cozinha!

Então, lembrei-me de um almoço na casa do João, onde sua mãe, uma amável e exuberante senhora, genuinamente italiana, me recebera. Com grande simpatia, ajudada por uma empregada, preparava o nosso almoço, uma suculenta macarronada logo servida ali mesmo, na cozinha, regada a um chianti delicioso, importado pelo irmão Agnelo. Percebi que refletia um costume generalizado, pelo menos naquela região, o que me fez reformular o estudo.

p. 128-129, **SHOPPING CENTER NA PRAÇA PAN-AMERICANA,** perspectiva externa, projeto não construído, São Paulo SP, 1965. Desenho de Marcello Fragelli

EDIFÍCIO ROSSI-PENHA, São Paulo SP, 1962
À esquerda, perspectiva
À direita, corte transversal

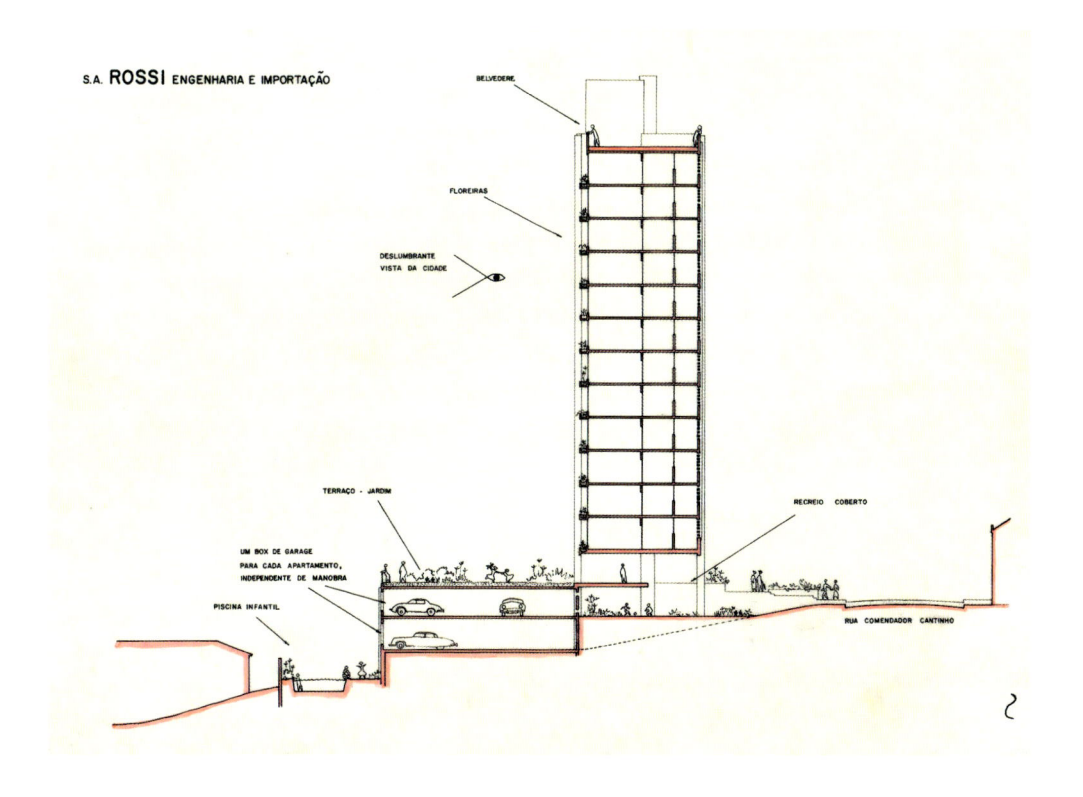

Tive um certo trabalho para convencê-lo a fazer as quatro fachadas em tijolo aparente, com a estrutura em concreto também à vista. Ele tinha muitas dúvidas, dizia que a população da Penha era de nível cultural muito baixo, ninguém entenderia que aquilo era boa arquitetura, achariam que era medida de economia. Consegui convencê-lo a encomendar uma maquete – apesar da lenda alimentada por Francisco Bologna, no Rio, de que maquete dava azar – para melhor avaliar a aparência do prédio.

A maquete agradou a todos na Rossi. A estrutura foi calculada para ficar aparente, com o recobrimento necessário à proteção dos ferros e mantendo os devidos cuidados com o teto da área dos pilotis e o coroamento. Seria o meu primeiro prédio com estrutura aparente, já que o projeto da rua Ministro Viveiros de Castro acabara sendo modificado, pela mudança do programa do pavimento dos pilotis.

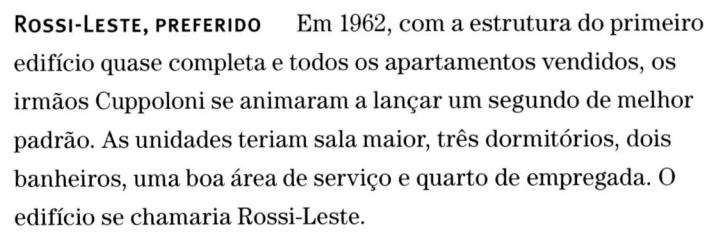

Rossi-Leste, preferido   Em 1962, com a estrutura do primeiro edifício quase completa e todos os apartamentos vendidos, os irmãos Cuppoloni se animaram a lançar um segundo de melhor padrão. As unidades teriam sala maior, três dormitórios, dois banheiros, uma boa área de serviço e quarto de empregada. O edifício se chamaria Rossi-Leste.

O terreno, situado à rua Rodovalho Jr., era grande e de esquina, permitindo um prédio maior. Estava mais bem localizado que o anterior, pois a rua era residencial e sem trânsito pesado. No entanto, João resolveu utilizar apenas parte do terreno para o edifício. Pediu-me que projetasse na esquina um conjunto de sete "sobradinhos", programa que eles gostavam e com o qual já ganhavam um bom dinheiro na região. Eram casas pequenas, em terrenos de 5,5 ou 6, por 15 ou 20 metros, sala e cozinha no térreo, dois quartos e banheiro em cima. Construíam-se rápido, o custo era baixo e a venda, fácil, com ótimo lucro.

Para explorar plasticamente a estrutura e alvenaria aparentes, concebi o prédio em dois prismas destacados, um para cada coluna de apartamentos. Os prismas eram ligados por uma lâmina estreita e mais alta, com as circulações verticais recuadas na fachada das salas e quartos, e protuberantes na de serviço. Explorei a volumetria desta, com as áreas de serviço engastadas na torre da escada.

Dispus os pilares salientes, perpendiculares às fachadas, e os das quinas a 45 graus, com secção variável na altura dos pilotis de pé-direito duplo, num efeito enriquecido pela diferença das posições. No teto, deixei as vigas salientes, amarrando o conjunto de pilares.

Fiz as paredes principais dos pilotis de pedra, construídas e não revestidas. Para efeito de contraste e surpresa, projetei a porta da entrada principal como uma interrupção na pedra, um vão de um metro por cinco metros de altura, dando no hall de pé-direito também duplo. Seu fechamento, apenas uma folha de vidro temperado pontilhado, criava uma mancha de luz, como que engastada na pedra.

Como constava do programa uma piscina no pátio posterior, concebi-a circular, integrada a um pilar da esquina, que interrompia a sua borda, mergulhando até o fundo.

À esquerda, **EDIFÍCIO ROSSI-PENHA**, fachada principal

À direita, **EDIFÍCIO ROSSI-LESTE**, planta do pavimento térreo e tipo, São Paulo SP, 1963

MARCELLO ACCIOLY FRAGELLI
EDIFÍCIO RESIDENCIAL NA PENHA – SÃO PAULO

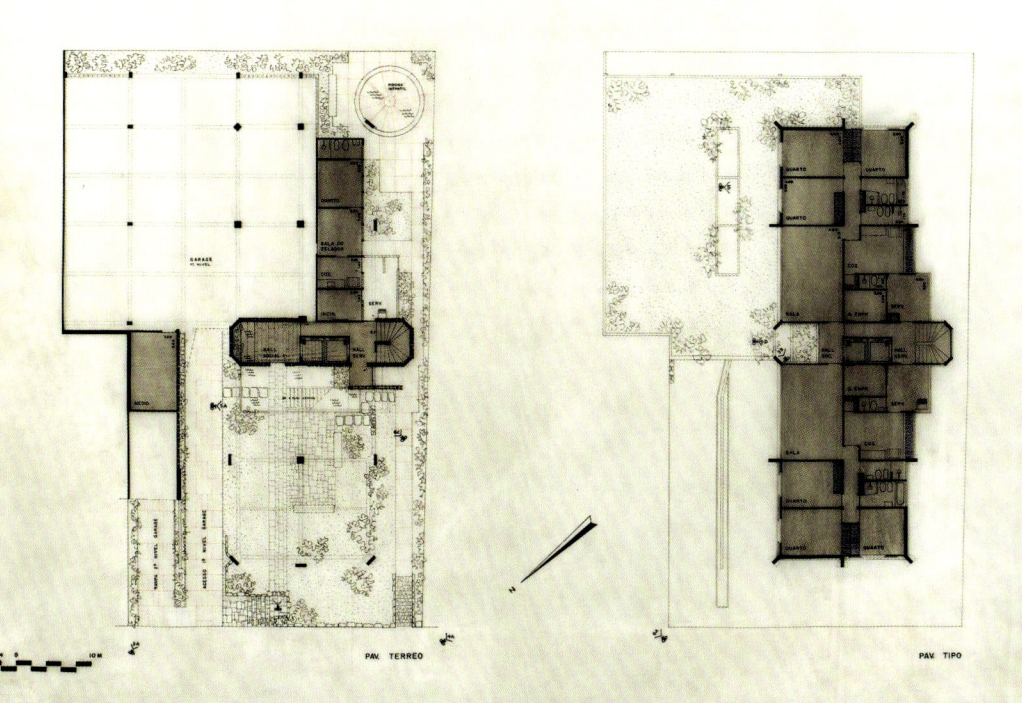

De todo o meu anteprojeto, só não consegui convencer João do concreto e tijolo aparentes. Ele já relutara muito em aceitar a proposta no primeiro edifício e tinha certeza de que se lançassem na Penha dois prédios com essas características, os potenciais compradores veriam isso como medida de economia. Foi uma pena, pois gostava mais do segundo projeto e, se pudesse escolher, optaria por este para ter a estrutura aparente.

Incêndio, decepção   Quando a obra do Rossi-Leste já se iniciara, portanto sem os cuidados de recobrimento necessários à estrutura, levei meu pai, que viera nos visitar, para conhecer o meu trabalho. João o recebeu com grande atenção, convidando-o logo a visitar as duas obras do "seu filho", o que fizemos no dia seguinte. Meu pai era louco por obras e fez questão de visitá-las completamente, subindo, inclusive, ao alto da estrutura do Rossi-Penha. No caminho de casa mostrou-se muito espantado da prática – que ele interpretou como paulista – de deixarem as tábuas das fôrmas desmontadas nas lajes. Em alguns pavimentos tivéramos até dificuldade de andar.

Antes de voltar ao Rio, meu pai deixou um recado para o João: era importante não deixar estas fôrmas usadas na laje, para evitar o risco de incêndio. Como eu sabia que meu pai exagerava nos cuidados, nem me preocupei em dar o tal recado. Uma semana depois, ao chegar ao escritório, encontrei todos com expressões de tragédia, falando no incêndio do Rossi-Penha, na noite anterior. Diziam ter sido o maior incêndio em São Paulo até então. As chamas tinham sido da altura do edifício, do chão até o alto, e não sobrara uma tábua. Por um triz não tinha desabado tudo.

Quis ver o que restara do edifício. Com passo apressado voltei ao estacionamento e lá fui, pelas congestionadas ruas do Pari, do Brás e do Tatuapé, ao encontro do meu prédio. Quase chorei ao deparar com a estrutura toda tostada pelas chamas, as lajes com enormes buracos, os ferros retorcidos, a fumaça que ainda subia das cinzas úmidas.

Todos os Cuppoloni e Rossi estavam no local. O sr. Rossi, mais calmo, atendia a todos os compradores dos apartamentos que o procuravam. Garantia a recompra imediata, a devolução de todo o dinheiro pago, para os que quisessem desistir, apesar de o João afirmar que a estrutura seria restaurada com toda segurança. Para isso, contrataram o escritório Figueiredo Ferraz, considerado o maior conhecedor, em São Paulo, de recuperação de estruturas sinistradas.

Seu projeto propôs o engrossamento de todas as colunas da área dos pilotis, que eram altíssimas, em dez centímetros nos quatro lados, de modo que, de 22 por 70 metros, passaram para 42 por 90 metros, e só até a altura do primeiro teto. Por isso, como elas ficavam nas fachadas, tive de projetar cabeças de vigas falsas, para disfarçar a quebra do perfil, numa linguagem de madeira: um trabalho mais de decoração de fachada que de arquitetura.

O revestimento veio sem escapatória, com tanto concreto estourado, além de chamuscado. Nem sei se alguém percebeu que, se não fosse o recobrimento maior, exigido para o concreto aparente, talvez algum pilar tivesse estourado, assim como as lajes, jogando toda a estrutura no chão.

Voltei deprimido para a Sete de Abril. Mais ainda por não haver razão alguma para o segundo prédio não ser aparente, a não ser o fato de já ter sido calculado e iniciada a concretagem para o revestimento. Agora ambos seriam revestidos.

EDIFÍCIO ROSSI-LESTE
À esquerda, acesso ao hall social
À direita, fachadas NE e SO. O conjunto de sobradinhos, à esquerda do edifício, é também projeto de Marcello Fragelli

Escritório, agora próprio   No final de 1962, quando resolvi sair da Rossi, subloquei uma sala em um conjunto na rua 24 de Maio, com direito a um ramal de telefone. Providenciei a mudança, felicíssimo e, com o maior orgulho, preguei na porta a placa que mandara fazer para o conjuntinho no interior da Rossi. Agora, sim, eu tinha o meu escritório em São Paulo e o primeiro escritório individual da minha carreira.

Qualquer avanço nesta cidade era importante, pois pela primeira vez eu me sentia independente, eu e minha capacidade, não mais o filho do engenheiro Fragelli, o primo do ministro que conseguia uma colocação no instituto, o primo do prefeito que nomeava para a Secretaria de Saúde. Até mesmo os amigos eram pouquíssimos, e quase todos feitos por mim e não herdados. Não havia nem colegas de colégio ou amigos do bairro ou da praia.

Minha mobília era modesta: duas pranchetas, que eu comprara ainda na Rossi, uma escrivaninha, um arquivo de pastas e a mapoteca de baionetas que eu trouxera do Rio. Junto comigo apenas o desenhista, e já amigo, Armando Lasarco Rodrigo, que, além de desenhar, ajudava em todas as tarefas operacionais do escritório.

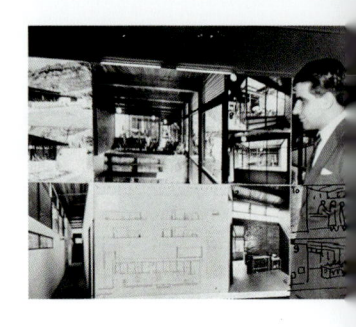

Marcello Fragelli diante de painel com seu projeto, premiado com menção honrosa na vi Bienal de São Paulo, 1961

vi Bienal, surpresas

Pouco antes de minha mudança, em 1961, o amigo Luiz Carlos Derenzi contou-me que tinha um primo em São Paulo e fazia questão de nos colocar em contato. Segundo ele, esse primo, Paulo, era um excelente arquiteto, dos melhores da geração.

Não acreditei tanto em suas palavras, pois sabia que em nossas famílias somos considerados todos os maiores gênios. Para meus pais e irmãos, eu certamente iria ser um Niemeyer. Fui adiando a procura.

Mas, aproximava-se a inauguração da vi Bienal, e meu posto de puericultura do Alto da Boa Vista, cujos painéis eu enviara antes, tinha sido selecionado para a exposição. Antes que a Bienal provocasse a vinda de Luiz Carlos, apressei-me em procurar o primo. Telefonei-lhe e ele me convidou para dar um pulo no seu escritório, que era próximo da Rossi, no começo da rua da Consolação.

Encontrei-o excitado, contando a um jovem cliente a discussão que tinha tido com um outro cliente sobre o caráter que deveria ter uma casa de praia. Ao contrário do senso comum, Paulo achava que casa com cara de praia, de montanha, casa de cidade, concreto aparente só cidade, isso era tudo besteira.

Logo percebi que, além de muito inteligente, Paulo tinha uma segurança enorme sobre arquitetura. Gostei muito de conversar com ele e prometemos nos rever em breve. Dias depois, abrindo o jornal, tive a grande surpresa de ver que o maior prêmio da Bienal, a medalha de ouro, fora conferida a Paulo Mendes da Rocha, pelo seu projeto do Ginásio do Clube Paulistano! Eu, que duvidara da sua classificação pelo primo carioca, recebi apenas menções honrosas na categoria Saúde para o posto de puericultura.

Depois, em conversas com Ícaro e com Fábio Penteado, soube que esse Paulo Mendes da Rocha, cujo nome eu nunca ouvira no Rio, era arquiteto dos mais respeitados em São Paulo, exercendo verdadeiro fascínio sobre os estudantes de arquitetura.

Fiquei muito contente com a menção honrosa à minha obra na Bienal. Nesta fase de mudança e de início de conquista de uma nova terra, onde meus conhecidos e amigos não chegavam a trinta, quarenta pessoas, essas honras produziram algum efeito.

Os Cuppoloni manifestaram grande admiração e passaram a me apresentar a todos os que apareciam no escritório como o arquiteto que ganhara um prêmio na Bienal. Tamas Makray, da Promon, fez questão de ir comigo ver a exposição, juntamente com o Carlos Junqueira. Vieram também do Rio, para a exposição, Flavio Léo da Silveira, Jorge e Pina Moreira. Fomos, eu e minha mulher, encontrá-los na Bienal e, em outro dia, almoçamos com um grupo grande e simpático, inclusive o Reidy, a Carmen e o doutor Aloysio Veiga de Paula, grande médico, diretor do Museu de Arte Moderna do Rio após a saída de Niomar Moniz Sodré. Tempos depois, em 1964, soubemos que Reidy fora ao seu consultório e, quando soube que tinha apenas seis meses de vida, dedicou-se a terminar o detalhamento do projeto do auditório do Museu de Arte Moderna, que não queria deixar inacabado.

Igreja Batista

Na nova sala, veio me ver o engenheiro João Richetti, que havia calculado os meus dois edifícios da Rossi. Trouxe-me um problema delicado: fora contratado pelo futuro construtor para calcular a estrutura de uma igreja evangélica; o pastor não ficara satisfeito com o projeto e o construtor lhe pedira para indicar um outro arquiteto.

O assunto me empolgava, mas o fato de haver um outro arquiteto no projeto me impedia de entrar. Richetti garantia não haver problema, pois o pastor não tinha gostado do projeto, e o tal arquiteto era especialista em acústica e não costumava projetar edifícios. Nesse caso, aceitara a encomenda porque era amigo do pastor e por causa da relevância da acústica num programa como este. O pastor já havia pago o anteprojeto e comunicara ao arquiteto que não o utilizaria. Sendo assim, acabei indo visitá-lo, levado pelo Richetti.

A situação do templo era curiosa, porque o terreno ficava entre duas ruas, a dos fundos mais de quinze metros inferior à da frente. Um edifício de cinco pavimentos tinha sido construído a partir da rua de baixo e sua cobertura era uma laje, menos de um metro acima da rua mais alta. Sobre esta, deveria assentar-se a nave.

Resolvi tirar partido dessa situação rara, uma igreja no alto de um edifício. Fechei o templo com cascas dobradas de concreto, que se apoiava nas fachadas inferiores em vértices, deixando aberturas triangulares orientadas para baixo, de modo que a luz penetrasse por elas, para cima, tangente às superfícies reversas das cascas. A cobertura seria formada por novas dobraduras, tendo estudado o sistema numa maquete que fiz, de cartão grosso. Achava que as dobraduras dariam rigidez ao sistema. No meio da cobertura, elas ainda criavam um conjunto de troncos de pirâmides, algumas viradas para cima e outras penetrando no espaço da nave, todas cobertas por painéis de cristal, de modo a iluminar o interior.

Este projeto me empolgava cada vez mais. O programa me fascinava e mais ainda a solução que eu perseguia, com as cascas, caminho que eu nunca antes trilhara. Richetti, apesar de apreciar a solução e de garantir sua viabilidade estrutural, disse-me que não saberia calculá-la, devido às cascas, sem pilares ou vigas, apenas reforçadas pelas múltiplas arestas. Propôs submeter o problema ao engenheiro Dante Martinelli, da Universidade de São Carlos, habituado a resolver estruturas não convencionais com modelos. Dante decidiu fazer, no laboratório da universidade, uma maquete parcial da igreja, em escala de 1:10 e sobre ela pesquisar, com aparelhos, as espessuras e ferragens do concreto.

O pastor havia pedido um painel figurativo ao fundo, atrás do altar, representando o rio Jordão, tendo como base uma pequena piscina, onde se batizariam os fiéis. Resolvi tentar evitar o painel, imaginando o pintor medíocre que o faria, e como ele ficaria estranho no conjunto da arquitetura que projetei. Propus substituí-lo por uma estreita queda-d'água, correndo numa aresta interna de duas cascas e caindo na piscina.

Encomendei uma perspectiva interna e fiz outra externa, para explicar o projeto ao pastor, que gostou muito da solução, mas me deu trabalho convencê-lo a aceitar a substituição do painel.

Teve dúvidas sobre a acústica, se funcionaria bem, dentro daquela superfície tão complicada, a seus olhos. Procurei, entre os meus colegas, um bom especialista, que emitisse um parecer sobre o projeto, mas todas as indicações caíam sobre o autor do primeiro anteprojeto, respeitadíssimo no seu campo, entre os arquitetos que procurei. Não me sentia à vontade para procurá-lo, já que o havia substituído no projeto arquitetônico. Um dia, ele próprio apareceu no meu escritório e o recebi constrangido. O pastor o mandara,

Igreja Batista da Liberdade, planta e cortes do estudo preliminar, projeto não construído, São Paulo SP, década de 1960

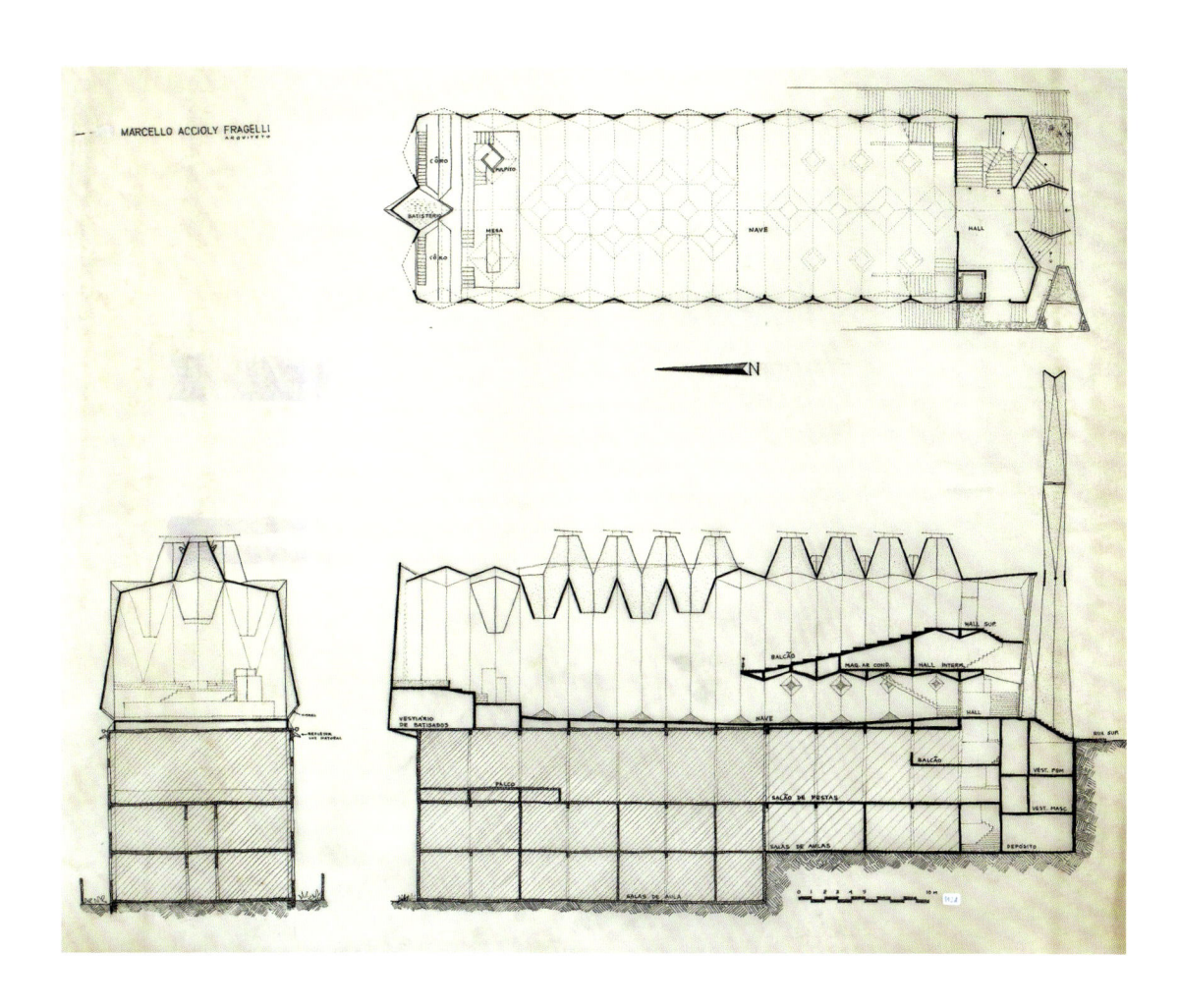

já lhe mostrara o meu projeto, e ele entrou com o melhor sorriso. Apreciou muito o meu projeto e garantiu-me que as dobraduras das cascas teriam um excelente efeito para a acústica, difundindo o som e evitando ecos.

Fui com o Richetti a São Carlos, quando a maquete ficou pronta. Dante, com seus tensiômetros, percebera alguns nós fracos na estrutura. Num saudável pingue-pongue entre arquiteto e calculista, fomos definindo pequenas pirâmides nos nós, que resolveram o problema estrutural e ainda enriqueceram a volumetria da casca.

Como a localização da igreja era bem central, fiquei animadíssimo com as perspectivas de sua construção e com a colocação de uma placa minha numa obra tão especial. O pastor me pediu que encomendasse uma maquete para mostrar à sua comunidade – contratei então um excelente maquetista. Ficamos todos entusiasmados: o pastor, Richetti, o engenheiro Martinelli e eu.

Igreja Batista da Liberdade, perspectiva do estudo preliminar

A história profissional de qualquer arquiteto brasileiro é sempre cheia de projetos que nunca saíram do papel. De alguns colegas mais pessimistas já ouvi dizer que, de cada dez, um vira obra. Os motivos são os mais variados, mas a grande maioria deles tem base nos recursos financeiros para levar a construção a termo. Com este não foi diferente.

Casas no Mato Grosso

Aquidauana, confiança questionada   No segundo Natal depois da mudança, em 1962, encontrei-me com os primos Lourdes e José Fragelli, o Zeca. Ela, filha de cliente meu, grande fazendeiro de gado do Pantanal mato-grossense, para quem eu havia projetado o edifício de apartamentos de Campo Grande, nos meus últimos tempos do Rio.

Haviam ganho do pai uma casa em Aquidauana. A casa ganha era velha, mas grande, contou-me a prima. Sempre com vontade de projetar casas, tentei demovê-la da ideia de reformar uma construção velha, num terreno que dizia ser tão lindo. Alertei-a para os problemas de reforma em prédios antigos e malconstruídos, mas ela nem considerava a ideia de pôr a casa abaixo, porque estavam tendo que investir muito na formação de uma nova fazenda.

Meses depois, em visita ao local, a prima me contou que dois dias antes houvera um tremendo temporal, um verdadeiro tornado, e que a casa em reformas tinha desabado por inteiro, sobrando pedaços de poucas paredes. Meu primo disse que as fundações eram sólidas e que o aconselharam a refazer as paredes, tal como eram antes do vendaval. Fiquei calado, achando um absurdo, mas não quis ser mais insistente do que já tinha sido no Rio.

No dia seguinte, levou-me às ruínas. Como era perto, fomos a pé – ela, Zeca e eu. A praça era quadrada e grande e, de um de seus cantos, já se via a paisagem do Pantanal. Na esquina diametralmente oposta a esse canto, ficava o terreno dos primos. Uma localização excepcional, pois a frente dava para o asfalto da cidade e o fundo com sua vista empolgante, que no momento se sobrepunha às ruínas. Não me contive, disse que não permitiria aquilo, que lhes daria o projeto de presente para que não estragassem o terreno daquela forma.

Acho que falei o que os primos temiam, mas desejavam ouvir, para justificarem a si próprios o gasto com uma casa nova. Aceitaram a oferta, com a ressalva de que faziam questão de pagar todas as despesas com desenhistas, cópias e viagens.

Passamos então a conversar sobre o programa da casa, que tinha suas complicações. O primo, jovem político que viria a se tornar governador do Mato Grosso e senador da República, precisava ter uma sala que tivesse entrada direta da rua, para nela receber eleitores, cabos eleitorais, além de comerciantes de gado. A prima queria uma cozinha tão grande que contivesse, além do fogão a gás, um a lenha. As dependências de empregadas deveriam ficar o mais discretas possível, e revestidas de material de fácil manutenção, pois poderiam receber também o pessoal das fazendas quando precisassem ir à cidade, por motivos de saúde.

Como a casa vizinha tinha a fachada no alinhamento, localizei, junto à calçada da rua horizontal, a garagem para três carros. Ao lado, dispus o hall de entrada social e, na esquina, o escritório do Zeca, com uma porta junto à calçada e outra abrindo para o hall. Este tinha um pé-direito bem baixo e um armário guarda-casacos em frente à porta de entrada, de modo que a pessoa que entrasse tivesse de contorná-lo para ver o interior da casa. Dali se passava a um pátio interno com uma escada que, entre vegetação disposta em vários patamares, descia até a sala principal.

Foi a primeira vez que adotei a solução do pátio interno coberto com material translúcido, para dispensar esquadrias entre ele e as salas, deixando-o integrado a elas. Na fachada lateral, para a ladeira, fechei-o com esquadrias. Para ele também dava o corredor dos quartos, resguardado da vista do hall de entrada por uma delicada treliça e localizado sobre a sala de estar. As duas salas se abriam para uma varanda larga, olhando para o jardim dos fundos e para o Pantanal. Os quartos de empregada, situados sobre a garagem, no alinhamento, abriam para a rua, mas eram protegidos por cubos salientes de muxarabis, que ainda enriqueciam a fachada. A porta da garagem – três folhas de correr – era de uma pesada treliça de sarrafos verticais.

Havia uma pedra bonita e barata na cidade – projetei com ela algumas paredes externas, como as das fachadas laterais, incluindo a parede da sala de estar que não se abria para a ladeira. Recomendei ao construtor que as construísse em pedra em vez de revesti-las, mas isso é sempre problemático. Praticamente nenhum construtor compreende a diferença de aparência entre uma parede revestida e uma construída em pedra; todos acham muito mais simples executá-las em alvenaria de tijolo e depois revestir. Tive de desistir, ante a insistência do empreiteiro, mas recomendei muito que ele desse à colocação das pedras o máximo de semelhança com uma parede natural.

Semanas depois do envio das primeiras pranchas do executivo, recebi uma longa carta do primo. Contava que haviam concretado a laje do piso dos quartos e os pilares desse pavimento. Estavam montando as fôrmas da cobertura, quando o empreiteiro descobriu uma falha no projeto e os chamou ao canteiro da obra, recusando-se a continuar o serviço sem autorização deles.

O fato é que o empreiteiro verificou que, feitos os descontos de espessura de piso, sobraria, de pé-direito livre, na parte inferior do teto inclinado do hall de entrada, bem sobre a porta de entrada, apenas 2,10 metros de altura! Meu primo pedia que eu me comunicasse rapidamente, para instruir se deveriam subir as fôrmas de cinquenta, sessenta centímetros, garantindo que o prejuízo da modificação seria mínimo, tanto em custo quanto em prazo.

Eu contava com o pé-direito baixo da entrada para que o observador que por ali entrasse, contornasse o armário e desse com o inesperado espaço do pátio interno. No caso de elevar toda a cober-

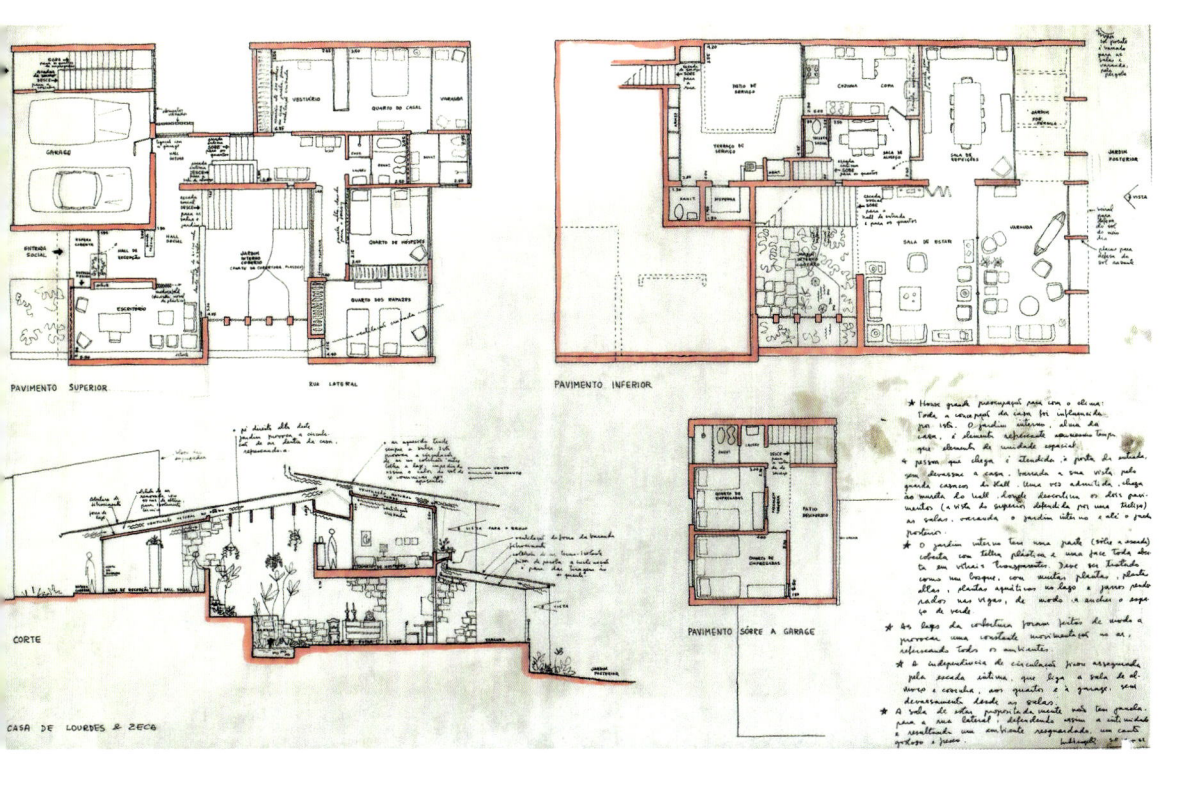

Residência de Lourdes e José Fragelli, plantas, corte longitudinal e memorial descritivo, Aquidauana MT, 1962

tura, prejudicaria as proporções dos quartos, já que com as partes inferiores concretadas, não seria mais possível reduzir as dimensões do pátio, ou elevar a laje do piso.

Telegrafei ao primo, já que me pedira solução rápida: "Favor confiar no seu arquiteto".

Na próxima vez em que fui a Aquidauana, Lourdes me contou que ficaram assustados com a minha resposta e, apesar de mortos de medo, deram-me o crédito de confiança e instruíram o empreiteiro para respeitar os desenhos. Depois de retiradas as escoras e fôrmas, caracterizado o espaço do pátio, puderam entender as intenções do projeto, que aprovaram inteiramente.

O que aconteceu de inesperado, no entanto, foi uma reformulação de programa e de destino de peças da casa, anos mais tarde. Num encontro no Rio, Lourdes me contou que tiveram muita sorte de conseguir comprar a casa vizinha, uma velha térrea. Como o fogão a lenha nunca funcionara muito bem na casa nova, eles o demoliram e, na ao lado, construíram uma cozinha caipira, com todos os fogões e fornos de fazenda, capazes de cozinhar e assar todo o tipo de leitões, compotas, cascões, bolos e doces da região.

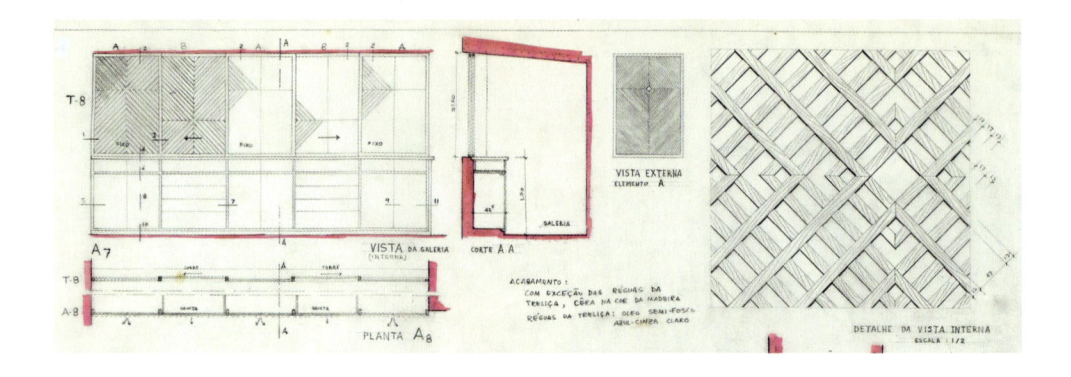

Como o Zeca recebia cada vez mais eleitores e cabos eleitorais, e a garagem era muito agradável com a luz coada pela treliçona das portas, resolveram mobiliá-la e deixar o escritório só para uso dos clientes de advocacia. Os carros passaram para a casa do lado. Ante a elegância, a independência, o conforto e a vista para a rua, além de terem ligação para o hall íntimo da casa, os quartos de empregadas foram promovidos a apartamentos de hóspedes, de modo que só os familiares muito íntimos ficariam no anteriormente projetado para esse fim. Na casa ao lado, além de ficarem os carros, passaram a dormir as empregadas e o pessoal das fazendas quando em visita a Aquidauana.

Fiquei decepcionado, afinal a casa resultara inadequada, com soluções bastante originais, pouco racionais. Mas Lourdes me garantiu que o conjunto funcionava perfeitamente, com todo o conforto e até melhor do que se tivéssemos projetado tudo para os dois terrenos, porque, na casa ao lado, ela localizara tudo o que não era condizente com a elegância da "minha" casa. Ouvindo isso, lembrei, de repente, da casa do Philip Johnson em New Canaan e senti-me mais consolado.

CAMPO GRANDE, CONFIANÇA CONFIRMADA Nosso vizinho na vila, carioca, representante de uma revendedora de aviões, apresentou-me a um cliente seu, o sr. Etalívio Pereira Martins, que estava procurando arquiteto para duas casas que pretendia construir em Campo Grande. Fui convidado à casa do meu vizinho numa de suas visitas, e de lá saí quase contratado. As casas eram para dois filhos, um rapaz casado e sua esposa, e uma moça também casada, com

À esquerda, RESIDÊNCIA DE LOURDES E JOSÉ FRAGELLI, detalhes de treliça para rouparia

À direita, RESIDÊNCIA DE CÂNDIDA E JOSÉ PEREIRA MARTINS, planta e cortes com plano do mobiliário, Campo Grande MT, 1964

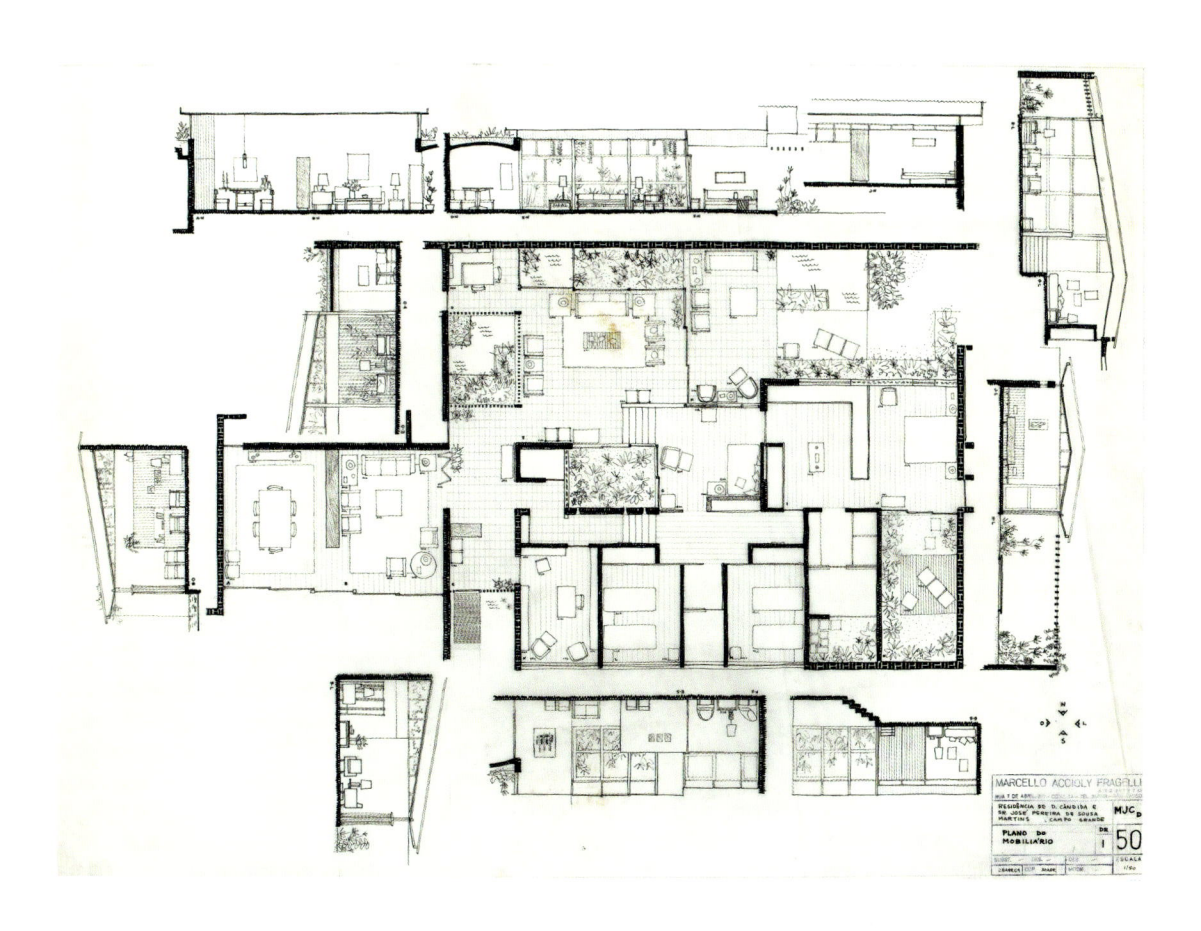

três filhos. Fiquei logo amigo deles, levantei com eles os programas e visitei os dois terrenos.

Ambos os projetos foram aprovados sem modificação e logo se arranjou um construtor, ficando a meu cargo a contratação dos projetos complementares. A casa do filho ficou com quase quatrocentos metros, e a de sua irmã, com mais de quinhentos, pois incluía o apartamento do pai, quando ele estivesse lá. Não houve problemas durante a construção das casas. Tanto clientes, quanto os profissionais envolvidos respeitaram os projetos de arquitetura, apesar de suas complexidades. O resultado foi muito bom, principalmente considerando a distância entre as obras e o arquiteto.

Quando as obras estavam adiantadas, os irmãos perguntaram se eu poderia decorar as casas. Não costumo fazer decoração, nem me considero bom decorador, mas de uma coisa tenho medo: do que vai acabar fazendo um decorador num projeto de arquitetura meu. Portanto, aceitei decorar as casas, condicionando isso a uma conversa prévia, especial, entre os dois casais e eu.

Mas um telefonema do secretário do sr. Etalívio me surpreendeu. Dizia ter recebido um rádio do patrão, pedindo que eu comprasse, além das luminárias, as mobílias e tapetes das duas casas. Tudo o que eu escolhesse estaria bom.

Tentei que pelo menos me dissessem quantas camas iam ficar em cada quarto, mas novo rádio confirmou que eu podia resolver tudo, conhecia as famílias, podia comprar. Pediram que me responsabilizasse também pelos quadros e objetos que achasse necessários.

Escolhi a mobília em lojas onde houvesse peças de desenho contemporâneo e de primeira qualidade. Como raramente uso lustres de teto em salas de estar, havia que colocar abajures em inúmeras mesas de lado, e de cabeceira.

Inventei pés de abajur de peças coladas, de madeira. Desenhei recortes, torneados, pintei algumas, deixei outras na madeira, colei as partes. Diverti-me criando esculturas policromadas, coisa que faço até hoje, como hobby, só que numa frequência baixíssima.

Mandei desenhos com as localizações da mobília, tapetes, quadros, luminárias, objetos de adorno, tudo para garantir a harmonia da arrumação.

Fazenda Bela Vista

Nas visitas às obras dos Martins, o secretário do sr. Etalívio me levava à fazenda de Montemor, de cuja pista decolávamos para Campo Grande. Vez por outra, íamos apenas o piloto e eu. Em 1964, numa das últimas viagens – obras quase prontas e a família satisfeita com ambas –, o secretário, em vez de tomar a Anhanguera para atingir a fazenda, pegou a Marginal Tietê em direção ao Campo de Marte, onde me entregou ao piloto da família.

Na viagem de volta, o sr. Etalívio instruiu o piloto para rumar direto para São Paulo. Quando nos aproximávamos, após comunicação com a torre do Campo de Marte, soubemos que não poderíamos pousar ali por causa do mau tempo. Notei então certo embaraço por parte do piloto, que encontrava dificuldade em conseguir a autorização do patrão para o pouso na fazenda.

Residência de Cândida e José Pereira Martins
À esquerda, perspectiva da sala de estar
À direita, perspectivas do quarto de casal e do espaço integrado de estar e jantar

Finalmente aterrissados, surpreendi-me ao ver, no caminho entre a pista de pouso e a sede da fazenda, pilhas enormes de tijolos. Perguntei ao senhor Etalívio qual seria essa construção, imaginando tratar-se de um hangar – algo que ele, provavelmente, não julgava merecedor de um projeto de arquitetura.

Qual nada! Constrangido, explicou que ia fazer uma reforma muito simples na casa sede. Era mais uma reforma que uma obra nova, insistiu, e para uma casa tão simples, de fazenda, o engenheiro construtor mesmo tinha feito um desenho.

Na volta a São Paulo, adverti-o sobre os inconvenientes de se reformar uma casa velha e malconstruída. Soube que não era propriamente uma reforma. O construtor, para não interromper o uso da casa sede, projetara uma casa em forma de "U" quadrado, com um pátio central, aberto para o gramado que ia até a represa.

Construiria inicialmente duas pernas do "U", de modo que o casal pudesse se mudar para essa parte nova. Em seguida, demoliria a casa atual e sobre as suas fundações ergueria a terceira ala do "U", aproveitando o que fosse possível dos alicerces.

O senhor abriu sua maleta e tirou uma cópia heliográfica vermelha já meio surrada, com a planta do engenheiro. Fiquei estarrecido, não só com a ideia das etapas, mas também com a pobreza criativa do projetista: péssima distribuição das peças e circulação defeituosa. O construtor não sabia resolver os problemas da forma em "U", agravados pela necessidade do uso provisório.

Questionei o fato de a obra ser feita em duas etapas. Tal solução poderia ser muito conveniente, caso se tratasse de um terreno pequeno, mas ele possuía duzentos alqueires na fazenda e mais de dez mil metros quadrados de gramado em frente à represa!

Ele se espantou. Ninguém havia se dado conta do absurdo da proposta do construtor. Mostrei-lhe as falhas de planta decorrentes da necessidade do uso provisório, do não domínio da forma em "U" e do aproveitamento das fundações.

Quando lhe perguntei se não havia ficado satisfeito com os projetos das casas dos filhos, ele respondeu que tinha gostado muito – ele e toda a família –, mas que para ele só as casas de cidade precisavam ficar bonitas, chiques; aquela, ao contrário, era uma casa simples, só para ele e a esposa, que não tinham vida social, não valia a pena contratar um arquiteto.

Não era sovinice que o segurava, mas sua condição de homem modesto e lutador. Ele se sentia à vontade para dar aos filhos, mas não a si próprio, uma casa de lazer que pudesse ser julgada luxuosa, ou que tivesse um projeto caro, sofisticado. Nunca fui atirado como vendedor de arquitetura, mas aquela encomenda eu queria! Faria o projeto pelo preço que ele estabelecesse. Ele relutou, mas acabamos acertando a taxa – baixíssima – de 3% do que custasse a construção.

Na noite seguinte, em conjunto com sua esposa, estabelecemos o programa da residência. Muita coisa que nunca pude realizar,

FAZENDA BELA VISTA, Monte Mor SP, 1965
À esquerda, acima, detalhe da parede do escritório deslocada da fachada sul, e plano inclinado da cobertura do escritório, sala de jantar e varanda leste
À esquerda, abaixo, fachada sul e oeste
À direita, fachada norte

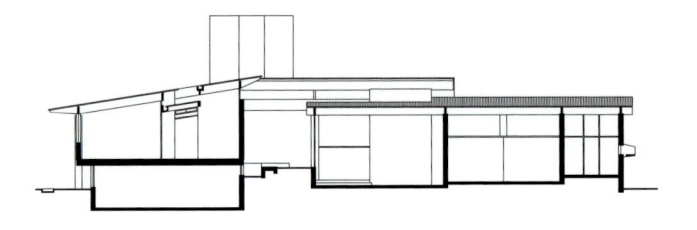

1. suíte
2. dormitórios
3. saleta do café
4. sala de jantar
5. sala de estar
6. escritório
7. jardim de inverno
8. garagem
9. quarto do piloto
10. cozinha
11. cozinha externa
12. lavanderia
13. quarto da empregada
14. depósito
15. quarto do zelador
16. sala do zelador
17. lavanderia do zelador
18. cozinha do zelador

sempre limitado por terrenos reduzidos, estava agora ao meu alcance. A fazenda era cortada por uma estrada de servidão pública, mas felizmente a casa estava a quase duzentos metros da mesma.

Pude assim criar uma rua imponente, perpendicular à estrada, levando a uma rotatória que fazia os veículos pararem junto à porta principal. Esta abria para uma galeria de dois metros, levando às áreas sociais e à ala dos quartos.

No eixo da via de acesso localizei uma torre de caixa-d'água que dividia a fachada em dois corpos contínuos: das residências principal e do caseiro. Para esse grande jardim da entrada, todas as paredes eram fechadas até dois metros de altura e apenas duas janelas pequenas abriam para a via de acesso: uma no escritório do sr. Etalívio e outra no quarto da caseira.

Fazenda Bela Vista
À esquerda, corte e planta
À direita, sala de estar

O resto da casa se abria para o gramado da represa, para o da piscina, para o jardim defronte à varanda da sala de jantar, ao fundo, ou ainda para o pomar, em frente aos quartos e à ala do caseiro; a sala de estar, para a represa, através de uma varanda larga, onde a parte central era envidraçada, as extremidades abertas, uma se comunicando com um salão de jogos – sob a suíte principal – e a outra com uma grande pérgola para redes. A ligação era feita por um terraço de pedra largo e comprido, descendo numa escadaria lateral de seis, sete degraus, para o gramado.

O anteprojeto recebeu elogios, com ressalvas para a área excessiva, então perguntei se queriam eliminar a garagem para dois carros, pouco até para uma fazenda, o apartamento do piloto, alguma suíte dos filhos, o salão de jogos ou talvez a ala da caseira. No final, foi aprovado como apresentado.

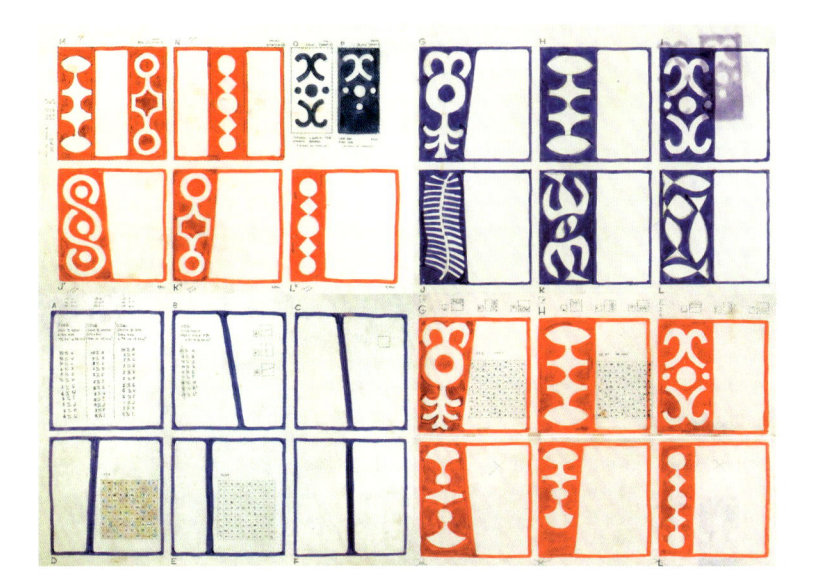

Fazenda Bela Vista
À esquerda, entrada da varanda oeste para o pátio interno; sala de jantar
À direita, desenhos para revestimento de piso e parede

Consultoria à Promon

Proposta   A Montreal Engenharia era uma empresa especializada em montagens industriais, fundada e dirigida por dois engenheiros do Rio, um deles, meu primo Thomaz Magalhães, então vice-presidente da empresa. Quando ainda morava no Rio, planejava procurá-lo para que me conseguisse projetos de arquitetura industrial, mas, sempre deixando para mais tarde, acabei por não o fazer.

Em 1960, a Montreal se associou a uma empresa norte-americana de projeto, a Procon Inc., e juntas fundaram uma empresa brasileira de projetos, a Promon Engenharia. Para dirigi-la, convidaram o jovem engenheiro Tamas Makray, húngaro de nascimento, que contratou o também jovem Júlio Cesar Queiroz como engenheiro-chefe da nova empresa.

Já tinha ouvido falar deles por intermédio dos meus primos Cecília e Carlos Junqueira, quando iam ao Rio. Quase em seguida à nossa ida à VI Bienal, em 1961, Carlos convidou-me para almoçar com ele, Tamas e Júlio no restaurante Brahma, na avenida Ipiranga, próximo aos nossos escritórios. Foi um encontro muito simpático, o Tamas ficou bem impressionado com os painéis da exposição e com as menções honrosas recebidas. Perguntou-me da possibilidade de fazer parte do grupo deles, quando o volume de serviço da Promon permitisse.

Expliquei que meu maior desejo era ter meu próprio escritório em São Paulo – achava que a boa arquitetura se faz melhor num escritório que numa empresa de engenharia. Disse que gostaria de vender projetos – tanto para eles quanto para a Montreal –, como consultor autônomo.

Eles riram, disseram que era preconceito contra firmas de engenharia, que dependendo da orientação dada pelos dirigentes de uma empresa de consultoria, os arquitetos poderiam ter ali as mesmas condições de um escritório de arquitetura.

Tentei convencê-los de que a melhor maneira de uma empresa de consultoria conseguir boa arquitetura era comprá-la de arquitetos independentes.

Com seu otimismo e entusiasmo, Tamas prometia que no momento certo tudo se arranjaria. Na despedida, já na porta do restaurante, disse-me que um dia eu seria o arquiteto-chefe da Promon!

Voltei pensativo ao escritório.

Aceite   Em 1962, conversamos novamente sobre a minha colaboração como consultor da Promon. Tamas chegou a me pedir opinião sobre uma série de fotos de prédios industriais planejados pelo setor de projetos. Comentei que o nível arquitetônico dos edifícios poderia ser significativamente melhorado e, portanto, compatível com a qualidade técnica dos projetos da empresa. Como não me preocupava em ser funcionário àquela época, precisávamos conversar muito para viabilizar minha assessoria, principalmente sobre a autoria.

Minha ideia sobre a questão é a de que a autoria de uma obra arquitetônica envolve criação artística, e essa é a atividade do arquiteto, e não de uma empresa. Sempre quando penso no assunto, vem-me à cabeça o exemplo da Skidmore, Owings and Merrill, que não reconhecia a autoria dos seus arquitetos, mas ante a mediocridade da arquitetura que estava produzindo – pois nenhum arquiteto de gabarito trabalharia num sistema assim –, evoluiu para a autoria declarada: o nome do autor aparece em seguida ao som.

No caso de um grande projeto, de um aeroporto, por exemplo, a criação é feita em uma empresa, e dividida entre vários arquitetos, a autoria é da firma e do grupo de arquitetos, o nome deles deve ser indicado junto ao grupo que os contratou. Existe aeroporto projetado por arquiteto – o de Washington é de autoria do Saarinen com o escritório dele. Todo mundo sabe disso.

No caso de uma usina hidroelétrica, é um projeto de engenharia. A autoria é da firma encarregada dele e o arquiteto, quando entra, dá assessoria arquitetônica ao projeto dos elementos de engenharia, até sobre a composição da barragem, os acabamentos dela, a relação dela com os outros blocos e elementos de apoio. Como exemplo, lembro da participação de I. M. Pei, um grande arquiteto americano de origem chinesa, numa barragem nos Estados Unidos. A responsabilidade da assessoria deve ser, então, definida.

Entretanto, a usina também tem prédios de controle, de equipamentos. É um trabalho difícil, que pede um arquiteto de padrão, para fazer esses prédios com caráter próprio, com força para ficarem ao lado da barragem, com todo o peso dela, sem ficarem acachapados ou artificialmente massudos. Essas partes têm autoria dos arquitetos que fazem os projetos. Junto com o nome da empresa – não há problema.

Não havíamos ainda chegado a um consenso, quando a Promon foi convidada a participar de concorrência fechada para um prédio industrial. Envolvia apresentação de tratamento arquitetônico para um layout elaborado pela engenharia do cliente.

ADEQUAÇÃO   O Grupo Gasparian tinha várias tecelagens no interior do estado; para substituir uma instalação em Jundiaí, convidou algumas empresas de consultoria de São Paulo para apresentarem propostas baseadas na planta e layout preparados pelos técnicos do grupo.

Tamas e Júlio me convidaram para elaborar, como consultor, a proposta arquitetônica, dirigindo a equipe de arquitetura da Promon no desenvolvimento. Estavam realmente interessados em me contratar e concordaram em pagar sobre uma percentagem do valor da obra e vincular o meu nome à autoria do projeto.

Sugeri analisar a adequação do layout que havia sido definido pelo cliente. Outros fariam apenas o que estava sendo pedido – afinal o projeto era só de arquitetura, de estrutura e de instalações do prédio, e não da parte industrial. Argumentei que arquitetura não é só fachada – é organização de espaço também. Era preciso visitar uma outra tecelagem deles para conferir se o que eles haviam feito estava certo. Se não estivesse, seria interessante proporoms uma solução melhor. Falei que também estava muito interessado em fazer um projeto completo, desde a estaca zero, em vez de estar apenas "vestindo arquitetonicamente" o layout dos outros. Acabamos marcando uma visita.

Fomos recebidos pelo engenheiro gerente da indústria, instalada num prédio velho, com galpões enormes, cujas estruturas estavam cobertas de verdadeiros mantos de fiapos de algodão. Perguntei sobre o processo, sobre o percurso e armazenamento da matéria-prima e dos produtos, desde a chegada até o despacho, e não foi fácil entender todas as etapas. Pelas respostas, desconfiei que o estudo feito pelos engenheiros de operação tinha sido baseado no modelo antigo. Não passava de uma adaptação melhorada, em vez de ser uma solução racional a partir do processo industrial. Animei-me quando o engenheiro, ao ouvir meus questionamentos e sugestões, passou a respondê-los afirmativamente, até simpaticamente. Saí cheio de anotações, rabiscos e ideias, louco para chegar a São Paulo e poder sentar na prancheta.

Não faltou quem achasse meio arriscado rejeitarmos a proposta do cliente, apresentando o anteprojeto baseado num novo layout, mas fui autorizado pelo Tamas a prosseguir.

Não ganhamos a concorrência; nem nós nem ninguém. Uma crise financeira se agravou e a Gasparian postergou a implantação da nova tecelagem.

Para mim, o episódio foi importante, pois me aproximou da Promon, mostrando a necessidade de a empresa reforçar sua arquitetura. O vice-presidente da Montreal encontrou-se com um dos donos da Gasparian, que o cumprimentou pela nossa proposta, a seu ver a melhor de todas, a única que estudara o layout fornecido e apresentara um outro, muito mais funcional que o deles.

Júlio Queiroz estava presente quando o Tamas me chamou para contar sobre esse encontro e me convidou para descermos a Cubatão, pois queria mostrar a portaria de uma unidade petroquímica que eles tinham projetado e acabava de ser construída.

Aceitei o convite com prazer, pois me interessava muito a consultoria. Afinal, há muito tempo a arquitetura industrial me atraía.

CONCEITO   Júlio e eu conversamos muito sobre o que deve ser um projeto industrial e o papel da arquitetura nele.

A portaria que me mostrou foi um excelente exemplo: uma silhueta delicada recortada contra a força de tanques metálicos enormes, torres, tubulações e a estrutura pesada da unidade situada uns cinquenta metros atrás.

Procurei pontos positivos, pois percebi a intenção do autor do projeto: criar uma pequena joia de arquitetura purista, formalista. Comentei o cuidado com as proporções, o desenho das esquadrias, que revelavam um refinamento bem superior ao dos outros prédios. Em seguida mostrei que os materiais não eram adequados: paredes e estrutura não deveriam ter o mesmo revestimento; se a estrutura fosse de concreto aparente, teria mais força. Então passei ao principal da crítica: o caráter do "predinho", sua inserção no conjunto industrial, pois naquela arquitetura faltava o caráter industrial, a simplicidade e força para se integrarem aos outros elementos construídos. Os elementos construídos no fundo eram muito mais importantes do que a portaria.

Expliquei que o bloco de equipamentos era arquitetonicamente melhor que a portaria – nem tanto pelo caráter industrial, mas porque era forte, cheio de volumes definidos e de cores. Apesar de as cores serem obrigatórias pelo código, serviam para identificar o que estava no interior dos equipamentos, dando mais valor arquitetônico à obra, pela sua própria função.

Subimos a serra ainda discutindo esse assunto, mas antes de chegarmos ao escritório da Promon, fui convidado a dar assessoria arquitetônica às unidades petroquímicas de outra indústria, também em Cubatão. Animado, aceitei a incumbência.

Piraquê no Rio

Casa   Não esperava que minha mudança para São Paulo me ajudasse a pegar projetos no Rio. Mas foi o que me aconteceu, em 1963, através da amizade que fiz com Fábio Penteado.

O casal Colombo vinha construindo sua casa sem a orientação de um arquiteto e a coisa não estava funcionando muito bem. Apesar de atuar como industrial no Rio, o sr. Celso e a esposa eram de Piracicaba. Foi lá que conheceram uma bela casa projetada por Fábio Penteado para uma prima da senhora. Na volta ao Rio, escreveram ao arquiteto, pedindo-lhe que ajudasse na obra da casa na Barra da Tijuca. Queriam que propusesse a modificação que julgasse necessária, fornecesse todos os detalhes, acompanhasse a obra e que projetasse também a arquitetura de interiores. Enfim, a decoração toda.

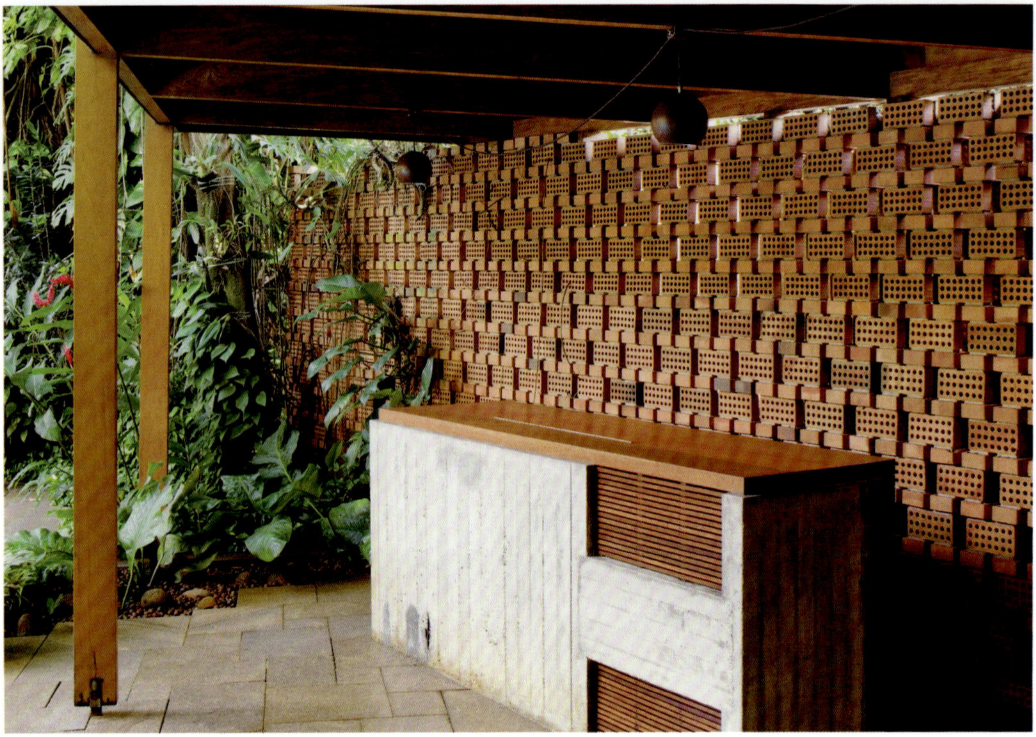

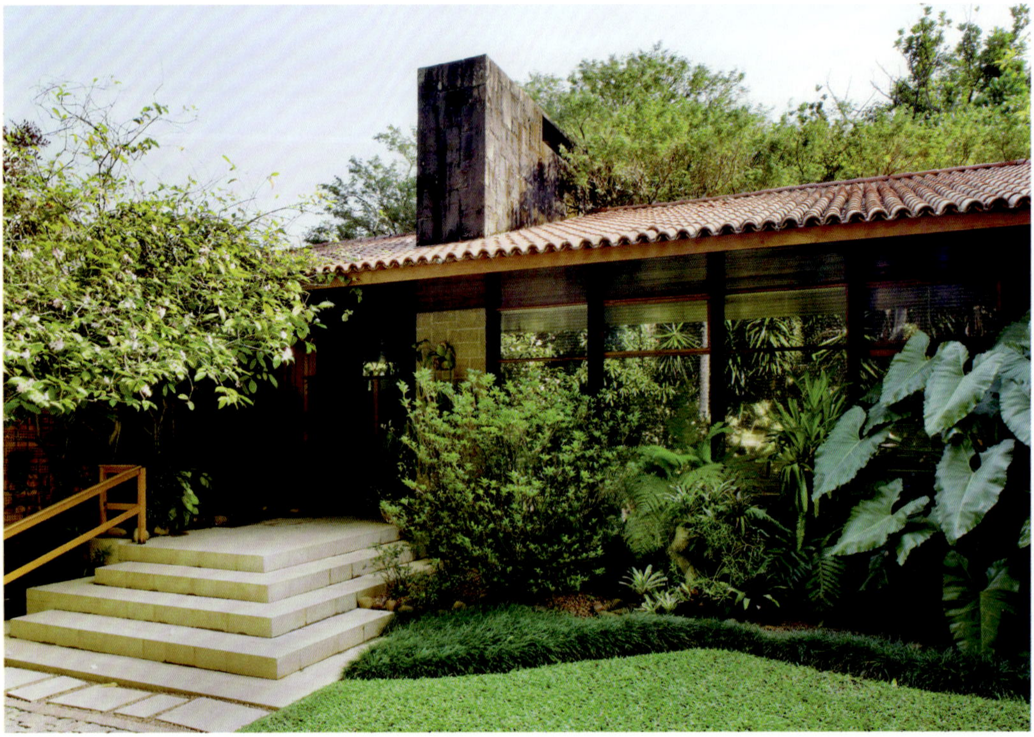

Residência Celso Colombo

Residência Celso Colombo, Rio de Janeiro RJ, 1963. Fotos de 2009
À esquerda, área de lazer; fachada principal
À direita, detalhe de assentamento de elemento vazado; pátio com jardim

Residência Sergio Colombo

1. sala de estar
2. sala de jogos
3. sala de refeições
4. sala de café
5. cozinha
6. lavanderia
7. garagem
8. varanda
9. lavabo
10. oficina
11. piscina

1. suíte
2. quarto
3. closet
4. quarto de empregada
5. terraço

CARREIRA EM SÃO PAULO

RESIDÊNCIA CELSO COLOMBO FILHO

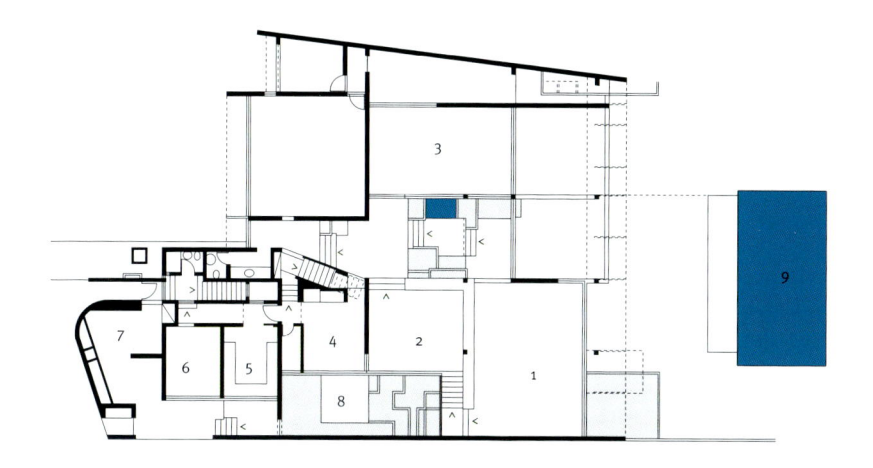

1. estar
2. sala de refeições
3. sala de café
4. sala dos filhos
5. cozinha
6. lavanderia
7. área de serviço
8. pátio
9. piscina

1. suíte
2. dormitório
3. closet
4. salão social superior
5. saleta serviço
6. quarto empregada
7. varanda
8. mezanino
9. varanda

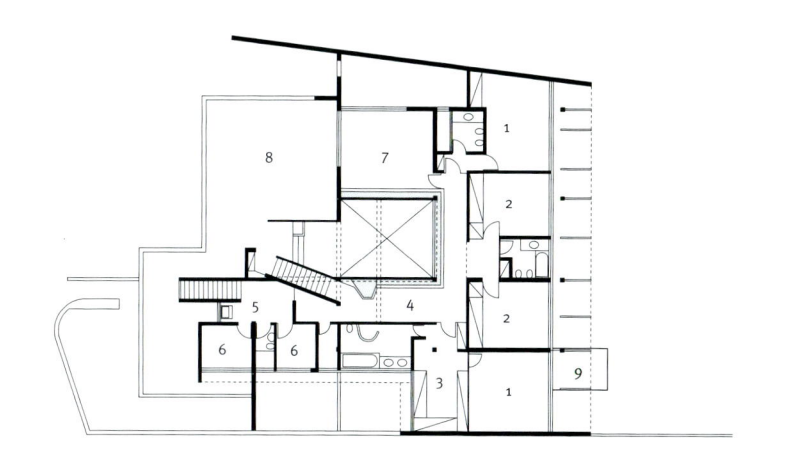

RESIDÊNCIA SERGIO COLOMBO, Rio de Janeiro RJ, 1979
À esquerda, plantas dos pavimentos térreo e superior; fachada posterior, foto de 2009

RESIDÊNCIA CELSO COLOMBO FILHO, Rio de Janeiro RJ, 1979
À direita, plantas dos pavimentos térreo e superior; corte longitudinal

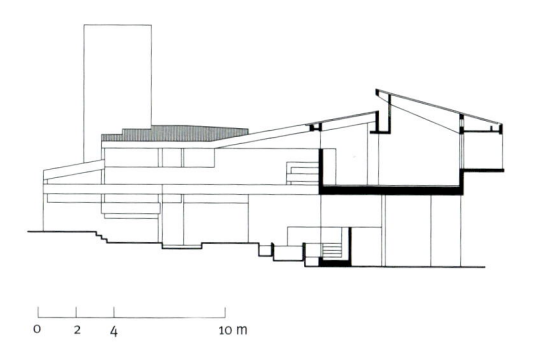

161

Residência Celso Colombo Filho. Fotos de 2009
À esquerda, fachada principal
À direita, quintal lateral, com pérgola

p. 164-165, piscina e varanda posterior

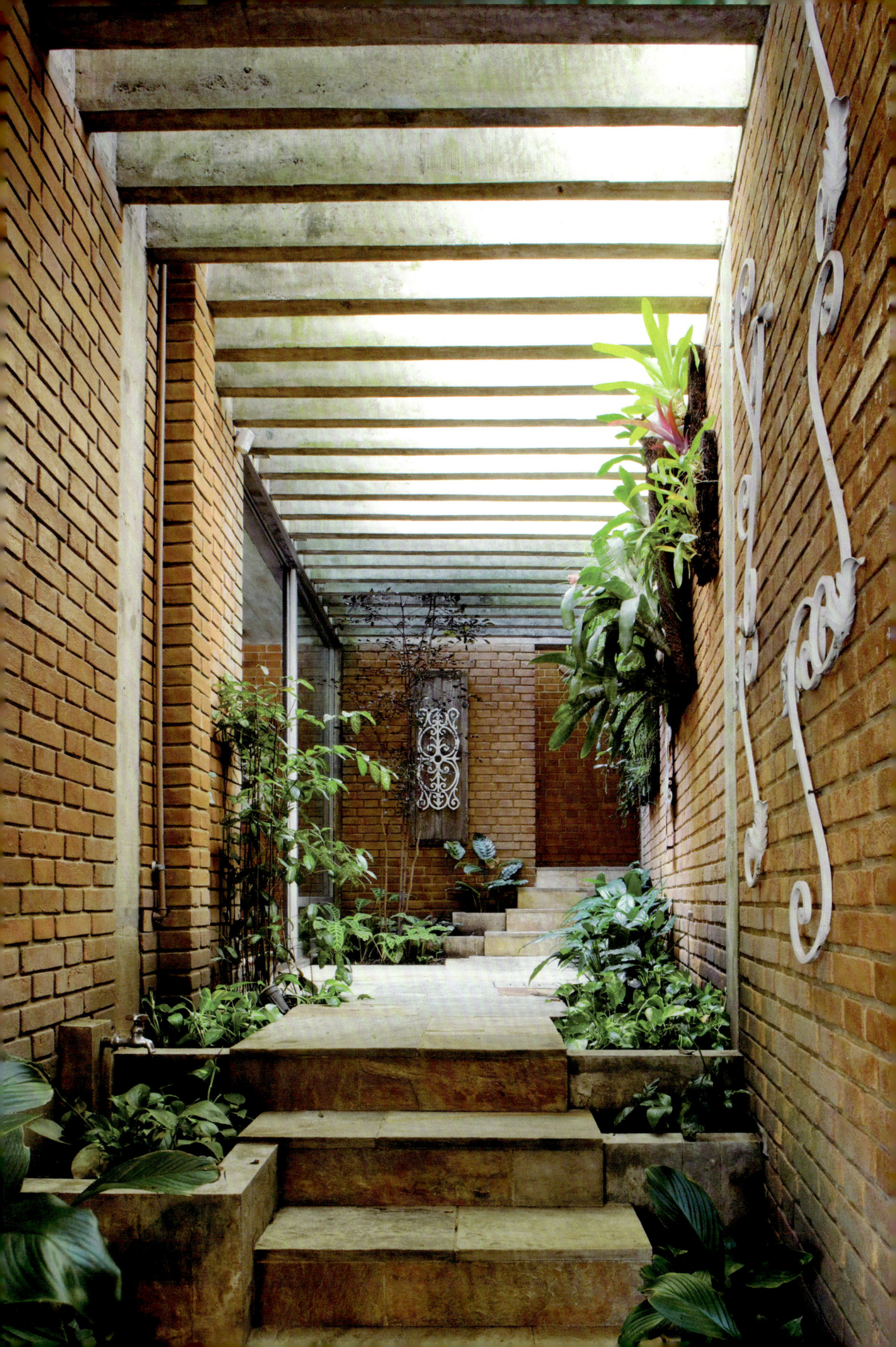

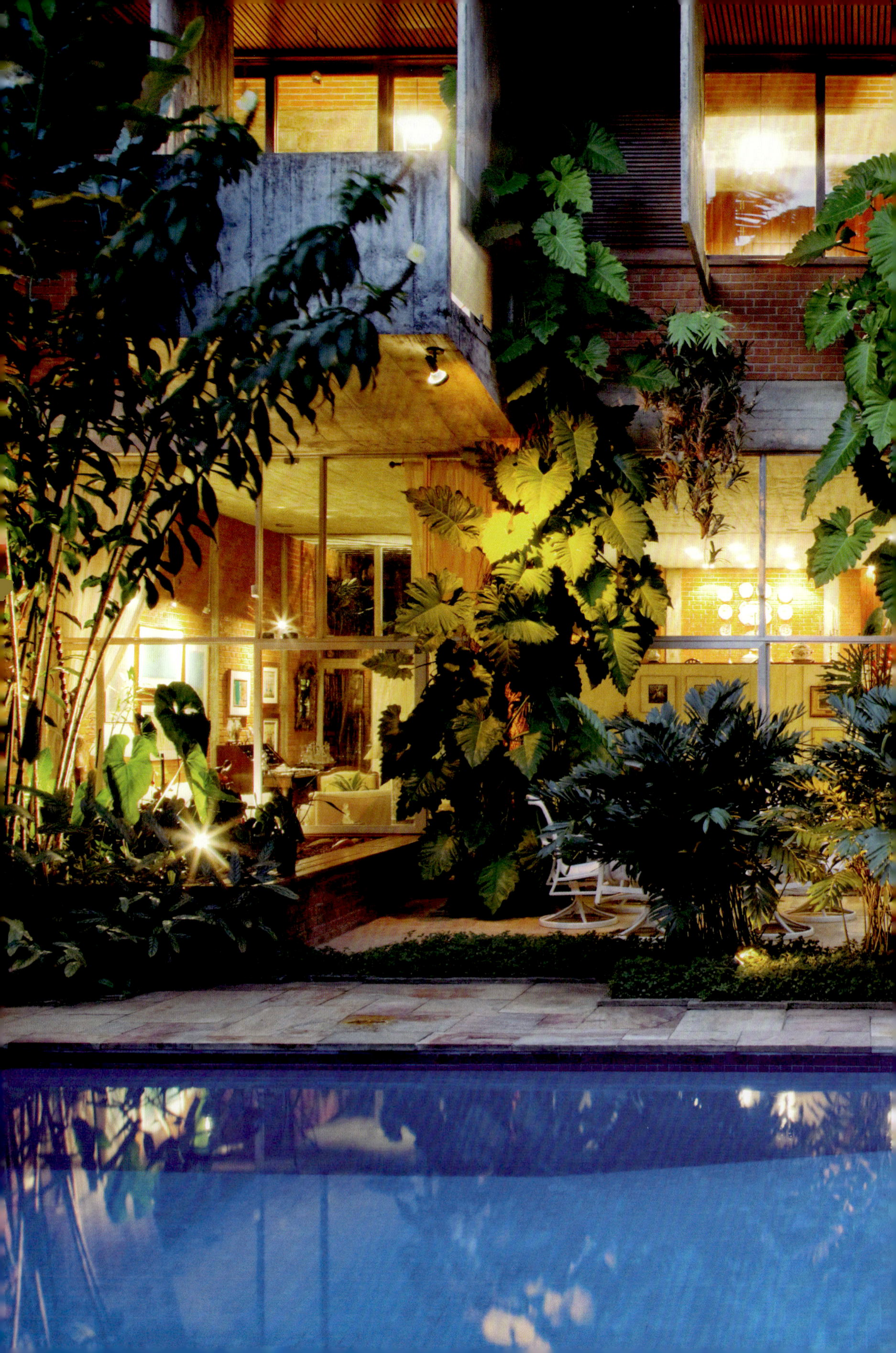

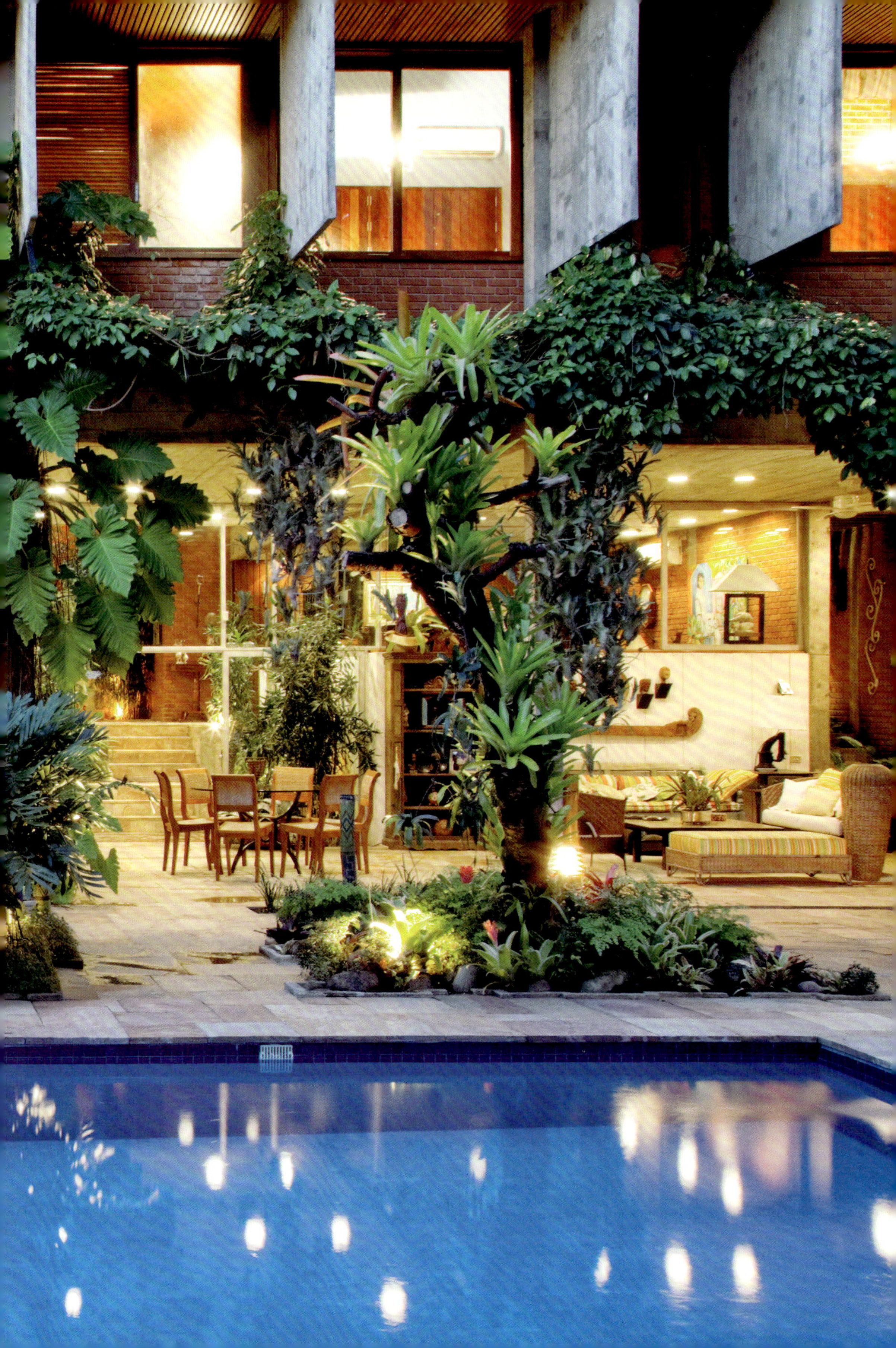

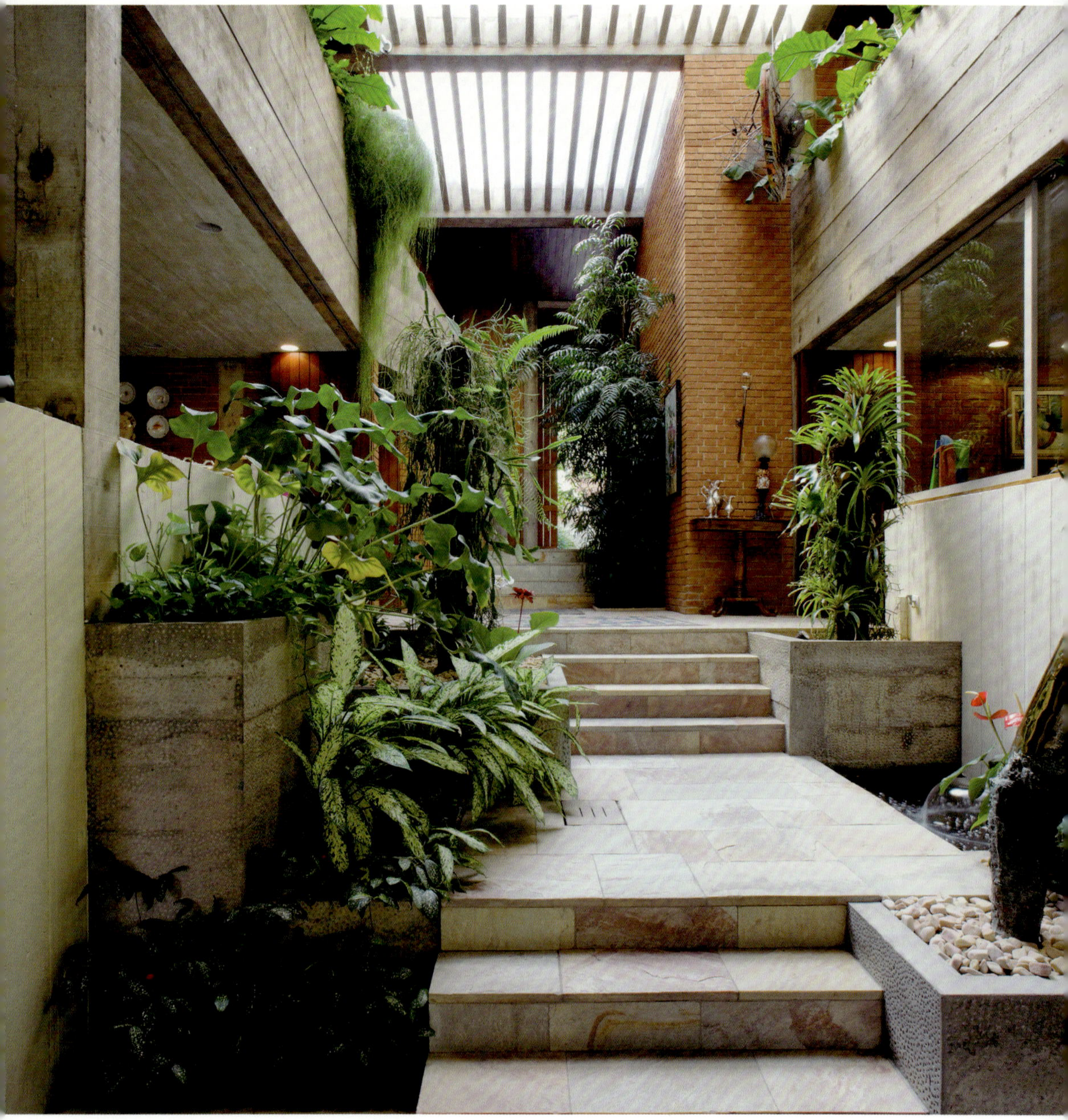

Carreira em São Paulo

Residência Celso Colombo Filho. Fotos de 2009
À esquerda, hall
Abaixo, vista do estar e varanda

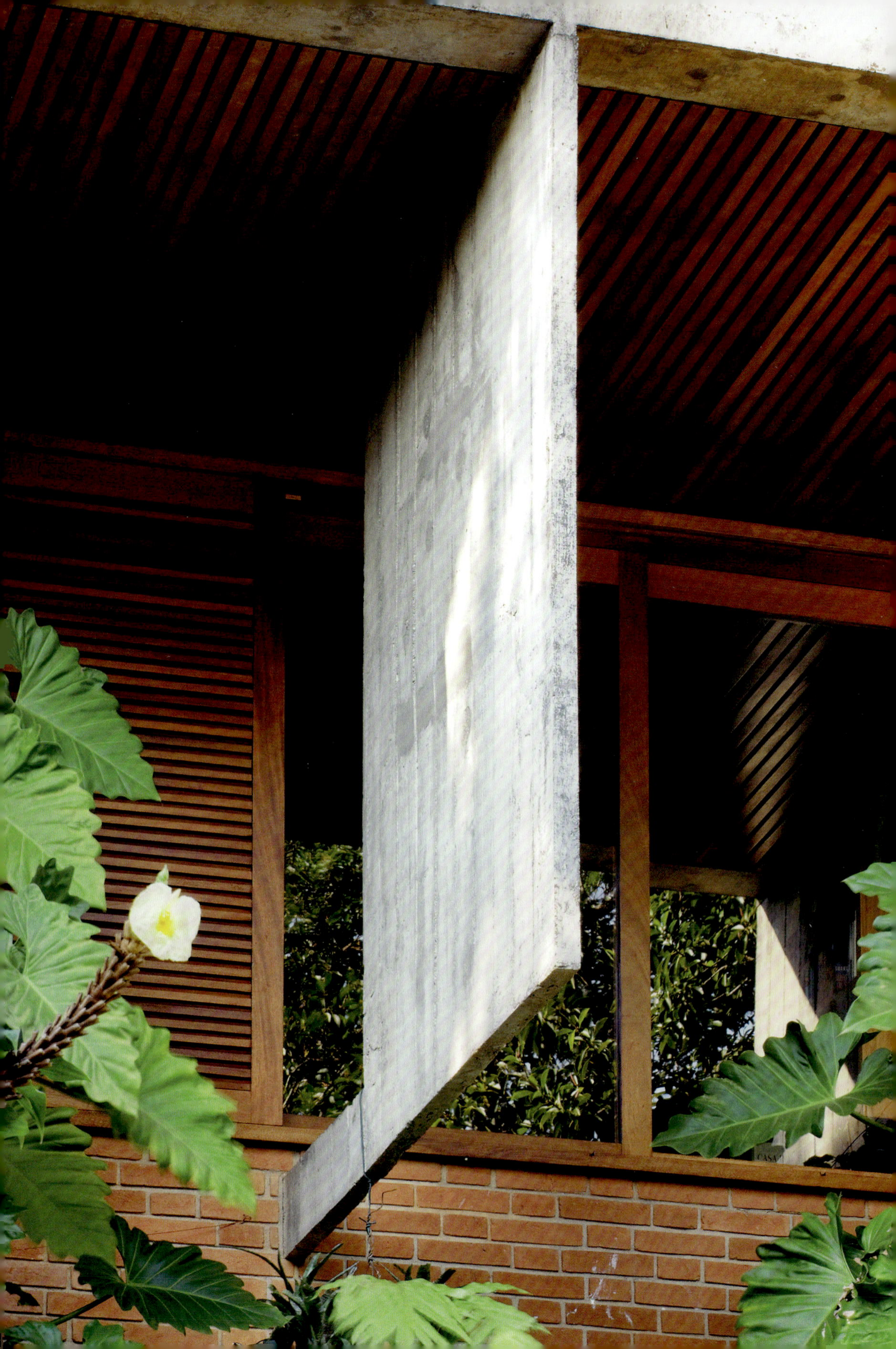

Residência Celso Colombo Filho. Fotos de 2009
À esquerda, detalhe de brise do dormitório
À direita, sala de refeições; suíte; salão social superior

p. 170-171, fachada posterior

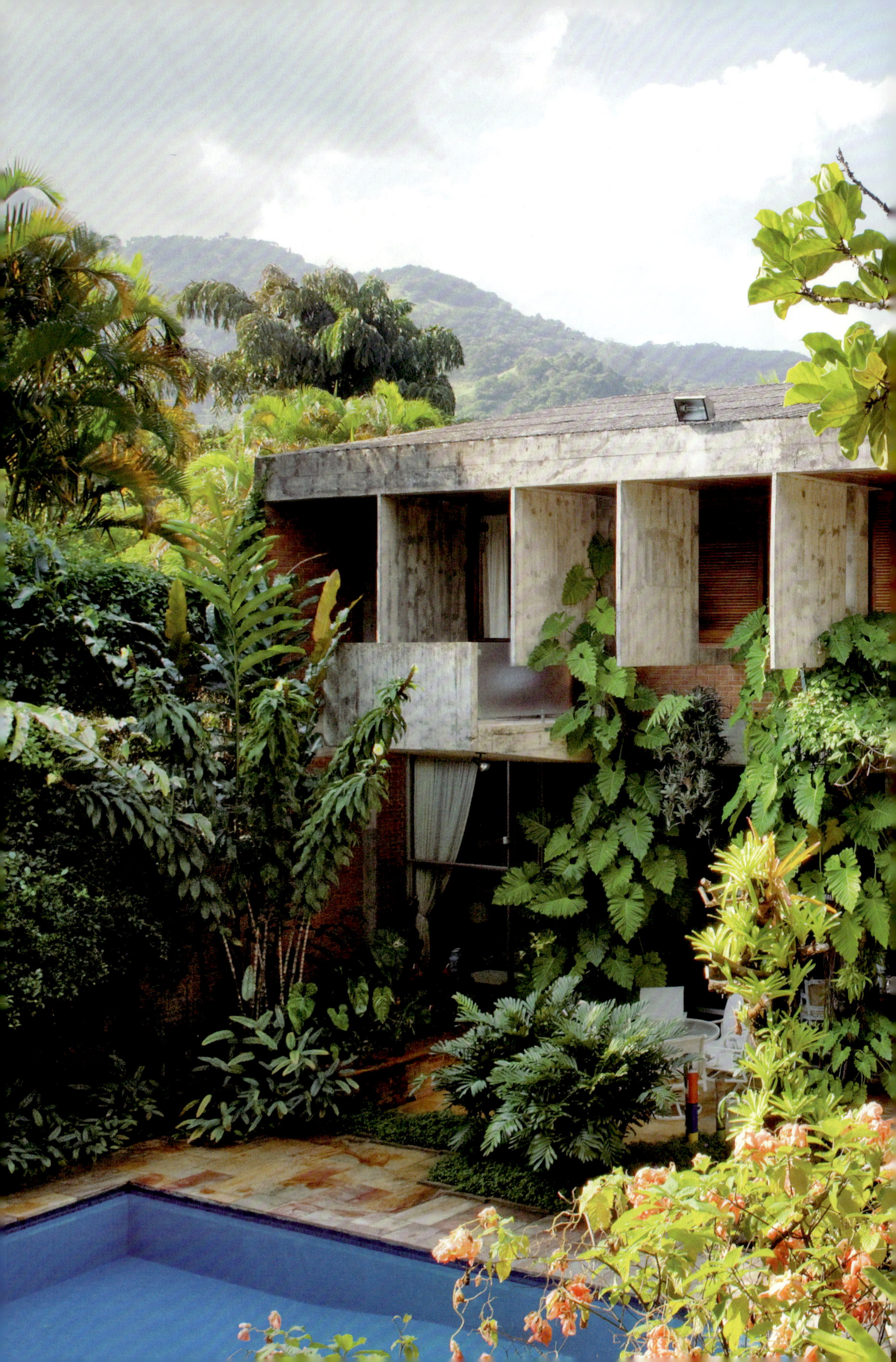

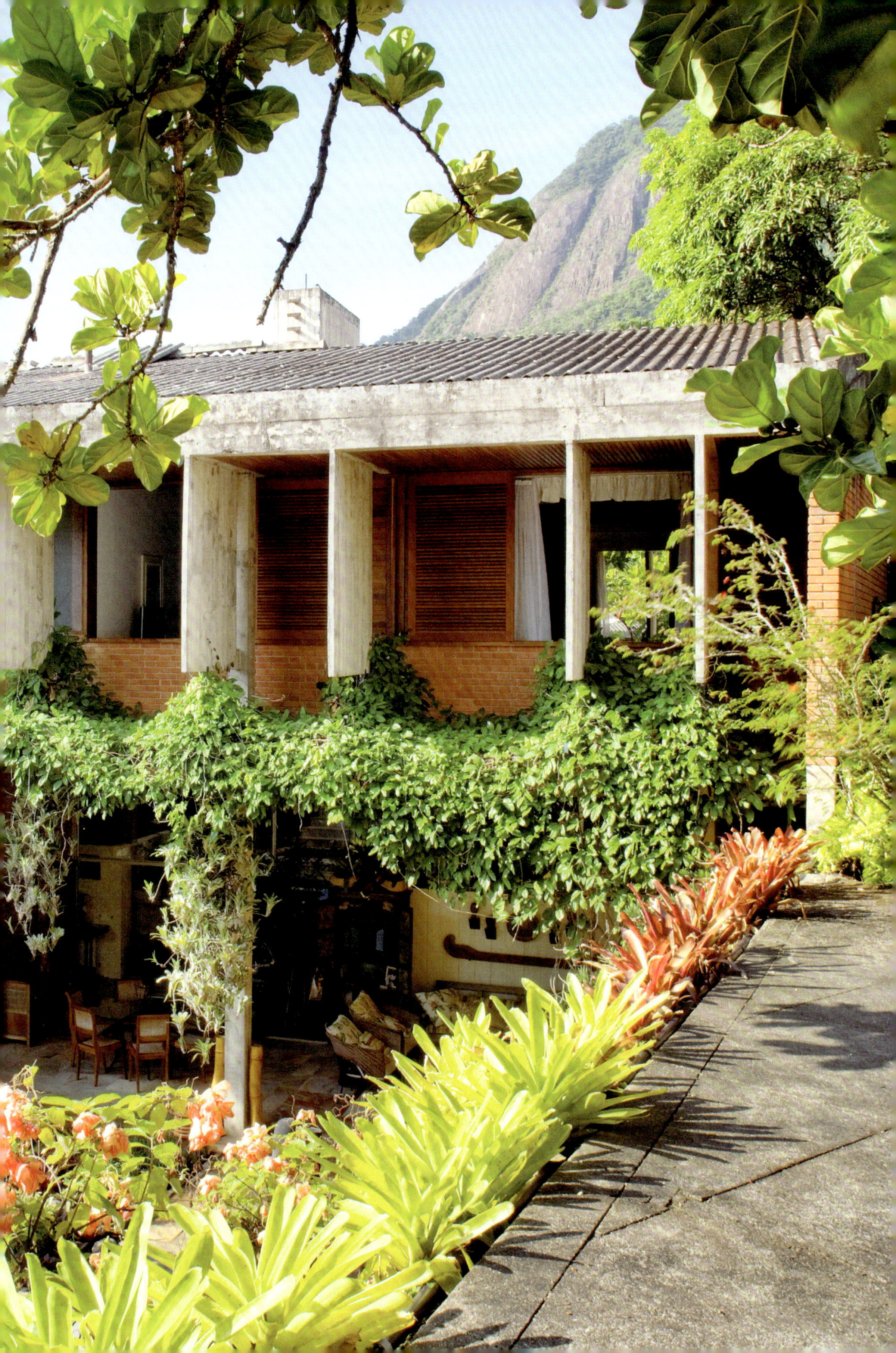

Fábio me ofereceu o serviço, que me interessou de imediato, pois estava em meus primeiros meses como autônomo. Telefonei para Celso Colombo e marcamos encontro em seu apartamento.

Iniciada a obra, a cada visita eu ficava mais encantado, pois o cliente revelou-se um fanático respeitador do projeto. Várias vezes fez com que parassem a obra diante de um problema inesperado – numa reformulação de projeto sempre acontece –, enquanto eu não lhe desse solução. Era incapaz de autorizar qualquer modificação, mínima que fosse, até mesmo nas especificações dos parafusos do trampolim da piscina, não encontrados no calibre do meu desenho.

Este seria o primeiro de uma série de trabalhos importantes que faria ao longo de minha carreira para os Colombo.

INDÚSTRIA   Quase no final da construção dessa casa, em 1964, Celso me levou à Indústria Piraquê, em Turiassú, subúrbio de Madureira, no Rio. Ali conheci o Celso Colombo, grande industrial, empresário de mentalidade aberta, homem de simplicidade e autenticidade raras. Mostrou-me a indústria, formada por dois blocos: um alto, com cinco pavimentos, onde funcionava a fábrica de massas, e o outro, um galpão comprido, enorme, com cobertura em abóbada, em lamela de madeira e telhas de fibrocimento, onde funcionava a fábrica de biscoitos.

Um prédio pequeno de dois pavimentos encabeçava esse último bloco e abrigava os escritórios. O terreno tinha mais de duzentos metros de comprimento, indo de uma rua secundária a outra mais movimentada, que ladeava o muro de uma linha férrea.

O "predinho" dos escritórios ficava na rua menor. O casal Colombo havia morado nele quando fundou a indústria, e ali nasceram os primeiros filhos, pois a implantação exigia sua presença integral.

De um lado da Piraquê estavam uma indústria pequena de sapatos, um edifício de apartamentos e uma faixa de linha de transmissão da Light. Do outro lado, entre ela e a rua mais próxima, havia casas modestas, de tamanhos variados.

Celso havia comprado um terreno na rua dos fundos. Queria que eu fizesse o projeto de ampliação da fábrica de biscoitos, além do acerto na fachada posterior desse bloco, pois ele acabava em ângulo, próximo do alinhamento, deixando um triângulo de terreno vazio.

Depois de minha saída da Rossi, era o primeiro projeto de maior vulto. Como se tratava de uma estrutura cara, de grandes vãos, muito repetitiva e quase sem detalhes, combinamos uma baixa percentagem que seria acertada à medida que o faturamento da indústria fosse pagando a construção. Celso queria que eu acom-

Complexo industrial Piraquê, Rio de Janeiro RJ, 1964
À esquerda, vista aérea do complexo industrial e entorno imediato. Foto de 2009
Abaixo, em primeiro plano, a fábrica de massas e biscoitos; em segundo plano, o edifício Jerônimo Ometto; e, ao fundo, o edifício Converbrás. Foto de 1988

Complexo Industrial Piraquê

Complexo industrial Piraquê. Fotos de 2009
À esquerda, cores nos elementos construtivos da fachada
À direita, terraço e jardim do prédio administrativo, com projeto paisagístico de Roberto Burle Marx

p. 176-177, fachada NE do bloco administrativo

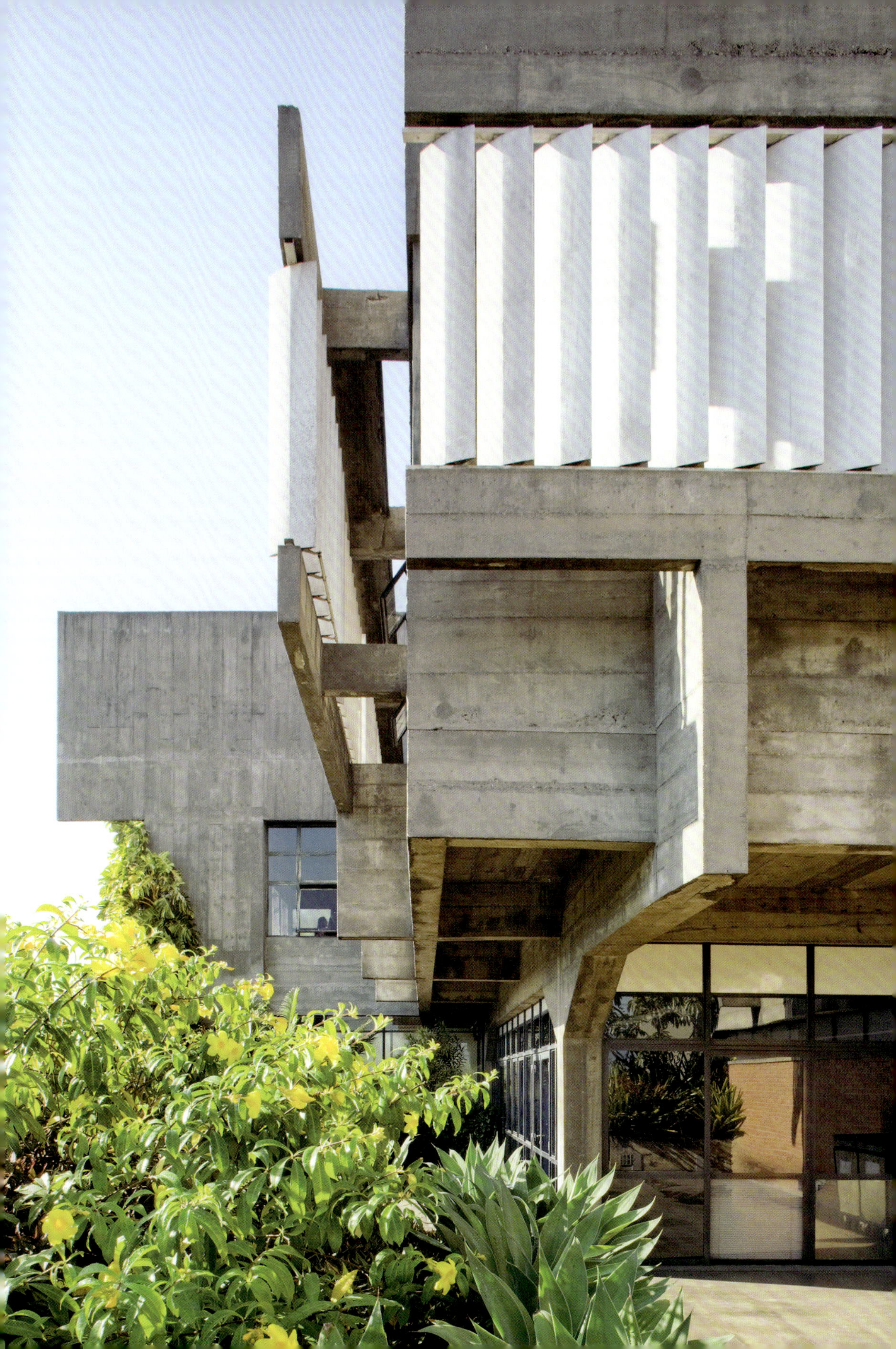

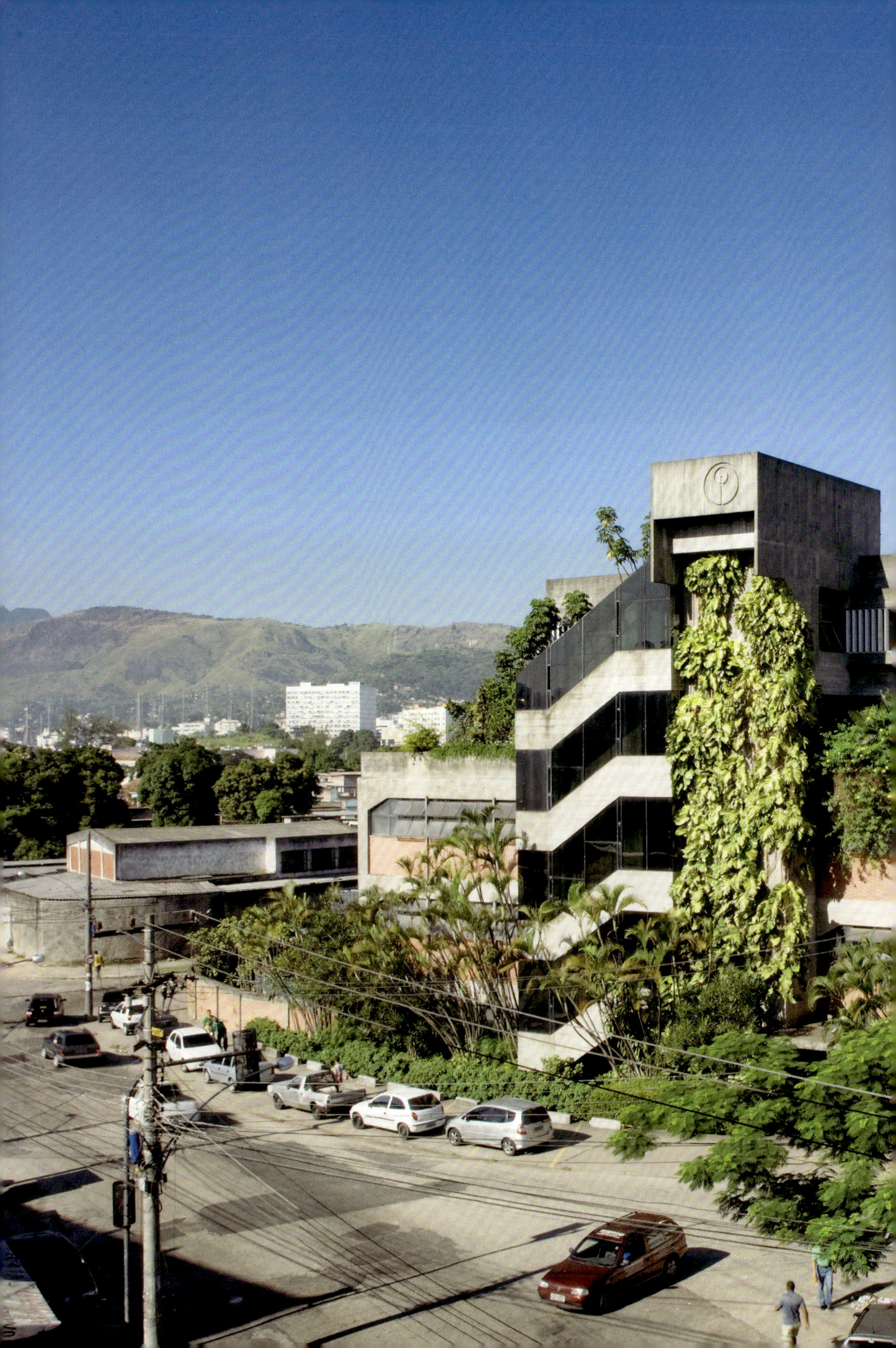

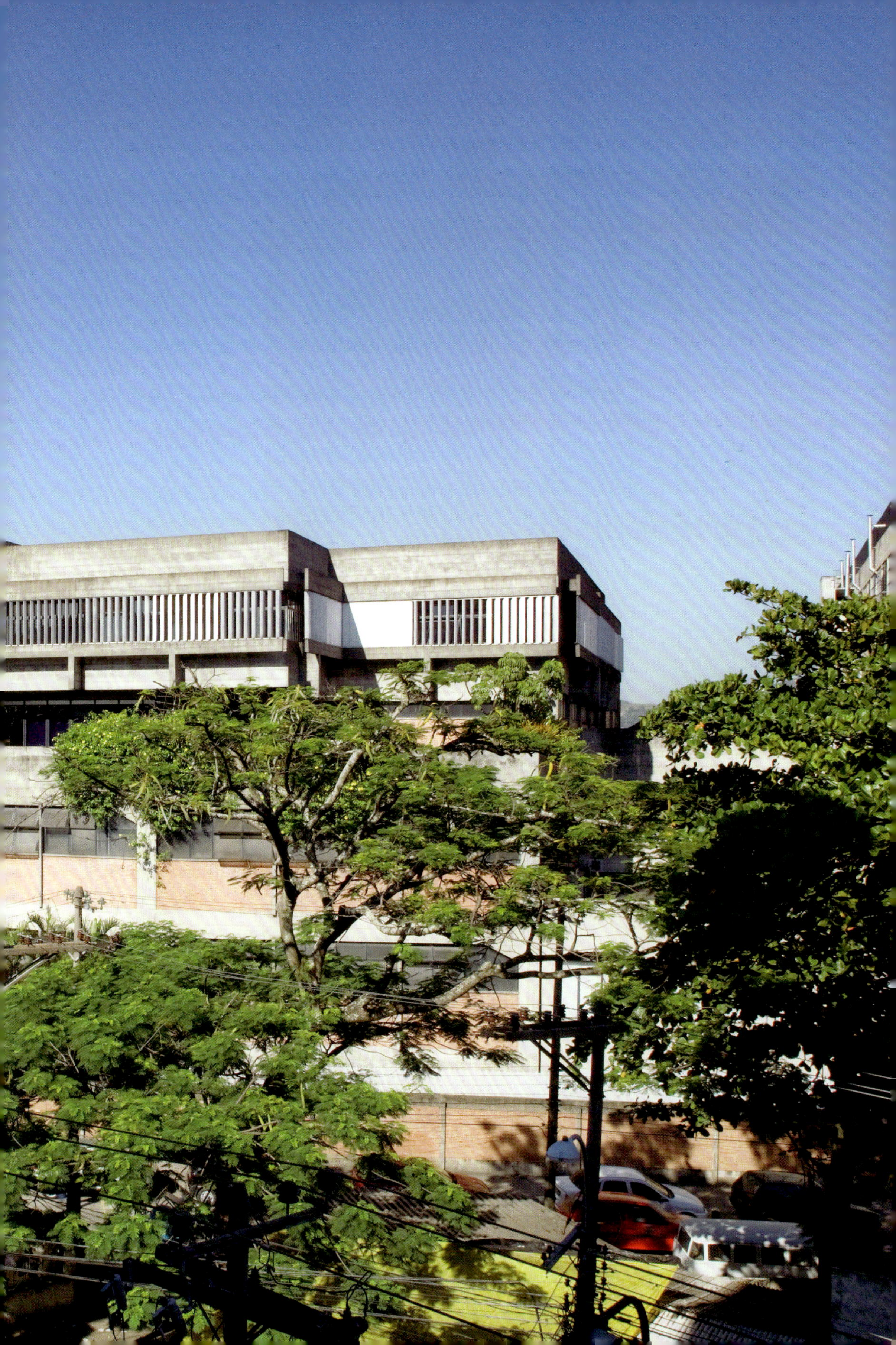

COMPLEXO INDUSTRIAL PIRAQUÊ. Fotos de 2009
À esquerda, acima, edifício Converbrás, 1980
À esquerda, abaixo, pérgolas na cobertura do bloco administrativo e, ao fundo, edifício Converbrás
À direita, acesso ao bloco administrativo

p. 180-181, terraço e jardim com projeto paisagístico de Roberto Burle Marx

p. 182-183, vista aérea do bairro de Madureira

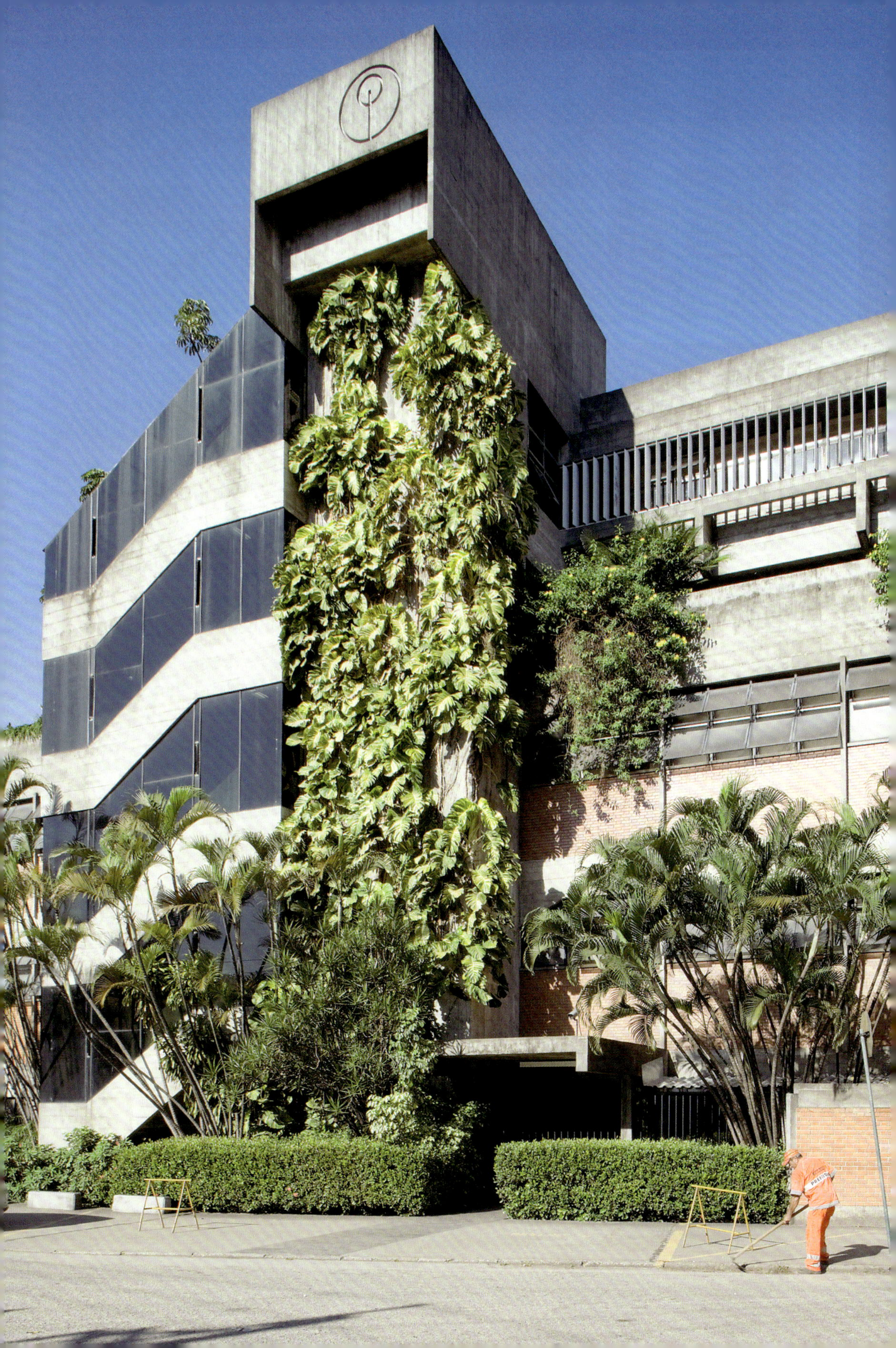

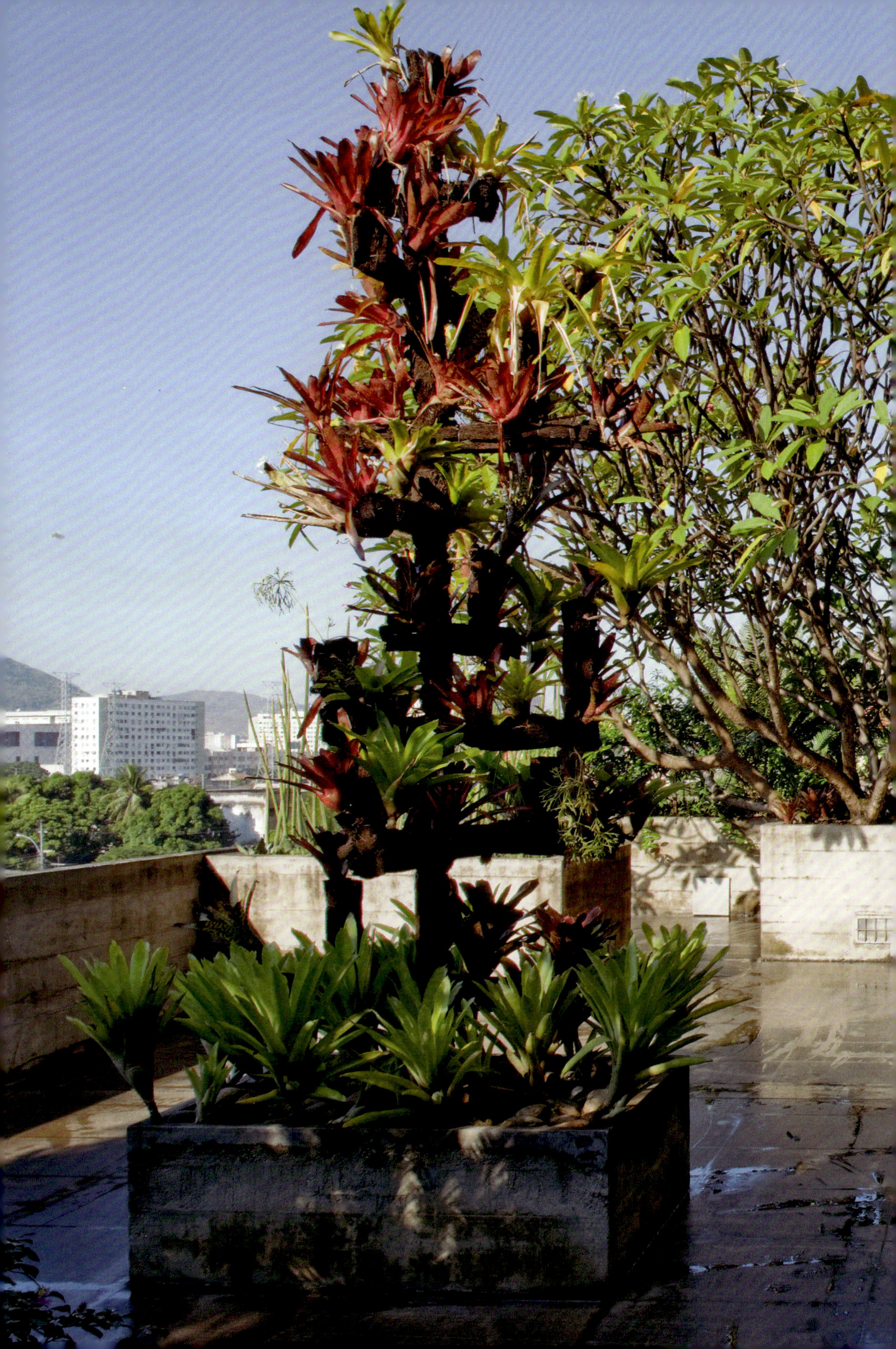

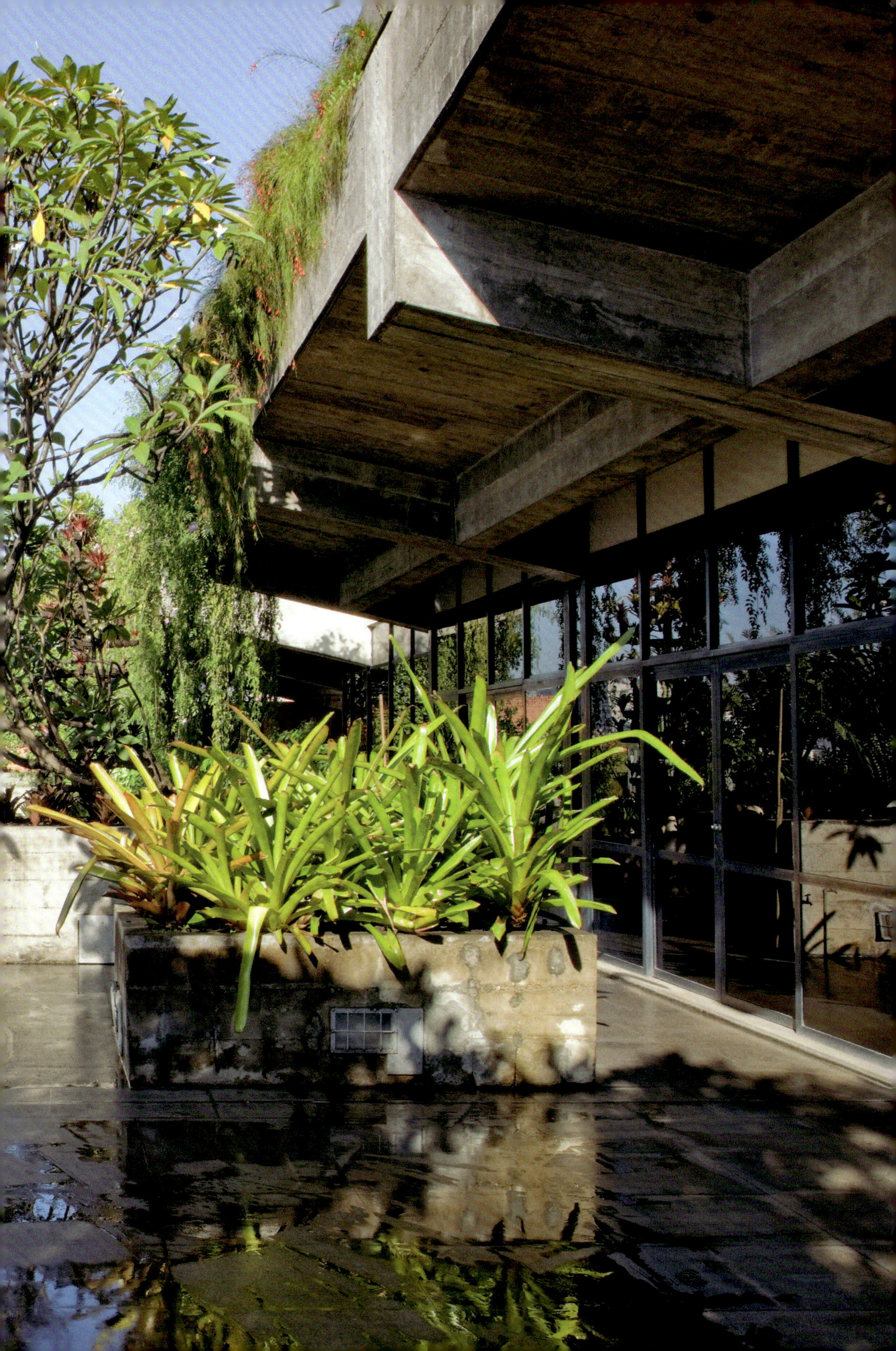

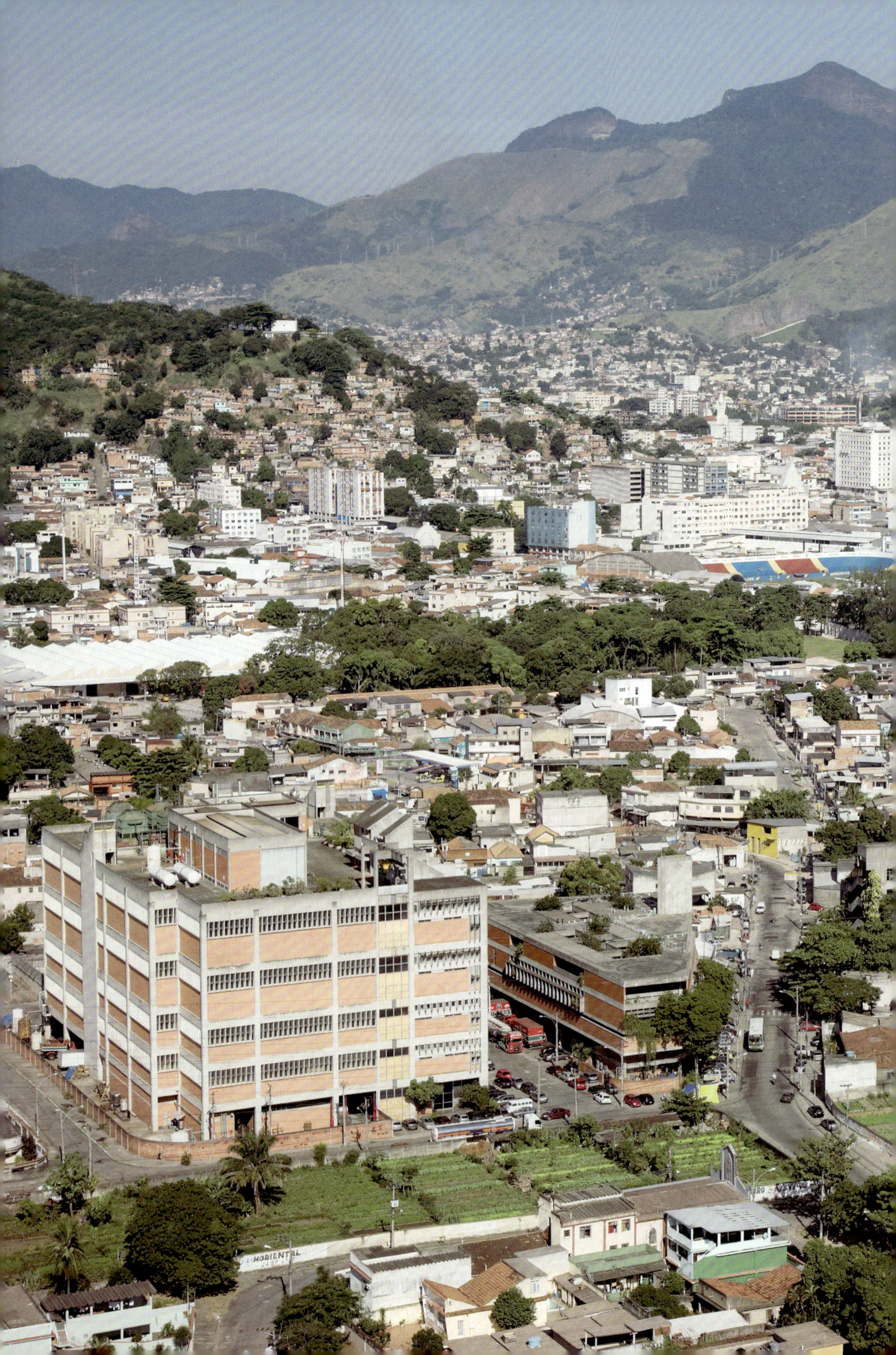

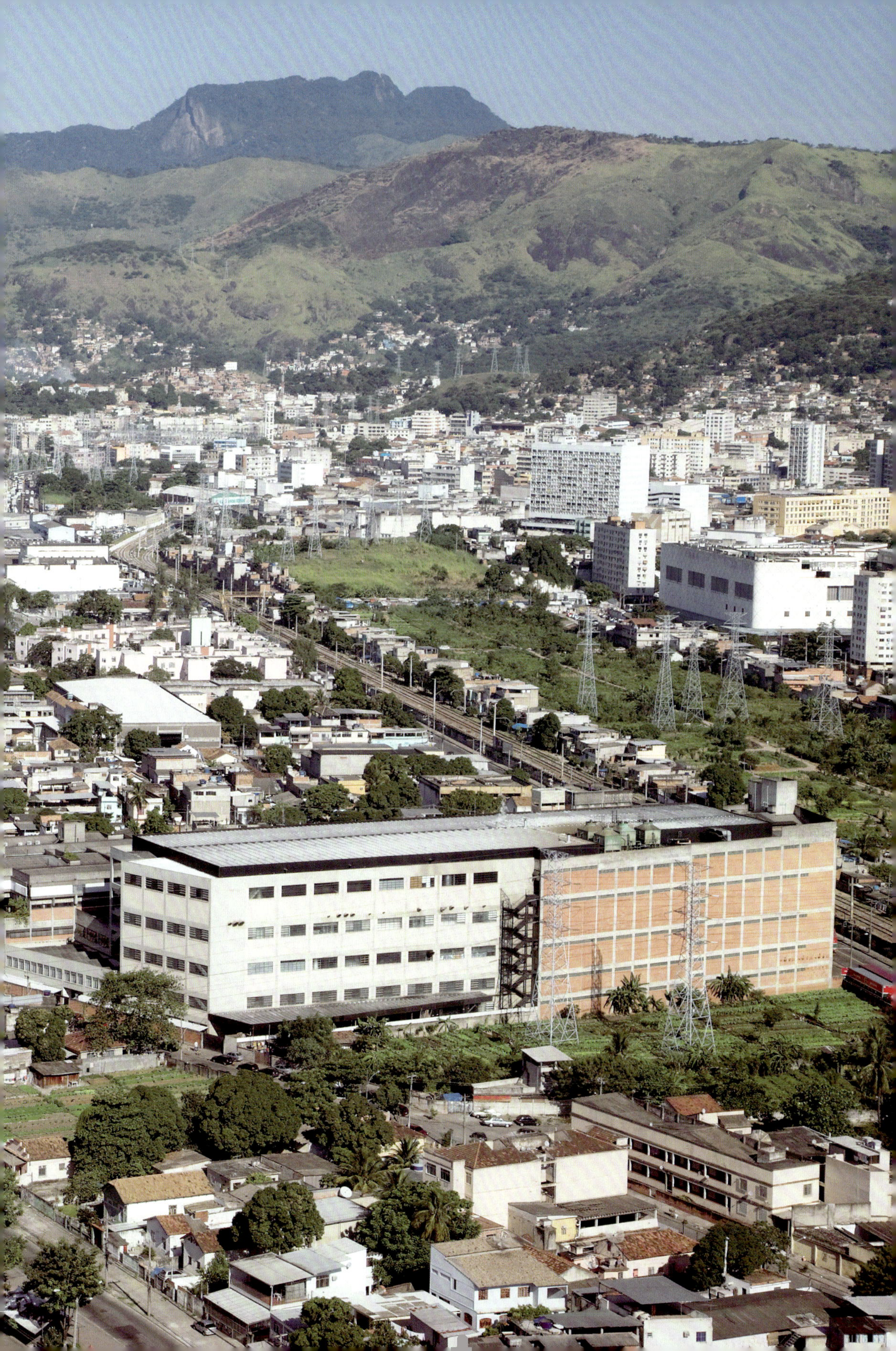

panhasse a obra com frequência e, como a parte de instalações era complicada, programou reuniões a cada quinze dias, entre ele, eu e os engenheiros da Christiani Nielsen – encarregada da parte de engenharia dos projetos, além da construção.

Meu meio de transporte era o trem, comum na época. Usava o Santa Cruz, que me deixava na estação D. Pedro, onde tomava um trem suburbano para Madureira. Lá pegava um táxi para a fábrica, onde me reunia com o grupo. As reuniões eram ótimas, os técnicos envolvidos tinham bom nível e o Celso mantinha o grande respeito ao projeto, à arquitetura.

Éramos convidados por ele para almoçar em uma churrascaria próxima e, no fim da tarde, um carro da indústria me levava ao centro ou ao apartamento de meus pais, que me levavam à estação após o jantar. Passei anos nessa rotina, dormindo a cada quinze dias duas noites seguidas no trem. Muitas vezes, ao desembarcar em São Paulo, na estação Roosevelt, tomava um táxi diretamente para o Mackenzie, onde dava aulas de projeto.

Questão de estilo

Chamado animador Em meados de 1963, um amigo, diretor de uma conceituada empresa do ramo da construção civil, chamou-me muito animado para que eu fosse ao seu escritório, no centro de São Paulo. Adiantou-me tratar-se da sede de uma conhecida e tradicional instituição da sociedade civil, a ser construída em Cuiabá. Corri para lá, pensando em espaços, coberturas, perspectivas grandiosas. Durante o trajeto fui quase projetando no ar – faltava-me apenas o programa, o terreno e o orçamento. Fui recebido com um sorriso divertido e uma carta de um engenheiro, representante da empresa em Cuiabá.

A carta contava que o edifício seria a sede regional da instituição, a ser construída no centro de um bom terreno. No auge de minha animação, o amigo interrompeu a leitura para anunciar o ponto do qual eu não iria gostar: o dirigente-mor da tal instituição queria o prédio em estilo greco-romano, por ser mais duradouro e atemporal!

Retruquei que aquilo não precisaríamos respeitar, mas ouvi do amigo que era preciso obedecer, sim. No parágrafo seguinte da carta, o engenheiro contava que já havia tentado convencer o dirigente da inconveniência de um projeto greco-romano e das inúmeras vantagens da arquitetura moderna. Este, irredutível, disse ser esta a sua decisão, e também unanimidade da diretoria de Cuiabá.

p. 186-187, **CARTA PUBLICADA NA REVISTA** *ARQUITETURA*, 1963

Recusei-me a fazer o projeto. E, apesar de tudo o que já havíamos conversado sobre arquitetura, meu amigo não levou a sério minha recusa. Expliquei o absurdo que era fazer aquilo, que se sua empresa quisesse ter bom conceito no mercado, como poderia fazer algo em "greco-romano"?

Para me convencer, prometeu pagar-me uma quantia bastante alta, acima dos valores praticados pelo mercado. Expliquei novamente por que não poderia fazer aquilo, ao que contra-argumentava dizendo tratar-se de "estrelismo de arquiteto". Pediu que eu pensasse melhor, preparasse uma carta com as minhas condições e a trouxesse até a tarde seguinte, pois estava ansioso para dar uma resposta ao cliente.

CARTA   A palavra carta já me deu ideias e, sorrindo, despedi-me. Fui redigindo os parágrafos no ar, pelas calçadas da praça D. José Gaspar, divertindo-me com as ideias que me ocorriam. Tinha a impressão de que, pondo tudo aquilo no papel, deixaria o meu amigo muito balançado. Chegando ao escritório, foi só pegar a caneta e passar as palavras para a folha.

Levei o original assinado e envelopado à sede da empresa, onde o deixei com a secretária do diretor, meu amigo. Queria que ele não estivesse no momento, para não conversar antes que tivesse lido a carta.

Quando lhe telefonei para saber do resultado, fiquei espantadíssimo: ele tinha sido chamado para uma conversa pelos seus superiores, inconformados com a solução que ele dera ao caso, não entendendo como ele pudera mandar uma carta daquelas ao engenheiro de Cuiabá. Horrorizado com aquele texto tão revolucionário, tão antiempresarial, o tal engenheiro não teve coragem de levá-lo ao cliente, encaminhou uma cópia termofax – a xerox da época – à presidência da empresa para que soubessem o que alguns diretores andavam fazendo com seus possíveis clientes.

Corri ao amigo para me inteirar melhor do acontecido. Este me contou que havia juntado os membros da diretoria e lido a carta. Terminando a leitura, havia perguntado aos colegas o que sugeriam que se fizesse. Um dos diretores sugeriu que designassem um outro arquiteto para o projeto, mas meu amigo não aceitou. Os demais se entreolharam, surpreendidos, e outro protestou, mostrando sua

documentação

Carta de um arquiteto ou de como possuir autênticas obras helênicas na época da VI República Brasileira

NOTA DA REDAÇÃO: Ao recusar a execução de um projeto, por considerar as diretrizes que lhe impuseram contrárias às suas convicções, o Arquiteto Marcello A. Fragelli endereçou ao Sr. Almos Zsolt, Superintendente da firma construtora ZM Engenharia, Ltda., em 30 de junho p.p. uma carta, explicando a sua vênia e justificando a sua posição. Por constituir-se num documento que reflete a posição dos arquitetos brasileiros em geral, transcrevemo-la a seguir:

Prezado Sr. Zsolt.

Atendendo à sua insistência para que reconsiderasse a minha recusa ao convite de sua firma para elaborar o projeto arquitetônico do Grande Templo Calvinista de Cuiabá, volto ao assunto, após muito refletir sôbre tôdas as objeções feitas pelo senhor e demais diretores, às razões de minha negativa.

Certo de que os meus argumentos não foram bem compreendidos pela direção da ZM, permito-me, inicialmente, reexpor com mais clareza os motivos de ordem prática que desaconselham, a meu ver, a adoção do "estilo grego romano", pedido pelo cliente.

Estou convencido de que mesmo os grandes exemplos de Arquitetura construídos na antiguidade, muitos dêles com qualidades artísticas até hoje insuplantadas, sempre ficam a dever aos prédios de boa arquitetura atual, no que diz respeito ao atendimento às necessidades de confôrto do homem moderno. Evidentemente, o progresso trazido pela evolução dos conhecimentos do Homem nos trouxe um grande número de vantagens e comodidades que jamais poderiam se enquadrar, sem grandes prejuízos, nas proporções e no espírito das Arquiteturas do passado, as quais resultaram, é claro, das condições e dos recursos de suas épocas.

Daí me parecer inteiramente descabido erigir, em plena segunda metade do século XX D.C., um prédio despojado das vantagens proporcionadas pelas conquistas da inteligência humana.

Se bem que êste seguinte aspecto não me diga tanto respeito, acho oportuno chamar a atenção para as implicações psicológicas da escolha, para um prédio destinado ao culto, de uma cópia do passado, ao invés de uma obra de arquitetura. Julgo que isto pode dar ao público uma impressão desfavorável sôbre o nível cultural e a mentalidade da instituição, apresentando-a como algo de ultrapassado e bolorento. Ocorre-me, a respeito, o exemplo dado pelo Vaticano, com seu pavilhão na última Exposição de Bruxelas: quando muitos esperavam que a Igreja Católica fôsse mostrar um pavilhão confeitado em "estilo greco-gótico-romano" ou qualquer coisa semelhante, ela apresentou uma construção de linhas arrojadas, como dizendo: "Sou eterna, portanto não estagnei: nos primeiros tempos fui bizantina em meus templos; depois foi românica, depois gótica, barroca, estive, estou e estarei sempre dentro da época, ou à sua frente". Mesmo dentro da Igreja Católica de hoje, podemos notar que as ordens mais evoluídas, mais atualizadas, refletem na correta arquitetura de seus novos templos e conventos a constante evolução de seu pensamento. Verificamos que enquanto aqui perto, em Campinas, Jesuítas constroem uma nova universidade segundo arquitetura ultrapassa a descaracterizada, os dominicanos e beneditinos, conhecidos por sua posição de vanguarda dentro do pensamento cristão, seja aqui (Igreja dominicana das Perdizes, convento beneditino de Belo Horizonte) como na Europa e nos Estados Unidos, encomendam seus novos prédios a arquitetos como Le Corbusier (convento La Tourette, na França) e Marcel Breuer (Abadia de St. John, Collegeville, EUA).

O exemplo oferecido pelo cliente, dos prédios oficiais de Washington, antes me parece vir, permita-me insistir, em apoio de meu ponto de vista: aquêles prédios inteiramente desligados da cultura e das tradições do país e absurdamente divorciados da época, foram construídos quando não havia nos Estados Unidos uma arquitetura de boa qualidade e de características nacionais (não é, certamente, o caso do Brasil de hoje). Tais prédios merecem atualmente, quase todos, tamanho desaprêço das esferas mais cultas norte-americanas, que até acréscimos hoje feitos em alguns dêles obedecem a linhas atuais, desprezando-se totalmente os seus "estilos" mascarados originais. Não tenho notícia de nenhum prédio erigido em qualquer capital norte-americana, nas últimas duas décadas, que não tenha sido projetado dentro da arquitetura contemporânea. Ainda no ano passado, procedeu-se a um concurso para o projeto do Franklin Roosevelt Memorial, em Washington e dentre todos os trabalhos classificados, nenhum dos quais apresentando qualquer compromisso com linhas da antiguidade, foi escolhido um trabalho de caráter inteiramente nôvo e que resultará, quando terminada a construção, algo de muito mais autêntico, vivo e monumental do que qualquer mausoléu "greco-romano" das vizinhanças.

No entanto, se ainda considera a ZM inevitável seguir, sem debate, a orientação formalística recebida do cliente, e uma vez que tão pouca compreensão teve a minha recusa, tachada até que foi, de estrelismo e imodéstia, vejo-me forçado a acatar o pedido do senhor superintendente no sentido de que formulasse as condições por mim consideradas mínimas para a elaboração do projeto, dentro das indicações estilísticas do cliente:

1) Será escolhida uma época definida, para a arquitetura do Templo: — não me parece adequado, a uma firma do gabarito e do conceito da ZM, produzir obras híbridas, tais como as de "estilo greco-romano". Antes o grego puro, ou então o romano autêntico. Já que vamos ao encontro dos desejos do cliente, de construir algo de "digno, de antigo e duradouro", sugiro a escolha do grego, mais antigo que o romano e portanto mais experimentado e comprovado.

2) Para dar ao prédio o indispensável ar de autenticidade, sem o qual êle terá a inconsistente aparência de pavilhão de feira de amostras, evitaremos totalmente o emprêgo, visível ou mesmo escondido, de materiais modernos, como sejam, o concreto, o aço, o vidro e mesmo o cimento.

3) Também não serão tolerados sistemas de elevadores, de ar condicionado, artifícios elétricos de iluminação, assim como encanamentos hidráulicos e de gás, tubulações e aparelhamento sanitários, desconhecidos na Grécia do século IV A.C. e cuja presença num verdadeiro prédio de estilo seria o bastante para destruir-lhe irremediàvelmente a unidade formal.

4) Em conseqüência do exposto e sempre visando à autenticidade e pureza do prédio, proponho a elevação de suas paredes em blocos maciços de mármore, devendo a cobertura ser executada em telhas de barro de feitio manual, sustentadas por entablamento e vigamento de madeira, de acôrdo com o sistema da época.

5) Para completar a completa e necessária integração de todos os elementos dentro de um caráter autêntico,

sem o que o prédio apenas iria aumentar o ról de aleijões arquitetônicos pseudo-históricos tão ao gôsto da subcultura do século passado, considero indispensável o recrutamento de uma equipe de pintores, de escultores e canteiros de verdadeira formação helênica da época, a fim de que não resultem caricatas as necessárias decorações pictóricas e escultóricas das colunas, frontões, métopas, triglifos e demais elementos.

6) Como só é considerada boa arquitetura aquela que se liga intimamente com a época e local de sua construção, tornando-se um reflexo do meio, imponho ainda e com o maior empenho, que se providencie para que num raio de quinhentas passadas em redor do prédio não permaneça nenhuma edificação de cultura ocidental ou moderna e também que neste perímetro não seja permitida a existência ou mesmo o acesso de qualquer elemento geográfico, botânico, zoológico e principalmente humano, diferente dos encontrados na Grécia do século V A.C..

7) Finalmente, mas não de menor importância, considero indispensável ao sucesso dos trabalhos, que providencie a ZM junto a seus engenheiros, mestres e operários, no sentido de que a execução da obra esteja terminada até, no máximo, o fim do século IV A.C., sob o risco de vermos o projeto ultrapassado, sendo construído numa época em que a técnica de construção e a mentalidade dos homens já terá evoluído noutro sentido, pois, se o João de Barro e o Castor seguirão por todo o Tempo construindo da mesma maneira, desde que são animais irracionais, o Homem estará sempre evoluindo, porque é própria do Ser inteligente, a evolução.

Respeitadas as condições acima expostas, creio que poderá a ZM aceitar, sem se desvalorizar, a encomenda, tal como foi feita e contar com a modesta colaboração de seu arquiteto,

As. Marcello Accioly Fragelli

estranheza ao vê-lo caindo na minha conversa. Ele foi enfático: eu tinha razão.

Convocado pelo presidente da empresa, meu amigo conseguiu convencê-lo a me mandarem a Cuiabá para persuadir o cliente a fazer um projeto com boa arquitetura contemporânea.

Acabei não indo. Não por causa de minha atitude, nada a ver com a carta, "supina ironia dos fados"! Quando o engenheiro de Cuiabá procurou o cliente para anunciar-lhe a vinda do arquiteto, soube ter havido uma ruptura entre os associados da instituição, cada qual se achando com direito a uma parte melhor do edifício, um por antiguidade de associado, outro por importância política e por aí afora, e acabaram desistindo da nova sede.

O episódio fez com que a diretoria da empresa entendesse a importância da autenticidade e do caráter da arquitetura em um projeto – o que até hoje não sei se foi vantagem.

Reconhecimento gratificante   Mais tarde, o Marcos Konder Netto, então presidente do IAB carioca, pediu-me a cópia da carta para publicá-la na *Arquitetura*, revista do órgão. Fiz umas adaptações necessárias, para não criar problemas à empresa do amigo e troquei o caráter civil da instituição por calvinismo. O Marcos pediu ao Claudius Ceccon que fizesse uma ilustração para o texto e o pessoal da revista deu-lhe um título. Publicada a carta, fez seu sucesso, e foi usada por alguns colegas meus para convencerem clientes com encomendas de neoclássicos, coloniais, mediterrâneos e outras imitações de arquitetura.

Assim que saiu a revista, mandaram mimeografar uma grande tiragem da carta e distribuíram entre os colegas, e o Millôr Fernandes, que por não sei que cargas-d'água deu com o texto na revista do IAB, gostou tanto que pediu minha autorização para a publicação no seu jornal. Fique meio ressabiado, pois, apesar de ter alto nível e ser genial, o *Pif-Paf* era um jornal humorístico, muito moleque. Contei a proposta ao Maurício Roberto, que não viu mal algum na publicação, antes pelo contrário, mas desde que constasse que era transcrição da revista do Instituto de Arquitetos do Brasil. Assim não haveria inconveniente.

Autorizei, então, a publicação, mas em vão, porque após um número em que publicaram na capa posterior uma fotomontagem com o rosto do marechal Castello Branco, o presidente do então regime militar, sobre o corpo de uma senhora gorducha em maiô de duas peças, com a advertência de que ou o governo fechava o jornal ou o país corria o risco de cair numa democracia, o governo fechou o jornal.

Residência no Guarujá

Argumento de incorporador   Ainda em 1963, Maria Stella Levy, amiga desde os meus tempos de solteiro, convidou-nos para um fim de semana na fazenda da família, na região de Campinas. Penso que queria me ajudar, porque entre os convidados incluiu dois incorporadores: um deles, vizinho nosso. O outro era o Ney Ferreira, que dirigia a NF, construtora familiar com maior atuação em Santos.

Descobri que Ney era primo do José Luiz Fleury de Oliveira, arquiteto que eu já respeitava mesmo antes de nos tornarmos amigos.

Fiquei surpreso quando, ao perguntar se ele passava seus projetos para o primo, explicou – sem jeito – que contratavam arquiteto somente para "dar molho" nas fachadas e nos pilotis, em cima das plantas que eles mesmos faziam. Evidentemente, o primo não se prestaria a esse papel. De nada adiantou o meu discurso a favor da boa arquitetura, como fator de valorização da construtora, e muito menos a argumentação para que desse uma chance ao primo, arquiteto respeitado pela classe, autor de belos edifícios em São Paulo.

Queria que ele compreendesse que não se resolvem fachadas e pilotis como se fossem arremates, pois são o reflexo do espírito do projeto, de sua intenção arquitetônica. O fato é que não reconhecia a necessidade da arquitetura em seus prédios. E não estava disposto a gastar dinheiro e tempo encomendando a arquitetos projetos para os seus prédios, pois tinha certeza de que os investidores que compravam seus apartamentos não davam valor para a arquitetura, da qual tinham uma longínqua noção. Interessavam-se pelas condições do investimento, pela rentabilidade e pela facilidade de revenda. Olhavam a planta para ver a quantidade de cômodos e se a perspectiva estava bonitinha, se podia impressionar os compradores.

Argumento de cliente   Entretanto, alguns meses mais tarde, Ney me telefonou contando que um casal amigo – José e Josefina Noschese – queria que construísse a casa do Guarujá e lhe pedira um arquiteto. Ele havia me recomendado e queria me levar à casa deles no Morumbi.

Chegamos a uma casa grande, de arquitetura moderna, visivelmente influenciada pelo Palácio da Alvorada. O ambiente era suntuoso, grandes salões, muitos tapetes persas, móveis caros, objetos valiosos, quadros de pintores cotados, muita coisa parecendo ter sido comprada especialmente para a casa.

Em torno da mesa da sala de jantar, com a planta do terreno estendida, dona Josefina foi dizendo o que desejava da casa, um programa já muito pensado e bem definido. A única proposta do marido – um quarto para a babá dos netos – foi descartada pela esposa, que julgava ser desnecessário.

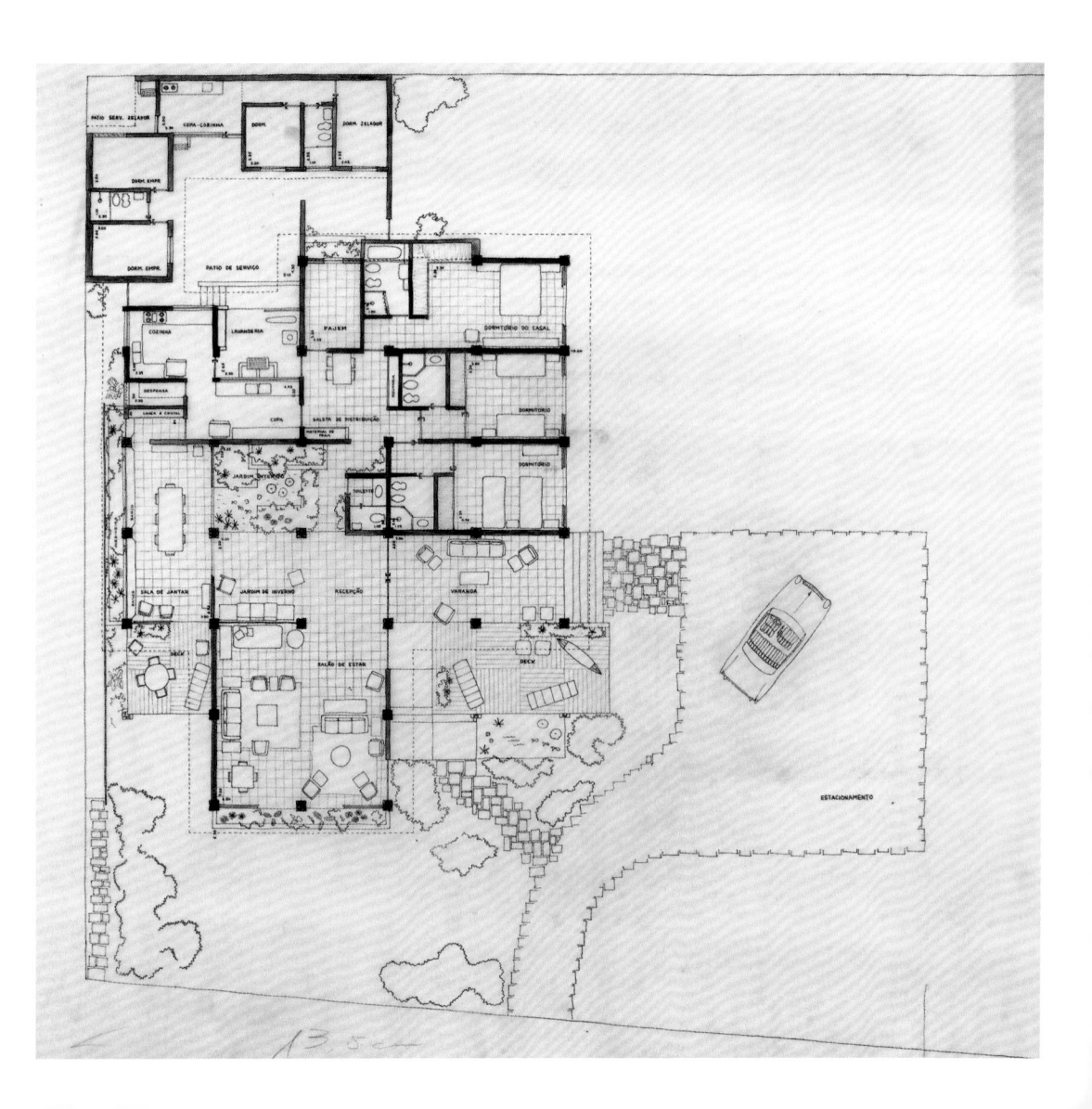

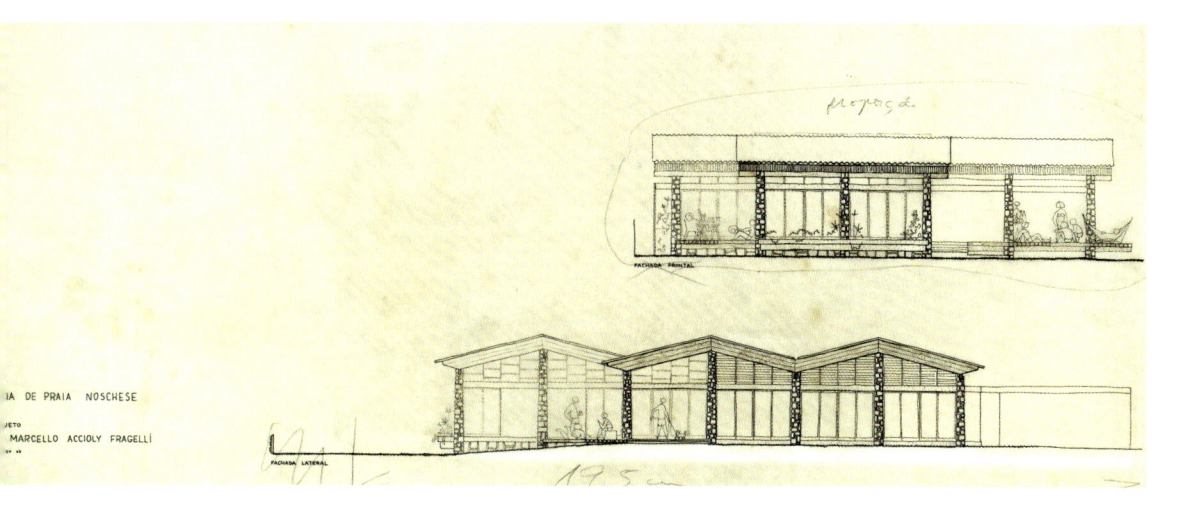

RESIDÊNCIA DE PRAIA NOSCHESE, Guarujá SP, 1963
À esquerda, planta de anteprojeto
À direita, fachadas

    Recebi quase total liberdade de expressão, exceto por dona Josefina ter declarado não gostar de janelas. O arquiteto autor da casa onde estávamos, havia entendido isso bem, e não havia janelas por lá, explicava ela enquanto mostrava-me a porta-balcão do escritório, protegida por um guarda-corpo elegante.

    Não era uma restrição à liberdade criativa abrir portas externas em todos os aposentos numa casa térrea. O paisagismo resguardaria a privacidade dos dormitórios. O terreno ficava na avenida litorânea da principal praia e dona Josefina se preocupava em usufruir da vista do mar, sem que esta fosse devassada pelos passantes.

    Duas semanas depois, apresentei meu anteprojeto a uma parte da família, além do casal. Abri a grande pasta de canson colorido – montada com ajuda do Armando Rodrigo – e mostrei as perspectivas, as fachadas vistas da praia, a do pátio interno, entre as salas e a galeria de entrada.

    Uma das filhas questionou a cobertura do pátio, sem esquadrias separando da galeria e da sala de jantar, mas com uma pérgola inclinada, acompanhando os planos da cobertura geral. Expliquei o sistema que havia criado para cobri-lo: lâminas alternadas, inclinadas, de vidro fixo, sendo os intervalos cobertos por outras lâminas semelhantes, porém fazendo parte de um carrinho deslizante. Deslocando-se o carrinho trinta centímetros, os vidros se sobrepunham e o pátio estava descoberto; voltando-se, fechavam-se os vãos. Para o movimento havia apenas que puxar, sem fazer força, uma cordinha que passava por carretilhas, estava presa ao carrinho e a um contrapeso, e fixável em um dos três ganchos situados segundo as posições.

Em seguida apresentei a planta, mostrando nela a localização do pátio. Enquanto eu descrevia os diversos ambientes, dona Josefina ia indicando com o dedo as peças: varanda, *deck*, galeria, salas, dormitórios, cozinha, lavanderia, dependência de empregadas. O anteprojeto foi absolutamente aprovado, da concepção ao caráter, da estética à distribuição.

Entretanto, a área ultrapassou o orçamento estimado pelo Ney. Após vários cálculos, o sr. José me pediu que reduzisse a área em 10%. Seria o máximo que admitiriam. Quando dona Josefina sugeriu a diminuição da varanda, expliquei que a planta era modulada, portanto a mudança de certas paredes quebraria o sistema. Talvez eu tivesse que rever todo o projeto, estudar uma outra solução, pois projeto modificado dificilmente sai bom.

Houve protesto geral. Ninguém queria abrir mão daquele anteprojeto. Eu teria que manter a solução com menos área. O senhor José pediu então que eu reduzisse o módulo entre pilares de 3,30 para 3 metros. Não seria fácil, mas o entusiasmo de todos pela ideia foi tão grande que tive de voltar para a prancheta com essa nova incumbência.

A dedicação e o respeito extraordinários do engenheiro indicado por Ney e a não interferência dos clientes até o fim da construção me estimularam muito. Desci inúmeras vezes ao canteiro, desenhei

Residência de praia Noschese, perspectiva interna da recepção, jardim de inverno, jardim interno e estar

azulejos para alguns elementos decorativos e cheguei até mesmo a me envolver na decoração!

Residência do radiologista

Um radiologista, irmão de uma de minhas primeiras clientes e de outros amigos meus, encomendou-me o anteprojeto de sua casa para um terreno muito inclinado no Pacaembu, um verdadeiro barranco.

Ao levantar o programa, disse-me que não poderia gastar muito na obra, porque ainda faltavam algumas prestações de seu aparelho de raios x – moderníssimo – que havia custado uma fortuna em marcos alemães.

Preveni sua esposa e ele de que uma casa naquele terreno seria obrigatoriamente mais cara do que se fosse num lote horizontal. Os limites restritos e a área disponível do terreno na parte baixa pediam vários níveis, enfim, uma estrutura complicada.

O casal, mesmo assim, resolveu prosseguir. Queriam ao menos o anteprojeto, para orçar e decidir sobre a possibilidade de uma construção imediata.

Esforcei-me muito para conseguir uma residência cômoda e não muito cara, naquela pirambeira. Organizei todos os planos, procurando reduzi-los ao mínimo, em torno de uma escada helicoidal com patamares para cada nível de piso. Em torno da base, localizei o hall de entrada e três vagas para carros. De lá fui subindo, dispondo as áreas sociais, de serviço e íntima de maneira que pudessem ficar sempre com comunicação direta para algum plano ajardinado, evitando a condição de apartamento.

Fiquei contente, pois o projeto foi plenamente compreendido e valorizado. Ambos – marido e mulher – felicitaram-me pelo que eu havia conseguido daquele terreno tão difícil. Recomendei-lhes que procurassem um construtor, profissional que poderia estimar com mais segurança o quanto gastariam com a obra. Para facilitar, entreguei a eles um novo jogo de cópias dos desenhos, contendo todas as indicações dos materiais a serem empregados.

Duas semanas depois recebi – por um portador – os desenhos de volta, com uma cartinha explicando que o orçamento havia sido muito superior às disponibilidades do casal. Tinham desistido da casa e venderiam o terreno. Devolviam os desenhos porque não usariam o projeto e queriam me reembolsar pelas despesas com desenhos e cópias.

Passei do espanto à revolta. Contive-me, consciente da falta de conhecimento geral quanto à minha profissão, depois de tantos anos de atividade. Respondi-lhes com a seguinte carta:

Ilmo Sr.
Recebemos sua carta e estamos lhe devolvendo as cópias que o senhor nos enviou por engano, pois delas temos os originais. O anteprojeto foi feito, por encomenda sua, para a sua residência, adequada à sua família e especificamente para o seu terreno, não nos servindo para utilizar em outros terrenos e com outros programas, de outras famílias.
Só pode, por isso, interessar ao senhor, e devolvê-lo a nós seria o mesmo que um cliente seu devolver as radiografias que fez no seu consultório e querer reembolsar apenas o custo dos negativos e da revelação, porque desistiu da cirurgia que pretendera fazer.
Quanto ao valor dos nossos honorários, a tabela do Instituto de Arquitetos do Brasil estabelece o equivalente a 40% sobre o valor do projeto completo. Sendo o valor deste 6,5% do custo estimado referido em sua carta.

Acabei fazendo um grande abatimento, não tanto porque percebi que o médico havia encomendado o anteprojeto sem ter a menor ideia do que isso significava, mas porque ele era irmão de amigos meus.

Residência do pediatra

Num domingo de 1965, estava trabalhando na garagem, com Maria Amalia ao lado. No meio da noite, tivemos um problema com nossos filhos, o Guigo; a Beatriz, a Bibi; e o Augusto, o Guto. Como o nosso pediatra estava viajando, fomos atendidos por seu assistente, numa policlínica infantil em Higienópolis.

Enquanto esperávamos, o doutor contou que havia assistido a uma reportagem sobre a residência Tasso Fragoso, no Rio de Janeiro, e tinha gostado muito. Tinha dois terrenos em São Paulo e pretendia construir uma casa num deles – queria conversar comigo a respeito. Animadíssimo, marquei a visita para a semana seguinte.

Já na reunião em sua casa, enquanto listava o programa, era reprimido pela esposa, que o achava grande demais. Um dos terrenos era no Jardim Paulistano, na nossa rua, e tinha excelentes dimensões. O outro era no Planalto Paulista, na rua dos Jamaris, atrás do Esporte Clube Sírio. Percebi que ele preferia o da nossa rua, e ela, o outro.

Na manhã seguinte fomos visitar ambos e fiquei inteiramente de acordo com o marido. Embora tenha feito o possível para defender sua preferência, o marido teve que ceder, porque a esposa preferia o do Planalto Paulista e alegava proximidade de amigas e parentes.

Ela queria a casa térrea, o que não sugeria o terreno, um pouco reduzido, principalmente estreito, mas procurei resolver o problema encostando a casa em uma das divisas laterais e criando uma série de pequenos pátios para a inserção da luz e do verde. Como o terreno caía aproximadamente um metro da rua para o fundo, fiz um desnível dessa altura entre a sala de jantar e a de estar.

Projetei junto ao alinhamento um bloco de dois pavimentos e coloquei sobre as garagens o apartamento de empregadas, acessível por uma escada helicoidal partindo do pátio de serviço entre o bloco e a lavanderia. Por um corredor lateral descoberto se chegava à entrada social, já no meio da casa.

Residência Amadeu Paço Filho, projeto legal, São Paulo SP, 1965

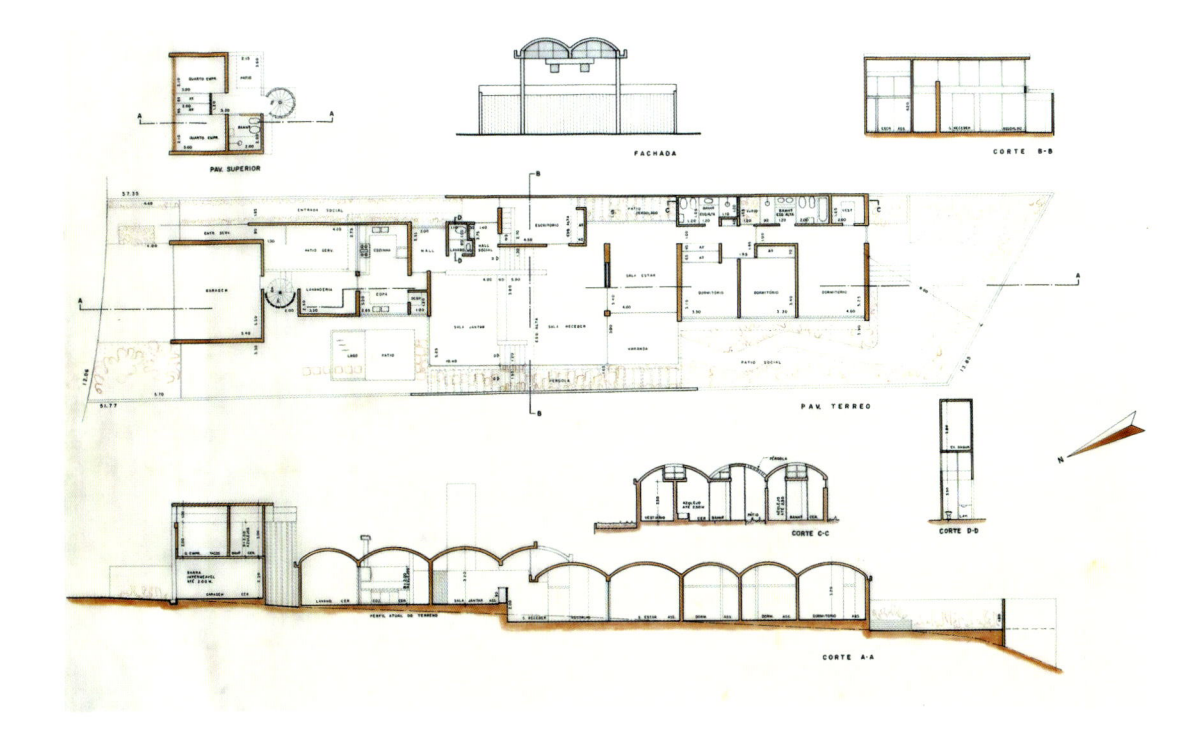

O programa pedia um consultório para emergências. Localizei-o junto à porta principal, com entrada própria, ligando-o internamente à sala íntima, de modo que os clientes não precisassem passar pela casa e, quando livre, se juntasse às salas por uma porta larga, de correr.

Fiz as paredes de tijolo aparente nas duas faces, usando tijolo laminado, por seu acabamento mais liso. Somente uma ou outra parede interna, entre dois quartos e as dos banheiros, cozinha e lavanderia seriam revestidas. Esta e uma casa que projetei no Morumbi foram as primeiras obras em que usei o tijolo nessa escala, aparente em ambas as faces das paredes.

Projetei uma cobertura de abóbadas de vigotas de concreto e lajotas de barro, deixadas aparentes, e aproveitei o desnível das salas para mudar-lhes os planos, inserindo uma esquadria corrida entre a inferior e a superior. Este desnível ficava a três quartos da largura da sala de estar, de modo que jogava luz superior na sala de jantar e sobre a parede de meia altura que lhe servia de peitoril. A sala de jantar tinha três quartos da largura tomados por uma abóbada e o outro quarto coberto pela que avançava sobre a sala inferior e ainda fazia beiral para a esquadria. Isso dava um movimento rico ao espaço.

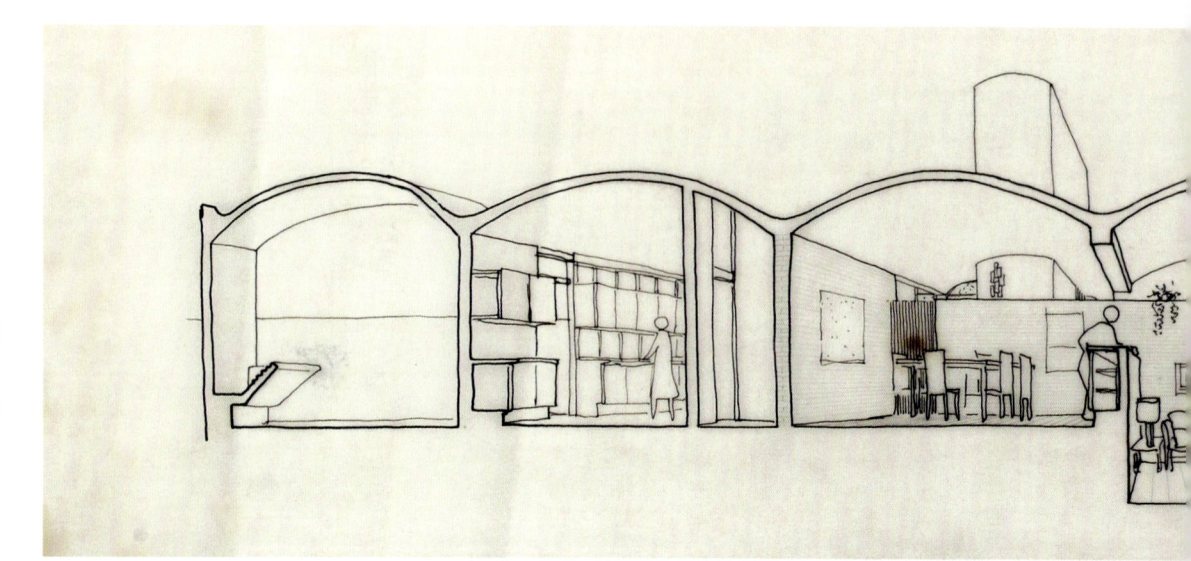

Fiz eu mesmo as perspectivas do interior da casa e o casal aprovou, o marido me parecendo mais animado. O engenheiro estrutural acabou me convencendo – pelo cansaço e pela ameaça de mil trincas – a embutir nas paredes espessas de tijolo praticamente maciço, pilares de concreto armado – não seria o caso de mostrá-los, pois o observador os acharia dispensáveis se aparecessem; afinal a casa era térrea.

RESIDÊNCIA AMADEU PAÇO FILHO, corte

    Eu e o doutor frequentávamos muito a obra. Ele apreciava a casa cada vez mais, mas quando eu encontrava a esposa havia um constrangimento, como se ela não estivesse gostando. Quando eu explicava que os pátios seriam fechados com vidros, ela perguntava se não poderia colocar paredes em parte deles, pois temia o devassamento. As abóbadas eram prolongadas com vigas em arco, sobre os pátios, formando pérgola, portanto resolvi subir até o plano delas os muros de tijolo das divisas do lote. Garanti a ela que mesmo que o futuro vizinho abrisse para o seu lado todas as janelas, nada veria de sua casa.

    Havia criado pequenos pátios, alguns mínimos, para tornar as salas mais abertas e ligadas a jardins, justamente para que ela não se sentisse enclausurada naquela casa que ocupava tanto o lote. Mas, ao contrário, ela se achava muito exposta entre todos os vidros.

    Começaram a construir uma concessionária de automóveis no terreno vizinho, com acesso pela outra rua. Vi que apenas um galpão ficaria ao lado da casa, sem a menor possibilidade de devassá-la. Eu supunha que depois da colocação dos vidros e do plantio dos pátios, a senhora acabaria se sentindo bem na casa, suposição compartilhada pelo marido.

    Terminada a obra da residência, foi plantado o jardim: mais amplo nos fundos, ao lado e depois dos dormitórios e na parte fronteira à sala de jantar, buscando um clima de estufa de chácara nos pequenos pátios pergolados que ambientavam a varanda, as salas de estar e íntima, e um lado da sala de jantar.

Uma semana depois do término da obra – depois de aplicado verniz fosco nos assoalhos e feita a limpeza da casa – fui até lá, para ver o casal já instalado e saber como se sentia a senhora na nova casa. Encontrei tudo fechado e um guarda me informou que não sabia nada sobre a mudança. Quando telefonei ao doutor para saber quando seria, fiquei chocadíssimo! Contou-me que haviam decidido alugar a casa. Apesar da insistência e argumentação dele, dos parentes e amigos, sua esposa se sentia inteiramente exposta rodeada por tantos vidros e jardins, assim como um peixe num aquário. O marido propôs gradear todas as aberturas para os patiozinhos, e até as pérgolas, mas naquela casa ela não se sentiria abrigada e à vontade. Não era problema de segurança, era de abrigo psicológico.

Acabaram comprando uma casa no Morumbi, pois já tinham vendido o terreno do Jardim Paulistano. A casa foi ocupada pela revendedora de automóveis vizinha, que lá instalou seus escritórios.

Fiquei abalado. Era a minha primeira obra totalmente rejeitada pelo cliente, não no projeto, mas pronta, acabada e ajardinada. Havia cometido um erro ao não acreditar que, de fato, ela pudesse

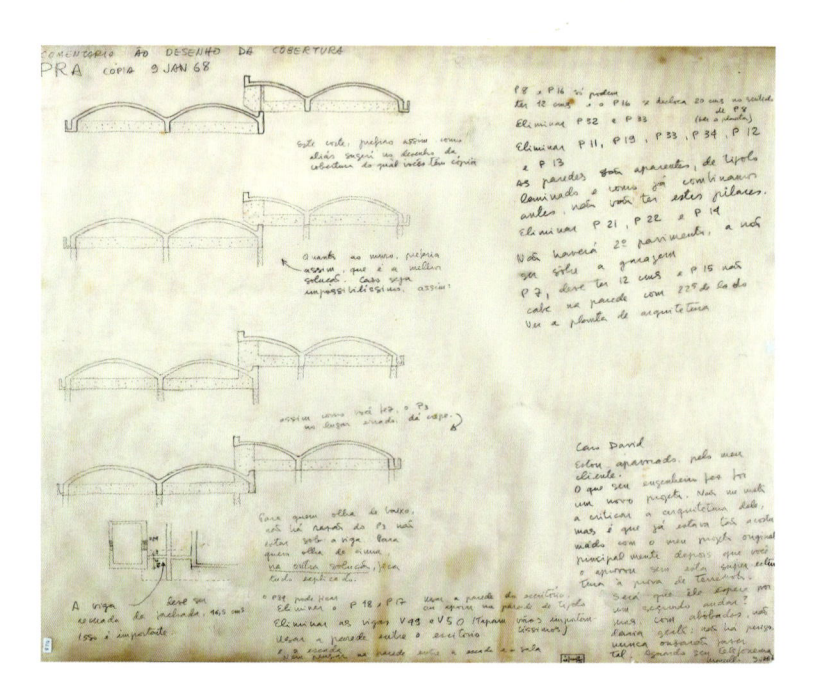

Residência Amadeu Paço Filho, cortes da cobertura e memorial descritivo

se sentir exposta em meio a tantos muros altos, depois que se visse entre eles. Confiei demais na força de persuasão da minha arquitetura e com isso contribuí para um enorme prejuízo. Uma séria lição a ser assimilada.

VIII Bienal, grande prêmio

Para a VIII Bienal, em 1965, apresentei a residência Tasso Fragoso e o edifício Rossi-Leste. Pedi a Michel Aertsens, no Rio, que fotografasse a casa; para o prédio, apresentaram-me o fotógrafo José Moscardi – um senhor muito simpático, que era praticamente o fotógrafo oficial dos arquitetos da cidade. Acompanhei-o ao prédio, como fazia no Rio com o Michel, indicando os ângulos que me pareciam mais significativos.

Armando, meu assistente, encarregou-se das plantas e cortes, e preparamos as pranchas. O júri era todo nacional, e dele fazia parte o Artigas, que eu respeitava muito.

Uma noite, o Telésforo Cristófani apareceu em casa, eufórico, com a notícia de que eu recebera duas menções honrosas: uma para residência unifamiliar e outra para prédios residenciais. Perguntei pelo restaurante que ele havia apresentado; modestamente ele me contou que havia recebido a medalha de prata, o segundo maior prêmio de toda a mostra.

A medalha de ouro foi para o projeto do Museu Arqueológico do México, de Pedro Ramírez Vásquez. O primeiro prêmio para edifícios residenciais foi concedido a um brasileiro, colega e amigo do Rio, Ricardo Menescal, antigo companheiro de escaladas e vizinho de escritório no prédio da rua México.

No dia da inauguração, o Artigas me abraçou, cumprimentando-me pelo projeto. Disse que havia lutado pelo prêmio para o edifício Rossi-Leste, mas outros membros do júri não concordaram. Explicou-me que não haviam entendido a volumetria que eu propositadamente orientara a oeste, porque ainda estavam obcecados pela moda do simplismo das fachadas. Disseram que poderia ter eliminado aqueles três planos e feito uma fachada "limpa", se tivesse me esforçado. Um deles ainda declarou ser errado encostar parede de pedra em pilar de concreto. O Artigas, indignado, reclamou ainda "se era proibido encostar pedra em concreto!" Para mim, aquelas palavras do mestre valeram como um grande prêmio.

Mesmo o Artigas sendo o arquiteto que eu mais admirava em São Paulo, fiquei tempos pensando naquela parede de pedra, se ficava invalidada por se encostar na estrutura. Na garagem de barcos do clube projetado por ele, há um convívio do concreto estrutural com a pedra, mas ali as paredes, construídas com blocos de granito, são independentes, cumprem a sua finalidade de muros.

No meu prédio, as pedras são enquadradas pela estrutura, verticalmente e no topo, de modo que toda a força do material, represada pela moldura estrutural, fica como que devendo algo em face do simples papel de vedação, que poderia ser desempenhado por tijolos, placas de concreto ou outro material sem responsabilidade estrutural.

Aos poucos, comecei a pensar que o tijolo seria material mais adequado, ou talvez, se as paredes de pedra não subissem até as vigas do alto, seriam mais naturais por não parecer que estivessem disputando, com as vigas, as suas cargas.

A pedra, por sua textura e força, dava um ambiente muito mais tenso, dramático ao hall social e o contraste dela com a fragilidade da porta de vidro temperado pontilhado. Se tivesse sido feita com o tijolo, perderia muito do efeito. Por certo, o hall fora criado para as paredes de pedra, mas teria sido essa a melhor opção para os pilotis? Sinto que, se fosse projetar um prédio semelhante, não voltaria a criar paredes de pedra em vãos fechados de estrutura ou talvez não as deixasse tocar as vigas.

Residência Gil Rennó

Estranha coincidência Apesar da lição da residência da rua Jamaris, em 1966 acabei me envolvendo numa crescente luta para salvar a integridade do projeto de uma casa no Morumbi, pois a proprietária exigia modificações que, eu estava certo, prejudicariam o resultado final.

Conhecemos os Rennó na casa do Carlos Junqueira, que era contraparente de Léia Rennó. Haviam comprado um belo terreno no Morumbi e quando houve oportunidade de construir, Gil Rennó convidou sua irmã Nina, que morava no Rio, para projetar a casa. Devido à distância, ela não aceitou, mas como conhecia o meu trabalho, indicou-me.

Num sábado, visitei o lote com o casal. Ficava numa rua tranquila, inclinada, com dois declives, um de oeste para leste e outro do alinhamento para o fundo, proporcionando um amplo panorama da cidade, com a crista da Paulista desenhando o horizonte.

De lá fomos para o apartamento do casal, onde estabelecemos o programa da casa, a maior que eu projetaria até então. Constavam do programa: quatro salas, além da saleta de almoço, varandas, uma suíte para o casal e duas de dois quartos e banheiro, para dois pares de filhos e filhas, dois quartos de empregadas, mais um para motorista e garagens para três carros. Os pouco mais de 1 200 metros quadrados do terreno garantiam a liberdade da volumetria e um bom afastamento das divisas, o que é muito raro, em São Paulo.

Aproveitei o declive do lote para dispor as salas em três níveis: a sala de jantar e a dos filhos no mais alto, o nível da entrada, cada qual comunicada com uma varanda; a íntima, quatro degraus abaixo, abrindo para um pátio semimurado; e a de receber, ainda com menos três degraus de nível. As quatro salas ganharam vista para a cidade e todas foram dispostas em torno de um jardim interno, constituído de jardineiras também em diversos níveis, com um espelho d'água de recorte irregular no inferior.

Sem esquadria que o fechasse, o pátio seria coberto acima do segundo pavimento com uma pérgola de concreto que suportaria um telhado plástico translúcido, solução que já havia usado em Aquidauana, na casa dos primos. O hall dos quartos teria uma jardineira, propícia à plantação de samambaias que simulariam uma cortina natural.

O então estudante Pepe Asbun transformou um esboço que eu havia feito numa bela perspectiva, mostrando o ambiente em volta do pátio com as plantas e fachadas coloridas a lápis. Isso conquistou o casal.

Gil revelou-se um cliente excepcional, tanto na negociação do contrato, quanto na autoridade confiada ao projeto, transmitida ao construtor. Seu respeito ao projeto levou-o até a agredi-lo, com a melhor das intenções, quando mandou aparelhar as tábuas das fôrmas de concreto aparente dos tetos das salas mais altas, achando que isso enriqueceria o concreto.

Mas, do meio da construção em diante, Léia, sua esposa, começou a interferir, procurando modificar o projeto, o que fez com que eu revivesse a história da casa do Jardim Botânico.

Empreguei minha capacidade diplomática e psicológica para demovê-la de um crescente impulso modificante, tentando mostrar

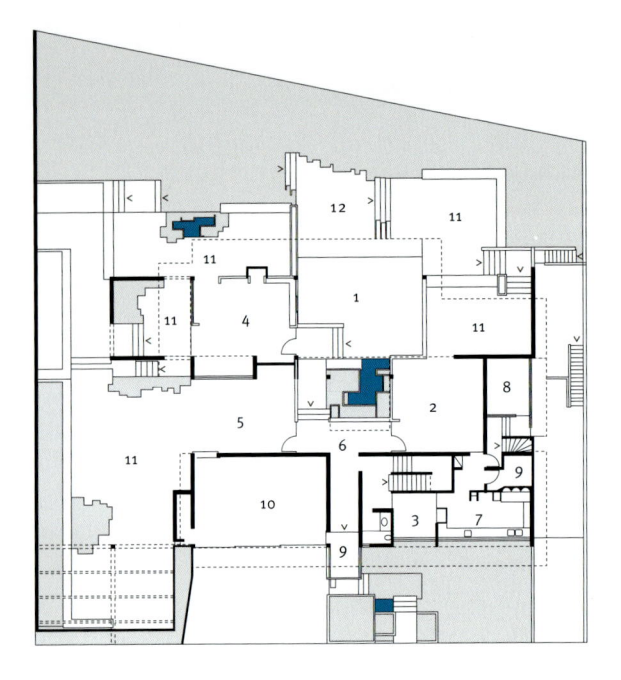

1. estar
2. jantar
3. café
4. escritório
5. sala das crianças
6. galeria
7. cozinha
8. lavanderia
9. despensa
10. garagem
11. pátio
12. jardim

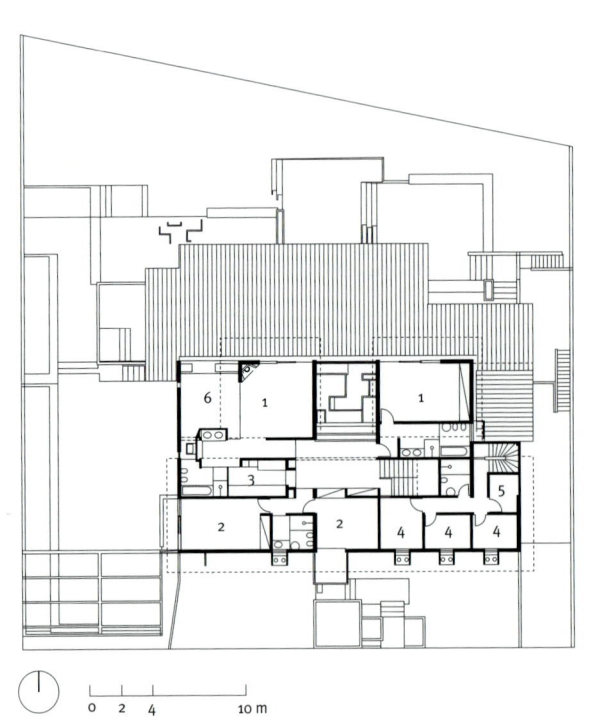

1. suíte
2. dormitório
3. closet
4. quarto empregada
5. depósito
6. jardim

0 2 4   10 m

que, na maior parte dos casos, as alterações feitas após aprovação e desenvolvimento do anteprojeto quebram o equilíbrio da concepção, a harmonia do prédio. Gil parecia concordar comigo e se esforçava para controlar a mulher, às vezes recorrendo a argumentos de economia ou de ritmo de construção. Tivemos especial trabalho para convencê-la a não subir uma parede até o teto entre a sala dos jovens e o pátio. Deixei bem claro que subir aquela parede seria um desastre. Havia tentado substituí-la por vidro – vidro fantasia, para não devassar o ambiente; duplo, para o som não passar – de forma a manter o movimento de todas as paredes da mesma altura.

Ao fim de uma reunião na obra, disse que se a parede fosse erguida eu me retiraria da operação, desistiria do resto dos honorários, de terminar o detalhamento e pediria para minha placa ser retirada do tapume. Léia pareceu desistir da modificação, Gil respirou aliviado e nos despedimos já quase noite, eu constrangido de ter tido de ser tão chato e insistente, mas convencido do bem que fizera ao resultado final da casa.

Nesse ponto está a semelhança com a história da casa dos Fragoso Pires. Na visita seguinte à obra, ao puxar o freio de mão do carro, percebi que a parede fora levada até o teto! Fiquei perplexo. Mestre Gregório, um italiano, como o do Rio, me observava, por isso saí do carro com os olhos postos no asfalto, para só no meio da rua olhar para a casa, para a sala íntima, para a parede e então parar, rodar nos calcanhares e voltar para o carro, já retirando do bolso o chaveiro. Ele veio ao meu encontro aos gritos de "aspetta, dottore!", "aspetta, dottore!"

Residência Gil Rennó, construção demolida, São Paulo SP, 1966
À esquerda, plantas dos pavimentos térreo e superior
À direita, corte

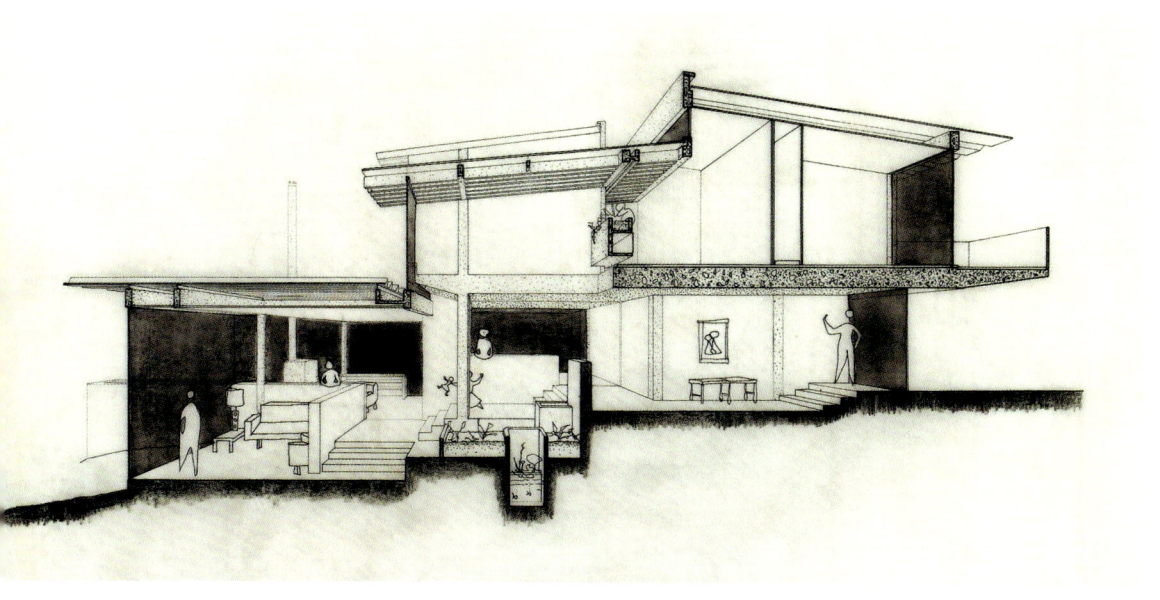

Disse-lhe, exatamente como no caso do Rio, que não voltaria mais nem daria qualquer desenho, que não queria mais dinheiro para continuar a acompanhar a obra. Queria que minha placa fosse retirada do local. O pobre ainda tentou me fazer reconsiderar, mas acabou desistindo. Saí deprimidíssimo, porque amava aquela obra, esperava muito dela quando seus espaços começassem a se definir.

Além do mais, o dinheiro daquele projeto estava indo todo para o cofre do nosso quarto, para a caixinha da planejada primeira viagem à Europa. Cheguei arrasado ao escritório e comecei a enrolar os desenhos que ainda estavam sobre as pranchetas, sempre com uma pequena esperança de que o problema pudesse se resolver, que o Gil convencesse sua mulher a voltar atrás. Mas, semana após semana, o telefonema esperado não vinha.

Feliz inauguração No mês seguinte, quando já havia perdido a esperança, o Gil me telefonou para comunicar que, após cinco semanas de obra paralisada, a parede foi derrubada e que eu poderia voltar.

Larguei tudo o que estava fazendo e retornei ao canteiro para rever a casa. Entrei emocionado, como se reencontrasse um ente querido, quase perdido. Outras crises vieram em menor escala, até a última, motivada por um descuido do Gregório no piso do pátio, tendo calçado com pedra uma pequena área que deveria ficar em terra, para plantas.

Foi numa manhã de sábado. Já na chegada percebi o quão difícil seria a reunião, pois Léia me recebeu formalmente. A preocupação do casal era não desmanchar mais nenhum serviço feito, ansiosos por terminar a obra. Como já esperava, me pediram para manter o jardim como estava.

Falei da importância do jardim chegar até onde projetado. Podia parecer coisa pequena, mas era todo o caráter do ambiente que estava em jogo: com essas pedras a mais, somadas à área da escada, o pátio acabaria ali, ao passo que se houvesse um pequeno jardim entre a escada e a parede, o pátio viria até a parede.

A cada negativa minha, ela pigarreava, o que me obrigava a aumentar o controle. Cada vez que o marido ou o mestre apelava para que eu tolerasse o erro, e eu negava e repetia os mesmos argumentos, ouvia um pigarro mais forte.

Quando finalmente Gil ordenou ao Gregório para quebrar a pedra, com o rosto fechado ela se levantou, suspirou fundo e foi para o carro, sem dizer mais nada.

Surpreendi-me quando Maria Amalia me contou que Léia havia nos convidado para a festa de inauguração da casa. Sabíamos da festa pelos Junqueira, mas eu supunha que não seríamos convidados.

Residência Gil Rennó. Fotos de 1977 *À esquerda*, escritório; vista da galeria para a sala de estar *À direita*, sala de estar, jardim interno e escritório

Encontramos a calçada cheia de carros, a fachada iluminada e logo que entramos pudemos perceber que, apesar de recém-instalada, com as plantas do pátio central ainda por desenvolver, a casa – iluminada e cheia de flores – tinha ficado muito bonita.

Emocionei-me muito quando Léia deixou um grupo de convidados, subiu os degraus do pátio para nos receber e disse que estava muito grata por todas as brigas perdidas para mim, pois agora, sim, compreendia minhas razões. Na sua opinião, a casa estava uma maravilha!

Este poderia ser um bom fim para a história, mas, infelizmente, anos depois, o casal precisou se mudar para o Rio. Inicialmente alugaram a casa e depois, percebendo que não mais voltariam, colocaram-na à venda.

Triste fim   No início dos anos 1980, estava na Promon, quando o Flávio Soares Pastore – arquiteto e colega na empresa – contou-me que a casa não pertencia mais aos Rennó. Não me espantei, porque já sabia que a casa estava à venda. Mas quando Flávio contou que quem a havia comprado tinha sido o vizinho, para construir uma quadra de tênis no lugar, fiquei aturdido!

Todos aqueles detalhes tão pensados, tão lutados na obra, aquele capricho todo do Gil e do Gregório. Aquelas lutas com a Léia e, no fim, seu gesto tão nobre! Tudo aquilo viraria pó, para dar lugar a uma quadra de tênis? E, como se não bastasse, fiquei sabendo que a casa do vizinho era uma lástima, um mediterrâneo horroroso, pesadão. Custei a me recuperar do golpe.

Lembrei que não havia ficado satisfeito com as fotos da casa feitas pelo José Moscardi, pois não nos preocupamos em colocar pessoas nos ambientes, nos diversos níveis. Se em qualquer casa a presença de pessoas é necessária, para dar escala e vida, numa como aquela só as figuras das pessoas podem explicar todos os desníveis. Encontrei Moscardi no lançamento de um livro, contei-lhe do ocorrido e combinamos que eu procuraria o comprador para fotografarmos a casa com pessoas dentro, antes que fosse derrubada.

Deveria agir rápido, mas alguma coisa me impedia de procurar o vizinho e pedir a autorização. Um dia, indo para a Promon pela Marginal Pinheiros, conscientizei-me de que estava fugindo da dor de ver minha obra condenada à morte. Não podia me deixar

Residência Gil Rennó. Fotos de 1977
À esquerda, sala de jantar e, no nível inferior, a de estar
À direita, fachada posterior

dominar por essa covardia. Virei o volante numa saída depois do Jockey Clube e subi a avenida que vai para o Morumbi, o ritmo do meu coração apertando à medida que eu me aproximava do local da casa, crescendo o medo de já ser tarde. Quando dobrei uma esquina em curva, vi um tapume no local, sem casa nenhuma por trás. Ao lado, imponente, pesada, uma quase fortaleza branca, estilo mediterrâneo, soberana, definitiva.

Praça Pan-americana

Em meados dos anos 1960, o proprietário de uma residência que eu havia projetado no Alto de Pinheiros perguntou se me interessaria fazer um estudo para a implantação de um shopping center na praça Pan-americana. O presidente do grupo era secretário de abastecimento da prefeitura e o prefeito achava conveniente a construção do centro para o local. Em volta da praça, dos três lotes ocupados, dois eram postos de gasolina.

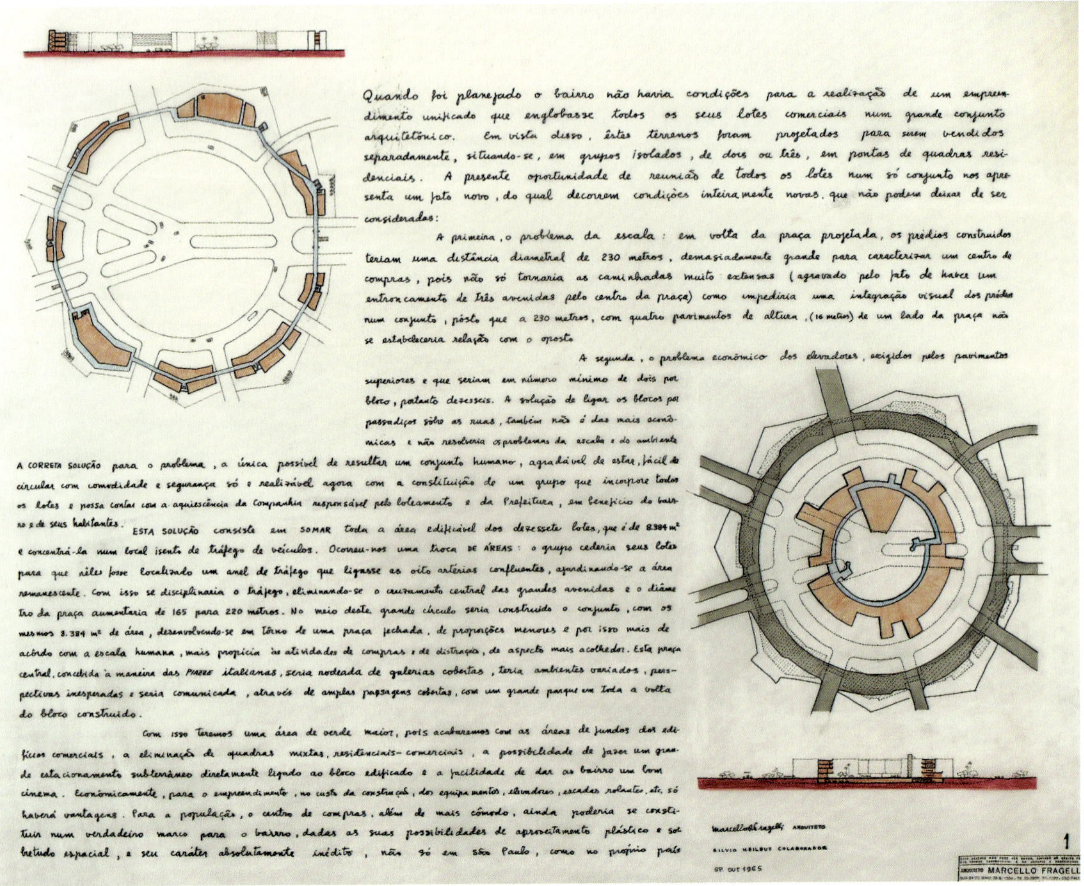

Não havia nenhum shopping no Brasil – o Iguatemi de São Paulo estava em construção. Meu cliente trabalhava num grupo industrial, cuja diretoria havia conseguido opção de compra para sete lotes da praça Pan-americana. Eram os únicos do Alto de Pinheiros em que o código de obras – baseado no projeto de urbanismo da City[21] para o bairro – permitia a construção de prédios não residenciais.

Percebi a dificuldade que seria estabelecer um centro integrado naqueles oito lotes, quando conheci o local. Os lotes contornavam a praça, separados por cinco ruas e três avenidas de duas pistas. Com a planta e a topografia em mãos tentei – com passarelas sobre as vias – integrar os oito pequenos prédios que os lotes periféricos à praça comportavam. Mas seu diâmetro de 160 metros impossibilitava o projeto, pois a praça era cortada por uma avenida que provavelmente seria bastante movimentada. Além disso, para aproveitar os andares superiores para escritórios, precisaríamos de dezesseis elevadores, servindo a uma área limitada, o que encareceria demais o empreendimento.

Shopping center na praça Pan-americana, projeto não construído, São Paulo SP, 1965
À esquerda, plantas, cortes esquemáticos e memorial descritivo
À direita, plantas esquemáticas

---

21 Sobre os empreendimentos da City of São Paulo Improvements and Freehold Land Company Ltd., ver o site http://www.ciacity.com.br/.

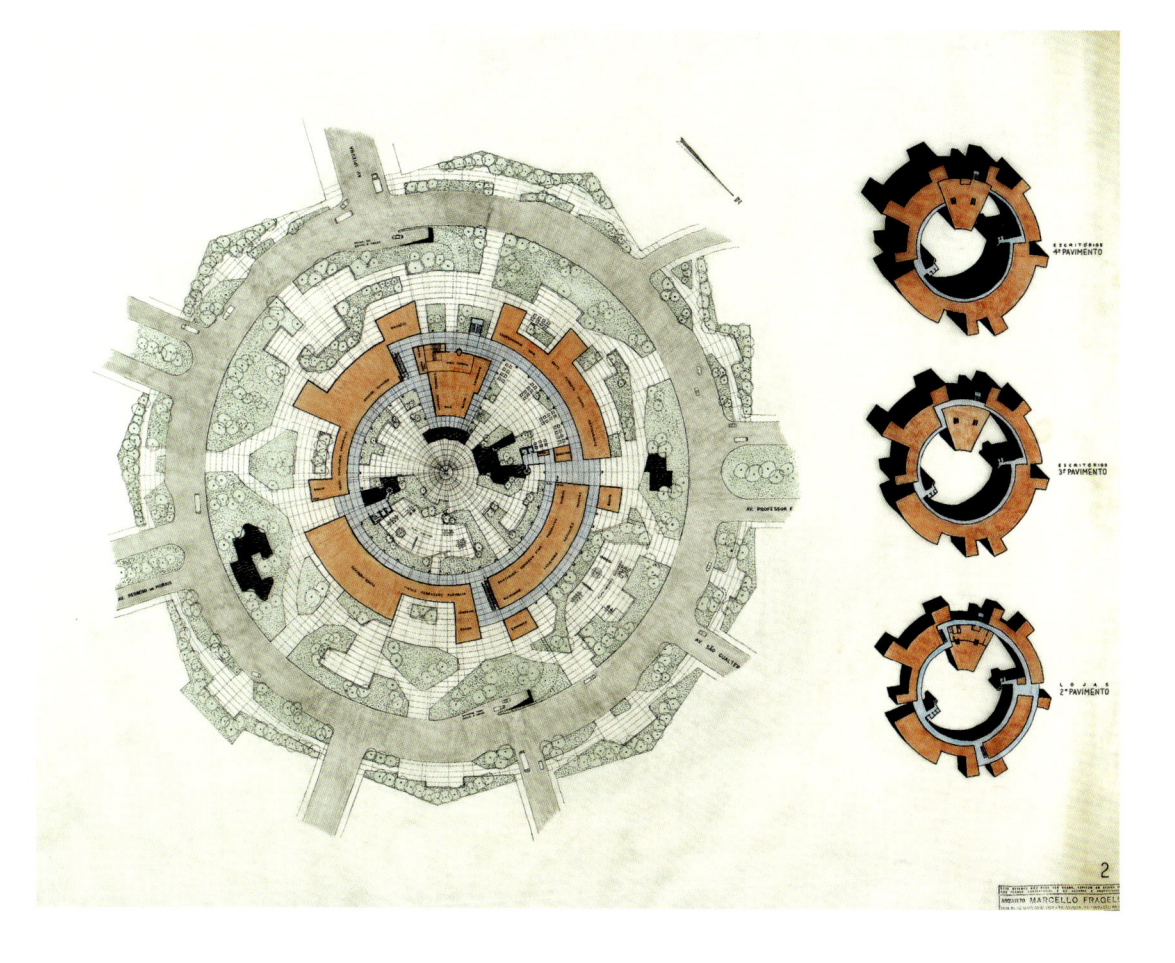

A única ideia viável para implantar um shopping no local foi aumentar o raio do anel da avenida periférica, passando o seu leito para os terrenos comerciais e incorporando o seu leito atual à área da praça, ampliando assim a sua superfície – seu diâmetro passaria de 150 para 200 metros. No centro, ficaria o shopping. Para tanto, o grupo permutaria, com a prefeitura, a área dos oito lotes com a que viesse a ocupar no centro da praça. Poderíamos, então, ter um grande prédio, capaz de abrigar cinemas, lojas, com estacionamento subterrâneo em toda a área da praça, enterrando a avenida principal, que manteria a sua projeção, passando direta, sem cruzamentos.

Os jardins em volta do conjunto e a avenida circular, com seu novo raio, estabeleceriam uma distância segura e um limite entre esse conjunto comercial e os lotes residenciais – ao contrário da solução atual, na qual os fundos dos lotes comerciais são limítrofes de residências, corrompendo-lhes o caráter e desvalorizando-as.

Imaginei um pátio central, com o caráter de uma praça pequena e charmosa, criando espaços aconchegantes, próprios para bares e restaurantes ao ar livre, protegidos do ruído do trânsito. Em dois pontos opostos do pátio, localizei as torres de circulação vertical, cada uma com dois grandes elevadores e uma escada helicoidal. Tanto o pátio, como as galerias e volumes do prédio se desenvolveriam em retas radiais, cortando arcos de circunferências, todos amarrados ao centro da praça. Devido aos volumes em diferentes alturas, o conjunto lembraria um castelo antigo. Só a volumetria, claro, nada de formas copiando prédios antigos.

Dediquei-me ao desenho junto com dois colaboradores, fazendo várias perspectivas, algumas externas e outras mostrando as visuais de um caminhamento desde a periferia até o interior da pracinha central, passando por uma galeria, como se fosse uma história em quadrinhos. Isso me levou a reformular algumas linhas do anteprojeto, aperfeiçoando-o até acharmos que o material já estava no ponto de conquistar qualquer empreendedor.

Desenhamos uma primeira prancha com o memorial justificativo da solução, como encomendado, demonstrando como ficaria o conjunto se localizássemos os "predinhos" pedidos nos oito lotes.

SHOPPING CENTER NA PRAÇA PAN-AMERICANA. Desenhos de Marcello Fragelli
À esquerda, perspectiva externa
À direita, perspectiva do miolo da quadra

Shopping center na praça Pan-americana, perspectivas externa e do miolo da quadra. Desenho de Marcello Fragelli

Mostrei que a praça, como planejada, nunca poderia constituir-se num centro, e prejudicaria os prédios encostados nos fundos dos lotes comerciais.

Logo que aprontamos o álbum com as cópias coloridas a guache e aquarela, chamei o meu cliente e fui mostrando as pranchas. Apesar do receio pela ousadia da proposta, acabou se convencendo e, entusiasmado, carregou com ele o álbum. Dias depois telefonou, dizendo que o grupo tinha ficado empolgado com a proposta e que o presidente iria mostrá-la ao prefeito. Foi o fim do projeto, porque o prefeito, apesar de ter gostado e concordado que a solução era a melhor para o local, via a dificuldade da permuta. Explicou que, para qualquer alienação ou permuta, a lei exigia a aprovação da Câmara de Vereadores, e quando eles percebessem que o negócio seria muito lucrativo, dificultariam a aprovação do projeto. Sendo assim, o grupo desistiu do empreendimento.

Universidade Mackenzie

Grandes colegas   Ainda não havia encontrado João Carlos Bross depois de minha mudança para São Paulo, quando ele me telefonou, em 1964.

Quando ele ainda era estudante, tinha visto uma reportagem sobre a casa que projetei para o Jardim Paulistano, publicada na revista *Acrópole*. Gostou, foi lá e pediu aos donos para visitá-la. Numa visita sua ao Rio, encontramo-nos, batemos um grande papo sobre arquitetura e ficamos amigos. Há muito queria procurá-lo, mas ainda não havia tido oportunidade. João Carlos era professor da Faculdade de Arquitetura da Universidade Mackenzie.

Numa reunião que tratava da contratação de professores de Projeto, falou-se sobre a intenção de me convidarem, pois José Carlos Isnard Ribeiro de Almeida, então presidente do diretório acadêmico, soube que havia me mudado para São Paulo. Não tinham como me localizar, e por isso o Bross – informado sobre o meu trabalho na Rossi – ofereceu-se para me procurar e transmitir o convite.

Gostei da ideia. Apresentei-me na universidade e passei a dar aula em seguida, pois o ano letivo já havia se iniciado. Experimentavam o sistema de ateliê vertical, de modo que tínhamos alunos do terceiro, do quarto e do quinto ano na mesma sala. Éramos dois professores por classe e cada um orientava uns quinze alunos, percorrendo as pranchetas onde eles desenvolviam os trabalhos e fazendo as nossas críticas, observações, dando orientação. Assim era bem mais fácil para mim, que era tímido para falar em público.

Todos trabalhavam em classe, nas pranchetas, como fazíamos na FNA no Rio, e as aulas tomavam três manhãs por semana. Gostei da experiência, pois o contato com os alunos era muito estimulante e desafiador. Muitas vezes uma pergunta me assustava, mas logo me obrigava a uma análise clara dos porquês do meu trabalho, trazendo mais vantagem para mim do que para os alunos. Além do mais, eu conhecia alguns dos professores por revistas, e a convivência me estimulava.

Sentia falta desse convívio. No Rio, no IAB, no meu escritório e nas visitas aos MMM Roberto, raramente entregava um anteprojeto a um cliente sem antes discuti-lo com dois ou três colegas.

No Mackenzie, reencontrei Fábio Penteado, Alfredo Paesani e Eduardo Corona, que eu já conhecia do IAB e cujos trabalhos apreciava. Conheci outros igualmente respeitáveis, como o Franz Heep e o Miguel Forte. Comigo entraram o Telésforo Cristófani e o Paulo Bastos, arquitetos de alta qualidade, que logo tornaram-se amigos. Que diferença do corpo docente da FNA, onde os arquitetos de valor eram praticamente impedidos de ingressar!

Cassações   Pouco depois de um mês no Mackenzie, acompanhei as notícias do golpe militar. Assisti ao início da perseguição política. Estranho aos quadros e às injunções internas da faculdade, naqueles dias negros de terror, era informado por colegas e alunos de que professores rivais se aproveitavam do clima de perseguições arbitrárias para se livrar dos professores que tivessem ideias contrárias à direita reinante ou que lhes pudessem fazer sombra. Assim, a faculdade perdeu a contribuição de Corona, de Penteado e de Paesani, substituídos por colegas muito menos gabaritados.

Um deles, que ficou como coordenador não sei bem de quê, me convidou para acumular à disciplina de projeto, a de teoria da arquitetura, até então ministrada pelo Corona. Não pude aceitar, expliquei que com meus doze anos de experiência na prancheta, me sentia à vontade para ensinar a projetar, mas para lecionar uma disciplina de tanta responsabilidade, achava que ele devia convidar um arquiteto de sólida cultura, que desse fundamentação ao raciocínio dos jovens. Sugeri uns nomes, apesar de não conhecer muito os quadros locais.

Os melhores professores – principalmente os que haviam entrado comigo –, aviltados com as demissões dos colegas, reuniram-se para decidir o que fazer. A primeira proposta era pedirmos dispensa, mas os mackenzistas, amigos da faculdade e dos alunos, tinham certeza de que isso prejudicaria a faculdade e os alunos, enquanto o grupo responsável pelas demissões nos substituiria por professores medíocres, mas dóceis. Tendo o Paulo Bastos e o Telésforo concordado com esse ponto de vista, aceitei-o, também. Resolvemos ficar.

Mais tarde, quando outros professores puderam ser convocados, cada um de nós lembrou daqueles que poderiam enriquecer o corpo docente, como: David Ottoni, Rodolpho Ortenblad Filho e Marc Rubin. Sugeri o José Luiz Fleury, que só conhecia por revistas, mas nos tornamos muito amigos.

Depois vieram mais alguns de alto nível, como o Salvador Cândia, que chegou a diretor da escola. Um caso raro no país: um diretor arquiteto atuante e ainda mais com obra significativa!

Gostei muito da experiência. Afastei-me dois anos e pouco depois, em 1967, quando tive que escolher entre a faculdade e o projeto mais importante de minha vida.

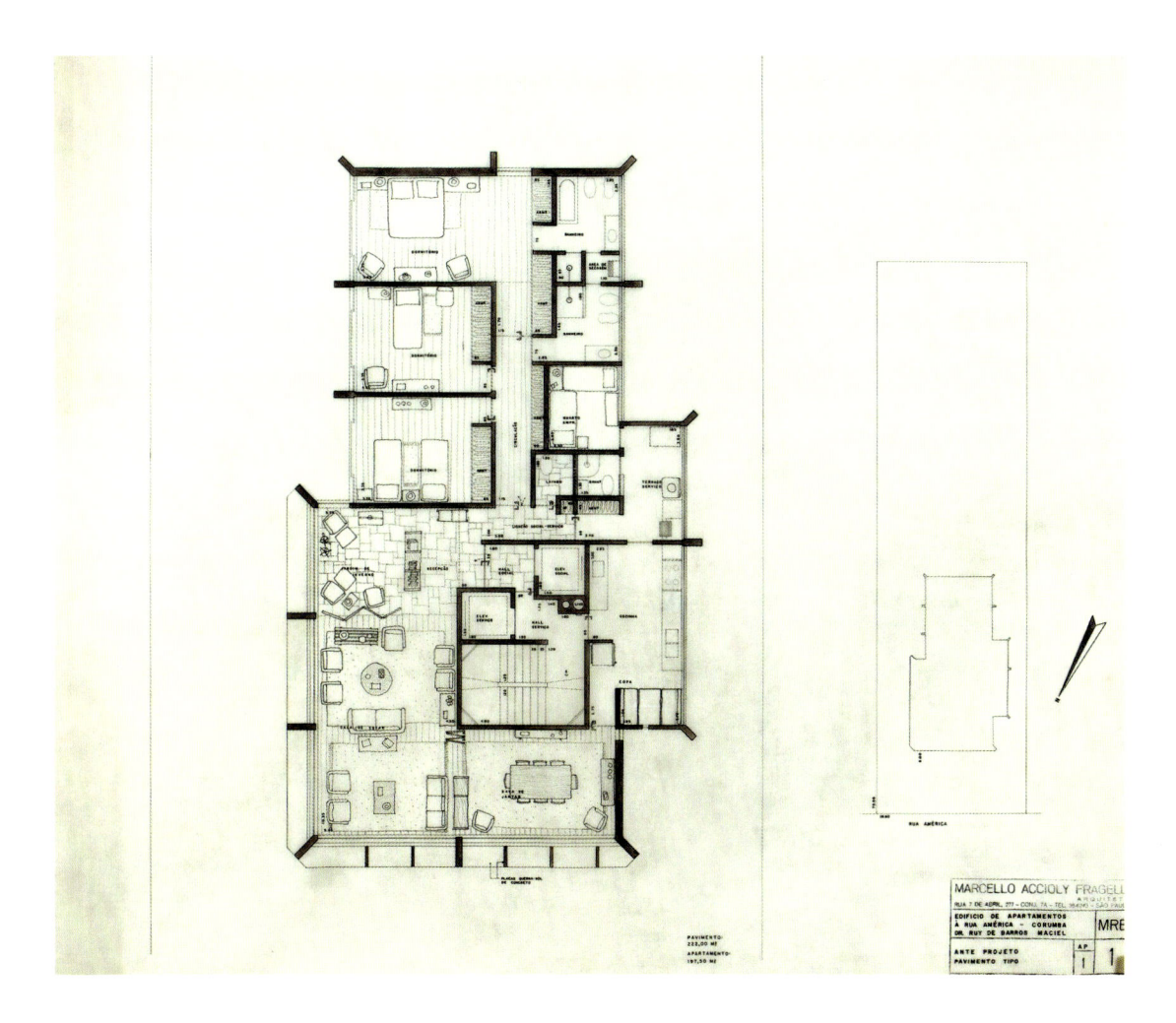

Edifício residencial, planta de anteprojeto do pavimento tipo e perspectiva externa, Corumbá MS, 1964

Edifício residencial

Portaria do Clube Hípico de Santo Amaro

CARREIRA EM SÃO PAULO

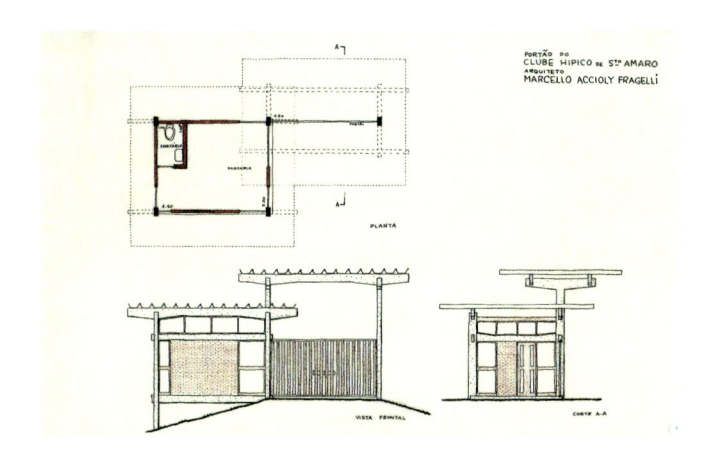

PORTARIA DO CLUBE HÍPICO DE SANTO AMARO, São Paulo SP, sem data
Acima, planta e fachadas de estudo preliminar
Abaixo, perspectiva com pintura em aquarela

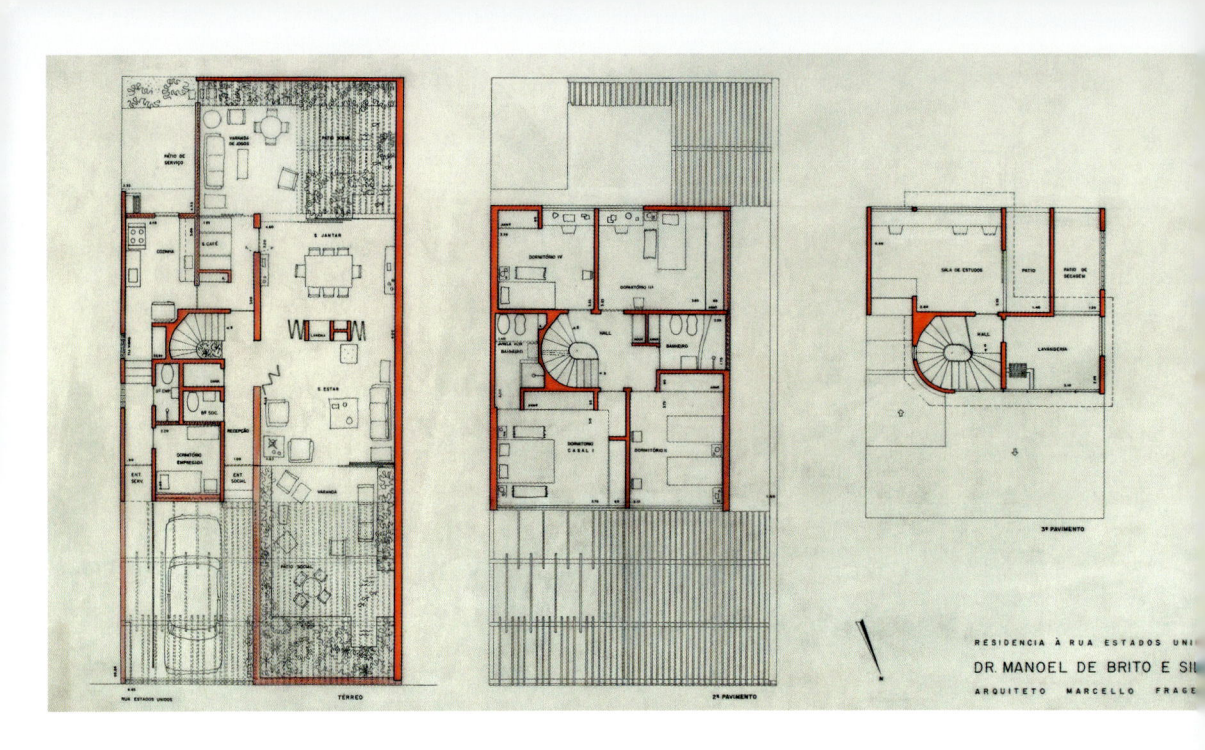

Residência Manoel Brito e Silva, projeto não construído, São Paulo SP, c. 1963
Acima, plantas e cortes de estudo preliminar
Abaixo, perspectiva interna

Residência Manoel Brito e Silva

CARREIRA EM SÃO PAULO

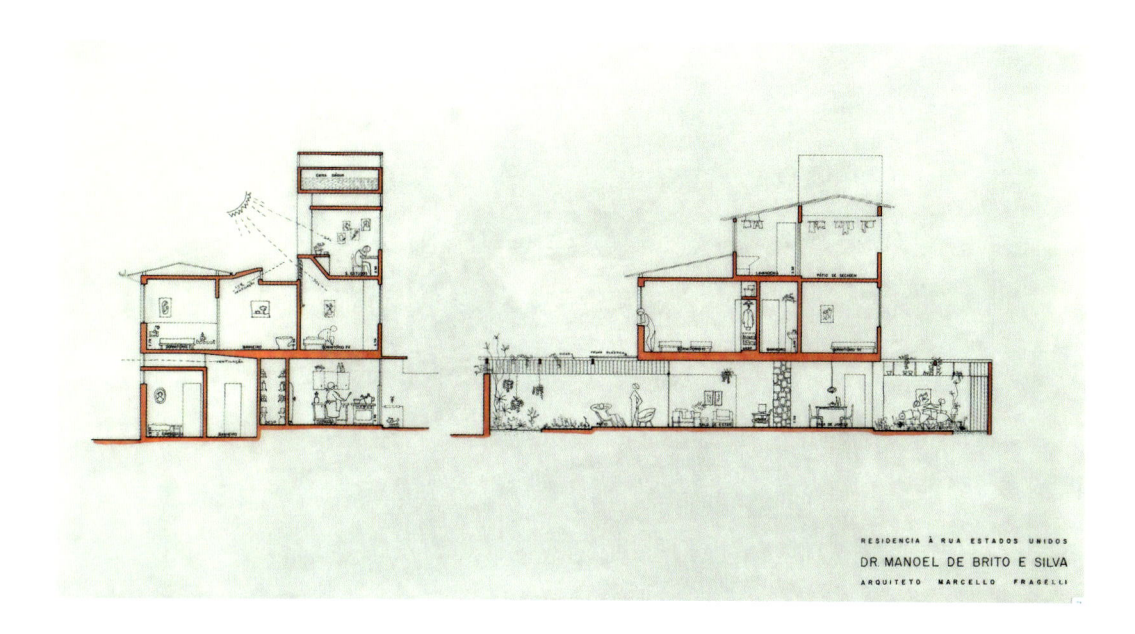

RESIDENCIA À RUA ESTADOS UNIDOS
DR. MANOEL DE BRITO E SILVA
ARQUITETO MARCELLO FRAGELLI

Residência do arquiteto

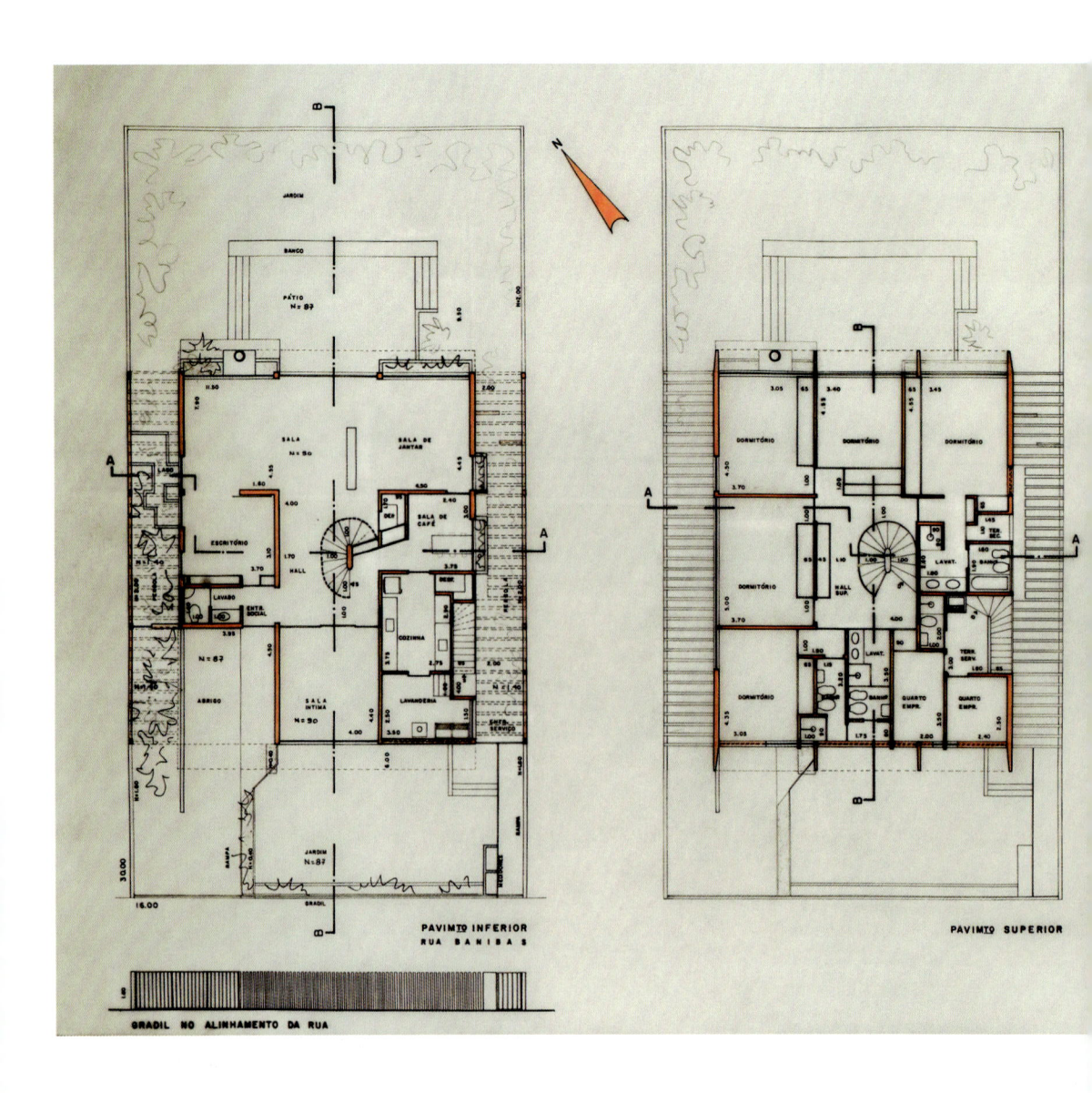

Residência do arquiteto, plantas, cortes e fachada do projeto legal, São Paulo SP, 1973

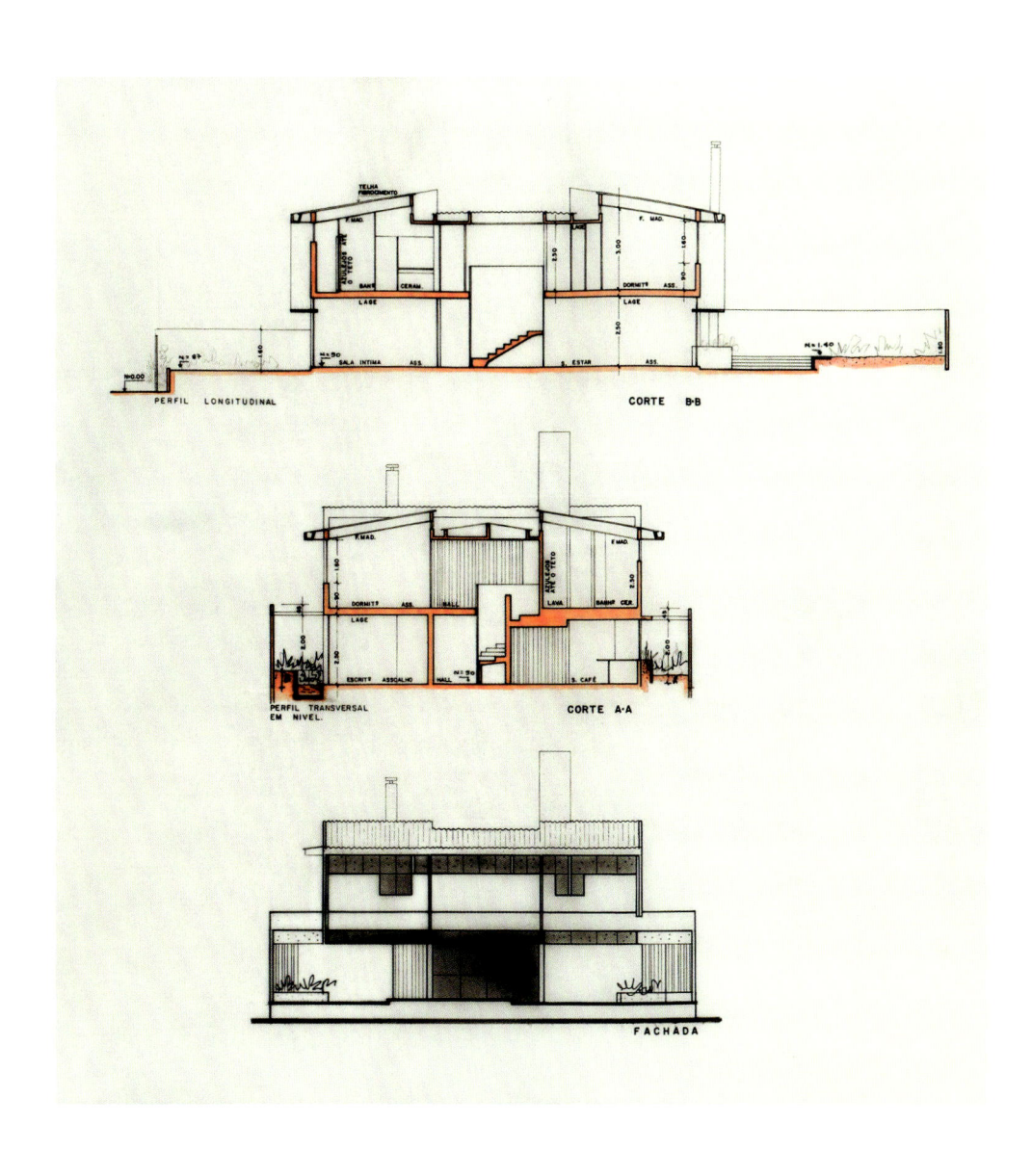

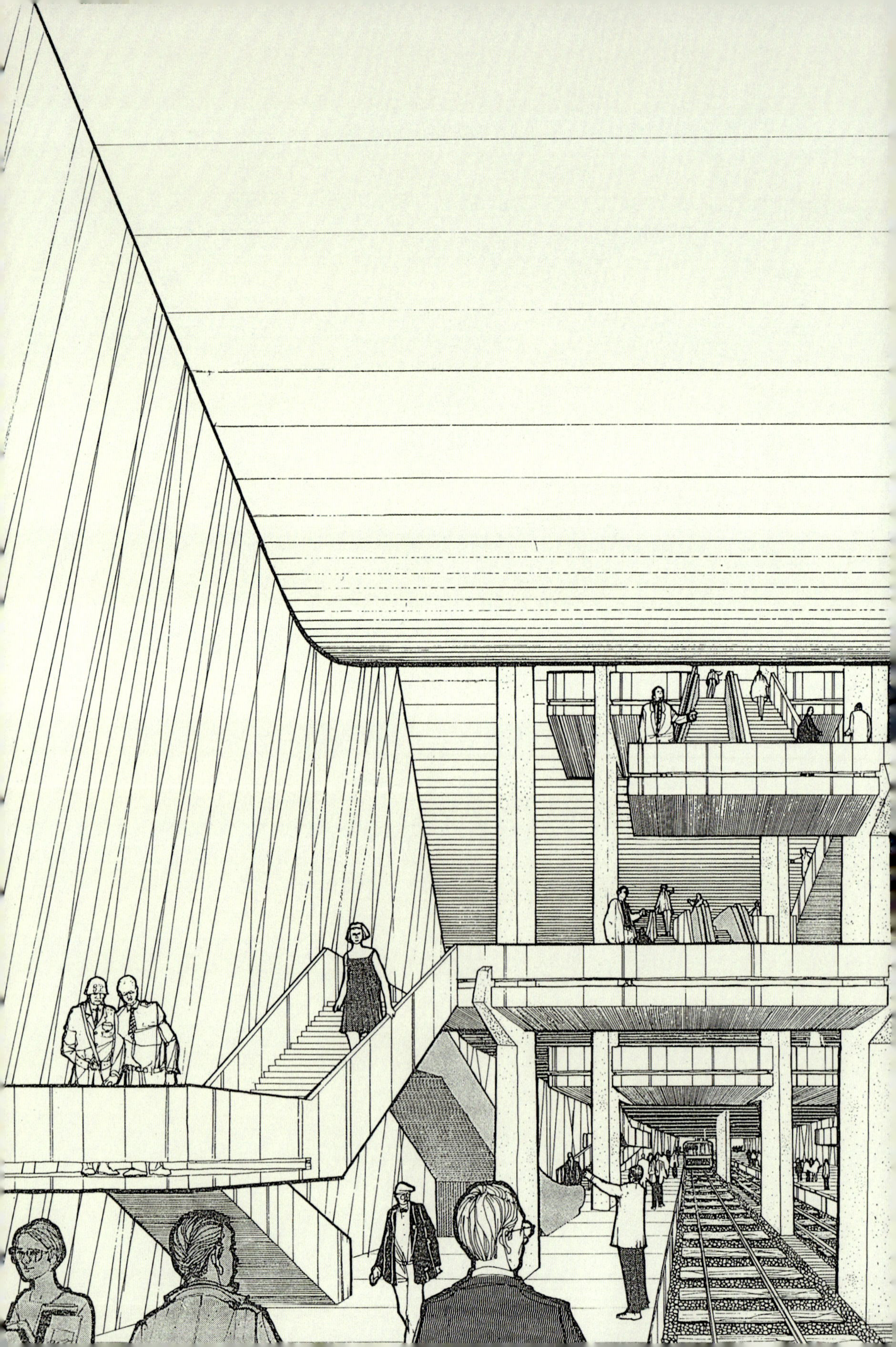

Projeto do metrô

Concorrência

Pouco depois de empossado como prefeito de São Paulo em 1965, José Vicente Faria Lima começou a tratar da implantação da rede metroviária para a cidade. Antes dele muito se falara em metrô. Prestes Maia deixou até previsões de estações em viadutos da cidade, mas o primeiro passo concreto para a implantação do sistema foi a criação, em 1966, do Grupo Executivo do Metrô, que logo abriu a concorrência para o estudo da rede e anteprojeto da linha prioritária.

Exigia-se que os consórcios incluíssem firmas com experiência no assunto – do que decorria serem todas estrangeiras – associadas a uma empresa de engenharia nacional. Faria Lima fazia questão de que a arquitetura das estações fosse brasileira e, para tanto, era imposto o nome de um arquiteto brasileiro.

Para participar, o Grupo Montreal associou-se às empresas Hochtief e Deconsult, ambas alemãs, a primeira, de engenharia, encarregada de grandes obras, inclusive sistemas de metrô em sete cidades alemãs, e a segunda, empresa de projetos da ferroviária estatal alemã. A Montreal participaria do projeto de engenharia e da parte de economia e planejamento através de duas filiadas: a Promon, para os projetos de engenharia e arquitetura, e a Montor, para os demais. O consórcio passou a se chamar HMD.

Eu era consultor de arquitetura, tanto da Montreal quanto da Promon, mas foi do Tamas Makray a iniciativa de minha participação como arquiteto do consórcio. Provavelmente tive o apoio do Thomaz Magalhães no lado Montreal. Tamas me ligou para subir à sua sala, relatou os detalhes da concorrência e me pediu currículo atualizado para ser anexado à proposta do consórcio

Caso vencêssemos, eu continuaria como consultor, estudaria a fundo os problemas técnicos das estações com o apoio dos engenheiros alemães, faria os estudos e esboços dos anteprojetos, que seriam desenvolvidos por desenhistas e projetistas do consórcio, sob minha orientação. Prevíamos que eu teria de passar no mínimo umas duas ou três horas diárias nos escritórios do grupo. O resto do tempo eu poderia dedicar ao meu escritório ou aos meus alunos, no Mackenzie. Dada a importância do projeto, um novo valor seria estudado para a minha hora de consultoria.

Nessa época, minha mulher e eu estávamos com viagem marcada para a Europa. Pouco antes de nossa partida, o resultado

p. 222-223, **Estação Liberdade do Metrô**, perspectiva interna, São Paulo SP, 1968. Desenho de Flávio Marcondes e Vallandro Keating

da concorrência do metrô seria divulgado. Acostumado a enterrar grandes esperanças de projetos, procurava não me envolver muito na expectativa e adiantar os projetos da residência Rennó e da fábrica Piraquê, e os industriais da Promon, para que nada atrapalhasse o nosso plano de viagem.

Uma tarde, quando estudava um detalhe dos equipamentos de Cubatão, que projetava com o pessoal da Promon, o Tamas me chamou à sua sala. Chegando lá, encontrei vários amigos festejando a vitória do nosso consórcio na concorrência. Todos estavam felicíssimos e a cada momento aparecia um novo companheiro para confraternizar ou um amigo ligava para cumprimentar.

Apesar de exultante com a escolha, o projeto parecia muito nebuloso. A possibilidade de explorar o espaço subterrâneo, com todas as limitações das técnicas, os métodos construtivos, as peculiaridades do problema de ventilação, tudo me atraía e assustava ao mesmo tempo.

Preocupado com a possibilidade de que os engenheiros alemães ditassem regras que restringissem minha liberdade e que eu talvez não pudesse contestar ou analisar seus exemplos, procurei o Tamas e lhe pedi que conseguisse uma visita minha a algumas obras da Hochtief na Alemanha, já que eu estava para viajar à Europa. Ele entrou em contato com o diretor-chefe da firma em São Paulo, que aprovou a proposta, disse que eu seria hóspede da Hochtief na Alemanha e pediu que reservasse uma semana na minha programação. Meu roteiro se iniciava em Düsseldorf e Essen, passava por Berlim, Hamburgo e Munique, onde eu tomaria o avião para Zurique.

Apresentação

Pegar ou largar Quando voltei da viagem, já em 1967, apresentei-me a Márcio Cezimbra, diretor da Promon com quem havia combinado a minha participação no projeto das estações. No dia seguinte, ele foi ao escritório onde alemães e brasileiros trabalhavam, já há dois meses e meio, e comunicou a Karl-Heinz Jaeger, chefe do grupo de engenharia, que eu estava à sua disposição para iniciar a colaboração. Voltou com uma declaração de "Herr" Jaeger dizendo que era muito cedo para eu entrar, porque os projetos das estações ainda não estavam prontos!

Perguntei o que eu faria, se não o projeto das estações? Eu fazia parte da composição do consórcio, atendendo a condição do prefeito, que todo consórcio tivesse um arquiteto brasileiro! Como não havia nenhum arquiteto alemão, concluímos que engenheiros deveriam estar fazendo os "projetos que ainda não estavam prontos". Cezimbra retornou a Herr Jaeger lembrando da condição imposta pelo prefeito, mas não soube responder a ele se o arquiteto do consórcio sabia projetar estações de metrô e me repassou a pergunta.

Expliquei que, embora nenhum arquiteto brasileiro jamais tivesse projetado qualquer estação de metrô, todo arquiteto um dia tem de enfrentar um programa novo, projetar a sua primeira residência, o seu primeiro edifício residencial ou de escritório, uma escola ou um hospital. Mesmo no caso de um programa complexo, com limitações técnicas, um arquiteto experiente é capaz de criar uma boa obra com a devida assessoria. Com o *know-how* dos engenheiros alemães à minha disposição, eu poderia perfeitamente projetar as estações.

Quando Cezimbra procurou novamente o alemão, ele reagiu a esses argumentos com uma imposição: eu não poderia trabalhar com eles à distância e com visitas periódicas, como havia sido acertado com a Promon durante a montagem da concorrência. Herr Jaeger insistiu que as complicações do projeto exigiam presença nos escritórios do consórcio em horário integral. Era pegar ou largar!

Foi difícil escolher. Tinha projetos em andamento no meu escritório, os quais não podia abandonar ou delegar aos colaboradores da época, ainda inexperientes para detalhar as obras dentro de suas intenções iniciais, sem meu acompanhamento.

Eu peguei.

Equipe   Quando cheguei ao escritório do Consórcio HMD, fui apresentado ao engenheiro Cyro de Oliveira Guimarães Filho, da Montreal, que na hierarquia do consórcio tinha o título de vice-diretor, portanto o segundo homem da organização. Ficava numa sala fechada por painéis de vidro transparente, ao lado das salas do chefe alemão – diretor Carl Mäckel e de Herr Jaeger, o chefe da engenharia.

Herr Jaeger, um alemão meio baixo, careca, simpático, me apresentou vários membros da equipe, metade deles alemães e metade, brasileiros. A língua oficial da grande equipe era o inglês malfalado, língua universal de entendimento. Nesse dia, passei a ele a lista de materiais necessários para trabalhar: prancheta, banco, material completo de desenho e uma calculadora impressora. No dia seguinte iniciaria a minha participação.

SISTEMAS CONSTRUTIVOS DA LINHA SUBTERRÂNEA, cortes esquemáticos dos tipos trincheira e *shield* ("tatuzão")

PROJETOS ALEMÃES

SISTEMAS CONSTRUTIVOS Pela primeira vez em muitos anos, tive de cumprir o horário integral, chegar diariamente às oito horas, o que para mim nunca fora fácil. Uma vez equipado, pedi a Herr Jaeger uma estação para projetar. Com certa surpresa e constrangimento, ele trouxe um projeto alemão de uma estação subterrânea do metrô de Munique, para que eu o estudasse.

Minha curiosidade compensou a frustração de não receber, naquele momento, os dados técnicos e de topografia, para um projeto de subterrânea. Consolei-me porque o estudo de uma estação já construída seria benéfico. Herr Jaeger esclareceu minhas dúvidas e até me deu uma longa aula sobre os diferentes métodos de construção das estações de metrô.

O mais simples e de menor custo é aquele em superfície, de difícil aplicação, pois interrompe as ligações urbanas, divide a vizinhança em duas zonas, com grande prejuízo para a cidade. Praticamente só pode ser usado ao longo de obstáculos, como um rio ou uma linha férrea já existente.

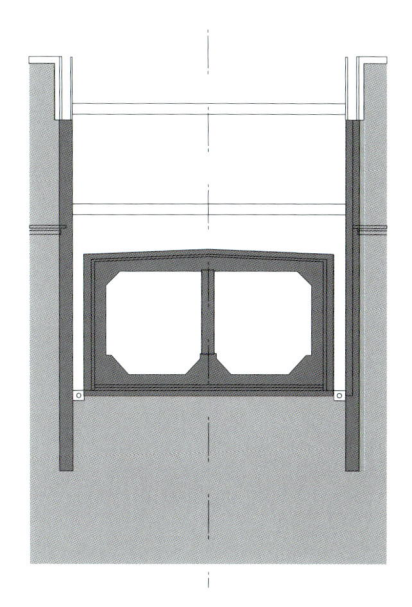

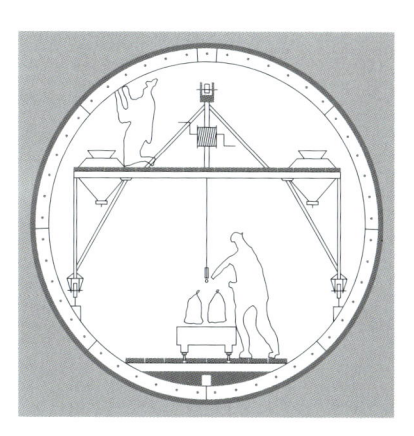

O segundo mais barato é o sistema elevado, no qual os trens e estações ficam sobre a malha urbana, a uma altura aproximada de nove metros, para permitir o cruzamento de pedestres nas estações, sobre os veículos de rua, mas abaixo da linha. Tem a restrição de, nas regiões já edificadas, só poder ser implantado sem demolições nos eixos de avenidas largas, que comportem as estações. Onde não haja essa possibilidade, ou onde a largura da avenida não seja suficiente para que as estações não agridam muito o entorno, tem-se que mergulhar a linha, ou pelo sistema *cut and cover*, ou com o *shield*.

Desses sistemas, o menos custoso é o chamado *cut and cover*, depois traduzido como "de trincheira", que cava uma vala ao longo do percurso, para no seu fundo serem construídas a galeria envoltória da linha e as estações. Sobre as lajes de cobertura é feito o reaterro, após a impermeabilização, para receber o piso urbano recomposto.

Previamente cravam-se duas cortinas paralelas, formadas por estacas-prancha, distanciadas umas das outras o bastante para conterem no fundo, entre elas, a galeria – ou túnel, ou a estação – e com profundidade um pouco maior que a do nível da futura linha. Cada estaca é cravada encostada na vizinha, para que a cortina contenha o solo ao lado, que não vai ser tocado. Para que as cortinas suportem a pressão lateral do terreno, depois de escavada a vala, cada uma delas é escorada contra a cortina em frente, por meio de um conjunto de vigas de madeira.

Feito esse escoramento, inicia-se a escavação da vala, acompanhada do remanejamento provisório de todas as tubulações de água, esgoto, gás, eletricidade e telefonia, enterradas sob a superfície. Uma vez atingida a profundidade de dez, doze metros – indicada no projeto – é regularizado o solo, para servir de fôrma ao concreto do elemento a ser construído, seja túnel ou estação.

O sistema de *shield*, depois traduzido por "couraça" – muito mais caro que o de trincheira – é o que menos problemas causa ao trânsito da superfície, pois sua intervenção no nível do solo se restringe a um grande poço por onde entram e descem os equipamentos. Também é o único capaz de passar sob prédios já construídos, daí só ele ser viável em muitas situações urbanas, onde o *cut and cover* é impraticável. A escavação dos túneis, feita por uma máquina chamada Shield – aqui em São Paulo apelidada de "tatuzão" –, desce até o nível de profundidade da linha através do poço especialmente aberto e, a partir dali, vai perfurando horizontalmente, com um ou mais discos giratórios, que são equipados de cortadores de pedras duras e têm o diâmetro dos túneis. O túnel é revestido com anéis de concreto ou de aço, colocados em segmentos. Nos anéis já colocados apoia-se a máquina para o próprio deslocamento, enquanto o terreno escavado vai sendo retirado à retaguarda, para depois ser içado e levado para fora do canteiro da obra.

Nos casos em que a estação também não possa ser construída pelo método de trincheira, quando o nível da rua não admite o seu esburacamento e a interrupção do trânsito, seu espaço pode ser criado também com o *shield*, em vários túneis emparelhados e depois incorporados, ou com outros métodos mais complicados, como o chamado "mineiro", nascido nas escavações de minas, baseado na penetração horizontal de tubos vizinhos, formando uma placa. Ambos são caríssimos.

Por tudo isso, a política adotada foi a de evitar a linha em nível de superfície, projetar a linha elevada, onde avenidas largas a admitissem com suas estações, e atravessar a parte mais densa da cidade, o centro e suas vizinhanças, em subsolo, construindo-se em trincheira onde possível e usando o túnel de couraça apenas onde inevitável.

Estudos Inicialmente os trabalhos eram voltados para o planejamento da rede do metrô de São Paulo. Isso era feito por parte do grupo da HMD, economistas, urbanistas, engenheiros de várias especialidades, com o apoio de equipes de pesquisas de origem e destino, com dados colhidos nas ruas. Depois de estabelecida a rede, deveria ser escolhida a primeira linha a ser construída logo que houvesse projetos, com a maior urgência. Segundo contavam nos escritórios da HMD, colaboradores do prefeito haviam garantido que até o final do mandato ele poderia inaugurar pelo menos um trecho da rede.

A pressa do prefeito motivou uma equipe de engenheiros e técnicos em engenharia a definir o que seria a linha prioritária, a Norte-Sul (Santana-Jabaquara), independente e paralelamente ao trabalho dos urbanistas. Foram definidos também quais trechos seriam em couraça, em trincheira ou em elevado, localizando as estações. Para isso, engenheiros alemães, em sua maioria, os estruturais, lançaram-se ao anteprojeto das mesmas, tanto as subterrâneas quanto as elevadas.

Sem nenhum arquiteto para resolver o anteprojeto, produzido por esses estruturistas alemães, a estação elevada padrão saiu ruim e foi rejeitada pelo prefeito. Julgando que a avenida Domingos de Morais, menos larga que a Cruzeiro do Sul, seria agredida com aquela estrutura tão pesada, decidiu enterrar toda a linha na parte sul, independentemente dos custos. A estética urbana era mais importante.

Faria Lima tinha preocupações raras em políticos brasileiros, principalmente nos que haviam trocado a farda pelo terno, como ele. Quando quiseram demolir a igreja da Consolação – apontada por gregos e troianos como feia e despida de valor arquitetônico – para resolver problemas de tráfego da praça Roosevelt, ele vetou. Considerava a igreja parte importante da memória da cidade.

Quando terminei o estudo do projeto alemão, devolvi os desenhos a Herr Jaeger e novamente pedi dados de uma estação, para que eu a projetasse. Queria projetar uma subterrânea, pela novidade do programa e pelas possibilidades que o espaço despertava. Herr Jaeger mais uma vez voltou com outro jogo de desenhos de estação subterrânea alemã. Levei-o para minha prancheta e estudei-o por completo.

Quando devolvi os desenhos, recebi um terceiro projeto de estação subterrânea. Estudei mais este terceiro projeto e, vendo que não havia acrescentado nada aos anteriores, insisti em receber, desta vez, um encargo de projeto. E consegui uma encomenda surpreendente.

Estrutura rejeitada   Herr Jaeger chamou o engenheiro estrutural Friedrich Wenzel, autor do projeto da estação elevada que havia sido rejeitado e pediu que ele me explicasse a solução. Depois de me contar sobre o veto do prefeito – que eu já soubera por outros –, pediu que eu estudasse uma fachada bonita para aquele projeto. Como se uma estrutura com doze metros de altura, pesadas vigas e vãos de 27 metros pudesse ser disfarçada por trás de uma fachada!

Achei necessário criar um projeto meu, não só pela determinação da prefeitura de ter uma arquitetura brasileira, mas principalmente pela convicção de poder criar uma arquitetura significativa, em vez daquela estrutura canhestra.

Tentei convencê-los da impossibilidade de uma fachada decorativa se justapor a uma estrutura tão forte como aquela, mas não sei se me fiz entender. Já havia percebido que, apesar do veto do prefeito, não seria com argumentos de ordem estética ou arquitetônica que eu convenceria os responsáveis pelo consórcio sobre a necessidade de partir para um novo projeto.

Após anos de luta em defesa de meus trabalhos, resolvi me abster de quaisquer argumentos estéticos e apoiar minha crítica em aspectos técnicos, econômicos ou funcionais. Peguei os desenhos do Wenzel para analisá-los com cuidado e descobri defeitos nesses campos, muitos e sérios.

A estação era formada por oito quadros estruturais de concreto armado enformado no local, os dois primeiros e os dois últimos sustentando galerias de passageiros que atravessavam, sob a linha e sobre as pistas da avenida, interligando, assim, as plataformas e calçadas. Tinham a largura aproximada de quatro metros. Entre o segundo e o penúltimo quadro, apoiados neles e nos quatro quadros intermediários, distanciados aproximadamente 27 metros, cinco módulos formados por uma bateria de vigas pré-fabricadas, constituíam a estação, com as plataformas, suas coberturas e as galerias de circulação dos passageiros.

Os passageiros subiam por escadas fixas dos acessos das calçadas em quatro pontos – nos dois lados da avenida e nos extremos das estações –, passavam por controles junto às galerias transversais à linha e tomavam outras longitudinais, sob as plataformas, correndo entre as vigas pré-moldadas. Afloravam nas plataformas, em várias escadas que as vazavam paralelamente às bordas, a uma distância de pouco mais de 0,5 metro.

Percebendo os inconvenientes da solução, apresentei o resultado de minha análise. Falei da falta de escadas rolantes para o acesso às plataformas, situadas a nove metros de altura da rua. Era sabido que a prefeitura queria o metrô competitivo com os ônibus. Com a localização das escadas fixas nas extremidades de uma plataforma com 136 metros de comprimento, o problema era sério. Citei como exemplo um passageiro que, depois de subir trinta e tantos degraus, deparasse com um aviso de bilheteria fechada e precisasse descer as escadas e se dirigir a outro acesso. No Brasil essas coisas acontecem com frequência. Era preciso um acesso único, central!

Herr Jaeger argumentou ser impossível, pois o vão de 27 metros determinava vigas com 2,5 metros de altura, inviabilizando uma galeria de passageiros integrando os dois lados da rua, sob a linha e por cima do gabarito de 4,5 metros para os veículos urbanos. As galerias do anteprojeto ficavam nas extremidades das plataformas, porque fora da estação duas lajes de quarenta centímetros de espessura e quatro metros de largura apoiavam a linha. Além disso, o peitoril da plataforma era também uma viga com aquele grande vão, que não poderia ser interrompida para a chegada da galeria no meio da plataforma. Isso determinava a duplicidade dos acessos e a duplicação do número de escadas rolantes, caríssimas.

Com acessos centralizados, poderíamos atingir as plataformas por fora, deixando-as desimpedidas, e precisaríamos de metade das escadas, podendo então usar as rolantes sem o problema do custo.

Outro defeito que apontei foi o afloramento de uma série de escadas junto à borda das plataformas, distantes aproximadamente vinte metros umas das outras. Os seus guarda-corpos, com extensão de quatro metros, a setenta centímetros da borda, dificultariam o embarque e desembarque através das portas dos vagões que parassem em frente. Herr Jaeger reconheceu a gravidade do defeito, mas novamente responsabilizou a altura da viga pela necessidade das escadas em tais posições.

Quando me ofereci para fazer um projeto que resolvesse esses problemas, Herr Jaeger questionou a minha capacidade para tanto. Se eu tivesse a assessoria de um engenheiro estrutural, eu poderia tentar!

ARQUITETURA APLAUDIDA   Herr Wenzel foi designado para me dar o apoio estrutural. Foi surpreendente a boa vontade com que colaborou, sem demonstrar o menor ressentimento ao ver seu trabalho contestado.

Minha primeira ideia, muito simples, foi juntar as duas galerias das extremidades numa só, mais larga, perto do meio da estação, fazendo-a em dois níveis: o superior acessando diretamente as plataformas e abrigando os bloqueios, e o inferior fazendo a interligação total de plataformas e calçadas de rua. Isso talvez fosse possível devido ao vão de apenas dez metros, substituindo as altas vigas por uma laje espessa. Para isso redividi a estação, reduzindo para 25,5 metros os cinco vãos pré-fabricados e inserindo, entre o segundo e o terceiro, o módulo de dez.

Comecei pedindo ao Wenzel o dimensionamento da laje que suportaria a linha, fazendo o teto da galeria inferior, nos seus dez metros de vão. Ele me garantiu sessenta centímetros de altura para o teto, devido à carga da linha e apenas trinta para o piso, o que me permitiu viabilizar a inferior passando sob a linha e sobre as pistas da avenida como uma passarela larga, acessível também a não passageiros. Pequenos prédios de acesso, localizados dentro dos alinhamentos das quadras, ligariam a estação, como proposto anteriormente, só que apenas em dois lugares, um de cada lado da rua.

Nos prédios de acesso, além das escadas rolantes e fixas, estariam localizadas as salas de apoio, de serviço e de equipamentos técnicos. O vão de acesso ficaria entre o segundo e o terceiro pré-fabricados numa estação e entre o terceiro e o quarto na seguinte, para melhor distribuir os passageiros no trem. Para o corpo principal da estação – os vãos pré-fabricados – dispus, com a ajuda do Wenzel, duas baterias de vigas, algumas repetindo as do projeto anterior, como a viga-caixão que apoia a linha, os trilhos, o trem.

Outro par seria uma viga "T" com a alma vazada, para conseguir leveza e certa transparência, destinada a suportar, em conjunto com outro par de vigas que fariam os guarda-corpos, as placas pré-moldadas do piso da plataforma. Duas vigas centrais, superiores, situadas nos eixos das linhas, teriam a forma de "J" para sustentar os topos das calhetas de fibrocimento da cobertura, apoiadas inferiormente nas fachadas. Essas tinham um perfil mais complicado, pois, além do apoio, serviriam de calha para levar as águas pluviais das tubulações embutidas nos quadros estruturais, além de criarem um grande beiral para proteger as aberturas.

Preocupado com a durabilidade e com a manutenção, procurei evitar esquadrias em todas as partes ao alcance do público; apenas para a iluminação zenital usei panos fixos de vidro, inclinados, para serem lavados pelas chuvas.

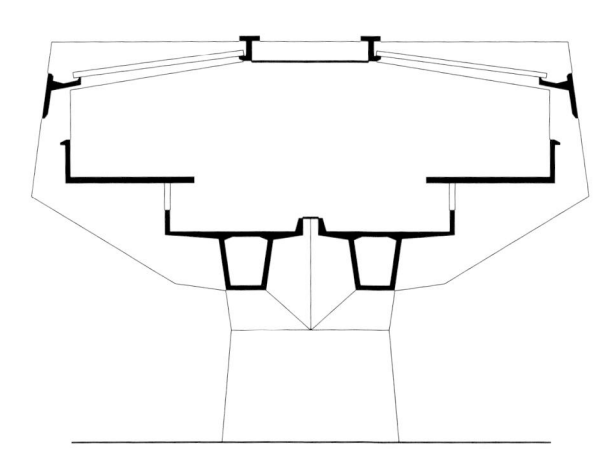

LINHA ELEVADA, corte típico

Desenhei os cinco quadros estruturais como extensão do desenho do pilar, uma peça só. Como minha outra preocupação era integrar a estação na linha, procurei uma forma única para os pilares de linha e das estações. Queria que as estações fossem elementos que dela brotassem, qual frutos.

Depois que o anteprojeto foi viabilizado estruturalmente, eu mesmo desenhei – àquela altura não havia desenhista à disposição – as plantas dos três níveis e dois cortes. Antes de terminar o primeiro, apesar de não ser bom de perspectiva, os engenheiros alemães começaram a parar junto à minha mesa. Uns foram chamando outros e, por fim, veio Herr Jaeger, que ficou encantado. Mostrei-lhe as plantas e cortes, expliquei tudo. Ele logo levou os desenhos para mostrá-los a Herr Mäckel, o diretor-geral do consórcio.

Foi um sucesso. Herr Jaeger disse-me que seus colegas eram da opinião de que aquela seria a mais bonita estação elevada do mundo!

Animado, pedi que me desse uma estação subterrânea para estudar. Ele franziu a testa e foi à sua sala buscar algo para me mostrar. Voltou com umas plantas de um local chamado Ponte Pequena, onde a linha fazia uma curva sobre o rio Tamanduateí. Estava prevista uma estação sobre o rio para servir às duas margens, com um acesso em cada uma, nos extremos das plataformas.

Como o rio era ladeado por duas avenidas marginais, não havia ainda uma solução para o projeto, pois o sistema de pré-fabricados da estação elevada padrão deveria ser conciliado com a curvatura da linha e com a necessidade dos enormes vãos que vencessem o rio e suas marginais.

Herr Jaeger passou-me os desenhos do local, os dados de fluxo e a carga de passageiros para que estudasse o anteprojeto. Fiquei decepcionado e intrigado. Quando passava junto a uma mesa onde um deles desenhava o que só podia ser um projeto de estação subterrânea, percebia, pela postura do colega, que não era para eu meter o nariz no seu trabalho. Mas logo me empolguei com o desafio da estação elevada em curva sobre o rio e as marginais.

O sucesso do estudo que apresentei foi maior que o da elevada-padrão, e sua aprovação foi praticamente imediata. Julguei-me credenciado para pleitear o projeto da primeira subterrânea.

Subterrâneo tem arquitetura?

Arquitetura é fachada Como não havia outra elevada para eu fazer, pois a terminal – futura estação Santana – ainda dependia de dados de passageiros, Herr Jaeger me deu um novo pacote de desenhos de estações subterrâneas alemãs, para que eu estudasse.

Eu desconfiava que os engenheiros alemães não consideravam tarefa arquitetônica a concepção de uma estação subterrânea. Imaginava que trouxessem da Alemanha a ideia de que o arquiteto só deveria se envolver no tratamento arquitetônico interno de projetos feitos por engenheiros.

Tive minhas suspeitas confirmadas numa conversa com Wenzel. Eu ouvira – ou lera –, que a Hochtief e a Deconsult acabavam de ganhar, associadas a uma construtora carioca, a concorrência para o Projeto Preliminar do Metrô do Rio, tendo como arquiteto Oscar Niemeyer. Nada havia sido confirmado ainda, mas pensei que ele pudesse esclarecer. Wenzel disse não saber de nada, mas duvidou que Oscar fizesse parte do consórcio, pois o metrô do Rio seria todo subterrâneo.

Quando perguntei por que Niemeyer não poderia participar, ele tentou ser mais claro, disse que seria tudo subterrâneo e, portanto, não teria arquitetura! Perguntei, rindo: não teria arquitetura por que não haveria fachadas? Ele, constrangido, concordou. Então, pacientemente, ouviu-me falar da criação do espaço interno, da disposição dos elementos, da organização dos fluxos de passageiros e do caráter subterrâneo.

Dias depois Wenzel terminou o anteprojeto da estação Luz e Herr Jaeger me passou os desenhos, para que eu estudasse um forro que deixasse os tetos bonitos, a forma dos pilares, que eu poderia modelar com alguma liberdade, os guarda-corpos, as cores das paredes, os materiais de acabamento.

Quando levei os desenhos para a minha prancheta, verifiquei que o projeto não era bom, não explorava as possibilidades espaciais do subterrâneo. Tinha o mesmo aspecto de muitas estações antigas da Europa, de Nova York e Buenos Aires – acanhadas, com pés-direitos reduzidos e galerias claustrofóbicas.

Temia que esses argumentos fossem insuficientes para invalidar o anteprojeto.

Arquitetura é luta   Além da vontade de projetar a partir do zero, sentia que tinha a missão de lutar para introduzir uma arquitetura de nível na primeira linha de metrô do Brasil. Analisei a proposta do ponto de vista funcional, desde a sua implantação até o tratamento do fluxo de passageiros. Pedi ao Wenzel – que, contrafeito, os forneceu – os dados básicos de números de embarque e desembarque, e passei a conferi-los de acordo com os índices de rendimento de galerias, de passagens, de escadas, a partir de alguns livros, como o do metrô de Paris.

A estação faria conjunto com a Estação Ferroviária da Luz. Analisando os dados de fluxo, verifiquei que dois terços dos passageiros fariam a transferência da estação existente. Só um terço viria da rua ou sairia para ela.

Usando os índices do metrô de Paris – para um metro de largura de galeria, cem pessoas andando por minuto – verifiquei que a largura da plataforma central, disposta na extremidade sul da estação, próxima à estação ferroviária, seria insuficiente para o escoamento dos dois terços de passageiros que se dirigissem às escadas no prazo de noventa segundos – intervalo previsto entre os trens nas horas de pico. Por outro lado, as escadas da outra ponta ficariam ociosas.

A alimentação das plataformas de embarque pela extremidade seria inconveniente, já que o número alto de passageiros se concentraria junto às escadas, bloqueando-lhes o acesso. Wenzel argumentava que metade dos passageiros deveria se dirigir para uma extremidade e metade para a outra. Eu lhe dizia que, como a estação ferroviária ficava toda além de uma das extremidades, ninguém que viesse nos carros posteriores e fosse fazer a transferência iria voltar atrás, só para buscar as escadas mais próximas. Ele reafirmava que quem viesse nos vagões de trás pegaria as escadas de trás, mais próximas.

É claro que isso não aconteceria, pois as escadas estariam fora do caminho. Na Alemanha talvez alguém fizesse isso, mas duvidava que um brasileiro voltasse atrás, duplicando o percurso, só para pegar a escada indicada pelo projeto. Viriam todos para as mesmas escadas, a plataforma não daria vazão e no próximo trem a estação entupiria! Pelo menos seria preciso alargar toda a estação!

Aflito, Wenzel disse que isso era impossível, pois logo adiante a linha passaria sob os trilhos da antiga Fepasa, continuando num trecho da avenida, cujos prédios altos tinham fundações estrangulando a passagem.

Sugeri criarmos um mezanino, com a largura necessária ao fluxo, esgotando as plataformas com muitas escadas, de dez em dez metros. Ao argumento de Wenzel de que isso encareceria, contra-argumentei que a linha precisava passar sob a linha férrea rebaixada existente, portanto a escavação seria feita de qualquer jeito. Para o mezanino bastava fazermos o teto mais alto, o que diminuiria a sobrecarga de reaterro sobre a laje. Ele insistiu, dizendo que as paredes laterais, com altura dupla, iriam receber terríveis pressões do solo, do lençol freático, iria sair caríssimo! Sugeri então que usássemos vigas para suportar o mezanino, e elas serviriam de estroncas para as paredes laterais.

Minha insistência foi tal que aos poucos consumiu o bom humor de Wenzel. Quando lhe cobrei solução para o problema do escoamento dos passageiros, sem obrigá-los a retroceder a contracaminho, ele deixou a prancheta nervoso e dirigiu-se à sala envidraçada de Herr Jaeger, onde ficou discutindo durante algum tempo, enquanto eu o olhava de longe.

Voltou acompanhado pelo chefe. Debruçados sobre o desenho do anteprojeto, recomeçaram a discussão em alemão, sem que eu entendesse uma palavra, exceto meu sobrenome, pronunciado sempre como "Frraguêli". O tom gradativamente nervoso de Wenzel mostrava que não estava conseguindo convencer Herr Jaeger.

Estação Santa Cruz, plataforma, 1968

Após muito falar em alemão, perguntou-me – em inglês – como eu resolveria a estação. Expliquei-lhe, com rabiscos rápidos no papel-manteiga. Enfim, ele quis saber em quanto tempo eu apresentaria uma alternativa para o projeto!

Convite surpreendente   Procurando conter a euforia, pedi três dias. Como ele repetisse, com espanto, "Three days?", corrigi rapidamente, dizendo que poderia fazer em dois. Só então percebi que ele havia achado pouco os três dias.

Quando terminei os estudos, completei os desenhos em escala de 1:200 e levei-os a Herr Jaeger, que se espantou pela rapidez. Através dos vidros de sua sala vi-o com Wenzel e, mais tarde, com outros engenheiros, analisando os desenhos. Depois os levou à sala de Herr Mäckel.

No dia seguinte, os dois vieram cumprimentar-me pelo anteprojeto e comunicar sua aprovação. Minha alegria foi enorme, mas a maior surpresa veio com a pergunta de Herr Jaeger: "De quanto tempo eu precisaria para projetar de novo todas as estações subterrâneas?"

Fiquei espantadíssimo, pois sabia que vários engenheiros alemães estavam com os anteprojetos quase prontos, mas também eufórico, por compreender que o meu sonho de projetar as estações da linha se realizaria.

Expliquei que, para fazer as quinze estações subterrâneas nos seis meses que ele queria, eu precisaria montar uma equipe de alguns arquitetos e vários desenhistas. Garanti que seria capaz de formar essa equipe! Autorizado, no dia seguinte comecei a telefonar para os arquitetos – recém-formados, ex-alunos do Mackenzie – e encarreguei o Departamento de Recrutamento da Promon de contratar projetistas e desenhistas.

Inicialmente chamei: Luiz Gonzaga de Oliveira Camargo – o "Gonga" –, Flávio Marcondes, Tito Livio Frascino e João Batista Martinez Corrêa – o "João Bom" – que trouxe o Álvaro Macedo. Quando voltaram da Europa, recebi Vasco de Mello e Silvio John

Tetos das estações de metrô, 1968
À esquerda, estação Vila Mariana
À direita, estação Vergueiro

Heilbut, que já haviam trabalhado no meu escritório desde o terceiro ano do Mackenzie. Depois vieram: Flávio Raphael Soares Pastore, Ernani Mercadante, Gil Mendes Coelho e Melo, Silvio de Barros Sawaya e Rogério Antonio Dorsa Garcia. Luiz Antônio Vallandro Keating foi contratado para desenhar as perspectivas, lindas, que ele fazia como ninguém; colocava-nos entre os passageiros, caricaturizados, junto com Batmans e outros personagens.

Os projetistas e desenhistas também foram chegando: Marcos Antônio Busto Pelaes, Paulo César Soares, logo apelidado carinhosamente de Baco, Luiz Arnaldo Queiroz e Silva, o eternamente "quase arquiteto", pois faltava-lhe sempre um semestre na faculdade e sobrava experiência em projeto, e vários outros que formaram uma equipe unida, solidária e disposta ao trabalho.[22]

Caráter subterrâneo

Grutas e cavernas   Minha intenção era dar unidade à linha e às estações para o trecho elevado, mantendo o caráter específico de transporte pesado de massa.

No trecho em túneis, minha ideia era assumir o subterrâneo e consequentemente explorar suas possibilidades espaciais, estéticas e emocionais. Na América do Norte e na Europa, existe uma preocupação em disfarçar o subterrâneo, evitando a claustrofobia nos usuários imaginada pelos projetistas.

Apaixonado por grutas e cavernas desde os tempos de montanhista, tomava esses caprichos da natureza como modelos, se bem que num campo com liberdade de criação. Nunca me esqueci da emoção do primeiro contato com a galeria interna do Pico das

Prateleiras, em Itatiaia, com seu pé-direito monumental, seu teto riquíssimo, de enormes matacães de granito que pareciam ter inspirado Ronchamp, com sua caprichosíssima e enorme janela no ângulo em que a galeria dobra noventa graus. A Mina da Passagem, perto de Mariana, também me marcou, com seus misteriosos espaços, modulados pelas regras da geologia, cheios de perspectivas inesperadas.

O conhecimento dessas obras "arquitetônicas" – naturais, umas, com a parceria humana, outras – funcionou o tempo todo como uma aula de subterrâneo e como desafio. A janelona da esquina, no Pico das Prateleiras, que inundava de luz o canto da galeria, pondo relevos modulados em cada pedra, me desafiou a procurar todas as oportunidades de fazer a luz do dia entrar no subterrâneo. Para isso aproveitávamos os pontos em que as estações bordejassem qualquer espaço aberto não trilhado pelo tráfego da superfície.

Baseado na economia do método da trincheira – que escava e, depois de construído, reaterra –, enriqueci o espaço com pés-direitos duplos, procurando explorar as visuais do nível do mezanino sobre o plano inferior. Queria surpreender e emocionar o passageiro que desce da rua com essas perspectivas ricas e variáveis no decorrer do percurso.

A adoção do concreto aparente na caixa da estação foi uma luta difícil com os engenheiros alemães. Contavam com a aplicação de um forro falso, que liberasse a fôrma dos tetos de qualquer cuidado especial e possibilitasse o uso da fôrma deslizante, facilitando a fixação de todas as tubulações entre a laje e o forro. Para eles, o forro de gesso ou de alumínio em cores vivas e tons claros sugeria leveza, tirando o clima opressivo do subsolo.

À esquerda, plataforma da **ESTAÇÃO CONCEIÇÃO** e sistema estrutural da **ESTAÇÃO LUZ**, 1968
À direita, tetos das estações **CONCEIÇÃO E JABAQUARA**, 1968

22 Participaram também do projeto do Metrô os seguintes profissionais: Antônio Marcos Boschi, Fausto dos Mello Parlato, Francisco Denon, Jair Cardoso da Silva, Takehiko Kajino, Kazuyuki Saihara, João Massao Kawano, Rioji Oda e Wilson Mastrobuono Rodrigues.

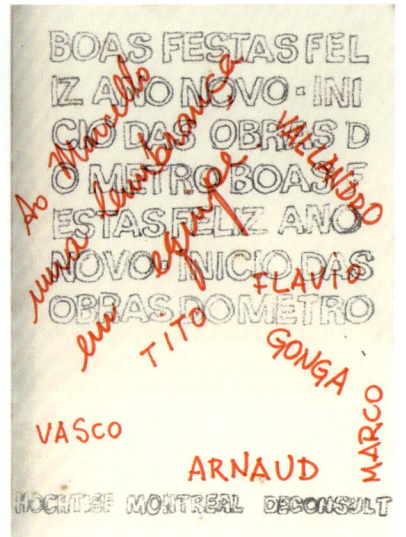

Era o contrário do que eu visava. Assim como sempre achei que existe uma arquitetura do concreto e uma do aço, ao me aproximar dos projetos do subsolo, minha ideia era que a caixa envoltória expressasse o tremendo esforço a que as paredes e lajes de concreto estavam sendo submetidas, na contenção das enormes pressões da terra do subsolo e da água dos lençóis freáticos. Não via sentido num teto de subsolo ter o mesmo caráter de um teto de apartamento; o mesmo para as paredes envoltórias.

Linguagem expressiva   Nunca considerei o concreto aparente solução plástica ou moda, sempre o vi como uma filosofia de expressão, uma linguagem. Trata-se de conferir aos elementos constitutivos do prédio a expressão da arquitetura. Assim como a arquitetura gótica tem na pedra a sua maior riqueza, inclusive integrando-lhe a escultura, a arquitetura atual – desde Perret – tem procurado explorar o concreto e sua estrutura, para nela repousar sua expressão formal.

O concreto aparente se apresentava como o material ideal, capaz de falar a linguagem adequada. Era natural que o caráter das estações estivesse nos tetos, a maior superfície livre e modulável de seu interior. Os principais obstáculos para convencer a chefia alemã da adoção do concreto foram o custo da fôrma e a qualidade do concreto aparente brasileiro.

Nessa fase, Herr Jaeger havia sido substituído por Günter Maron, engenheiro muito sensível, culto, amante de Bach e Beethoven. Uma tarde, sua secretária, dona Verônica, procurou-me dizendo que ele me pedia para ir a sua sala. Fui até lá, preocupado com que o motivo fosse alguma exigência de modificação, feita por algum dos técnicos. Recebeu-me cheio de dedos, "não queria me incomodar, não era nada de importante", mas ele "estava com uma coisa na cabeça que não o permitia seguir no trabalho". E, com um sorriso encabulado, perguntou se eu me lembrava daquele tema muito animado, do começo do segundo movimento da Oitava Sinfonia de Beethoven, se eu poderia lhe fazer o favor de assoviá-lo.

À esquerda, **CARTÃO COMEMORATIVO DE PASSAGEM DE ANO**, realizado por Vallandro Keating e com assinaturas da equipe de arquitetura do metrô no interior, 1968
À direita, volumes de escadas da **ESTAÇÃO ARMÊNIA**, 1968

Mais espantado que divertido, tentei assoviar um trecho, que sempre me sugeria uma charrete com os cavalos trotando. Era! Seus olhos brilharam, ele me agradeceu muito, pediu novas desculpas por ter interrompido o meu trabalho e disse que eu podia voltar à prancheta.

Ficamos bastante amigos, dentro dos limites das amarras da civilização alemã. Tanto que logo o convidei para jantar em casa, o que o deixou embaraçadíssimo. Disse que não poderia aceitar, pois ainda não estava bem instalado em sua casa, cujas cortinas nem haviam sido colocadas. Como conversávamos em inglês, julguei que ele me tivesse entendido mal e frisei que o convidava para jantar em minha casa. Só quando ele repetiu que faltavam as suas cortinas, compreendi que, como na hierarquia da HMD ele era meu chefe, ele deveria convidar-me primeiro. Eu, como seu subordinado, não tinha liberdade de convidá-lo. Só depois que ele me convidasse, como mais tarde o fez, poderia retribuir.

Visitamos vários prédios de concreto aparente, a maioria deles construídos pela Cenpla, que se especializou em boa arquitetura. Como ele me falou muito do concreto aparente alemão e do inglês, para criticar o que vira aqui, sempre defeituoso, quis mostrar-lhe que cada continente tem sua civilização, seus padrões, e que não cabia cobrar aqui a qualidade da tecnologia europeia. Levei-o a residências, prédios residenciais, repartições e terminei a visita na FAU, na Cidade Universitária. Embora estivesse quase convencido, havia ainda a dificuldade do custo da fôrma. Pedi que ele mandasse fazer um orçamento, sabendo que a mão de obra e a madeira na Alemanha são caríssimas.

Ele estava particularmente assustado com minha intenção de usar mais tábuas maciças que compensado reaproveitável para os interiores. Mas, após receber custos muito baixos, comparados aos europeus, passou a defender as paredes envoltórias e tetos de concreto aparente. Algumas vezes me convocava para apoiá-lo em discussões com engenheiros da Companhia do Metrô, ainda renitentes, que desejavam um sistema industrializado de construção, desconsiderando os problemas de expressão arquitetônica. Mas não eram muitos, tampouco fortes. Ironicamente eu, que nunca reconheci moda e nem via com bons olhos modismos em arquitetura, usei o argumento de que o concreto aparente estava em moda no Brasil. Muitos engenheiros da companhia o aceitaram, movidos pelo respeito a essa moda!

Quando Herr Maron voltou para a Alemanha, ao se despedir de mim, disse que eu era o único arquiteto que havia explicado as intenções e a filosofia do projeto, pois na Alemanha os arquitetos não dão essa satisfação aos engenheiros. Se algum engenheiro tenta levantar dúvidas sobre a conveniência de alguma solução, o arquiteto só diz: "É por motivo de arquitetura, é arquitetura", e ninguém mais discute. Coisas de país de cultura desenvolvida. Aqui, a moda – muitas vezes veiculada por revistas ordinárias de decoração e construção – costuma ser mais forte que a palavra do arquiteto.

Hoje entendo a dificuldade que Herr Maron sentia – formado dentro dessa mentalidade civilizada – ao intermediar as divergências entre nossas ideias e as dos engenheiros da companhia. Quando os engenheiros mudavam os parâmetros técnicos de modo a inviabilizar boas soluções arquitetônicas, ele defendia nossos pontos de vista, muitas vezes sem a minha presença, para ajudá-lo na argumentação.

Desenvolvimento dos trabalhos

Dados precários   Quando transformávamos os anteprojetos concebidos em projetos básicos, os engenheiros de instalações e de sistemas do consórcio começavam a trabalhar nas suas propostas, para que os detalhistas pudessem desenvolver os projetos executivos.

Perdemos a primeira série de estações que projetamos, pois os dados iniciais haviam sido muito precários, as informações sobre equipamentos técnicos, sistemas de ventilação, por exemplo, eram muito vagas e fluidas. Praticamente só se salvaram as do trecho elevado, em sua concepção principal, e alguns conceitos das subterrâneas. Os engenheiros alemães pediam que colocássemos salas técnicas junto às plataformas, sem nos dar localização ou dimensões exatas. Falavam de bilheterias e de controles de entrada e de saída de passageiros, mas sem qualquer definição detalhada. Baseados na observação de outros sistemas, tanto de trens urbanos nacionais quanto de metrôs de vários países, colocamos catracas de saída não fiscalizada, que mais tarde foram abandonadas no desenvolvimento do projeto.

Por outro lado, o grupo executivo do metrô tornou-se a Companhia do Metropolitano de São Paulo. Com a formação de seu quadro técnico, o número de engenheiros e de arquitetos foi crescendo, e sentíamos que cada vez que um grupo deles viajava ao exterior, voltava com novas ideias. Muitas foram proveitosas e realmente trouxeram para o nosso sistema o que havia de moderno nos países de tecnologia mais avançada. O inconveniente para o nosso trabalho foi a maneira gradual e progressiva com que os dados foram se definindo, provocando adaptações nos anteprojetos.

Em consequência disso, também do nosso lado a estrutura técnica se ressentia. Por exemplo, várias vezes os especialistas em ventilação mudavam, e cada um que chegava da Alemanha, após conversar com seus colegas da companhia, solicitava-nos modificações na arquitetura para conter novos dutos ou insufladores diferentes; para mudar o posicionamento das torres externas de captação e exaustão de ar ou o seu conceito e equipamento, variando então o dimensionamento.

Numa coisa todos concordavam: a poluição do ar exigia aberturas altas, para evitar o ar de pior qualidade, misturado ao despejo dos escapamentos de ônibus. Para atender às especificações deles,

À esquerda, plataforma da **estação Conceição** e abertura do mezanino para a praça rebaixada na **estação Jabaquara**, 1968
À direita, **estação Jabaquara**, 1968

projetei torres de ventilação destinadas tanto à captação quanto à expulsão do ar. Procurei então torná-las expressivas torres de concreto, todas variantes de um mesmo padrão escultórico. Apesar de a intenção ser justamente criar um elemento de rica plasticidade, para atenuar seu caráter meramente utilitário, essas intervenções me valeram críticas de colegas que sempre respeitei, como Carlos Lemos. Ele certa vez comentou que "em toda parte do mundo o metrô passa lá embaixo e a gente só percebe pelos acessos; aqui em São Paulo nós enchemos a cidade com aquelas torres enormes, no meio dos prédios, nas praças".

Buracos negros   Além da ventilação, a parte que mais me deu trabalho foi a elétrica, no tocante à iluminação, que acabou atrapalhando muito a arquitetura. Com a ventilação, era até mais fácil, pois sempre podíamos resolver os problemas criados pelas sucessivas mudanças de sistemas e dados, adaptando da melhor maneira os nossos projetos.

Acho que nenhum dos engenheiros elétricos com quem trabalhamos era luminotécnico, mas todos agiam como se fossem. Tinham a cabeça inteiramente moldada por inflexíveis regras e tabelas que, aplicadas irracionalmente às estações, prejudicaram a percepção da arquitetura dos espaços internos.

Quase todos eles acreditavam que as plataformas precisavam de um nível mínimo altíssimo e uniforme de iluminação, como se fossem destinadas à leitura.

Minha ideia para a iluminação das estações subterrâneas era deixá-las claras, mas não ofuscantes. Concentrar o maior iluminamento sobre os primeiros degraus das escadas, pois quem está num buraco ou numa gruta e quer sair, procura ver de onde vem a luz. Assim, a iluminação encaminharia o passageiro que desembarcasse, contribuindo para a comunicação visual.

Mas a conversa com os engenheiros elétricos foi difícil. Quando falei da maior claridade nas saídas, foi um sacrilégio, pois, segundo as normas, todo espaço tem que ter o nível uniforme de iluminação, em todos os seus pontos!

Quando insisti para que o plano das luminárias não criasse um falso teto que ofuscasse os verdadeiros tetos de concreto, surgiu uma infinidade de impedimentos, principalmente econômicos, mas muitos deles saídos de misteriosas e indefinidas normas.

Embora não houvesse normas específicas para estações, diziam-me que as normas eram para qualquer espaço onde houvesse público. E que localizar as luminárias junto aos pilares era um absurdo, pois entre um pilar e outro haveria um buraco de luz onde ficaria absolutamente escuro.

Anos depois, em Londres, fiquei com inveja dos halls e galerias do belíssimo National Theatre, projeto do arquiteto Denys Lasdun, onde esguios pilares de concreto aparente – que provocariam taquicardia em muitos dos nossos engenheiros estruturais, pela surpreendente esbelteza – nascem de luxuosos tapetes e recebem discretos fachos de luz. Tudo ali tem uma iluminação linda, suave, jogada nos pilares, nas paredes, também nos tetos, sem ofuscar a vista, sem esconder a arquitetura, ao contrário, realçando-a. Exatamente como a iluminação que eu queria nas nossas estações, taxada de absurda pelos assessores do projeto elétrico. Percebi que lá não acreditam em excessiva uniformidade de iluminação, tampouco em buracos negros.

Pilar central   Como arquitetos de um país de economia problemática e de grandes contrastes, não podíamos nos desviar das responsabilidades encarecendo a obra subterrânea, sem um balanço cuidadoso entre custo e benefício.

Seguindo a orientação dos engenheiros alemães, dispusemos uma linha de pilares ao longo do eixo longitudinal de cada estação subterrânea normal, numa modulação próxima dos nove metros. O espaço das estações seria certamente mais bonito sem essa interrupção visual, mas, segundo os calculistas alemães, sem ela o custo da estrutura subiria muitíssimo.

Meus companheiros arquitetos queriam que me rebelasse contra os pilares! Alegavam que os calculistas alemães não pareciam ser grandes técnicos e provavelmente propunham os pilares por preguiça ou incapacidade de estudarem outra alternativa. Estávamos acostumados a presenciar essa atitude em vários colegas brasileiros.

De fato, nenhum dos engenheiros estruturais fornecidos pela Hochtief me pareceu um técnico de grande ousadia. Estava muito preocupado com a possibilidade de estarmos limitando o efeito espacial das estações sem um motivo realmente sério.

Como o respeitadíssimo engenheiro Mário Franco fazia parte da lista de assessores do consórcio, pedi a ele que me atendesse em seu escritório. Eu queria um parecer sobre a consequência econômica da exclusão do pilar central das estações subterrâneas e sobre os problemas de impermeabilização alegados pelos engenheiros. Queria uma solução alternativa econômica, que não criasse dificuldade com os engenheiros alemães.

Mário Franco me convenceu de que a eliminação dos pilares seria possível, se fosse compensada por uma forte estrutura extra, com grandes e espessas vigas externas à caixa da estação. Os volumes agravariam o problema da impermeabilização, criando mil arestas. Por sua estimativa, o custo de cada estação subiria por volta de 30%.

Mas, já ao explicar à minha equipe de arquitetura a opinião de Mário Franco, apesar da opinião geral contra os pilares, tinha decidido que eles ficariam. A obra já era caríssima, uma solução ainda mais cara só poderia dificultar o progresso do sistema, do qual a cidade já era tão carente.

O arquiteto, num país tão pobre de tantos equipamentos, precisa ter uma consciência social muito responsável, na hora de enfrentar o dilema entre estética e custo.

EXPOSIÇÃO De vez em quando, ao longo de 1967, ouvíamos rumores de que pessoas, empresas ou grupos estavam interessados em nos tirar o projeto e procuravam influenciar o prefeito ou os seus assessores mais próximos, a abandonar o nosso trabalho ou a repartir a linha em trechos e entregar os projetos a diferentes organizações.

Amigos me contavam de conversas no IAB sobre isso. Alguns arquitetos se consideravam prejudicados pelo fato de um projeto tão grande ter sido entregue a um só grupo de arquitetos, ainda mais funcionários de firmas estrangeiras.

De certa forma, meus companheiros me culpavam por ter deixado crescer o mal-entendido, pelo fato de nunca mais ter ido ao IAB, conversar com os colegas e esclarecê-los sobre o nosso trabalho. Eu tinha estado envolvido na dinâmica enervante do processo, com modificações cada vez mais frequentes e prazos sempre espremidos! Senti-me injustiçado, pois se não fosse a minha atuação na HMD, as estações teriam sido construídas com projetos de engenheiros alemães, sem arquitetura nenhuma. Eu havia

À esquerda, JORNAL *FOLHA DE S.PAULO,* 8 de outubro de 1967
À direita, JORNAL *O ESTADO DE S. PAULO,* 31 de dezembro de 1967

conquistado para a minha equipe, formada por arquitetos brasileiros, a tarefa de projetá-las. Resolvi então divulgar o que fazíamos.

Consegui que uma perspectiva do Flávio Marcondes, da estação elevada que eu havia projetado logo no início, saísse na primeira página da *Folha de S. Paulo*. Outra, numa página interna, com meu retrato e declarações sobre o projeto, sobre como fora a seleção do grupo de empresas, descrevendo a minha equipe, toda ela só com arquitetos brasileiros e todos residentes em São Paulo. A partir daí, outros jornais, como *O Estado de S. Paulo*, passaram a me procurar, para novas entrevistas sobre os projetos de arquitetura.

Depois resolvemos montar uma exposição dos nossos anteprojetos, para que nenhum concorrente – fosse firma de engenharia, escritório de arquitetura ou colega liberal –, pudesse alegar desconhecimento do nosso extenso trabalho. Pensei que nenhum local seria tão adequado quanto a sede do IAB. Os colegas riram e disseram que o IAB jamais iria topar.

E assim foi, o presidente do IAB nos negou o espaço, alegando que tal exposição não poderia ser montada lá, porque os projetos não eram de associados, de arquitetos, mas de empresas de engenharia e, ainda por cima, alemãs. Isso ia contra todos os princípios do IAB, que defendiam que qualquer projeto de arquitetura fosse feito por arquitetos brasileiros. Contei-lhe como os engenheiros alemães haviam começado a projetar e como eu os havia convencido a confiar os projetos a nós, mas de nada adiantou.

Pensamos então na galeria Prestes Maia, que era da prefeitura e ficava em ponto bem central. E, desta vez, recebemos apoio. Os profissionais do metrô, com quem tratávamos, conseguiram autorização para usarmos a galeria e passamos então ao preparo do material a ser exibido. Por falta de verba, desenhamos os cartazes anunciando a exposição em papel vegetal, o que nos permitiu tirar muitas cópias heliográficas e pregá-las na sede do IAB.

Divulgamos a exposição pela imprensa e a frequência nos surpreendeu, mostrando a curiosidade do público sobre o assunto.

As estações

Distribuição No trecho elevado, tanto a linha como a estação-padrão e a Ponte Pequena já haviam sido projetadas por mim, antes de formada a equipe. Faltava complementar, com acessos específicos, as três estações da avenida Cruzeiro do Sul – para isso teria a colaboração dos colegas. Das subterrâneas, eu já havia estudado a Luz, que acabou sendo deslocada para o outro lado da via férrea. Para a nova versão, encarreguei então o Álvaro Macedo.

Tinha especial interesse naquelas estações, onde a linha passasse sob praças. Meu objetivo era aproveitar a situação para explorar as possibilidades de comunicação entre o espaço do subsolo e o exterior, se possível até permitindo a visão inesperada do céu desde a plataforma mais profunda, a entrada da luz do dia no subterrâneo. O acesso natural, desde a rua até o espaço cavado, a exploração das sensações desse percurso e do inverso também me interessavam.

Por isso assumi os anteprojetos das estações São Bento, Sé – então chamada de Clóvis Bevilacqua –, Liberdade, Paraíso e Jabaquara, deixando as outras onze para ser distribuídas entre os companheiros de equipe. Tal era o dinamismo do nosso trabalho que essa distribuição acabou ocorrendo aleatoriamente, assumindo cada anteprojeto o arquiteto que estivesse mais desimpedido no dia em que nos chegavam os dados de linha, de fluxos, de sistemas e de solo. Acabei não projetando as versões definitivas da Sé e da Paraíso. Posteriormente, projetei a estação Praça da Árvore.

PONTE PEQUENA A estação Ponte Pequena – hoje Armênia – foi desenvolvida quando eu ainda estava só na equipe, estudando os projetos alemães e propondo um novo projeto para a estação

VISTA AÉREA DO BAIRRO DO BOM RETIRO, eixo da av. Santos Dumont e, na curva à direita, a estação Armênia do metrô, antiga Ponte Pequena, São Paulo SP. Foto de 1996

elevada padrão. Ficaria sobre o rio Tamanduateí, onde a linha fazia uma curva e deveria ter dois acessos nas extremidades, para servir às duas margens do rio. O sistema de pré-fabricados da elevada-padrão deveria ser conciliado com a curvatura da linha e com a necessidade dos enormes vãos que vencessem o rio e suas marginais.

Procurei o engenheiro Wenzel para me assessorar, e começamos a destrinchar a coisa. O raio da linha era o menor admissível para estações: quatrocentos metros. Abaixo disso, traria perigo para os passageiros, devido ao distanciamento entre o trem tangente e a plataforma nas portas situadas nas pontas dos vagões, nas plataformas convexas, e nas portas centrais, nas plataformas côncavas. Como nas marginais do rio havia duas avenidas largas, mas sem refúgios centrais, de pista, facilitava a localização de quatro apoios e três vãos, em vez dos nove e oito da estação tipo. Os vãos precisavam ter quarenta metros, para que o central galgasse o rio Tamanduateí e os demais vencessem as avenidas marginais, calçadas e jardins laterais. Sobre a planta do local, procurei criar um conjunto de três módulos retangulares iguais aos da elevada-padrão e quatro outros trapezoidais, sobre os apoios que, com os demais, fariam a linha poligonal onde se inscreveria o arco de quatrocentos metros.

Pedi ao Wenzel que estudasse a possibilidade de "cachorros" com 7,5 metros de balanço, para conseguir, com as vigas de 25, vencer o vão de 40 metros. No dia seguinte, Wenzel havia viabilizado os cachorros.

Fiquei muito satisfeito e passei a modelá-los, junto com os pilares, fortíssimos, de perfil semelhante aos do resto do trecho, mas com espessura redobrada, integrando-os, pilones e cachorros, como se fossem uma árvore, com dois possantes galhos de cada

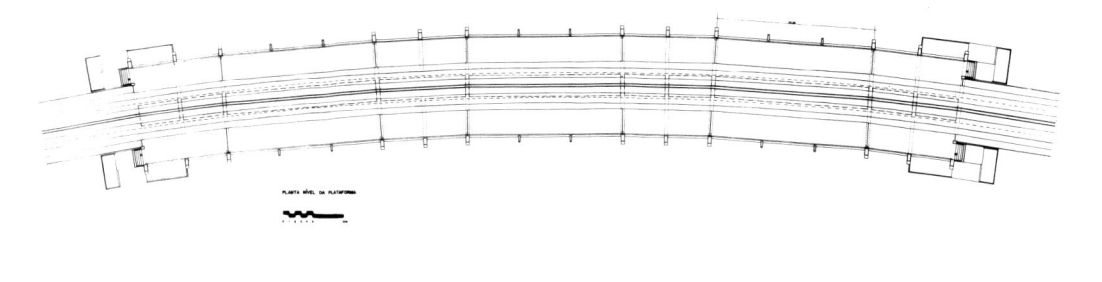

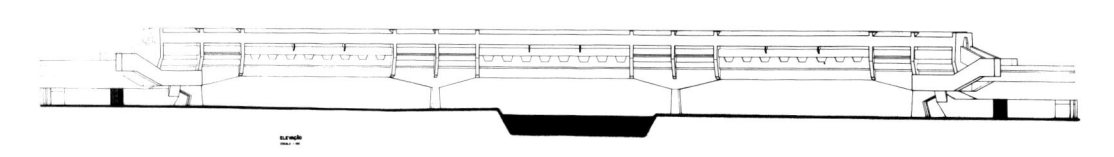

Estação Armênia do metrô, São Paulo SP, 1968
Acima, planta e corte esquemáticos
Abaixo, perspectiva externa. Desenho de Vallandro Keating

Estação Armênia, antiga Ponte Pequena

Estação Armênia do metrô. Fotos de 2009
À esquerda, estrutura aérea em meio à vegetação
À direita, estrutura sobre avenida e elevador

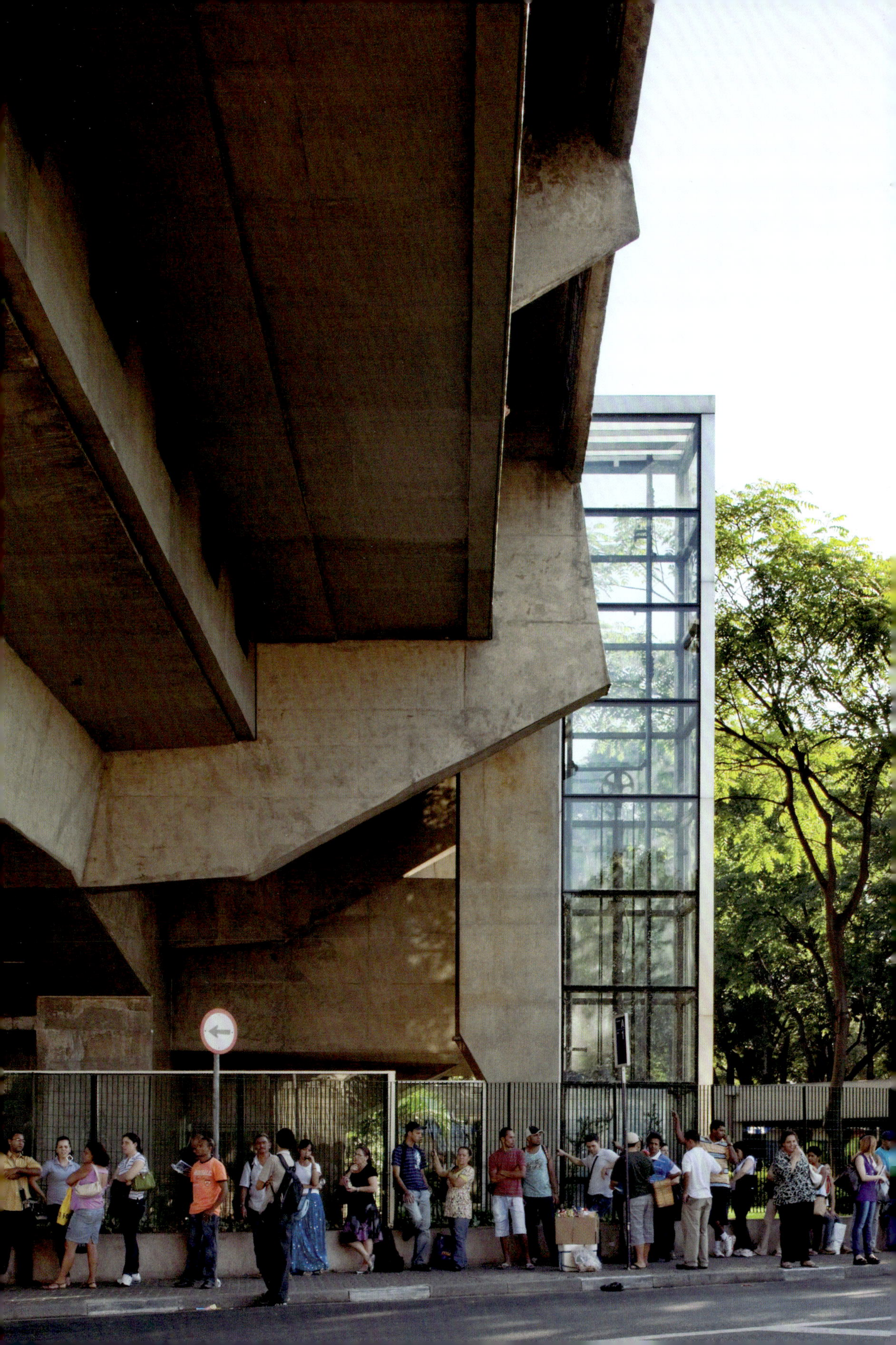

Estação Armênia do metrô. Fotos de 2009
À esquerda, linha elevada e plataforma
À direita, estrutura elevada sobre a avenida e sobre o rio Tamanduateí

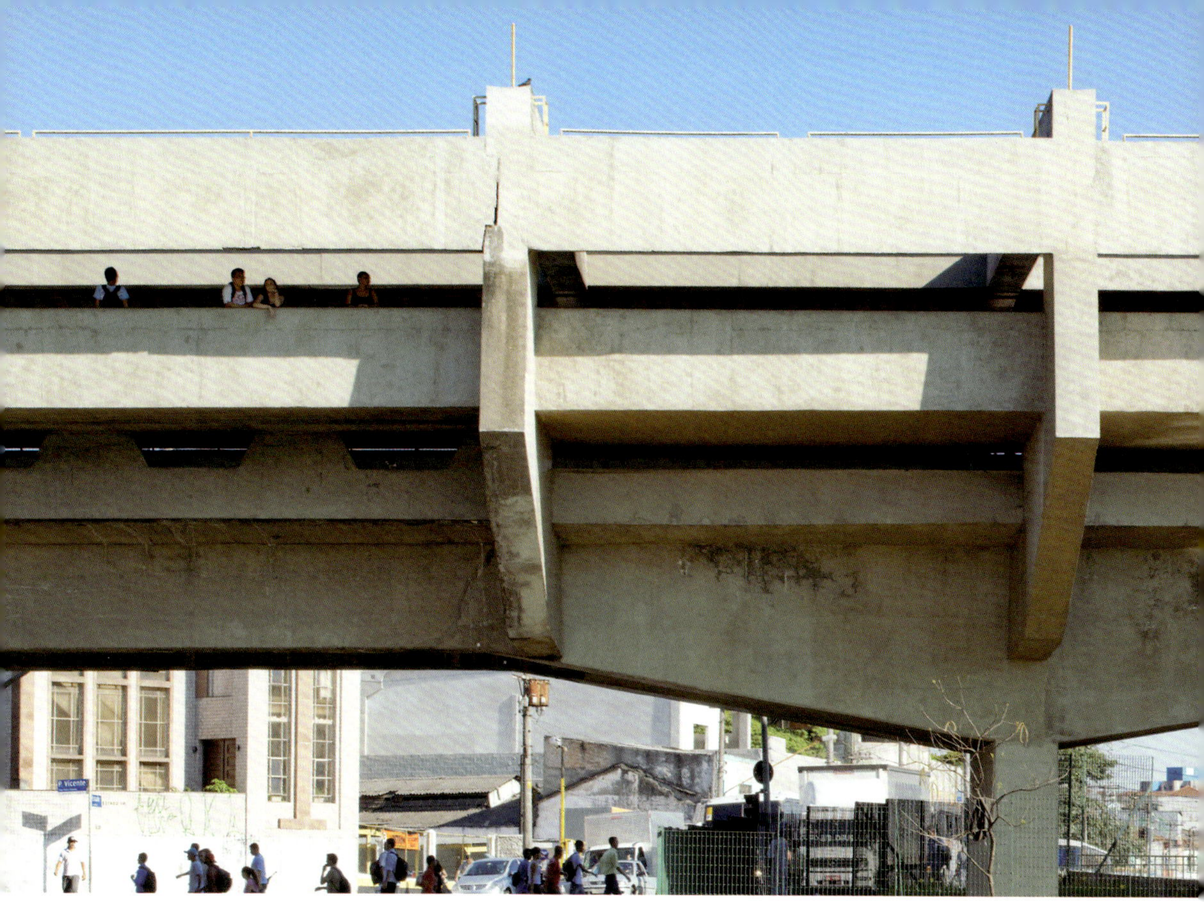

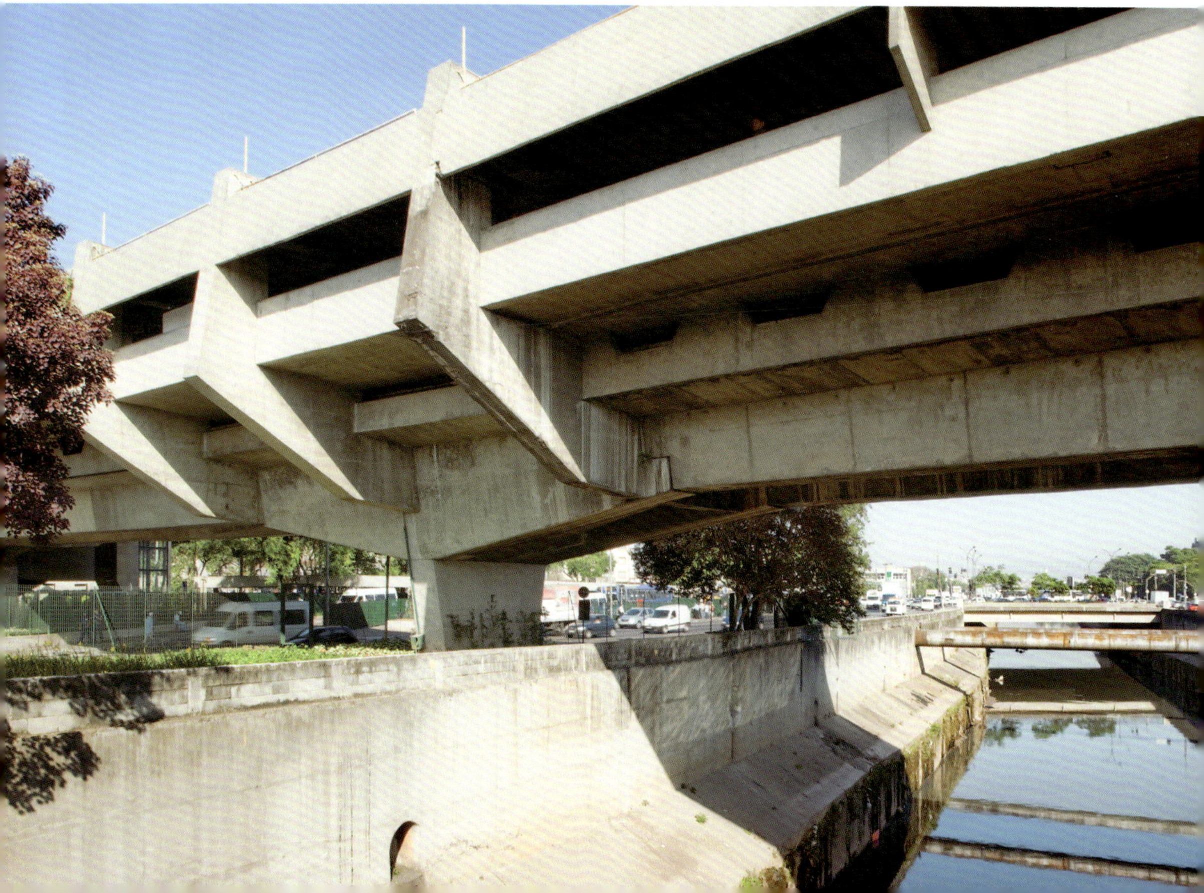

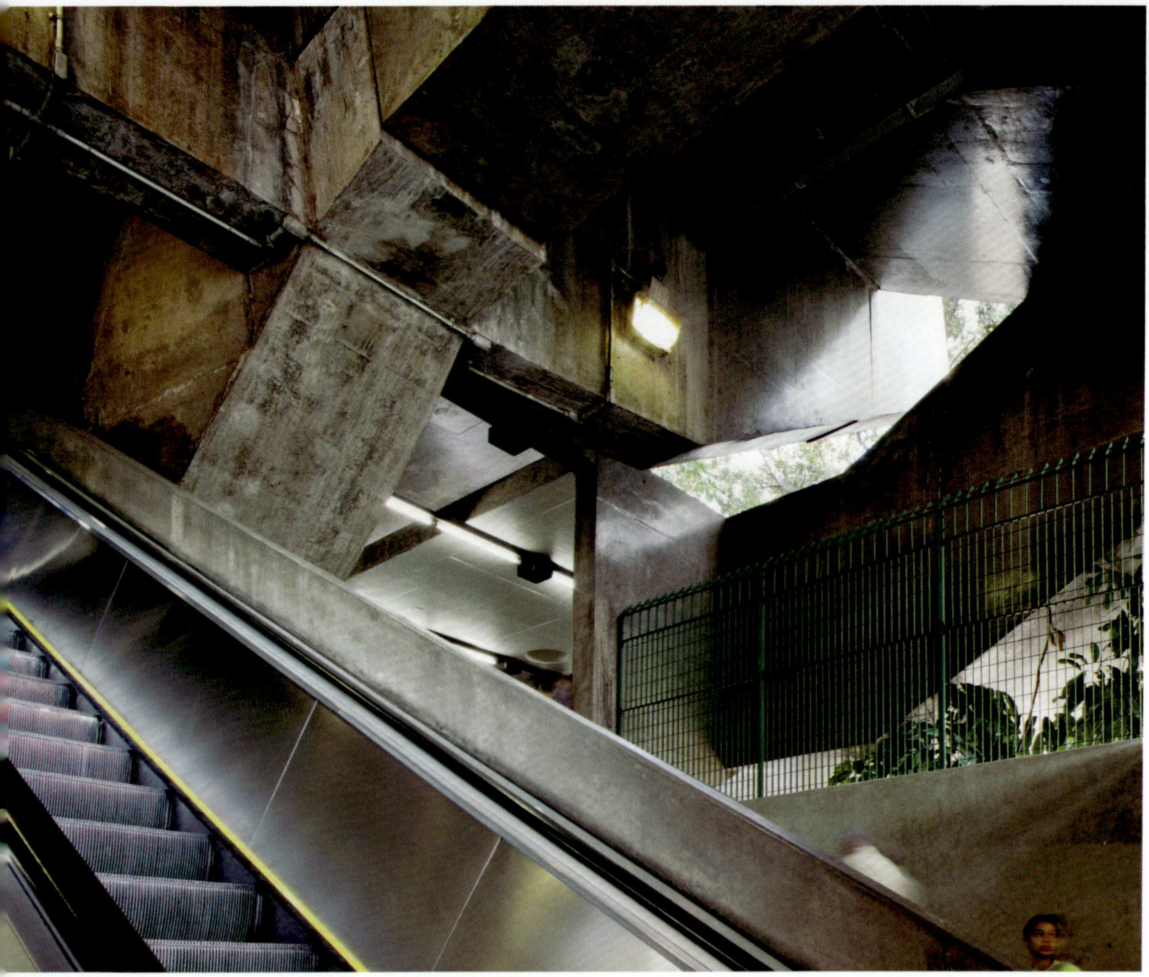

Projeto do metrô

Estação Armênia do metrô, detalhes diversos. Fotos de 2009

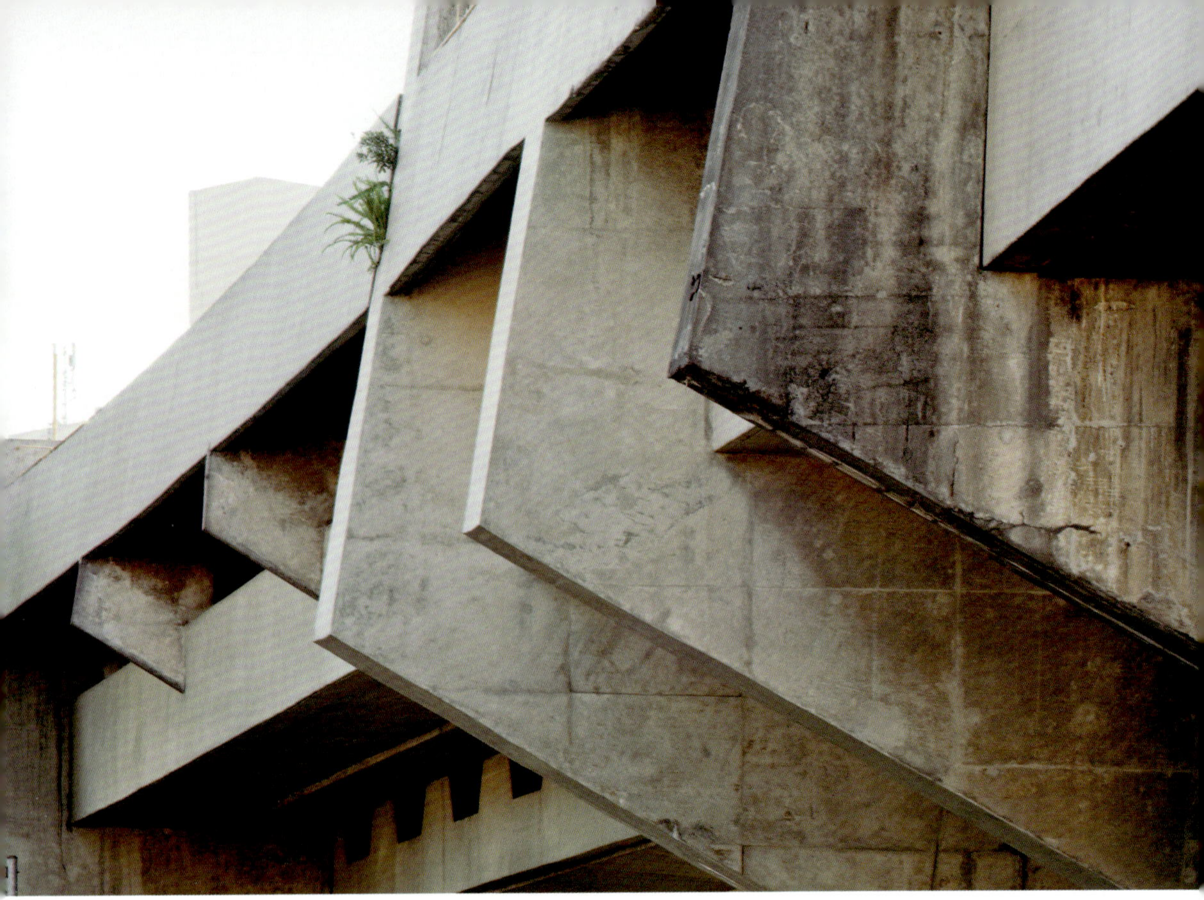

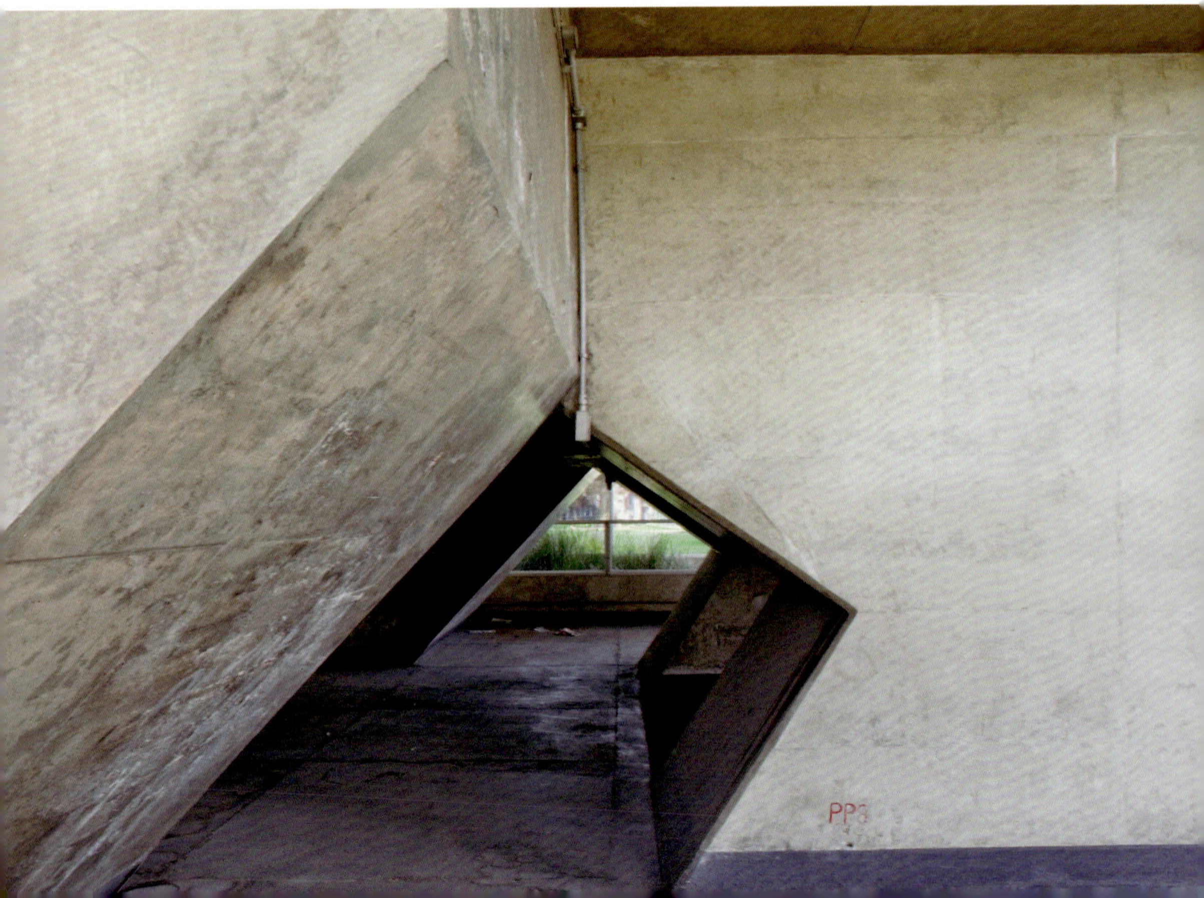
PP3

Estação Armênia do metrô, detalhes estruturais diversos. Fotos de 2009

p. 264-265, **estação Armênia do metrô**. Foto de 2009

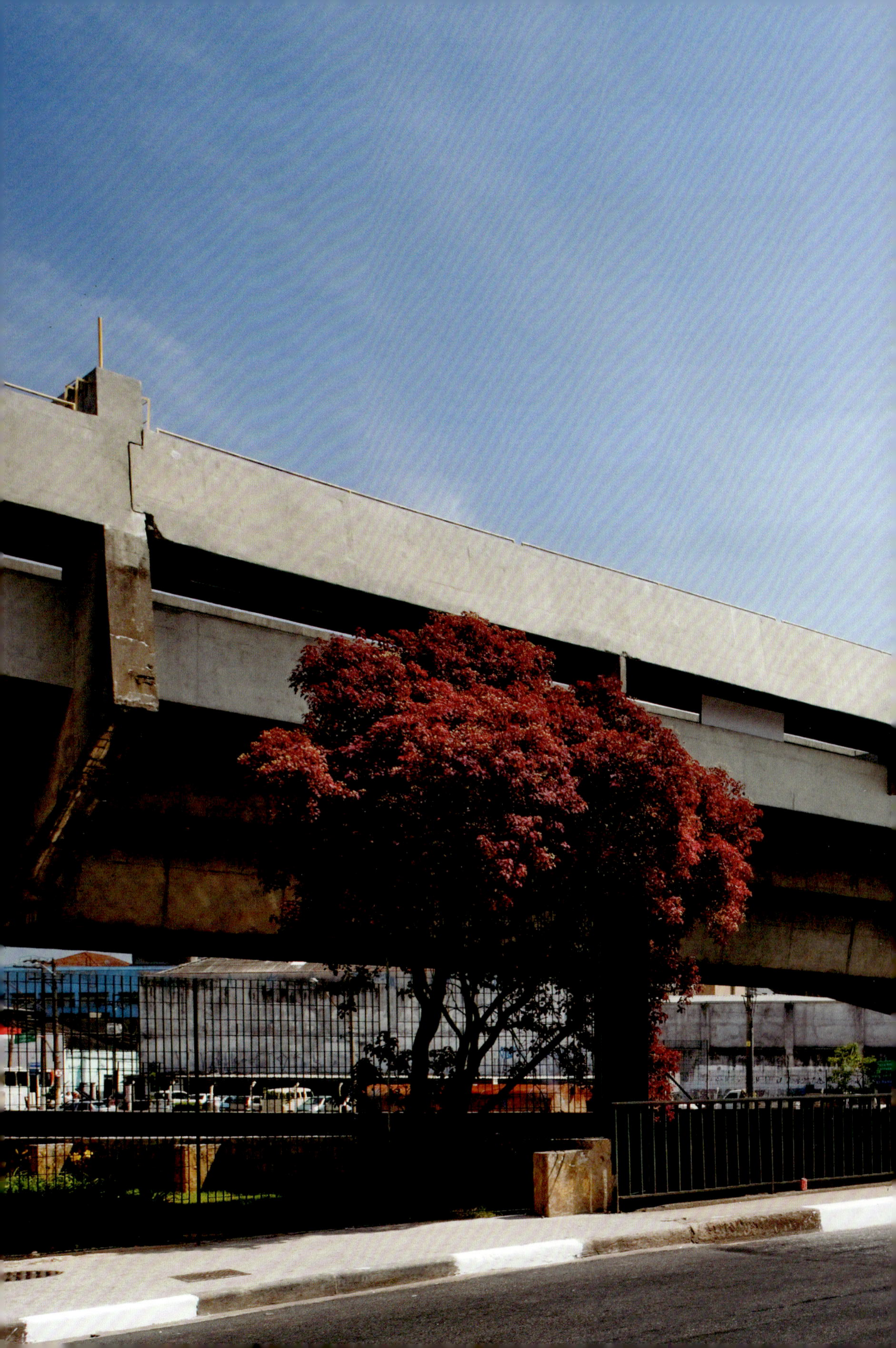

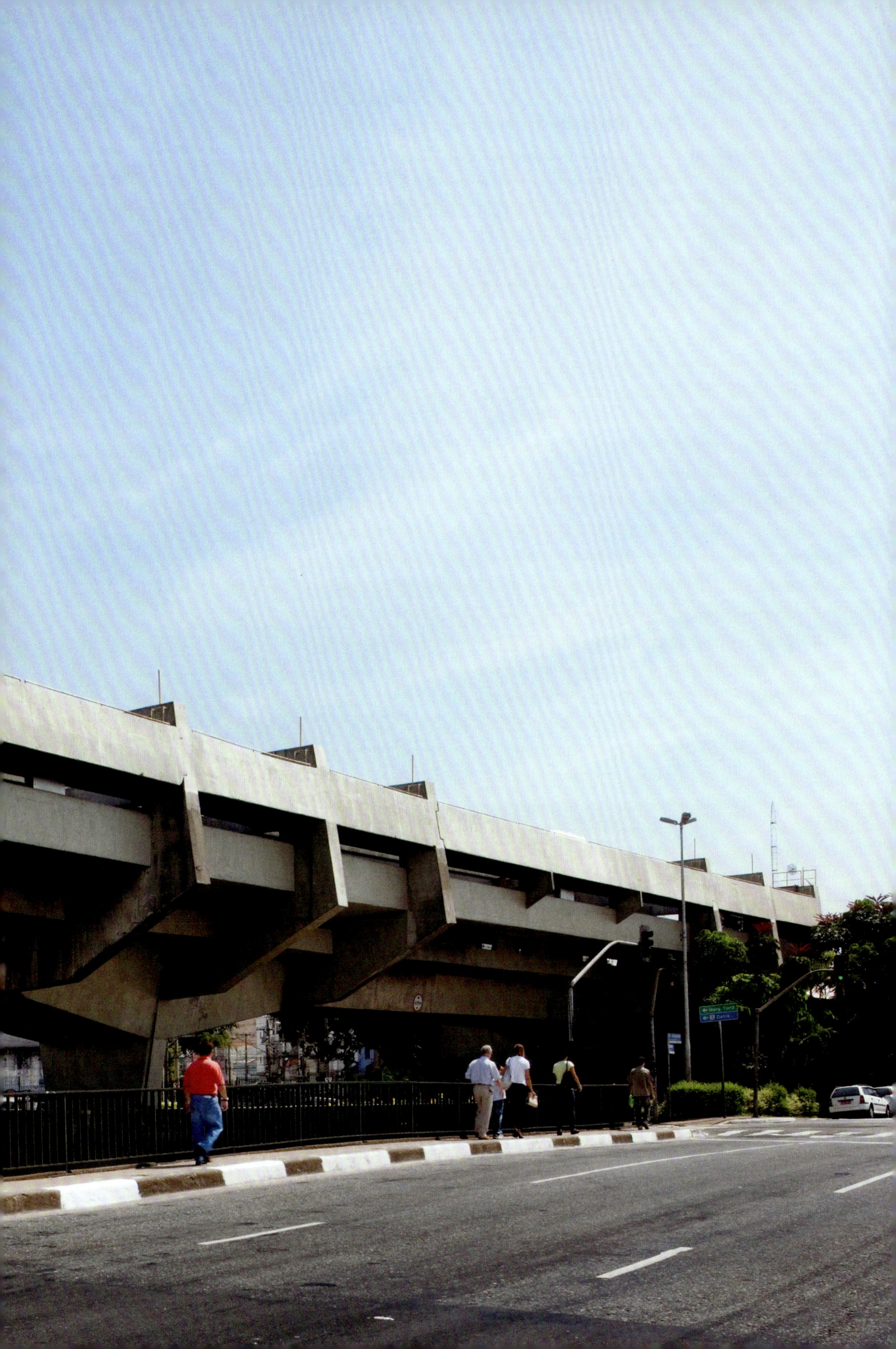

lado. A copa seria formada, ainda, por mais três quadros estruturais de desenho baseado na parte superior dos quadros da estação-padrão. Cada uma dessas árvores ficaria numa das margens do rio e os outros dois apoios, que ficariam nas extremidades da estação, seriam diferentes, pois conteriam os acessos.

Voltei ao Wenzel e apelei à sua técnica para conseguir pendurar as escadas fixas nos quadros extremos, sem outros apoios. Foi difícil – ele me garantia serem necessários uns pilaretes verticais que destruiriam todo o efeito que eu buscava nos volumes das escadas.

Mandei cópias de meus rascunhos para meu primo, o engenheiro estrutural Carlos Fragelli. Com minha estrutura avalizada por ele, voltei ao Wenzel que, desafiado por um colega brasileiro, acabou garantindo a sustentação das escadas sem os malfadados pilaretes. Projetei os dois acessos com o mínimo de volume e passei a desenhar as plantas, cortes, fachadas; uma perspectiva pouco exata, mas que pudesse transmitir aos técnicos a aparência da estação.

Antes da publicação, os anteprojetos sofreram mais algumas revisões, com base nos dados e últimas definições dos técnicos da Companhia do Metrô. A estação Ponte Pequena foi a que mais fiel permaneceu à minha concepção original, pois faltava apenas localizar os acessos no nível das calçadas, além das linhas de bloqueios e bilheterias, as salas de controle operacional e de apoio ao pessoal de operação e de manutenção.

As salas técnicas, de transformadores e outros equipamentos pesados, foram localizadas num pequeno bloco construído sob a linha, a menos de cem metros do fim da estação. A colaboração do colega João Batista Martinez Corrêa nesse projeto foi de grande valia!

Tietê e Carandiru   Como já disse, antes de formar a equipe, eu já tinha feito o anteprojeto da estação elevada padrão que, mais tarde, foi complementada por hipotéticas salas técnicas, para a publicação do relatório.

Depois de definidos, pela Companhia do Metrô, em conjunto com os técnicos da HMD, os equipamentos dos sistemas de bloqueio de passageiros e de bilheterias, além dos demais, de controle e

Estação Armênia do metrô
À esquerda, estrutura elevada junto à avenida
À direita, detalhes da estrutura e escada

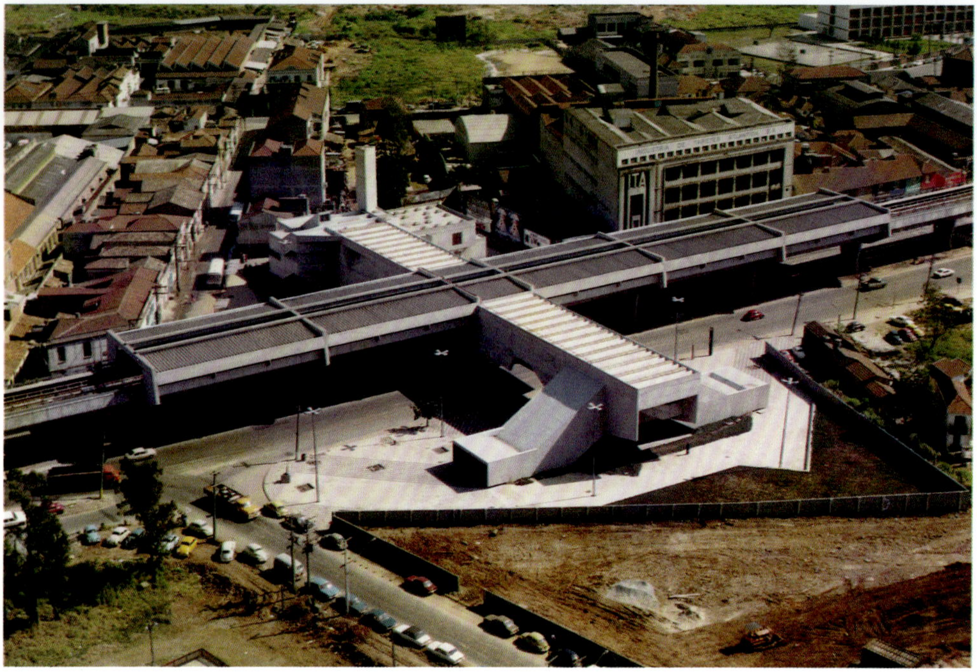

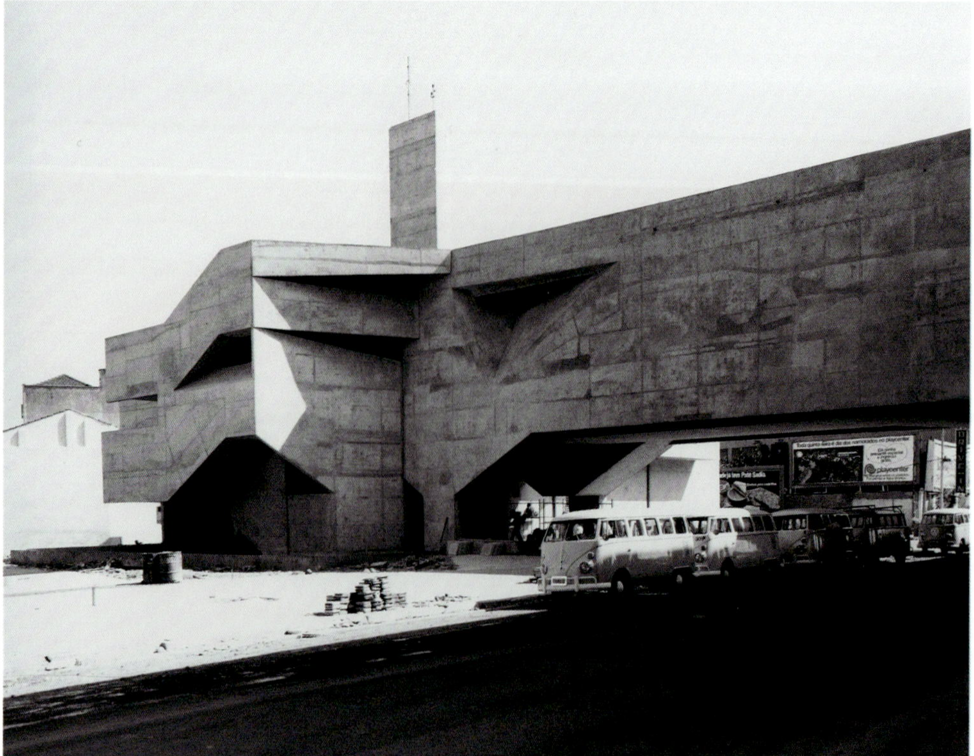

supervisão operacional, só então tivemos condições de completar os seus projetos.

Em poucas ocasiões tive tanto prazer em projetar como na criação dos acessos da estação Cruzeiro do Sul – atual Portuguesa-Tietê. O programa simples dos saguões, com seus pés-direitos e larguras obrigatoriamente grandes, davam margem a um tratamento escultórico muito natural e quase racional dos volumes das escadas e dos vãos, explorando as possibilidades estruturais do concreto armado.

Internamente possibilitavam perspectivas ricas, inesperadas, de aberturas inferiores sobre as pistas da avenida. A altura determinada pelos gabaritos dos níveis para as vigas-parede permitia recortá-las segundo os perfis das escadas rolantes, denunciando-as externamente, fazendo-as desenhar as faces externas e criando sob elas visuais de dentro para fora.

No acesso leste, projetei a caixa das largas galerias em dois níveis: apoiando-se apenas nos topos das escadas vindas dos dois

Estação Tietê do metrô, São Paulo SP, 1968
À esquerda, vista aérea; acesso oeste
À direita, circulação sobre a av. Cruzeiro do Sul com iluminação natural

0 2 4 10 m

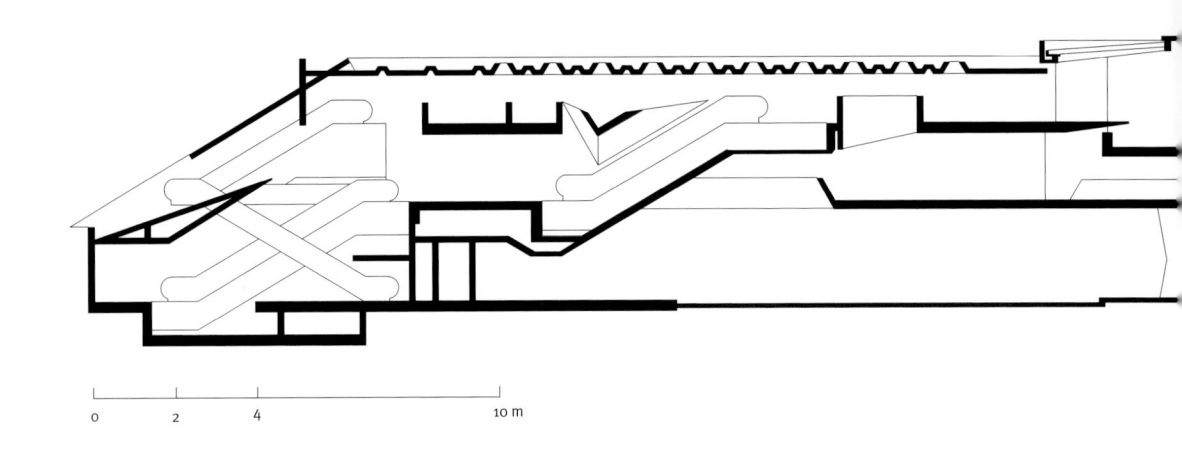

Projeto do metrô

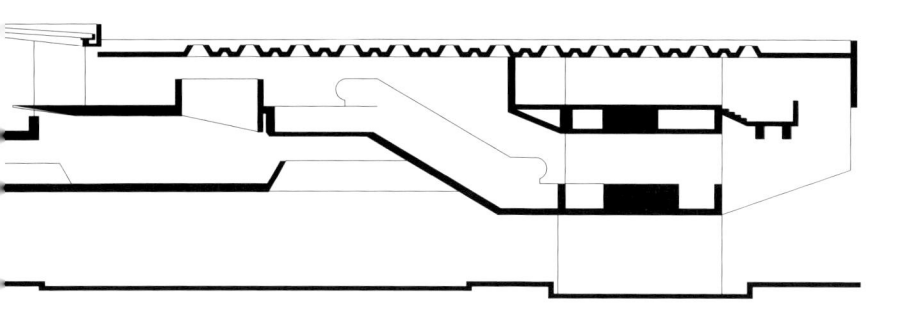

Estação Tietê do metrô
Acima, corte esquemático
Abaixo, acessos das faces leste e oeste

lados, sem qualquer pilar vertical, formando um pórtico, em "A". Custei a convencer os calculistas da necessidade arquitetônica do "A" puro, sem os pilaretes – eles achavam que as escadas não suportariam o peso da caixa.

Esta parte do acesso foi anteprojetada como provisória, uma parte saliente na direção leste seria demolida mais tarde para ligar à rodoviária que seria construída.

Na estação Carandiru, os acessos ficaram contidos entre prédios vizinhos, apresentando as possibilidades de espaço interno da Tietê, mas não as de volumetria externa. Somente o corpo das estações é igual, com a diferença do módulo que contém as galerias, numa, mais a norte, na outra, mais a sul. As galerias propriamente ditas foram tratadas com pequenas diferenças, nas duas estações.

Colaboraram comigo nessa fase os arquitetos Vasco de Mello e Ernani Mercadante.

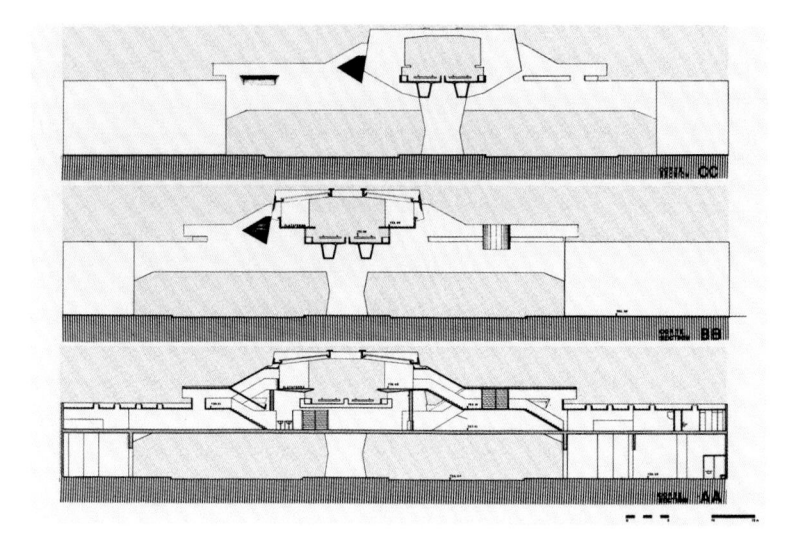

À esquerda, ESTAÇÃO TIETÊ DO METRÔ, escadas rolantes e pontes de acesso

À direita, ESTAÇÃO CARANDIRU DO METRÔ, São Paulo SP, cortes esquemáticos, 1968

Luz Foi a primeira estação subterrânea que projetei. Graças ao seu sucesso, pude montar uma equipe de arquitetos brasileiros encarregada do projeto de toda a linha. A estação faria conjunto com a ferroviária, formando com ela um "L", num ângulo reto, ao seu lado, sob a avenida da Luz, em frente ao Jardim da Luz e ao prédio da Pinacoteca.

O estudo exaustivo do projeto feito pelos alemães fez com que já tivesse a solução em mente. A circulação do nível inferior foi feita verticalmente, liberando as plataformas só para embarque, desembarque e espera; jogando a distribuição dos passageiros para cima. Para isso, criei um mezanino sobre os trens, com a largura necessária ao fluxo de passageiros, e pensei em esgotar as plataformas com muitas escadas, de dez em dez metros.

Foi muito rápido. Desenhei a planta do nível das plataformas, em seguida um corte e outro, à noitinha já trabalhava no mezanino e na manhã seguinte já atacava o nível da rua. Dividi a estação em quinze vãos de nove metros e pouco, alternando escadas em cada dois deles. Como no estudo anterior, as plataformas eram três: a central, para desembarque, e as laterais, para embarque. Nas estações de grande volume de passageiros, os alemães trouxeram a solução: abrindo as portas do desembarque uns segundos antes das outras, o fluxo dos passageiros era encaminhado, tornando a movimentação mais fluida, rápida e volumosa.

A estação da Luz foi a primeira a sofrer alterações em função da realização dos projetos executivos. A empresa responsável pelo desenvolvimento de seu projeto executivo a considerou inviável, devido à pequena distância entre as estacas dos dois edifícios adjacentes. Seu engenheiro coordenador trouxe um anteprojeto alternativo elaborado na empresa, uma solução apresentando menor largura que a do nosso anteprojeto e uma desordenada localização de escadas.

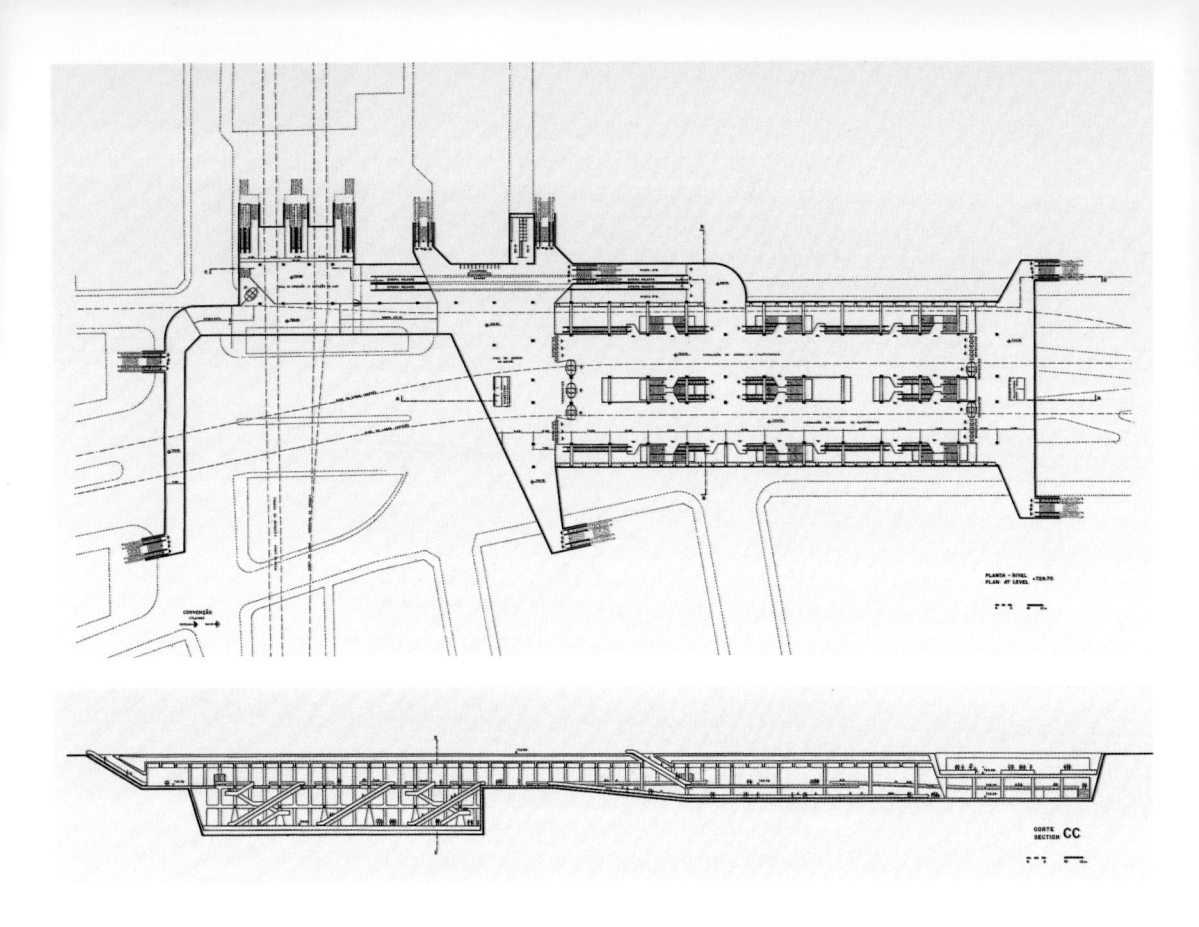

Peguei a proposta e localizei as escadas entre as suas paredes, num ritmo constante, provando a viabilidade da nossa solução original. Passei os dados ao colega Álvaro Macedo, que elaborou um novo anteprojeto. Foi considerado perfeito pelos engenheiros da HMD e entregue para desenvolvimento à firma detalhista, que teve de abrir mão de reprojetar a estação.

SÃO BENTO O programa inicial da estação São Bento era muito ambicioso, pois o terreno se estendia desde o prolongamento da rua Florêncio de Abreu até a avenida Anhangabaú. A companhia pretendia construir o prédio de sua sede entre o largo existente e a avenida. A linha desenvolvia uma curva ascendente entre o eixo da avenida da Luz e o da rua Boa Vista, e as plataformas deviam situar-se nessa configuração, uns doze metros abaixo do nível do largo.

O tamanho do terreno me levou a criar duas praças rebaixadas, apenas um nível inferior àquele do largo, comunicadas sob uma laje que prolongaria a rua Líbero Badaró até a cabeceira do viaduto Santa Ifigênia. Cada praça teria duas escadas helicoidais, ligando-as ao nível das ruas. Localizei o edifício na praça maior, junto à avenida Anhangabaú, uma torre de planta quadrada com as fachadas a 45 graus em relação à avenida. Parte dele seria apoiado na praça rebaixada e parte, na esplanada que deixei anexa

À esquerda, **ESTAÇÃO LUZ DO METRÔ**, planta e corte, São Paulo SP, c. 1968

À direita, **ESTAÇÃO SÃO BENTO DO METRÔ**, São Paulo SP, c. 1968 planta da cota de nível 738,88, onde se localiza o pavimento térreo da torre; planta da cota de nível 729,44, onde se localizam os controles, um nível acima do das plataformas

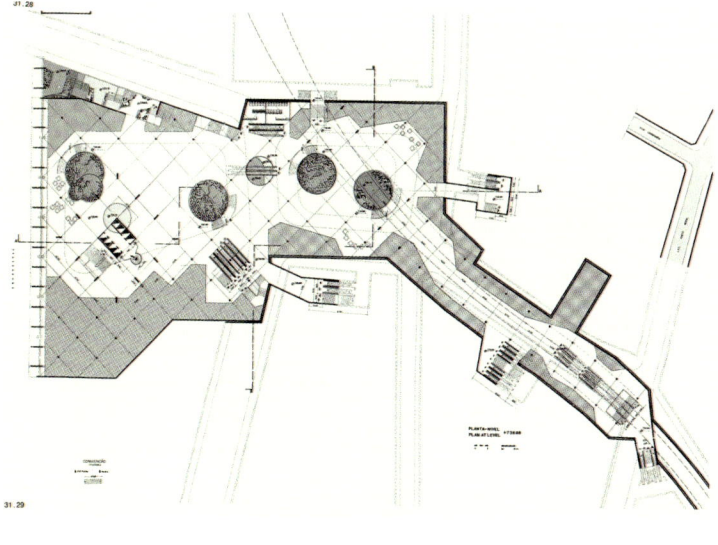

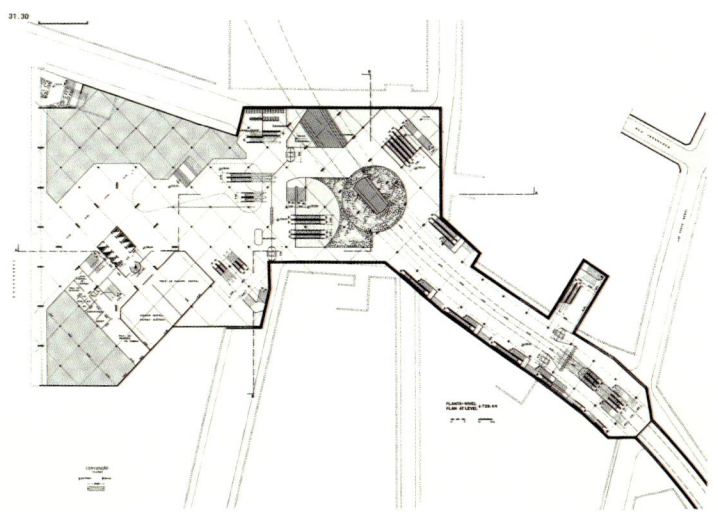

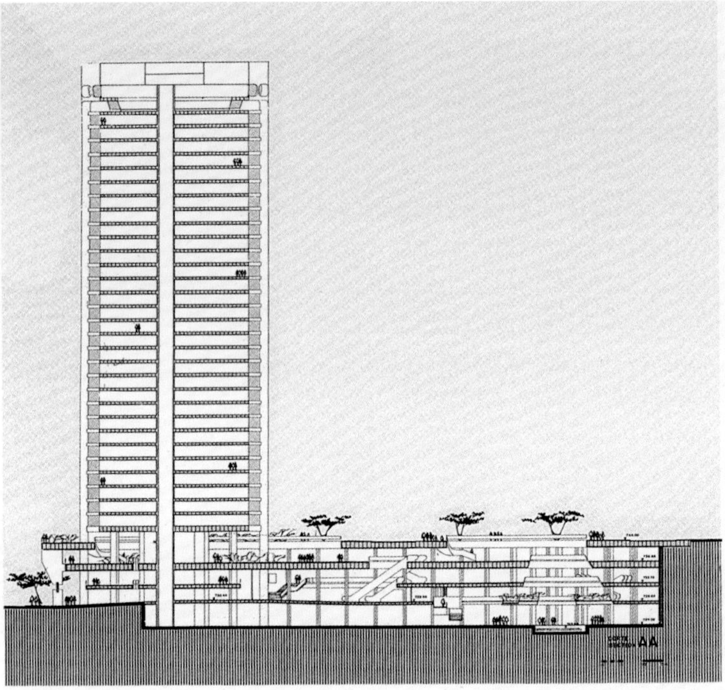
CORTE
SECTION AA

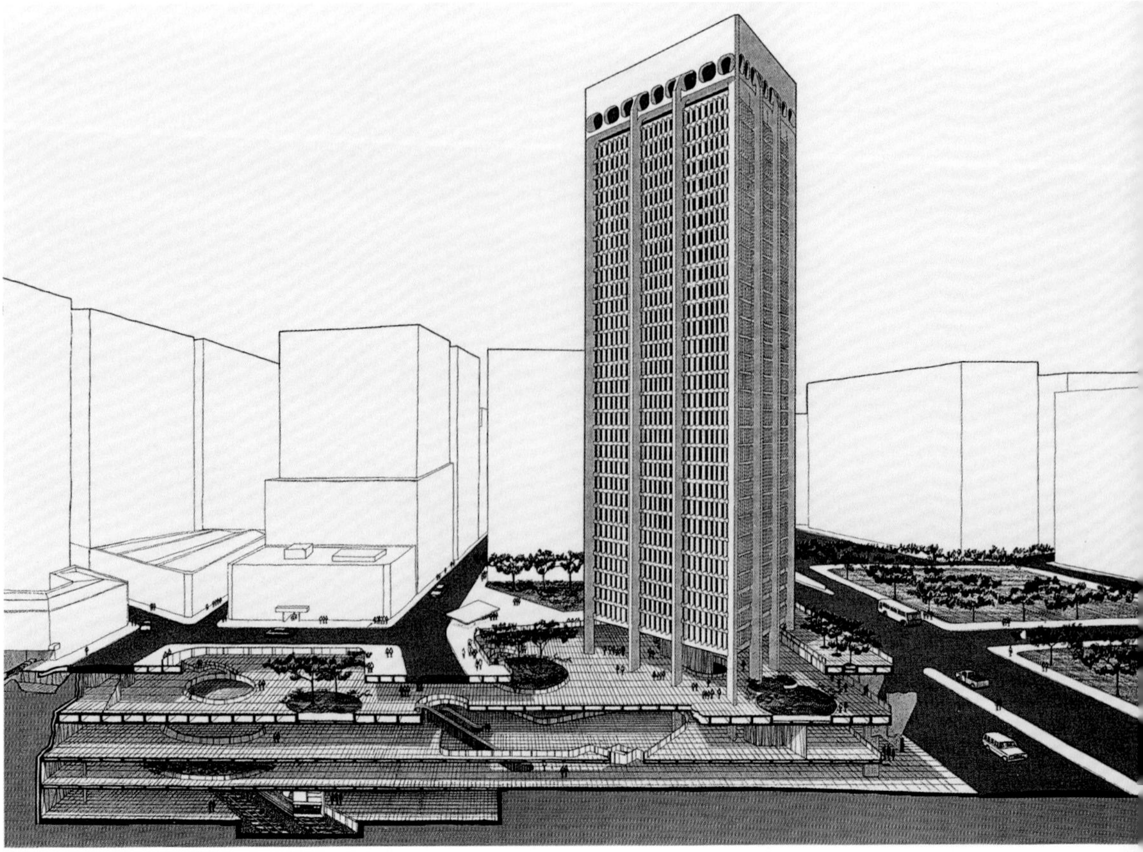

ao viaduto, mas penetrando as lajes inferiores até ganhar acesso também no nível da avenida.

Ambas as praças tinham galeria aberta sob os contornos de seus vãos, abrindo várias lojas para elas e para uma outra galeria interna que prolongava o seu espaço, em subsolo, sob a rua Boa Vista.

Aproveitando a situação geográfica da linha em relação ao largo, resolvi abrir uma série de buracos circulares sobrepostos que permitissem que não só o sol e a luz do dia penetrassem até o terceiro ou quarto subsolo, mas até que se pudesse ver o céu, desde as plataformas, situadas onze metros abaixo.

Para tanto, desenhei as escadas helicoidais de modo a tangenciarem, no nível B – o do largo rebaixado –, dois círculos de quinze metros de diâmetro, um deles contendo uma jardineira e o outro, um vão, cujo centro ficasse exatamente na projeção do eixo das linhas. Na laje inferior a esta, a do nível C, abri outro vão circular, concêntrico, em projeção com o superior, mas com diâmetro vinte metros maior. Na laje sob esta, a que cobre as plataformas, embasando o cone dos vãos, um círculo de jardim com diâmetro de 25 metros, ajardinado. No meio do jardim, um buraco menor, retangular, entre as projeções dos eixos das linhas, descobria esta área, levando luz e até sol ao nível mais baixo, sem expor as plataformas à chuva.

Nos três níveis do subsolo foram projetadas lojas em torno das galerias, ambientadas pelos vários vãos redondos das lajes e por aberturas para a avenida Anhangabaú, outro importante acesso ao conjunto.

Assim foi publicado o anteprojeto no segundo volume do relatório final da HMD, editado em dezembro de 1968.[23] Mas, novamente na fase do executivo, foram solicitadas alterações de ordem técnica, e o programa também foi muito reduzido.

Estação São Bento do Metrô
À esquerda, corte e perspectiva com corte, versão não construída. Desenhos de Flávio Marcondes
À direita, perspectiva do nível da plataforma. Desenho de Vallandro Keating

23 Companhia do Metropolitano de São Paulo/Hochtief, Deconsult, Montreal. *O metrô de São Paulo – Sistema integrado de transporte rápido coletivo da cidade de São Paulo*. São Paulo, 1968. (2 vols.)

O detalhamento desse trecho da linha – incluindo, além dos túneis da linha, as estações São Bento e Sé – foi entregue à Promon na distribuição dos projetos. Confiei a coordenação arquitetônica do trabalho ao colega João Batista Martinez Corrêa.

Um estudo mais aprofundado das fundações dos prédios na rua Boa Vista revelou dados do subsolo pouco favoráveis, levando à adoção do método de couraça – o mencionado "tatuzão" – sobrepondo uma linha à outra e obrigando as plataformas a ficarem também em dois níveis. O anteprojeto sofreu uma grande modificação, inviabilizando-se os vãos circulares sobrepostos, cuja ideia reapareceu mais tarde na estação Sé, não mais projetada por nossa equipe.

O escopo foi reduzido, a companhia desistiu da construção de sua sede no local e de estender até a avenida os níveis B e C. Tive que rever o anteprojeto, mantendo, no nível B, a praça rebaixada menor e substituindo o vão circular por uma jardineira com o mesmo desenho, fazendo simetria com a outra abraçada pela escada helicoidal. Para a eventualidade de vir a ser retomado o primeiro plano, projetei as duas escadas do outro lado da rua Líbero Badaró na mesma posição anterior e cortei o nível B numa linha reta que permitiria facilmente a expansão do nível A, como planejado anteriormente.

Mas o projeto desse nível de rua não permaneceu como nós – João e eu – havíamos projetado, porque as solicitações dos novos arquitetos da Companhia do Metrô começavam a ser atendidas, no sentido de poderem projetar, em vez de apenas criticar e aprovar. Os que haviam sido nomeados passaram a assumir os projetos em andamento, mesmo os confiados à nossa equipe, mas ainda não liberados para detalhamento.

Reprojetaram o nível de rua e o desenho de superfície, alegando necessidade de compatibilidade com o desenho da Sé. Nós apenas havíamos buscado integrá-lo com a praça rebaixada. Não conseguimos evitar isso, mas quando alguém inventou uma passarela absurda – por ser feia e desnecessária – ligando a calçada da rua Líbero Badaró à do Viaduto, revoltado, queimei os poucos cartuchos de que ainda dispunha e escrevi um memorial, provando o descabido da ideia. Consegui evitar a passarela, mas o desenho do nível de rua do largo ficou prejudicado por uma solução alheia ao espírito do projeto.

ESTAÇÃO SÃO BENTO DO METRÔ
À esquerda, praça rebaixada e mosteiro de São Bento
Abaixo, praça rebaixada para a rua Boa Vista

SÉ A primeira estação projetada pela equipe da companhia foi a Sé, cujos dados de linha haviam sido tão modificados que inviabilizaram totalmente a minha solução. Um dia, um colega que trabalhava no detalhamento do projeto da estação Sé, procurou-me, preocupado e assustado. Os arquitetos da companhia já haviam proposto – e conseguido – a demolição de todo um quarteirão, entre as praças da Sé e Clóvis Bevilacqua, para localizarem ali a enorme estação de transferência. Como cobertura desse espaço subterrâneo, propuseram uma grande praça pavimentada, com apenas uma estreita faixa ajardinada. Bem no meio e em forma de "C", projetaram uma passarela pesadíssima sobre pilotis, verdadeiro viaduto que, visto do limite inferior da praça, pareceria um embasamento do Palácio da Justiça. Um projeto genuinamente infeliz, que comprometeria para sempre um logradouro de grande área, no centro de uma cidade carente de praças, de verde.

Pedi ao colega que conversasse com o autor do projeto e tentasse convencê-lo a criar uma praça verde sobre a estação, o que

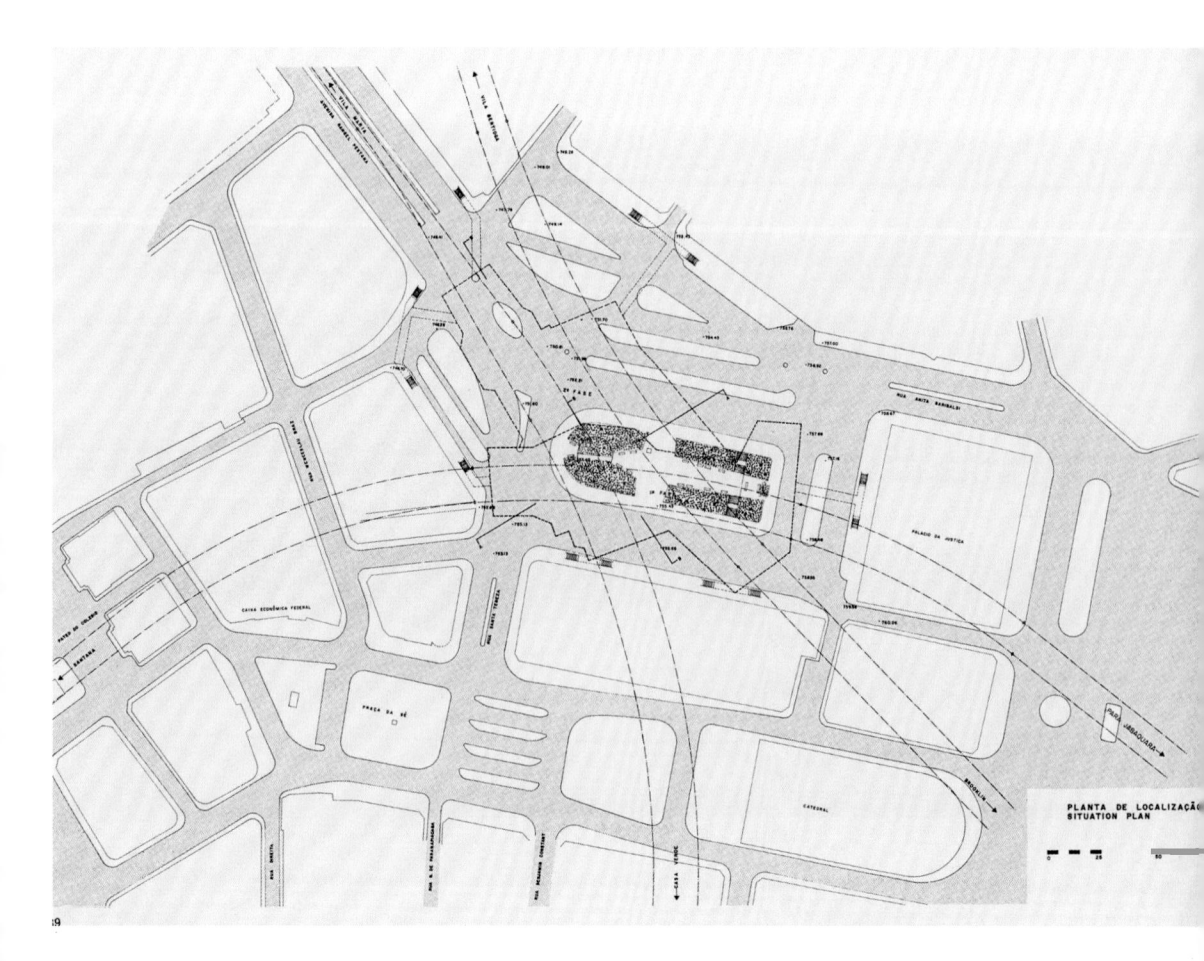

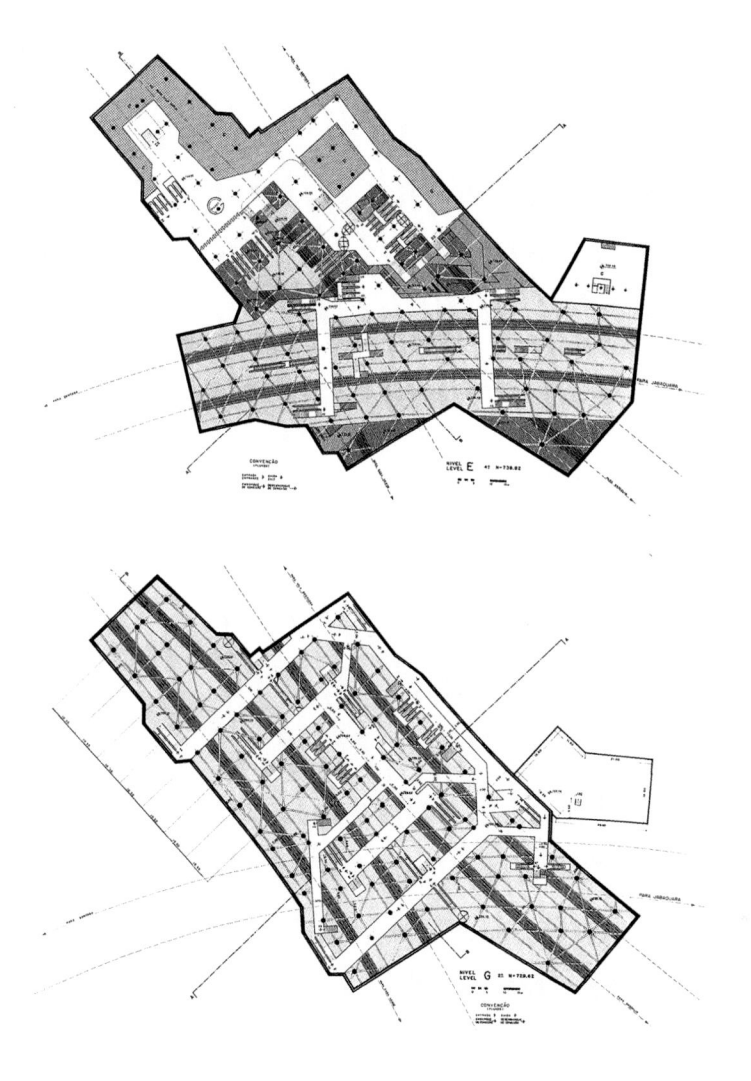

**Estação Sé do
metrô**, São Paulo SP,
c. 1968
À esquerda, planta
de localização
À direita, acima,
planta do nível
738,92, com o sentido
da linha Norte-Sul
À direita, abaixo,
planta do nível
729,62, com o sentido
da linha Leste-Oeste

era tecnicamente muito possível. Pedi também que o convencesse da conveniência da abertura do subsolo no nível da rua, para que o céu pudesse ser visto de baixo.

No tal projeto, eles tinham procurado algo semelhante ao publicado no livro do anteprojeto, na minha primeira proposta para a estação São Bento, mas haviam criado uma cobertura de plástico sobre estrutura espacial, que cortaria a comunicação com o exterior.

Meu colega trouxe os seguintes comentários do arquiteto: que "no mundo inteiro se projetavam praças pavimentadas, como a de São Marcos, em Veneza" e que "havia pouco ele estivera em Nova York e vira algumas pracinhas pavimentadas lindas".

Percebendo como seria difícil a luta, tentei influir, através dos companheiros com bom trânsito na companhia, para que contratassem o Burle Marx para o paisagismo. Achei que, com sua autoridade, poderia salvar a praça do desastre.

Fiquei eufórico quando soube que Burle Marx havia sido contratado. Já imaginando que o nosso maior paisagista não se resignaria a vestir de pavimento desenhado e plantas bonitas o péssimo projeto, mas antevendo os problemas que enfrentaria, telefonei para o Roberto e falei com ele e com o seu assistente Haruyoshi que não precisavam ficar amarrados ao anteprojeto, pois os engenheiros que calculariam a estrutura, na Promon, dariam cobertura técnica às reformulações necessárias.

Infelizmente o projeto da companhia precisou ser respeitado devido à rigidez do contrato, pois quaisquer modificações propostas acarretariam prejuízo financeiro para o escritório. O Roberto criou um belíssimo desenho, cobrindo um embasamento inadequado.

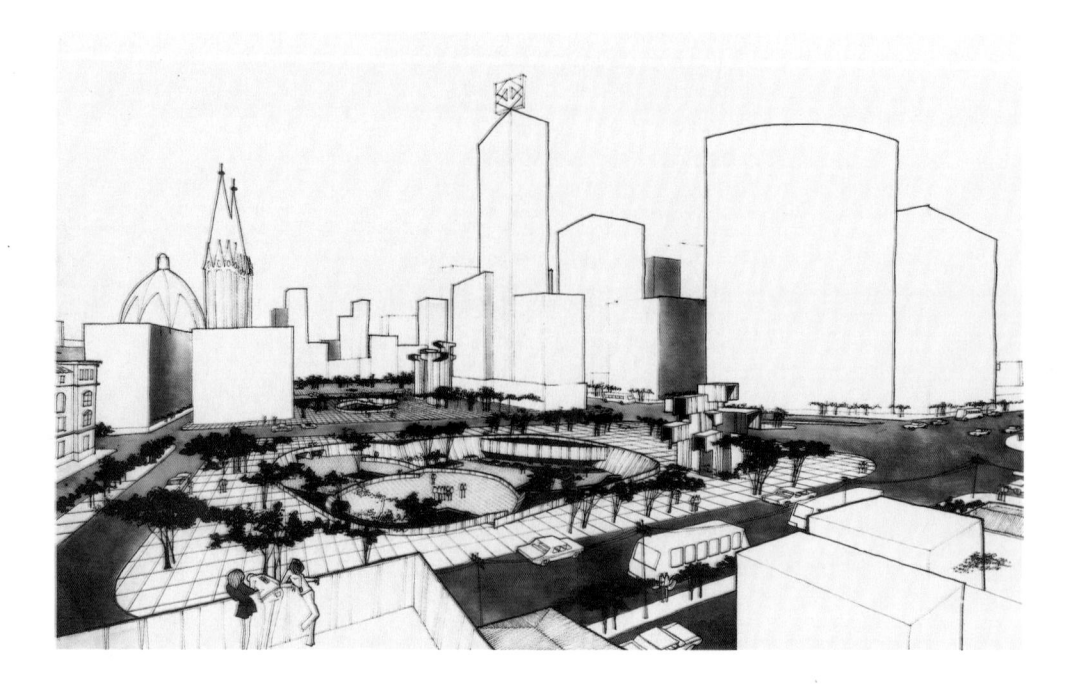

Mais tarde o projeto passou para a responsabilidade da Emurb – Empresa Municipal de Urbanização de São Paulo, cujos arquitetos, também chocados com sua qualidade arquitetônica e urbanística, previram o desastre em que resultaria a nova praça e resolveram salvá-la. Do novo projeto surgiu um desenho formalista, duro e muito geométrico, mas que tinha o mérito de mascarar o viaduto, àquela altura já concretado, cobrindo algumas partes e colocando no centro uma queda-d'água.

Durante seu desenvolvimento, a rigidez geométrica do original foi bastante suavizada, mas o resultado foi uma grande quantidade de caixas de concreto, inadequadamente texturizado, tornando a praça um espaço muito construído.

LIBERDADE   A linha passaria sob o eixo da avenida da Liberdade e a estação ficaria ao lado da projeção da praça da Liberdade, o que possibilitaria a exploração da mesma, rebaixando-a em vários patamares ligados, para estabelecer uma ligação direta entre o subsolo e o exterior. Isso permitiria, a quem descesse ao patamar inferior, contemplar algo do espaço subterrâneo e até o movimento dos trens, onze metros abaixo. Das plataformas, situadas quinze metros sob a avenida, os passageiros poderiam sentir a invasão da luz do dia e até algum raio de sol.

Fiz dos patamares pequenas praças com bancos que, protegidas do movimento da avenida, funcionariam como áreas de estar. Interligadas por amplas escadarias, seriam um acesso natural e fácil, pois o nível inferior seria rebaixado o mínimo exigido pela passagem das redes de utilidades urbanas sobre o teto da estação.

Não desejava esse teto horizontal, pois criaria um espaço monumental, uma catedral vazia, para o pequeno número de passageiros da vizinhança quase imediata à estação Sé, de onde a linha chegaria baixa, pois havia passado sob os trilhos da Leste-Oeste.

Só seria necessário um grande espaço no centro da estação para abrigar as escadas de acesso. Visando a integração do interior ao exterior, criei um saguão de acesso abrindo-se em grande extensão para o nível do patamar mais baixo da praça. Ali se localizariam as bilheterias, bloqueios de entrada e saída, e as escadas mais altas.

À esquerda, ESTAÇÃO SÉ DO METRÔ, perspectiva externa, versão não construída. Desenho de Vallandro Keating

À direita, ESTAÇÃO LIBERDADE DO METRÔ, corte longitudinal, São Paulo SP, 1968

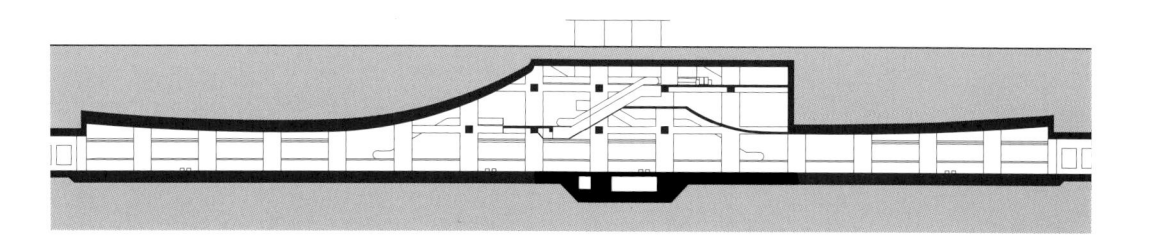

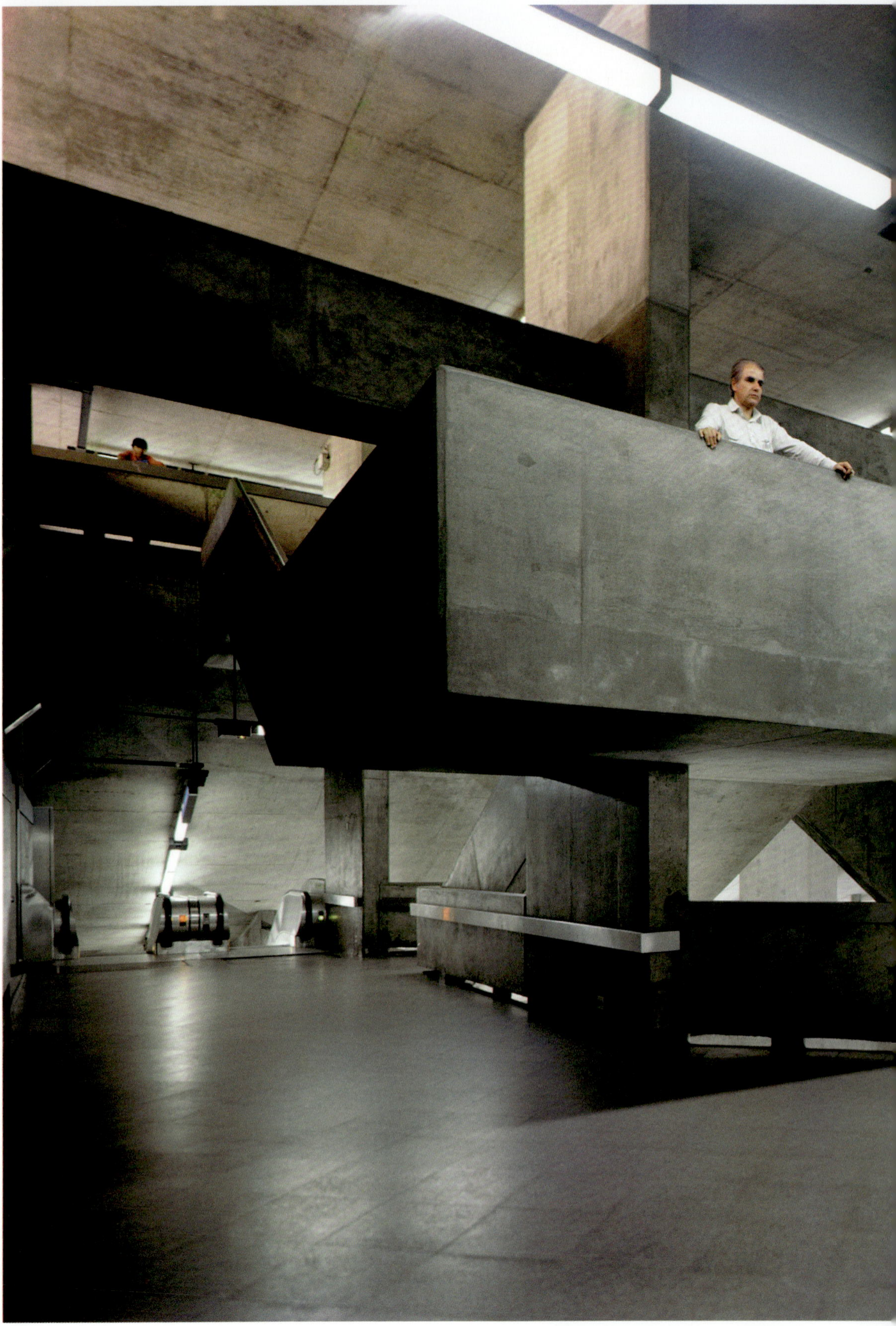

Projeto do metrô

Estação Liberdade do metrô, mezanino, entre o nível da plataforma e o da saída para a praça da Liberdade. No balcão da escada, Marcello Fragelli

Para cobrir a estação, projetei duas lajes curvas, abauladas, como toldos, de diretrizes proximamente catenárias, uma mais alta, partindo do fim horizontal do teto do saguão, e outra como que pendurada na borda da laje do piso desse saguão. Ambas têm seu ponto inferior dado pelo gabarito dos trens, a uns trinta metros das extremidades da estação, onde infletem ligeiramente para cima, aderem a um plano reto e sobem mais um metro até atingir as paredes extremas.

Os engenheiros alemães exigiram vigas de escoramento entre as altas paredes laterais, o que excluía o espaço trabalhado no anteprojeto. Apesar de um respeitado estruturista ter garantido que as vigas poderiam ter sido evitadas sem custos astronômicos, lembrei da consulta feita a Mário Franco sobre o pilar central, no início dos trabalhos. Um mezanino logo acima dos trens conjugaria todas as escadas que descem do saguão, sob a laje abaulada mais alta, e as que descessem às plataformas.

Infelizmente, mais tarde o projeto da praça foi modificado, perdendo a ligação natural entre os diversos patamares.

Paraíso Os dados de linha da estação Paraíso foram modificados antes que o anteprojeto fosse entregue ao detalhista, razão

ESTAÇÃO LIBERDADE DO METRÔ
À esquerda, torres de ventilação; praça da Liberdade
À direita, laje curva sobre o mezanino e as plataformas

pela qual tivemos pouco tempo para produzir um outro. Eu havia projetado o anterior – publicado no livro do relatório –, mas nunca tive a convicção de que fosse realista, por causa de sua complexidade: uma linha elevada passando dentro do espaço subterrâneo, sobre pilares.

O programa era complicado, pois duas linhas se encontravam em curva, quase se tangenciando, com a plataforma no meio. Uma era a Norte-Sul – hoje Linha Azul –, e a outra, a futura Linha Verde, que partiria da estação Vila Mariana indo até a Vila Madalena, correndo sob a avenida Paulista. Nessa estação divergiria o ramal de Moema, prolongando-se ao lado da avenida 23 de Maio e penetrando sob o parque do Ibirapuera. Custei a conseguir uma malha que desse ordem a tantas diretrizes.

Mas pouco durou o anteprojeto. Fomos comunicados das últimas modificações dos níveis das linhas e de alguns raios de curvatura, e refizemos o anteprojeto em tempo curtíssimo, num desses fins de semana prolongados, nos escritórios do detalhista, pois a companhia tinha urgência em mandá-lo para lá.

Convoquei Flávio Pastore, Ernani Mercadante, Silvio Heilbut e dois ou três projetistas para nos ajudarem. Enquanto eu tentava adaptar o meu anteprojeto anterior às novas posições das linhas,

Pastore trabalhou num outro esquema inteiramente diferente dos das outras estações. Para fugir de tantos pilares alinhados segundo três eixos que se entrecruzavam em diversas curvas, criou paredes estruturais que cortavam transversalmente a Linha Norte-Sul e a Paulista, desenvolvendo-se, portanto, em sucessivos ângulos, como folhas abertas de um livro. As diversas linhas passariam por buracos nessas paredes. As diligentes perspectivas do espaço feitas por ele foram admiradas por todos nós.

Lenghiel, um engenheiro húngaro muito gentil e afável que nos assessorava, analisou os esboços do Pastore, gostou da ideia que era de fato bonita e pôs-se a estudá-la. No dia seguinte, concluiu pela viabilidade da estrutura proposta.

Deleguei ao Pastore a liderança do grupo-tarefa; coloquei-me sob seu comando e desenvolvi a planta de um nível. Em quatro dias terminamos os desenhos, que foram muito apreciados por todos os colegas, alemães e brasileiros.

Pastore presidiu o desenvolvimento do anteprojeto até onde pôde, mas infelizmente o detalhamento o distanciou de sua continuação. Os problemas técnicos que acontecem em qualquer projeto acabaram sendo mal resolvidos e o interior da estação ficou muito prejudicado.

Tantos eram os elementos que não faziam parte do anteprojeto – desde pilares quadrados a pesadíssimos dutos de ventilação –, que o efeito das paredes vazadas pelas linhas, em seus buracos, não foi percebido pelos observadores. Quem inseriu os dutos de ar-condicionado considerou válido revesti-los de concreto aparente, como se fossem grandes pilares. Tudo isso fez com que o projeto perdesse a elegância pretendida e perturbou a leitura da arquitetura.

Mais tarde, já nos anos 1990, quando a Linha Verde foi implantada, algumas paredes dos túneis foram pintadas, outras revestidas com cerâmica, fazendo com que a estação perdesse sua unidade de tratamento.

Praça da Árvore Um dos projetos que mais sofreu alterações na fase executiva foi o da estação Praça da Árvore, onde o problema do nível da água foi considerado mais grave do que os técnicos da HMD tinham avaliado.

Novas sondagens apresentadas pela empresa contratada revelavam que o anteprojeto feito pelo Gonga, segundo os dados fornecidos inicialmente, seria impossível de ser escorado no subsolo mais profundo, devido ao empuxo provocado pelo grande volume de ar interno. Ele flutuaria como submarino e depois afloraria no solo, quebrando o asfalto.

Junto aos laudos, apresentaram um novo anteprojeto, com mínima cubagem de ar, mas numa solução arquitetônica acanhada, sem comunicação espacial entre as galerias, escadas e plataformas. Tinha o espírito das estações antigas de Paris e de Buenos Aires, e quebrava inteiramente a unidade arquitetônica pretendida.

Com os novos dados, desenhei uma laje de mezanino o mais concentrada possível para o fluxo de passageiros e número de escadas, e pedi ao Vasco Mello e ao Luiz Arnaldo Queiroz uma maquete de cartão das plataformas, escadas e mezanino – em 1:100 – colocando bonecos como passageiros, com 2,20 metros de altura nos pontos críticos.

ESTAÇÃO PRAÇA DA ÁRVORE DO METRÔ, estrutura e plataforma, São Paulo SP, 1968

Sobre a maquete, fui fazendo o teto, tangenciando, nas inflexões, as cabeças dos bonecos, levantando a 2,5 metros no mezanino, e localizando logo acima do trem nas plataformas, sempre criando superfícies facetadas triangulares, concordando com as arestas dos pilares e com os ângulos das faces internas das paredes envoltórias da caixa da estação.

O teto ficou o mais baixo possível, criando um espaço único para os dois níveis da estação, permitindo uma visão parcial da plataforma desde o mezanino, causando até um clima meio dramático, de caverna, para a estação. Entre as escadas laterais, a laje também baixava muito, até o nível imediatamente superior ao dos trens.

Sobre a maquete, desenhamos os cortes, definindo a nova laje de cobertura, engrossamos ainda mais as lajes da base e entregamos o estudo aos engenheiros da HMD para que lhe avaliassem o empuxo. Viabilizada a nossa solução, foi entregue ao detalhista que, após submetê-la a todos os estudos de geologia e fundações, reconheceu sua viabilidade, tendo que desenvolvê-la.

JABAQUARA   Na ponta sul, logo depois da estação terminal Jabaquara, a linha emergia, avançando numa grande área situada em

ESTAÇÃO PRAÇA DA ÁRVORE DO METRÔ,
plataforma

nível um pouco inferior ao dos trilhos da estação, localizada sob uma praça quase toda em nível, mas com a extremidade sul caindo perto de três metros.

Essa particularidade topográfica tornou possível a comunicação do espaço subterrâneo com o exterior, possibilitando acesso cômodo desde a praça, com escadarias largas de poucos degraus, integradas aos jardins.

Assim, fiz com que a parte sul da plataforma tivesse o pé-direito mínimo, situando sobre a laje da cobertura a parte rebaixada da praça e as escadas. A parte central da estação tem o pé-direito variável, duplo junto ao mezanino no centro, inclinado em seguida, para voltar, na parte norte, à altura da outra extremidade. Os passageiros que desembarcam, deparam, ao subir as escadas, com a inesperada luz do dia, e naturalmente atingem o céu aberto. Para os que vão para o outro lado da avenida de duas pistas, localizei entre elas um buraco que ilumina pequenos jardins e deixa a luz do sol penetrar o subterrâneo.

Novamente, a colaboração de João Batista Martinez Corrêa foi muito importante para o desenvolvimento deste projeto.

Elevado Água Vermelha

Emoção do passageiro Durante uma conversa com Flávio Marcondes sobre o detalhamento da estação Conceição – que ele revia e criticava –, lembrei que o pessoal da Hochtief não havia trazido os dados sobre uma passagem especial entre aquela estação e a São Judas, que teria sua estrutura calculada pelo mesmo detalhista. Era um trecho em que o nível do solo descia mais de dez metros, num pequeno vale, o do córrego Água Vermelha, aflorando a linha em elevado por cerca de duzentos metros sobre onde hoje é a continuação da avenida dos Bandeirantes. Ao perguntar a Herr Maron pelos dados de topografia e de linha, ele me disse que o detalhista ainda não havia entregue o pré-projeto. Estranhei o fato de o detalhista estar trabalhando sem o nosso anteprojeto, e mais ainda quando ele – até então muito consciente do papel da arquitetura no projeto todo – disse-me que não imaginava que eu quisesse fazer o anteprojeto, pois se tratava de uma obra de engenharia.

Expliquei-lhe a necessidade da inserção arquitetônica na obra de engenharia, especialmente nesta, pois, além do aspecto estético e urbanístico, havia o aspecto arquitetônico de se compatibilizar o trem, no nível intermediário, com as avenidas que passariam por cima e perpendicularmente, no nível do solo.

Herr Maron tranquilizou-me – assim que o detalhista entregasse o pré-projeto, ele me passaria os desenhos. Eu teria total liberdade e autoridade para críticas. De fato, dias depois, um dos engenheiros-chefes do detalhista entregou o seu trabalho a um coordenador da HMD, que depois me mostrou os desenhos, retransmitindo as explicações do representante do autor.

Sobre o vale – então ocupado por um casario muito pobre, condenado à demolição para a criação de um jardim e da avenida –, o detalhista dispôs apenas dois vãos, de mais de cem metros cada, apoiados num único pilar central. Os vãos eram formados por enormes vigas-caixão, coladas uma à outra, em cujo interior corriam os trens. Sobre estas pesadíssimas vigas de nove metros de largura por seis e tantos de altura, repousava, com maior largura, a placa da avenida superior. Das bordas dessa laje, também fazendo de guarda-corpo, pendurava-se uma laje inclinada de cada lado, sem função estrutural. A explicação para essas lajes é que procuravam dar leveza à estrutura e buscavam unidade arquitetônica com nossas estações elevadas.

Divergi inteiramente da solução e procurei Herr Maron para expor minhas críticas. Abrindo os desenhos sobre sua mesa, ouviu-me curioso, pois parecia ter apreciado a solução. Em primeiro lugar, manifestei-me contra o que me parecia mais absurdo: manter o trem envolvido num tubo fechado de concreto, ao longo de duzentos metros, sem que os passageiros soubessem que saíam do subterrâneo e eram de novo por ele engolidos, não tendo o impacto de inesperadamente atravessarem o espaço aberto. Enfatizei que esta surpresa deveria ser explorada, para enriquecer a dinâmica do percurso, para emocionar o passageiro.

Foi fácil demonstrar a inconveniência dos dois caríssimos grandes vãos: eram desnecessários, pois a região seria reurbanizada – para as duas pistas da avenida perpendicular à linha passarem sob o elevado, bastava que a estrutura fosse apoiada em pilares distantes 25,5 metros do trecho elevado. Certamente seria muito mais econômico que a viga-caixão, e possibilitaria o uso de uma placa espessa, composta de vigas paralelas, para sustentar a linha.

ELEVADO ÁGUA VERMELHA, São Paulo SP, 1968

Do ponto de vista urbanístico, aquela viga pesadíssima, de função incompreensível, sustentando aparentemente apenas veículos, decorada com as abas gratuitas, ficaria horrível. Uma estrutura aberta tornaria o movimento dos trens visível e acrescentaria um benéfico dinamismo.

Herr Maron concordava, mas temia contrariar a proposta apresentada pelo escritório de engenharia, cujo titular estava sendo cotado para assumir um alto cargo na prefeitura, nossa cliente máxima. Chamou-me a atenção para esse dado político, e perguntou se eu redigiria – e assinaria – um memorial expondo minhas críticas ao anteprojeto, para que a HMD o encaminhasse à Companhia do Metrô. Foi o que fiz. Dias depois, recebemos o despacho da companhia: "O arquiteto Fragelli que faça um novo anteprojeto".

EMOÇÃO DO ARQUITETO   Convoquei o engenheiro estrutural Hugo Pfeiffer e iniciei o estudo, procurando recortar um perfil de pilar – seriam seis ou sete – que, num movimento harmônico, pudesse apoiar a laje dos trens e a superior, da avenida. Chamei também Vasco Mello para me ajudar no desenvolvimento da ideia.

Um problema que sempre me preocupou ao atravessar viadutos em automóveis era o encobrimento da vista da paisagem devido à altura de 1,1 metro do guarda-corpo para os pedestres. Como a altura das vigas da placa superior era maior que um metro, e não queria utilizar grades porque não combinariam com o volume da estrutura, rebaixei o nível das calçadas laterais das avenidas.

Assim, o topo do guarda-corpo se nivelaria com os cinquenta centímetros de altura das defesas ao lado das pistas de veículos.

Preocupei-me ainda em amenizar o choque da luz do dia nas retinas acomodadas à iluminação do subterrâneo. Para tanto, criamos paredes de altura variável nos extremos do trecho, resultando numa abertura crescente e gradativa.

Nosso anteprojeto foi detalhado com respeito e perfeição. O engenheiro coordenador do detalhista, elegantemente, elogiou-o e reconheceu que era melhor que o deles.

É importante para um arquiteto perceber o efeito de sua criação sobre um número grande de observadores, atingidos por suas intenções de projeto. Anos depois, em minha primeira viagem pelo metrô, quando o trem entrou no elevado, a luz do dia e a paisagem invadiram o vagão. Os passageiros, em uníssono, pronunciaram um "Oh!" que poderia ser de surpresa, mas que interpretei como puro encantamento.

Infelizmente, algumas partes do elevado, hoje chamado de viaduto Dante Delmanto, foram prejudicadas pelos encarregados da manutenção do sistema, sem consulta ao autor do projeto e nem mesmo aos arquitetos da companhia. Para evitar invasões de transgressores, as aberturas triangulares das cabeceiras foram modificadas sem critério correto: a inclinação inferior em alguns vãos foi eliminada ou o vão foi fechado. Ainda mais tarde, algum chefe de manutenção – ignorante do que seja arquitetura, mas cheio de boas intenções estéticas, nessa terra em que se pintam colunas, vigas, gradis, guias, pedras de praças e até troncos de árvores – mandou pintar de vermelho a face externa do guarda-corpo!

Comunicação visual

Cor identificadora Em 1958, quando visitei Toronto, diverti-me com a solução dada para o problema de identificação das estações, sempre difícil nas horas de pico. Pintaram cada estação de uma cor, disseminada por paredes, colunas, guarda-corpos, tetos, o que permitia o reconhecimento imediato, mas deixava a estação muito feia!

Verifiquei a mesma dificuldade de reconhecimento quando usei os trens suburbanos do Rio, ao desembarcar de um vagão cheio. Como nossa população é grandemente formada por pessoas de baixa – ou nenhuma – escolaridade, decidi também, como no exemplo canadense, usar a cor para a identificação imediata das estações. Não a cor disseminada por todo o espaço interno, mas aplicada numa faixa, nas paredes laterais, ao longo das plataformas.

Independentemente disso, no desenvolvimento dos anteprojetos de arquitetura, criei uma parede paralela à da caixa envoltória das estações subterrâneas, dela distante uns trinta centímetros, para canalizar o ar da ventilação mecânica que vem de grandes dutos e é insuflado continuamente nas plataformas.

Projetei a base dessa caixa envoltória também em concreto aparente, numa altura de sessenta centímetros, para dar continuidade visual à parede estrutural – atrás da linha de insufladores – que deveria refletir os grandes esforços a que estava submetida. Sobre essa base, complementando-a, defini uma lâmina formada de chapas de ferro esmaltado, para canalizar verticalmente o ar e dar suporte à cor identificadora.

Como chefe da arquitetura, eu coordenava a inserção do trabalho dos especialistas em comunicação visual nos nossos

COMUNICAÇÃO VISUAL DAS ESTAÇÕES, perspectiva externa, projeto não implantado, c. 1968. Desenho de Vallandro Keating

projetos, podendo aprovar ou não suas propostas. Eram dois arquitetos de excelente nível, com um currículo muito rico em desenho industrial e programação visual, respeitadíssimos na classe: João Carlos Cauduro e Ludovico Martino, que eu já conhecia bastante de nome.

Primeiro projeto   Meu primeiro contato foi com João Carlos Cauduro. Quando lhe expliquei as intenções do nosso anteprojeto, fez restrições a dois pontos: o modelo do acesso das estações subterrâneas e o da cor identificadora.

Inspirado no desenho das bocas de escada *art nouveau* do metrô de Paris, eu havia projetado as saídas das escadas de acesso subterrâneo descobertas e localizáveis em calçadas, em concreto aparente, com um dos guarda-corpos se alongando verticalmente para conter uma placa, também de concreto, com o logotipo do metrô e o nome da estação. Achei aquele elemento elegante, simples e discreto, como convinha a um elemento colocado numa calçada, mas marcante e de fácil reconhecimento pelos usuários.

Cauduro então me apresentou a teoria, universalmente adotada, de que a comunicação visual não deve tomar a arquitetura como suporte. Deve ficar independente do prédio, evitando quebrar a integridade e criando seu próprio apoio. O respeito profissional que tinha por ele e seu sócio fez com que me convencesse disso.

Mas, com relação ao uso das cores, discordamos. Também fazia parte de seus princípios que a comunicação visual independesse da arquitetura, devendo chamar a si toda a orientação. A arquitetura não deveria desempenhar papel algum nesse sentido. Isso vinha contra o que eu achava das funções da arquitetura. Nesse caso, o especialista queria eliminar o efeito que eu previa nas faixas com cores definidoras, prejudicando a operação do sistema, no meu entender.

Em defesa do seu ponto de vista, anunciou que criariam um conjunto de logotipos para identificar cada uma das estações. Mostrou-me fotos de estações do México, marcadas com logotipos inspirados na cultura asteca.

Elogiei os logotipos, mas insisti nas faixas coloridas, pois como seria grande o número de analfabetos entre os usuários, as cores deveriam ter fácil definição verbal, permitindo a qualquer pessoa orientar um passageiro a saltar na estação verde-claro, na marrom, ou na azul-marinho. Isso, Cauduro não aceitava, achava melhor que todas as faixas tivessem a cor azul, que seria a cor da linha e que, de nove em nove metros, o ritmo da estrutura se aplicasse sobre elas, sob o nome escrito da estação, um múltiplo do logotipo da mesma.

Não concordei, pois o passageiro já sabia desde o começo que estaria em um trem da Linha Azul. Mesmo com o sistema de som anunciando os nomes das estações, o barulho no vagão poderia dificultar a audição, ou o passageiro distraído poderia perder a mensagem, ou ainda falhar o sistema do som, enquanto a cor estaria lá, contínua. Alegou, então, que a linha tinha aproximadamente vinte estações e não haveria vinte cores com nomes diferentes. Além do mais, não poderíamos usar as cores das outras linhas, pois provocaria confusão.

Argumentei, então, com a possibilidade de usarmos, nas faixas das estações de transferência, a cor da linha que por ali cruzasse. Assim, para o passageiro da Linha Azul se transferir para a Linha Vermelha, por exemplo, teria que saltar do trem na estação vermelha. Quanto ao número de cores, ninguém se enganaria entre estações distantes e ainda haveria quatro elevadas, de modo que poderíamos repetir na Vila Mariana as cores de Santana. Insisti no desejo de que, quando chegasse uma pessoa simples e perguntasse onde fica a estação tal, alguém pudesse ensinar: "A senhora salta na estação verde-claro, a que vem depois da amarela". Isso porque, em viagens de observação nos trens de subúrbio, verifiquei que, para que o passageiro não perca a sua parada, tem que se preparar para o desembarque na estação anterior.

Finalmente, pedi que me preparasse um conjunto de pranchas com as faixas das estações, nos tons que lhe parecessem mais bonitos e com os logotipos aplicados de nove em nove metros, sob os nomes das estações. Ele ainda tentou me convencer da vantagem da cor única na linha toda, mas insisti, e ele acabou concordando.

No entanto, quando abri o álbum que me trouxeram, dias depois, cada página mostrava uma estação com suas duas faixas, em cada qual aplicados de oito a dez múltiplos do logotipo sobre um belo azul ultramarino. O desenho dos logotipos era muito bonito e obedecia a uma lei de formação baseada na situação da estação na linha, de sua relação com as pontas e com as estações de transferência, e determinava-se o número de barras inclinadas à direita e à esquerda de um núcleo. Um sistema sofisticadíssimo!

Perguntei-lhes se acreditavam que o público pudesse assimilar essa teoria. Lembrei-me do *Orfeu* de Jean Cocteau: o vidraceiro no túnel da morte, carregando placas de vidro imaginárias às costas, ainda com a deformação profissional – que a Morte explicava a Orfeu ser a última característica de que se desvinculava o homem.

Quando virei a página seguinte, da segunda estação, surpreendi-me com faixas azul-turquesa escuro. Sem nem examinar o logotipo, passei à quarta, que mostrava um azul pastel; à próxima – azul-cerúleo; na outra um Nattier!

Os colegas – arquitetos especializados em comunicação visual, projetistas de desenho industrial respeitadíssimos por toda a classe – espantosamente haviam preparado um álbum muito bem elaborado, com altíssimo padrão de apresentação, com vinte tons diferentes de azul! Armei-me de paciência e voltamos à discussão, até que aceitaram preparar outro álbum com cores diferentes.

Dez dias depois, Ludovico voltou sorridente, embora tenso. A tensão cresceu quando comecei a folhear o trabalho. Inacreditavelmente, as cores eram diferentes no nome, mas eram um cinza azulado, um castanho azulado, um verde turquesa, um violeta quase sem vermelho e outras no mesmo sistema.

Dessa vez fui direto: não aceitaria o projeto dessa maneira. Eu queria um novo álbum, com cores realmente diferentes, que pudessem receber definição oral!

Finalmente o fizeram, com um resultado esplêndido! O trabalho foi apresentado à Companhia do Metrô e me pareceu do mais alto nível.

Segundo projeto   Meses depois da realização desse trabalho, a nova diretoria da Companhia do Metrô decidiu refazer o projeto. Nunca entendi as razões pelas quais o anterior, sério e consistente, fora ignorado. Desta vez, um escritório internacional, de um famoso designer italiano, foi contratado.

Uma tarde, quando todas as estações já estavam em obra, um dos colegas da equipe me telefonou. Assistindo a uma apresentação do designer, assustou-se com o perigo de ele prejudicar a arquitetura. Havia insistido para que o designer se encontrasse comigo, o que seria possível na manhã seguinte, em sua visita à estação Jabaquara.

Lá chegando, emocionei-me ao penetrar o espaço livre de andaimes e cimbramentos daquele subterrâneo que se abre para o exterior, com o qual eu e João Batista Martinez Corrêa tanto sonhamos no papel.

No nível da plataforma, encontrei os dois. Fui apresentado ao designer, que me cumprimentou secamente e praticamente me ignorou, voltando a olhar para os tetos e paredes da estação. Ao lhe perguntar – em inglês – se já havia estudado o nosso anteprojeto, ele respondeu, sempre com os olhos vasculhando o teto, que olhara os desenhos por alto. Silêncio. Voltei à carga, perguntando se notara as faixas de ventilação. Ele respondeu algo como um "e daí?" Expliquei a minha intenção de usar a cor para definir as estações e ele me cortou – pretendia pintar as faixas nas cores das linhas, todas dessa linha seriam azuis.

Repeti o mesmo argumento usado antes com Cauduro, porém o italiano insistiu que iria pintar todas nas cores das linhas. Deu-me as costas lentamente e se afastou uns passos. Despedi-me do colega que havia me chamado e me dirigi à escada mais próxima, irritado. Mais que isso, deprimido.

Semanas depois, soube que haviam chegado os primeiros estudos, com as faixas todas em azul. O projeto definitivo apresentava pouquíssima diferença do trabalho de Cauduro e Martino. Fui informado de que o diretor de engenharia da Companhia do Metrô já havia aprovado o projeto. Todas as estações da Linha Norte-Sul teriam a faixa azul. Fiquei revoltado, mas por poucos dias, pois

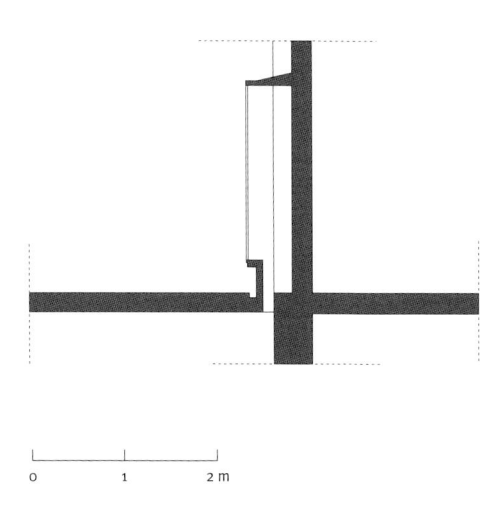

Sistema de comunicação visual nas plataformas, corte esquemático

logo depois saiu nos jornais uma entrevista do novo prefeito. Entre outras coisas, ele, que não sabia dos passos do novo projeto de comunicação visual, mas que percebi ter lido a minha entrevista de meses antes, informava – como ideia muito interessante – que cada estação teria uma cor, já que, como havia muitos analfabetos entre nós, as cores seriam de definição verbal.

Em entrevista concedida ao jornal *O Estado de S. Paulo*, eu havia explicado do andamento dos trabalhos e contado como seria a comunicação visual. Falava do uso das cores e da necessidade de que tivessem definição verbal, para esclarecimento dos analfabetos. A manchete da matéria, no alto de uma página interna, foi: "Estações do metrô terão cores de definição verbal".

Depois disso, o diretor chamou os seus assessores e mandou que o designer modificasse o projeto nesse sentido! Mas, infelizmente, não foi este o fim da história, pois as faixas não tiveram cores dominantes e tampouco ficaram todas azuis – elas receberam barras de variadas cores. Os arquitetos da companhia explicaram que a manutenção de um mesmo tom em toda a faixa não tinha sido possível por problemas com o esmaltamento a fogo. Não me convenci da inexorabilidade desse impedimento, mas como a companhia nos impediu de acompanhar o desenvolvimento dos projetos, esse e outros tipos de distorção ocorreram. Eu proporia a aplicação das placas de tons aproximados, aleatoriamente alternadas, mas dando uma cor dominante à estação.

É muito frequente, na arquitetura oficial, estatal ou paraestatal, esse corte no desenvolvimento dos projetos, muitas vezes confiado a profissionais absolutamente ignorantes das intenções originais dos mesmos.

Detalhamento dividido

Atitude equivocada   Após a publicação do relatório dos anteprojetos, no final de 1968, os estudos continuaram. Foram canceladas estações já publicadas e criadas outras não previstas. Finalmente, os anteprojetos de vinte estações foram dados como definitivos: quatro elevadas e dezesseis subterrâneas.

Para a tarefa de completar os projetos da linha e estações, a prefeitura dividiu o trabalho em nove lotes e os distribuiu a empresas de consultoria nacionais. Quando soube disso, temi que o detalhamento da arquitetura também fosse dividido, o que seria errado. Membros da companhia com os quais tinha boa relação confirmaram a intenção e, então, procurei esclarecê-los para evitar tamanho erro.

Esse procedimento, cada vez mais usado nos projetos de órgãos estatais e paraestatais, é altamente antiprofissional e profundamente antiarquitetônico. Somente quem concebe uma obra arquitetônica é capaz de, durante o desenvolvimento do trabalho, atingir os objetivos visados inicialmente. Por mais qualificado que seja o arquiteto, ele somente levará a bom termo um projeto não iniciado por ele se contar com a colaboração do seu criador. Mesmo assim, a motivação e rendimento nunca seriam os mesmos.

Apesar do meu empenho, o detalhamento foi distribuído entre as empresas que fariam o de engenharia. Nossas informações foram limitadas às plantas, cortes e elevações em escala de 1:100, onde pusemos o máximo de dados cabíveis em tal escala. Lançada a concorrência, formaram-se consórcios para os diversos trechos e ficamos todos na expectativa do que aconteceria com os anteprojetos. Nove diferentes consórcios, ou empresas, foram contratados. Em sua maioria, para o meu alívio, compareceram com arquitetos de primeira linha para conduzir o trabalho junto a seus engenheiros de estrutura, instalações e sistemas. As que não tinham bons arquitetos em seus quadros convidaram alguns como consultores e, de maneira geral, escolheram colegas de alto gabarito para aumentar as chances de ganhar a seleção.

ATITUDE ÉTICA O primeiro a me procurar foi Jorge Wilheim, por ter estranhado o convite recebido de uma consultora. Não queria aceitar, por acreditar que somente os autores tinham capacidade de desenvolver os anteprojetos, e por saber que eu e minha equipe havíamos desenvolvido os trabalhos desde o início. Ao saber como eu havia ficado aborrecido e preocupado com essa decisão, ele me disse que ainda não havia recusado o convite da empresa por não saber o que estava acontecendo, mas que, sendo assim, recusaria. Pedi que aceitasse, pois sabia que alguns contratantes estavam querendo deturpar o nosso projeto e preferia que bons arquitetos entrassem no processo.

Ele então resolveu aceitar, garantindo que poria um arquiteto do seu escritório – Paulo Zimbres – como encarregado de tocar o serviço dentro da maior fidelidade ao nosso anteprojeto, em contato estreito conosco, como um membro de minha equipe.

Outros colegas – também do melhor gabarito – tiveram a mesma conduta: Paulo Bastos, Israel Sancovski, Noêmio Xavier da Silveira e especialmente o colega Tetsuro Hori, cuja colaboração no trecho elevado foi primordial. Todos me comoveram pelo alto espírito de ética profissional.

Conversa importante

Opinião estética   Apesar de desligado da HMD, continuei acompanhando as obras das estações para defendê-las, dentro das limitações da falta de mandato e das deturpações do projeto. Um dia, visitando a obra do trecho elevado com amigos meus, soube que o presidente da Companhia do Metrô, engenheiro Plínio Assmann, havia dado ordens aos engenheiros para substituírem o guarda-corpo da linha elevada, que eu havia projetado fechado com placas de fibrocimento, por um gradil metálico. Isso porque, numa visita, o prefeito havia criticado a minha solução, e dito que um gradil daria mais leveza à linha. Amigos da companhia garantiram que o corpo técnico havia defendido meu projeto, mas que o presidente foi inflexível.

Mesmo depois da mudança do prefeito, o presidente não voltou atrás em sua decisão e deu ordem ao chefe do departamento de engenharia para proceder à modificação. Isso daria a aparência de passarela de pedestres a um elemento projetado para refletir a força de uma linha férrea. Procurei então o engenheiro – com quem eu me dava muito bem – e disse-lhe que sabia que o projeto do guarda-corpo estava para ser modificado, provavelmente porque ignoravam as razões pelas quais eu o projetara fechado. Expliquei que com gradil ele ganharia a aparência de uma passarela, alheia à mensagem que deveria ter a linha elevada, já prejudicada pela necessidade da saída de emergência. No entanto, mesmo reconhecendo minha razão, ele não tinha poder para modificar coisa alguma, por serem instruções diretas do doutor Plínio. Se eu quisesse que o projeto voltasse ao que era, devia me dirigir ao presidente do metrô. Resolvi então tentar uma conversa com ele, apesar da quase certeza de que não seria recebido. Quando sua secretária perguntou-me de onde eu era e qual assunto queria tratar com o doutor Plínio, não quis usar o nome da Promon.

Respondi que era o autor do projeto arquitetônico do trecho elevado e queria falar com ele sobre a arquitetura do trecho. Para minha surpresa, marcou a entrevista para dois ou três dias depois.

GRATA SURPRESA Cheguei preocupado ao gabinete do presidente e esperei uns dez minutos até a secretária me introduzir numa sala de reuniões, com uma mesa de uns quinze lugares. Doutor Plínio me aguardava em pé, ao lado da cabeceira, e indicou-me a cadeira vizinha para que me sentasse. Ele tomou a palavra. Criticou o meu projeto, evidentemente baseado em informações recebidas de outras pessoas. Percebi distorção nas informações passadas ao presidente, visando desqualificar o trabalho.

Ouvindo aquilo, julguei que o presidente da companhia estivesse envolvido na trama e resolvi não insistir. Preparando-me para levantar, disse que não viera ali como arquiteto da HMD ou da Promon, mas como autor da arquitetura do trecho elevado; que sentia a obrigação para com a cidade de tentar evitar um dano à linha. Se não havia quem me ouvisse, iria me retirar.

Logo que comecei a me levantar, ele também recuou sua cadeira e se levantou. Mas disse-me para ficar, queria me ouvir, eu poderia falar tudo o que eu quisesse. Muito surpreso, sentei-me e comecei a relatar todo o caso do guarda-corpo, percebendo que o que eu dizia estava sendo relacionado com outras coisas que ele sabia. A certa altura, perguntou-me se o chefe da engenharia sabia dessas minhas razões todas e eu disse que sim. Assim que ouviu minha resposta, pegou o telefone e pediu à sua secretária que chamasse o engenheiro urgentemente.

Enquanto o engenheiro não chegava, ficamos conversando sobre projetos, sobre as dificuldades de se agir racionalmente numa paraestatal, enfrentando os interesses corporativos do corpo técnico, que acaba impossibilitando a companhia de contratar a melhor técnica disponível no mercado de engenharia e de arquitetura. Queixei-me dos desrespeitos gratuitos ao projeto, muitas vezes fruto apenas da ignorância de que seja algo importante, cuja integridade deva ser preservada.

Ele quis saber, no caso da Linha Norte-Sul, onde houvera esse desrespeito. Contei-lhe casos antigos, alguns em que consegui salvar o projeto e outros recentes, cujas consequências ainda eram visíveis, como os dos espelhos d'água dos acessos da Ponte

Pequena e da Tietê – em que alguém mandou pintar de verde-água as muretas de borda e a parte submersa dos pilares, interrompendo-lhes a continuidade e "colocando-lhes meias soquetes verdes", não deixando que funcionassem os reflexos d'água. Parecia compreender e aceitar tudo o que eu contava, e fazia anotações.

Quando o engenheiro entrou, não conseguiu esconder a surpresa ao me encontrar conversando animadamente com o presidente. Depois de resumir o assunto de que tratávamos, doutor Plínio pediu para que ele buscasse o meu anteprojeto.

Expliquei os detalhes diante do desenho e o engenheiro foi instruído a determinar os estudos para a volta daquela solução. Saí muito admirado pelas qualidades daquele engenheiro, que antes havia julgado tão erroneamente!

Na semana seguinte, o arquiteto-chefe da companhia me ligou, pedindo um projeto para a cobertura da parada de ônibus anexa à estação Ponte Pequena. Uma firma havia sido contratada para o serviço, mas o doutor Plínio não queria que nada fosse feito sem minha orientação. Pediu uma reunião no meu escritório, ou onde eu quisesse, e no dia que me conviesse. Comovido com essa consideração, propus fazermos a reunião na companhia e que ele sugerisse o melhor dia.

Semanas depois, passando em frente à estação Tietê, vi que haviam pintado na cor do concreto as bases dos pilares e as paredinhas das bordas e fundos. Empolgado, dirigi-me à estação Ponte Pequena e constatei que lá haviam feito o mesmo, eliminando o terrível verde-água, agora substituído pela visão da própria água.

Inauguração da linha

Quando o trecho entre as estações Santana e Vila Mariana estava quase pronto, em 1974, a companhia resolveu fazer a inauguração parcial. Propus aos meus companheiros de equipe fazermos a nossa inauguração, que constaria de uma viagem pelo trecho, logo que a linha fosse entregue à população, e depois um almoço de confraternização num restaurante chinês da praça da Liberdade.

Encontramo-nos na praça daquele ponto e entramos na estação – eu no papel de anfitrião, pois era projeto meu. Estávamos: João Batista, Álvaro Macedo, Gonga, Flávio Marcondes, Silvio Heilbut, Ernani Mercadante, Jorge Utimura, Flávio Pastore, Vasco de Mello,

Vallandro Keating, Tito Livio Frascino, Luiz Arnaldo Queiroz e Silva e Marcos Pelaes.

Na estação São Joaquim, saltamos e cumprimentamos Flávio Marcondes, pela beleza do espaço que criou. Na Vergueiro, foi o Gonga quem recebeu cumprimentos de todos. Na estação Paraíso, ao deixarmos o trem, encontramos grande alvoroço, um grande grupo de autoridades e de jornalistas, centrados no prefeito, a uns vinte metros de onde havíamos desembarcado. Procurei encaminhar o nosso grupo para o outro lado, mas Plínio Assmann me viu, pediu licença ao prefeito e veio, em passos rápidos, me procurar. Não queria perder a oportunidade de me cumprimentar e de dizer que todos estavam encantados com a arquitetura das estações. Apesar da pressa, consegui apresentar a equipe que as projetara. Fiquei contentíssimo com aquele gesto.

Todos cumprimentamos o Pastore pela estação e, na Ana Rosa, foi a vez do Silvio; na Luz, foi o Álvaro; na Tiradentes, de novo o Flávio Marcondes; na São Bento, na Ponte Pequena e na Jabaquara, reparti meus cumprimentos com João, meu grande colaborador. Já na Tietê e Carandiru foram saudados Vasco e Ernani, que tanto ajudaram no seu detalhamento.

No dia seguinte saíram grandes reportagens sobre a inauguração, com declarações de figurões. Muito se falou do progresso para a cidade que o novo sistema traria, dos trens moderníssimos e dos métodos sofisticados de construção. Mas nada se falou da arquitetura.

Equipe de arquitetos do metrô na estação Liberdade, da esquerda para a direita: Marcos Pelaes, João Batista Martinez Corrêa, Luiz Arnaldo Queiroz e Silva, Vasco de Mello, Ernani Mercadante, Luiz Antônio Vallandro Keating, Marcello Accioly Fragelli, Tito Livio Frascino, Luiz Gonzaga de Oliveira Camargo (Gonga), Flávio Raphael Soares Pastore, Silvio John Heilbut, Flávio Marcondes, Jorge Utimura e Álvaro de Macedo Neto, 1974

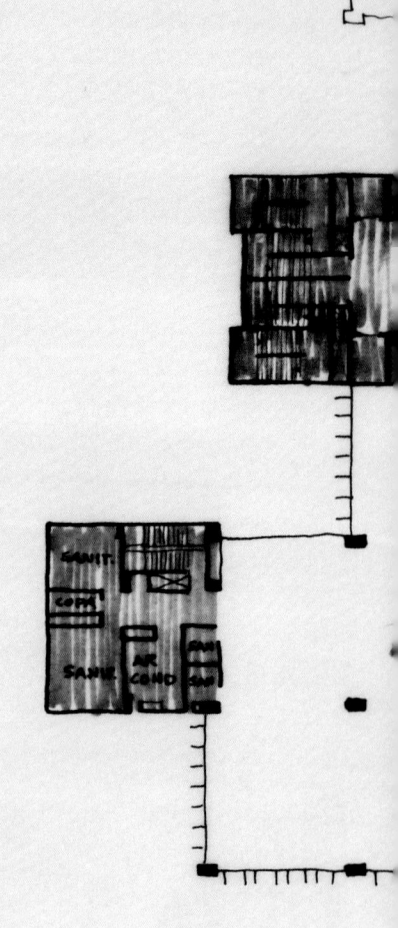

AS COLUNAS A e B
SE DESTINAM À OCUPAÇÃO
EXCLUSIVA PELA PROMON

1.934 m² DE PAVIMENTO EM A+B = 1.463 m²
14 x A+B =   20.4

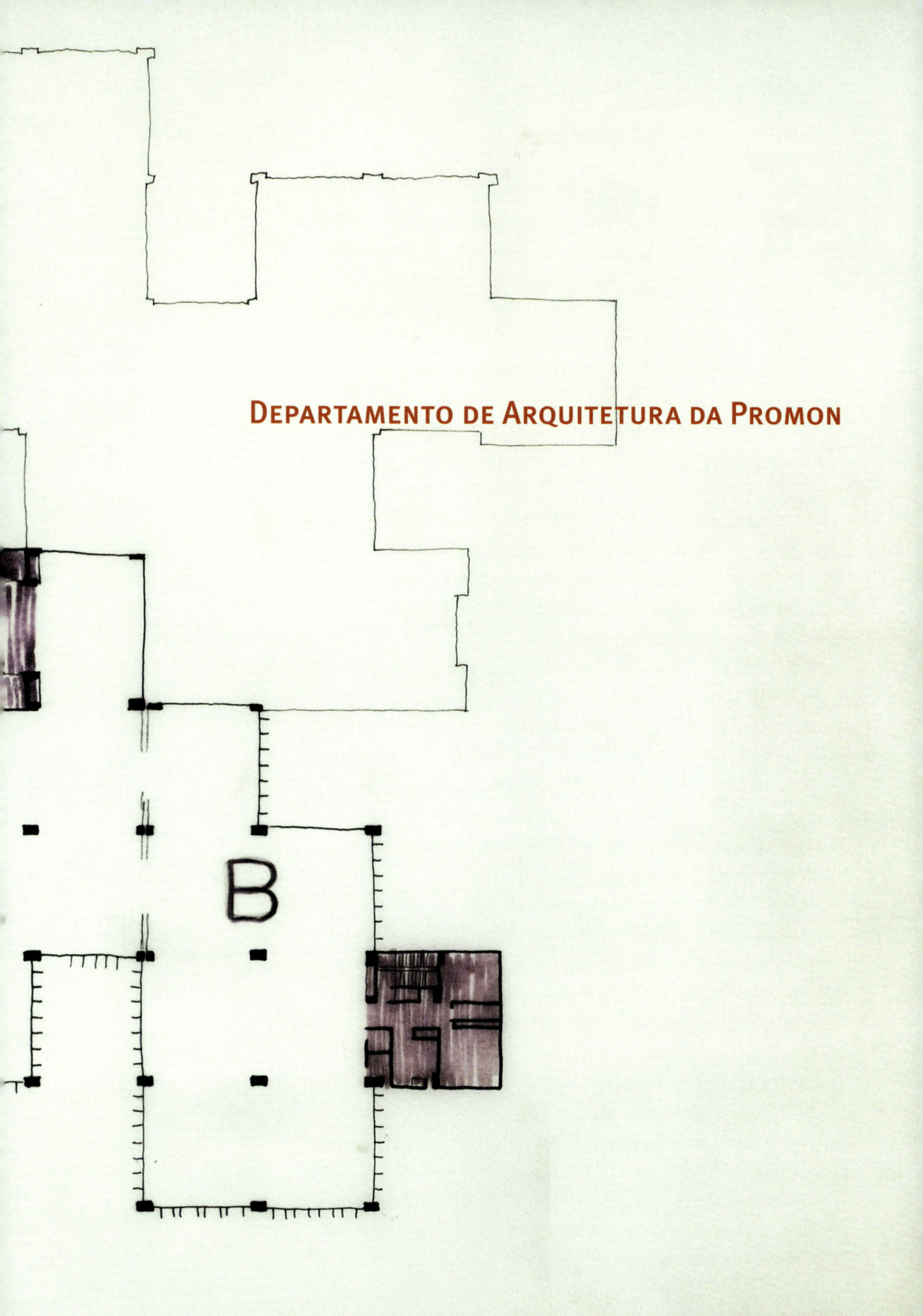

Departamento de Arquitetura da Promon

272 m² de escadas, elevadores e saguões   199 m² de copas, sanitários e eq
3.813   2.786

Fundação do departamento

Em 1968, Tamas Makray e Júlio Queiroz, então presidente e vice-presidente da Promon, propuseram que me dedicasse inteiramente à empresa, fundando o Departamento de Arquitetura da mesma, e fechando o meu escritório. Alegaram que eu estava sobrecarregado de trabalho, pois após o expediente na HMD eu ainda me dedicava ao escritório, por duas ou três horas.

Tinham razão, o regime estava me cansando e o escritório rendendo pouco. Poderia tocar projetos que estivessem em fase de acabamento em casa, com menos gasto de energia. Como teria ainda longas conversas para o meu papel na nova função, fiquei de pensar no assunto.

Algum tempo depois, fui convidado a participar de um consórcio formado pela Promon, pela Montor – empresa de economia e de Planejamento do grupo Montreal – e por uma empresa americana, especializada em projetos de transporte. Esse consórcio seria formado para a qualificação aberta pela Secretaria de Transportes do Estado de São Paulo visando uma futura concorrência para o projeto da nova Estação Rodoviária de São Paulo, que ficaria ligada à atual estação Portuguesa-Tietê do metrô. Interessei-me em participar da concorrência, entre outros motivos, porque a futura estação faria conjunto com a estação que eu havia projetado.

A perspectiva de iniciarmos outra colaboração de grande porte, paralela ao anteprojeto do metrô, fez com que retomássemos a conversa sobre minha participação como consultor e, especificamente, sobre o problema da autoria desse projeto. Tamas e Júlio diziam que, apesar de o consórcio conter três firmas, cada qual se responsabilizaria por um campo definido, e sob a Promon ficariam a responsabilidade e a autoria do projeto da estação. Ponderei, dizendo que a autoria arquitetônica deveria ser minha, se era eu que ia fazer o projeto. A arquitetura, afinal, tem sempre um autor, cujo trabalho é base de uma equipe toda.

Acertados os detalhes, fui autorizado a participar das reuniões necessárias na Montor, e começamos a preparar a proposta, com a colaboração do pessoal do Carlos Junqueira. Mas, de vez em quando, o assunto voltava e me convocavam a "vestir a camisa" da Promon, pois estávamos todos no mesmo barco. Insisti que não abriria mão da autoria dos meus projetos, inclusive de detalhá-los.

Argumentei que achava que o detalhe era parte inerente da obra arquitetônica. Em uma obra do Frank Lloyd Wright, ou do Mies van der Hohe, cada detalhe foi resolvido por eles, ou sob a orientação deles. Philip Johnson desenhou até torneiras para o Seagram Building e o Reidy projetou as maçanetas do Museu de Arte Moderna do Rio. Um detalhe pode modificar a mensagem de uma solução.

Acertamos os pontos básicos para as condições profissionais do departamento: projeto de outras obras da Promon com elementos construídos, cercas ou até mesmo guaritas, seriam confiados a um arquiteto de nosso departamento, que participaria das reuniões em que se tratasse desses elementos; projetos industriais, hidroelétricos ou de qualquer natureza, que contivessem prédios, seriam projetados no nosso departamento, coordenados pelo arquiteto autor e acompanhados pelo coordenador da área industrial ou hidroelétrica.

Com a finalização dos anteprojetos das estações do metrô, estava terminada nossa tarefa na HMD e ela própria vivia os últimos tempos do seu contrato – os poucos funcionários que continuariam preparavam a mudança para o prédio onde se localizavam os escritórios da Companhia do Metrô.

Nova rodoviária

A concorrência da nova rodoviária possibilitou a fundação do Departamento de Arquitetura da Promon, pois até então só tinha como grande encargo o contrato da Linha Norte-Sul do metrô.

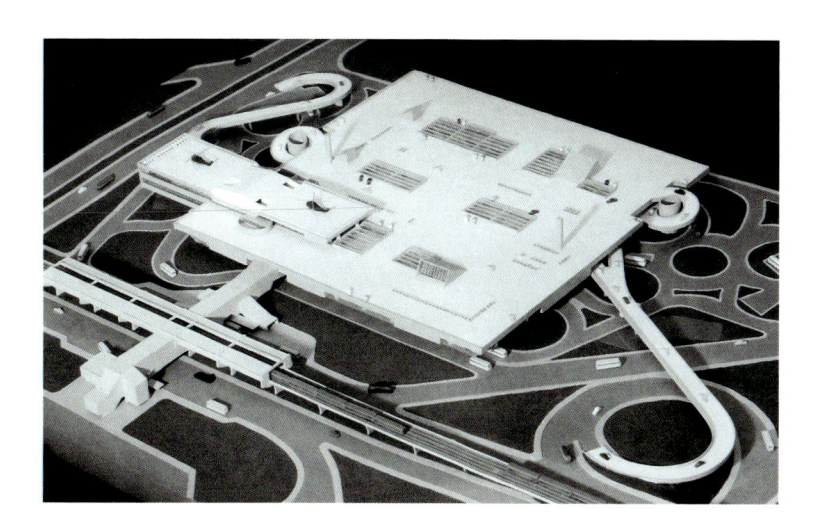

p. 306-307, **Condomínio São Luiz**, sede da Promon, planta esquemática de estudo, São Paulo SP, 1973-1988

Nova Rodoviária, maquete tridimensional, projeto não construído, São Paulo SP, 1970

Iniciei o estudo da solução e, para estabelecer o layout, baseei-me nos dados fornecidos pela Dersa – paraestatal encarregada de gerenciar a rodoviária – e nos gabaritos específicos passados pela consorciada americana. Para que a estação fosse economicamente autossustentável, incluiu-se no programa uma grande área de serviços – com lojas, lanchonetes e restaurantes – e um heliponto. Tomando como referência a estação ferroviária de Roma, anexei um hotel de curta permanência ao programa.

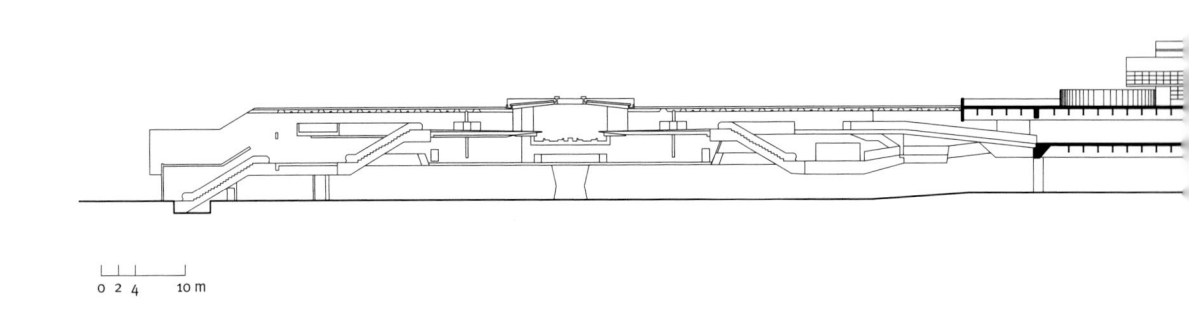

Como o terreno era limitado, distribuí as galerias comerciais em dois níveis e, para movimentá-las, na cobertura – uma grande laje quadrada –, localizei o estacionamento. O embarque e desembarque de passageiros ficou no primeiro piso elevado, onde também chegariam os pedestres, os passageiros de metrô e dos ônibus urbanos. No projeto da estação do metrô, eu havia previsto uma ligação com a futura rodoviária, demolindo pequenas partes dela. O térreo ficou destinado somente aos ônibus interurbanos.

NOVA RODOVIÁRIA
Acima, corte longitudinal com interligação à estação Tietê do metrô
Abaixo, perspectiva externa. Desenho de Rogério Antonio Dorsa Garcia

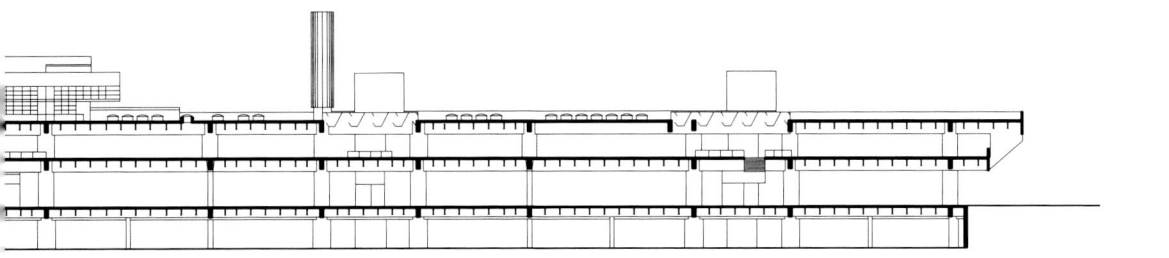

Por ainda estar envolvido com os anteprojetos do metrô, procurei o arquiteto Paulo Sérgio de Souza e Silva, que havia conhecido em Ibiúna, na casa do Carlos Lemos. Paulo Sérgio havia sido funcionário da Hidroservice e atendeu animado ao meu chamado, pois, embora preferisse atividades de planejamento urbano, o projeto o atraía. Passei a trabalhar todas as noites em sua casa, primeiro passando-lhe o anteprojeto – já delineado – e, em seguida, desenvolvendo-o conjuntamente. Aos poucos ele montou uma equipe de projetistas e desenhistas na Promon para tocar os desenhos. Esporadicamente chamava-me aos nossos escritórios para discutir problemas urgentes ou para reuniões. Cumprimos um prazo muito curto, mas no seu limite entregamos todos os desenhos do prédio em escala de 1:200, belas perspectivas e uma grande maquete.

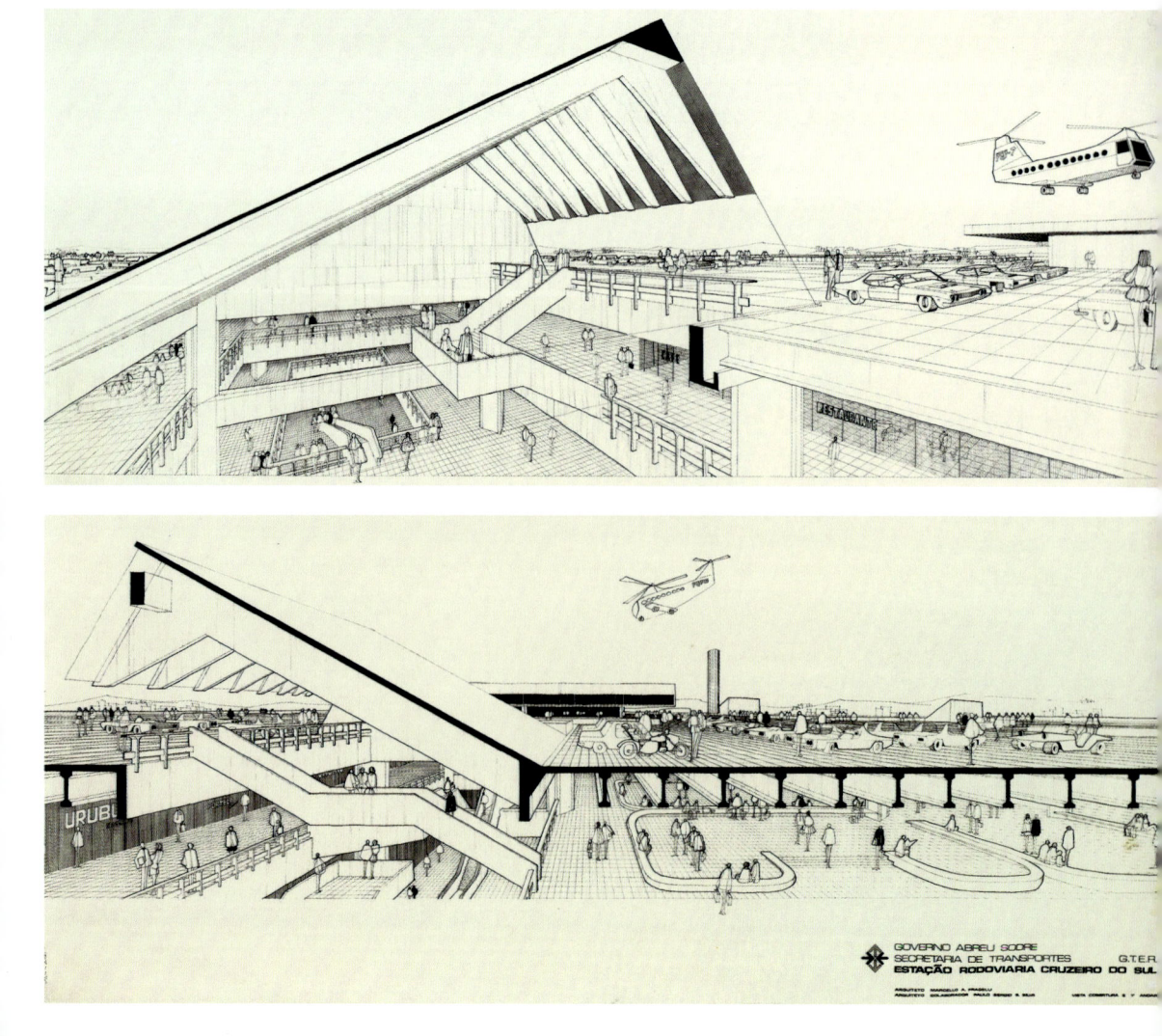

NOVA RODOVIÁRIA
À *esquerda*, perspectiva interna; corte. Desenhos de Rogério Antonio Dorsa Garcia
À direita, *Jornal da Tarde*, 17 de março de 1977

Infelizmente, não houve tempo para a concorrência antes da mudança de governo e o novo Secretário de Transportes declarou desconhecer a existência desse projeto. Entretanto, um amigo que tinha ido ao seu gabinete viu a nossa maquete numa antessala e veio me cumprimentar pelo projeto.

No final dos anos 1970, o governo estadual entregou o projeto à Companhia do Metrô e sua equipe de arquitetos foi encarregada de reprojetá-la, em vista das modificações no programa, desde dados de linhas de ônibus e carga de passageiros, até o shopping, que foi substituído por uma área comercial menor.

Lamentavelmente, a ligação com a estação do metrô ficou prejudicada, talvez por falta de estudo ou cuidado. O efeito da leveza do pórtico em "A" – duramente conseguido – foi eliminado pela construção ordinária de edículas sob as escadas.

Arquitetura industrial

Havia sido combinado que todos os projetos da Promon, de quaisquer áreas, tivessem orientação arquitetônica do nosso departamento. Em casos como hidroelétricas, nossos arquitetos participariam das discussões para a criação das grandes estruturas e elaborariam os projetos dos prédios auxiliares, que deveriam ter a massa que correspondesse à vizinhança dos pesados blocos de engenharia hidráulica. Unidades petroquímicas teriam igual procedimento. Nos prédios industriais, os projetos de caráter civil seriam feitos por nós, como se fôssemos subcontratantes do Departamento Industrial, sob a coordenação administrativa dos engenheiros desse departamento.

No fim dos anos 1960, começaram a chegar projetos da indústria automobilística e de autopeças, ocupando o Paulo Sérgio e depois os arquitetos que iam sendo liberados da HMD, como o Gonga e o Flávio Marcondes, o João Batista Corrêa e o Silvio Heilbut. Em alguns casos, os clientes pediam que mandássemos grupos-tarefa para os núcleos centrais fora do país, para desenvolverem os projetos em conjunto com os seus técnicos. Assim, Gonga e um grupo trabalharam durante um período em Detroit, nos escritórios da consultora americana Giffels; mais tarde Paulo Sérgio foi para a Argonaut, na mesma cidade.

Na posição de arquiteto-chefe, responsável pelo padrão da nossa arquitetura, algumas vezes tive que orientar trabalhos de amigos meio a contragosto. Numa dessas vezes, um colega veio me mostrar, encantado, o projeto de uma casa de controle de equipamentos para uma indústria pesada que havia terminado. Era um prédio bem proporcionado, mas tão requintado que lhe tirava o caráter de componente de um conjunto industrial. Ficaria deslocado, no meio do entorno a que se destinava. Após elogiar as qualidades estéticas, fiz as restrições quanto ao caráter.

Meu amigo defendeu sua solução ardorosamente. Disse a ele que realmente era uma bela solução, mas que isso não bastava. Faltava o caráter, a adequação da forma à função. A mensagem era a de um prédio nobre – ficaria bem no campus de uma universidade, mas não junto a um galpão industrial cheio de chaminés. Era muito elegante – tinha cara de prédio de clube, até de centro cívico, mas não de prédio de equipamentos de uma indústria.

Outro foi o caso do colega que se empolgou pela solução plástica da fachada do prédio administrativo de uma indústria de automóveis, e procurava justificativas para deixar o refeitório sem abertura para o exterior. Percebi a interferência que traria a janela pedida pelo restaurante na composição feliz da fachada, mas tentei convencer o colega a quebrar o formalismo para ambientar melhor os funcionários no almoço. Eu sentia que uma solução arquitetônica poderia atacar o problema, alegado pelo colega, da falta de atrativos do entorno, e argumentava que nossos clientes multinacionais com certeza vetariam um refeitório enorme iluminado zenitalmente, com parede cega em concreto fechando a vista para oito metros de jardim. Eu não queria vetar o projeto; felizmente ele cedeu, e nossa relação não foi abalada.

Sede de Furnas

Como os dois primeiros edifícios da sede de Furnas haviam sido projetados por um arquiteto de grande nome, seu presidente acreditava que só uma grande empresa de consultoria teria capacidade de projetar o terceiro edifício, em Laranjeiras, no Rio. Seu departamento técnico – com vários engenheiros e arquitetos – era chefiado pelo engenheiro Edgard Machado. Em 1971, quando a Promon foi escolhida para fazer o projeto, apresentei-me a ele como o arquiteto designado para ser o autor, acompanhado pelo coordenador administrativo do projeto.

Conversamos muito com o Edgard, e com um arquiteto assistente seu, para estabelecermos o programa do prédio. Aprovado o projeto pela diretoria, e por sua solicitação, passamos a ir ao Rio com frequência depois que o detalhamento se iniciou.

Edgard sempre acompanhou cada passo do trabalho, opinando nos mínimos detalhes e solicitando modificações. Algumas de suas preocupações eram muito válidas. Uma delas era com o perigo de incêndios. Ele citou o exemplo dos Estados Unidos, onde as escadas são sempre enclausuradas e me desafiou a projetar um modelo mais seguro que as usadas no Brasil.

Pouco depois dos dois incêndios que abalaram São Paulo,[24] o meu antigo aluno e companheiro da equipe da HMD, Tito Livio, voltou de um estágio na França com a novidade da escada francesa SAS, enclausurada.

Esta escada se comunica com os pavimentos através de uma antecâmara dotada de duas portas corta-fogo de mola e tem uma janela aberta para um poço, chaminé destinada a dar vazão à fumaça. Naquele tempo não se conhecia, no Brasil, nem escada enclausurada, nem antecâmara exaurida. Levei desenhos da SAS ao Edgard, que logo me pediu para aplicar o projeto nas duas escadas que eu havia localizado nos extremos da planta.

Nosso projetista-mor – Luis Antonio Blond Gomez – estava modificando as escadas quando, numa ida ao Rio, Edgard me recebeu com a revista *L'Express* na mão e com um olhar furioso. A revista falava de um incêndio num hotel no sul da França, com 36 mortes ocorridas pela inalação do CO_2. As escadas do hotel eram do tipo SAS. Enquanto eu colocava meus pensamentos em ordem, ele continuou, brandindo a revista com a reportagem e fotos do terrível incêndio. Enquanto eu lia, ele argumentava que o pessoal foge do incêndio, abre as duas portas, metade da fumaça sai pela janela

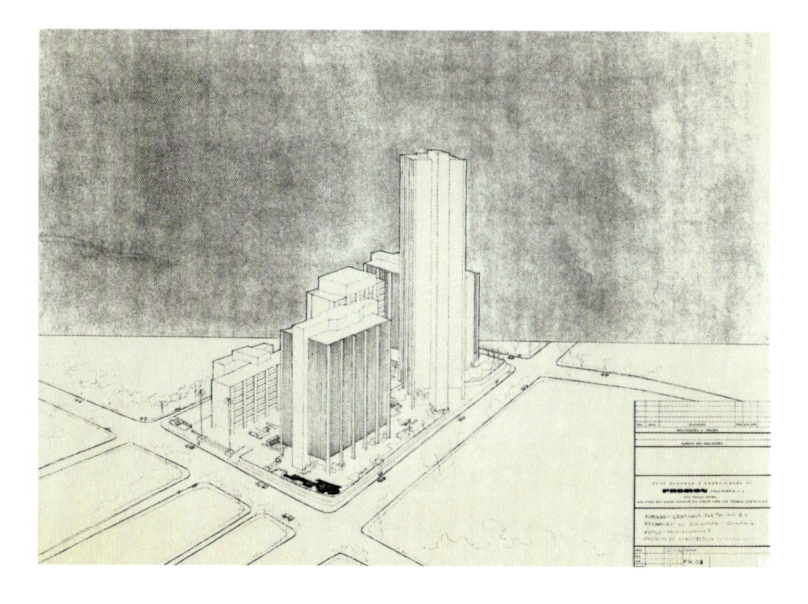

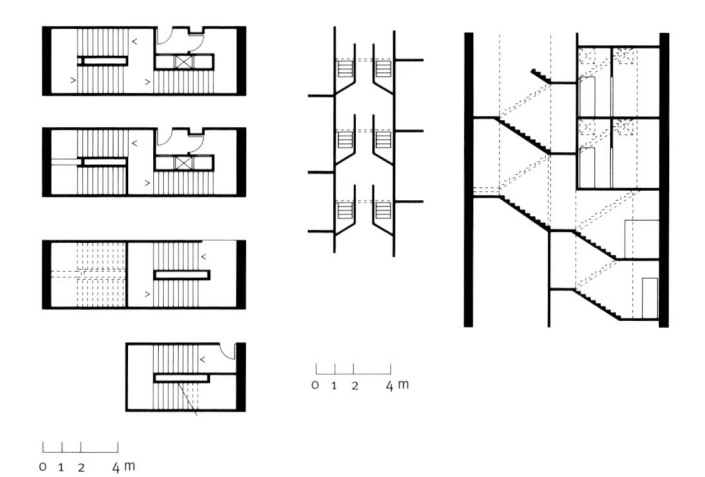

Sede de Furnas, projeto não construído, Rio de Janeiro RJ, c. 1976
À esquerda, perspectiva externa
Á direita, plantas e cortes da escada de segurança

para a chaminé, mas a outra metade vai para a escada onde, se não encontrar saída, fica presa!

Eu sabia que nos Estados Unidos as escadas de incêndio eram pressurizadas – tinham uma bombinha que funcionava automaticamente, cada vez que diminuía a sobrepressão. Quando se abria alguma porta, em vez de entrar a fumaça para a escada, o ar desta é que saía, enquanto as pessoas entravam, e a bombinha já restabelecia a sobrepressão. Mas dependia de manutenção e nós sabemos que aqui, em um mês, a bomba já estaria desligada ou enguiçada.

Lembro-me de quando meu cliente da Piraquê mostrou, com satisfação, um telefone vermelho que o corpo de bombeiros havia instalado em sua mesa. Qualquer foguinho na fábrica, bastava ele levantar o fone e mandariam o carro. Um mês depois me telefonou, contando que um silo havia se incendiado, com perda total da obra de carpintaria. O telefone vermelho estava enguiçado na hora!

Com a cabeça fermentando, comentei que no Brasil não podíamos contar com peças móveis, motor, manutenção. Tinha que ser tudo fixo. Se a fumaça sempre sobe, a escada sempre tinha que descer, o que fez o Edgard duvidar com certo humor.

Numa folha de papel comecei a pesquisar um corte de escada que funcionasse como um sifão, de modo que, para a fumaça chegar a ela, tivesse que primeiro descer. Substituí a antecâmara por uma escada parcial, ligando cada pavimento a uma abertura situada três metros abaixo, comunicando este lance com uma escada

24 Refere-se aos incêndios ocorridos nos edifícios Andraus, em 24 de fevereiro de 1972, onde dezesseis pessoas morreram e 330 ficaram feridas; e Joelma, em 1 de fevereiro de 1974, que resultou em 179 mortos e trezentos feridos; ambos localizados no centro de São Paulo. Como o projeto data de 1971-1972, ou temos aqui um lapso do autor, ou então o detalhamento da escada anti-incêndio é posterior ao projeto arquitetônico.

direta, geral, contínua, do último ao primeiro nível. Quem saísse do sexto andar, por exemplo, desceria uma escadinha parcial até o quinto, onde uma outra porta abriria para o patamar da escada geral. A janela de cada escada parcial estaria no alto, funcionando como coifa e naturalmente a fumaça se escoaria para lá. Uma vez na escada geral, as pessoas já estariam fora de perigo. Todas as escadas parciais, de acesso à geral, ficariam sobrepostas, mas sem comunicação entre si.

Mostrei o desenho ao Edgard, que o recebeu com desconfiança, mas quando entendeu, encantou-se pelo projeto e pediu o detalhamento dele, para que fosse feita uma maquete em escala de 1:5 na obra. Uma vez pronta, a maquete foi incendiada e a fumaça produzida se escoou toda pela pequena chaminé, sem penetrar na escadinha geral.

Por sugestão de um colega da Promon, iniciei o processo de patente da escada, mas, depois de ter gasto muito dinheiro, desisti. Seria difícil quem se comovesse a ponto de gastar mais área, não vendável, para prevenção de um incêndio! Só se eu conseguisse um incentivo qualquer do código de obras, como uma compensação de área maior a ser construída, que justificasse ao empreendedor a aplicação da escada.

No projeto do prédio, modificamos o desenho das duas escadas. Uma vez pronto o concreto e retiradas as fôrmas, novos testes foram feitos, sem que a escada geral recebesse qualquer fumaça.

Animado, incluí duas escadas destas no prédio industrial da Piraquê, cuja sexta expansão eu detalhava naquele momento.

Preparei um jogo de desenhos e memorial, e submeti-o ao corpo de bombeiros de São Paulo, tentando um parecer que reconhecesse as vantagens da escada, mas eles apenas manifestaram a aprovação do projeto.

Com a Prefeitura de São Paulo consegui um pouco mais, pois pleiteei, alegando as vantagens de segurança da escada, o direito de usar no projeto para a nova sede da Promon um menor número que o imposto pelo código. A comissão que julgava casos especiais, considerando a total segurança oferecida pela escada, aprovou que cada uma contasse como duas das comuns, viabilizando economicamente o seu uso, posto que os custos seriam inferiores aos das escadas SAS, àquela altura incorporadas ao Código de Obras de São Paulo e do Rio.

Sede de fazenda

Sede da Fazenda Levy, Campinas SP, 1970. Foto de 1983

Permissão Quando acertei as condições de minha entrada para o quadro de funcionários da Promon, Tamas me pediu que abdicasse dos trabalhos particulares. Era uma norma da companhia – como nas outras empresas de consultoria – e eu não poderia ser uma exceção. Expliquei que já havia projetado a primeira parte da expansão da Piraquê, trabalhava há dois anos nisso, e que as seguintes eram a repetição da primeira. Como o terreno seria aumentado, haveria mais três ou quatro blocos no mesmo sistema. Ele concordou que eu continuasse a me encarregar disso.

Em função da cláusula de exclusividade, recusei vários projetos de residências. Contudo, em 1970, fui convidado para projetar a fazenda da família Levy na região de Campinas, uma casa com 2 mil e poucos metros quadrados.

Desde garoto sentia a maior atração por fazendas e, ao me formar, comecei a sonhar com a chance de projetar uma sede, o que foi concretizado com o projeto da Fazenda Bela Vista. Participei ao Márcio Cezimbra, meu superior imediato na época, manifestando minha intenção de aceitá-lo de qualquer maneira: fazendo o projeto pela Promon ou obtendo licença para fazê-lo em casa, nas horas de lazer.

Após dois dias, respondeu que eu poderia fazer o projeto, mas a Promon o contrataria. Achei ótimo, porque, apesar de não ganhar nem um tostão a mais pelo trabalho, poderia realizá-lo livremente, durante o expediente.

Projeto O então deputado federal Herbert Levy, pai de minha amiga Maria Stella, havia me chamado para falar do problema da casa antiga que apresentava uma série de defeitos. Os filhos queriam demolir, para depois construir uma nova, mas ele – com os pés mais no chão que os filhos – tinha esperança de poder reformar e ampliar a existente; por isso queria que eu fosse com ele e sua esposa à fazenda, para ver qual a melhor solução.

Acabei indo com seus filhos, pois o casal precisou viajar ao Japão para uma reunião internacional. Almoçamos na casa velha que, de fato, não merecia uma reforma, pela péssima conservação e principalmente por situar-se a quinze metros da estrada. Uma estrada de terra, pouco movimentada, mas uma estrada pública.

Sempre achei que uma sede de fazenda de respeito tem que ficar no meio do campo, cercada de árvores, isolada de ruídos, perdida no meio do mato, para ter poesia. Sem isso, não é casa de fazenda. Os filhos comemoraram minha opinião e após o almoço saímos à procura do local ideal.

Sede da Fazenda Levy, Campinas SP.
Fotos de 1983

Quando o casal voltou, nos reunimos para acertar o programa. Eram muitas suítes, áreas social e de lazer imensas, pois era uma família numerosa, além dos amigos que sempre eram convidados para a fazenda nos feriados.

Já na manhã seguinte comecei o esboço do projeto. Retomei a linha da fazenda Bela Vista, do senhor Etalívio. As mesmas colunas de alvenaria branca mal desempenada, com pescoço de concreto apoiando o vigamento mestre de concreto aparente, sobre o qual repousaria o madeiramento do telhado de telha canal, os topos e fundos das vigas de concreto aparecendo nos beirais e no plano dos forros, inclinados, as paredes também brancas e mal desempenadas, os forros de madeira, os beirais de ripado, permitindo a ventilação entre os forros e as telhas.

Não reagi contra a tendência que ainda me empolgava, quatro anos depois. Nunca senti a obrigação de renovar a linguagem a cada "temporada", como se fosse costureiro. Sempre acreditei na espontaneidade do impulso criador.

Devido à inclinação do terreno, fiz térrea toda a parte de dormitórios, de sala de jantar e serviços, situando 1,5 metro abaixo as demais salas e varanda, essa também em dois níveis comunicados por larga escada – o superior prolongando a sala de jantar e o inferior integrando-se nos ambientes de estar. Entre estes e a sala de jantar projetei um pátio interno todo pergolado, vazado nos dois lados extremos menores, uma escada passando sob uma sala e se comunicando com o térreo, grande varandão de lazer e o outro lado com talude e escada, para que sob a sala de jantar se chegasse à porta de entrada, no pátio.

Sob as salas, uma grande área ao rés do chão pode abrigar doze automóveis e uma série de paredes paralelas permite a entrada dos carros, sem deixar o espaço muito vazado. O resto da área, um grande varandão para jogos de bilhar, sinuca, brinquedos de crianças. Entre isso e o açude, as quadras de tênis e de vôlei, a piscina e um gramado prolongando-se até a água.

Tanto Wally, esposa de Herbert, quanto os filhos, genros e noras estudaram todo o projeto com o maior interesse e o aprovaram com entusiasmo. Apenas quando multiplicaram a metragem quadrada pelo custo estimado do metro quadrado, espantaram-se. O casal então me pediu que suprimisse quatro quartos e dois banheiros. Pediram-me pressa nos desenhos executivos, pois queriam iniciar as obras o quanto antes.

Logo que o engenheiro estrutural entregou o projeto de fundações fui com Nelson, filho de Herbert e engenheiro da família, à fazenda, e foi determinado o início da obra, que foi progredindo rapidamente, sem maiores problemas. Ele se encarregou de dirigir a construção e foi meu contato com a família todo o tempo. Visitava a obra semanalmente, e a cada duas ou três visitas eu o acompanhava.

Não era colonial! A família continuou frequentando a casa velha. Em um fim de semana, numa visita à obra, Herbert descobriu que a casa não seria em estilo colonial. Até aquele dia – explicou aos filhos, espantadíssimos –, estava certo de que a casa seria colonial.

Foi um problemão – o pai estava decepcionado, pois não queria uma casa moderna. Toda a família defendia o meu projeto e dizia que eu não deveria ter sido chamado, pois só faria algo em linguagem contemporânea.

Àquela altura, não havia como transformar a casa em colonial e Herbert teve que se resignar ao que estava sendo construído. Mas, numa visita em que descobriu a torre da caixa-d'água, da qual eu tirara partido para valorizar a fachada sul, a da chegada, ele se revoltou. Mandou demolir a tal torre – não iria construir um monumento daqueles na sua casa!

Felizmente eu só soube do caso mais tarde, depois que Nelson pediu ao mestre de obra para que aguardasse novas instruções. A mãe acabou convencendo o marido a deixar a torre como estava.

Minha experiência mostrou que, durante a construção da casa, o cliente, por menos entusiasmado que esteja com o projeto, vai se afeiçoando a ele. Se inicialmente não apreciava todas as soluções –

Sede da Fazenda Levy, Campinas SP.
Fotos de 1983

na maioria das vezes ainda não visualizadas –, acaba quase sempre se empolgando com a obra. Por isso, não me espantei quando soube que o pai se transformara no maior admirador da casa, e a mostrava aos amigos orgulhoso.

Edifício Jerônimo Ometto

Algum tempo depois, em 1972, o meu querido cliente Celso Colombo, da Piraquê, me chamou. Desta vez ele queria um projeto diferente: havia comprado um terreno novo – um pequeno quarteirão triangular – em frente à fábrica, queria fazer um prédio de múltiplo uso, com o térreo ocupado por uma oficina de manutenção de veículos e, nos pavimentos superiores, vestiários e restaurante para os funcionários.

Queria um prédio com arquitetura de alto nível, independentemente do custo, porque este era o prédio que ele queria dedicar aos seus operários, para o conforto deles.

Não quis aborrecê-lo em tentar explicar que a racionalidade e a economia dos prédios industriais eram para mim condições próprias do valor arquitetônico dos mesmos, pois eu havia entendido perfeitamente que o que ele queria era me dar toda a liberdade.

Desejava que eu fizesse o projeto por conta própria, pois se preocupava com os custos de uma empresa de consultoria, que imaginava elevados. Expliquei o interesse do nosso departamento, ainda em fase de implantação, em realizar projetos desse porte e qualidade. Prometi trazer uma proposta bem enxuta, com preço global competitivo, incluindo todos os projetos complementares de engenharia e o de cozinha industrial exigido pelo grande restaurante.

EDIFÍCIO JERÔNIMO OMETTO, complexo industrial Piraquê, Rio de Janeiro RJ, 1972. Fotos de 1978
À esquerda, oficina; fachada oeste
À direita, fachada nordeste

EDIFÍCIO JERÔNIMO OMETTO

EDIFÍCIO JERÔNIMO OMETTO. Fotos de 2009
À esquerda, pérgolas do terraço
À direita, saída de exaustores na fachada nordeste

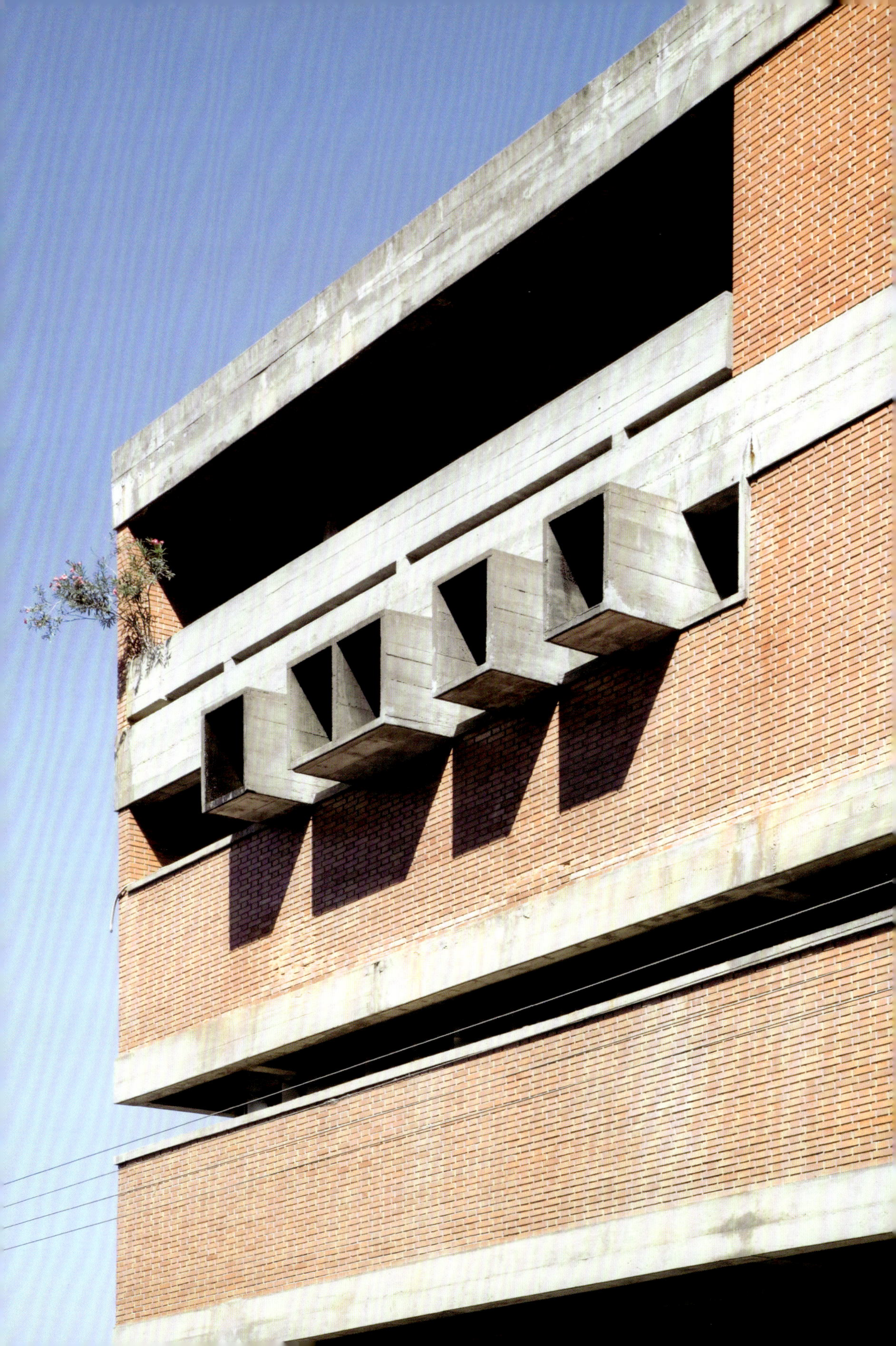

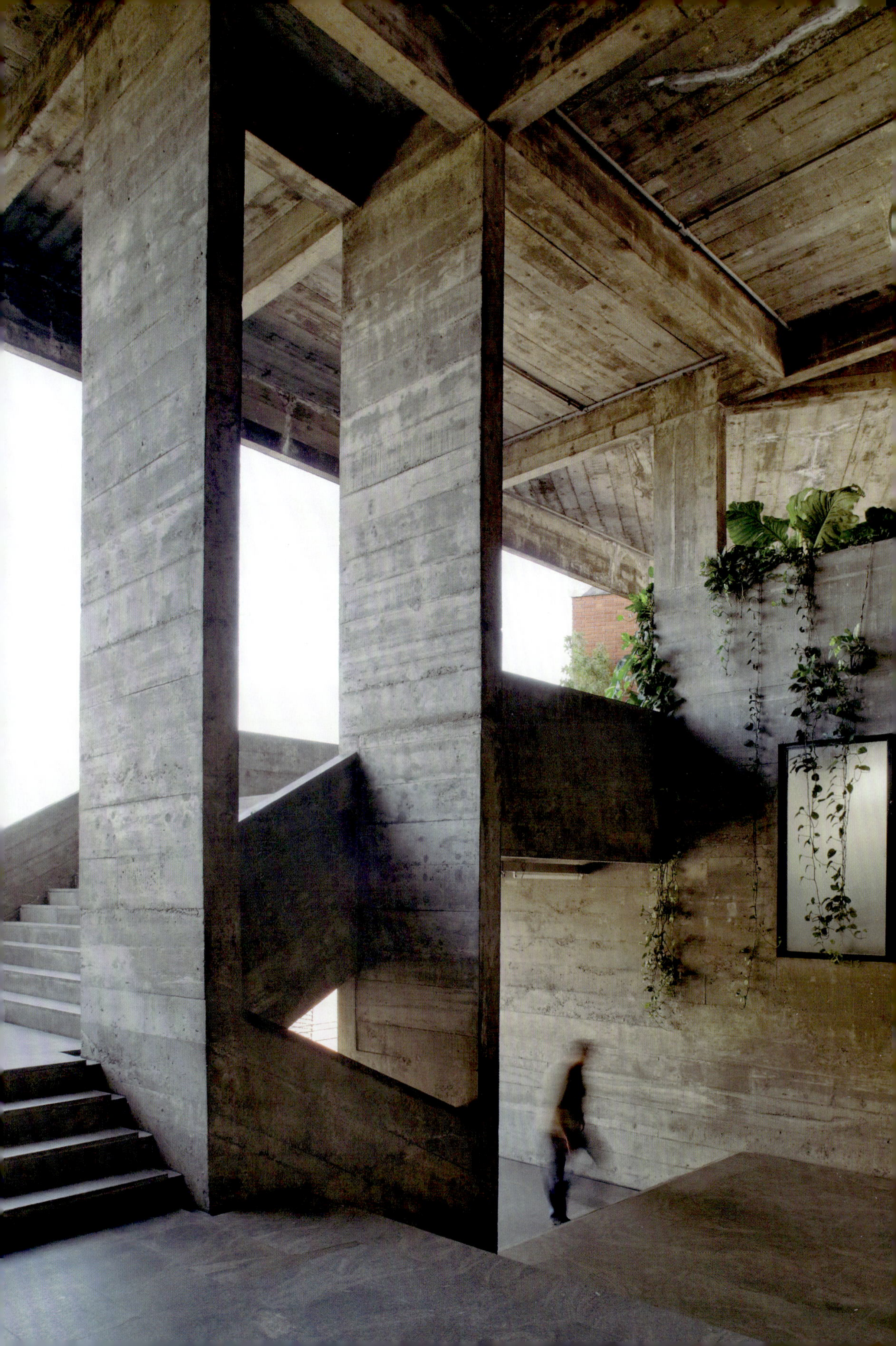

Edifício Jerônimo Ometto. Fotos de 2009
À esquerda, caixa de escada
À direita, refeitório; terraço de lazer

Edifício Jerônimo Ometto. Fotos de 2009
À esquerda, detalhe da estrutura e caixa de escada
À direita, caixa de escada

p. 332-333, brises; pilar chanfrado da fachada oeste

p. 334-335, fachada nordeste

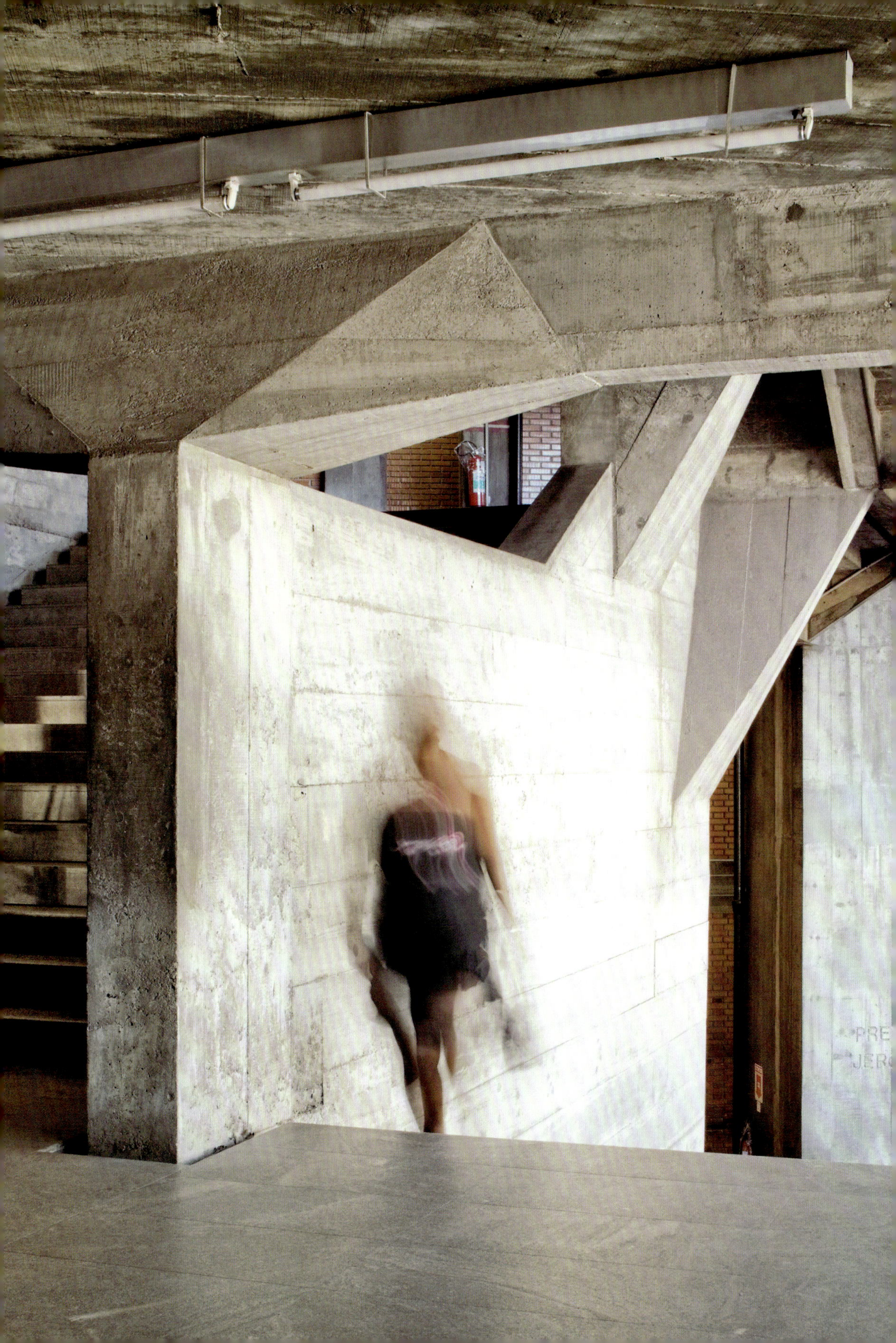

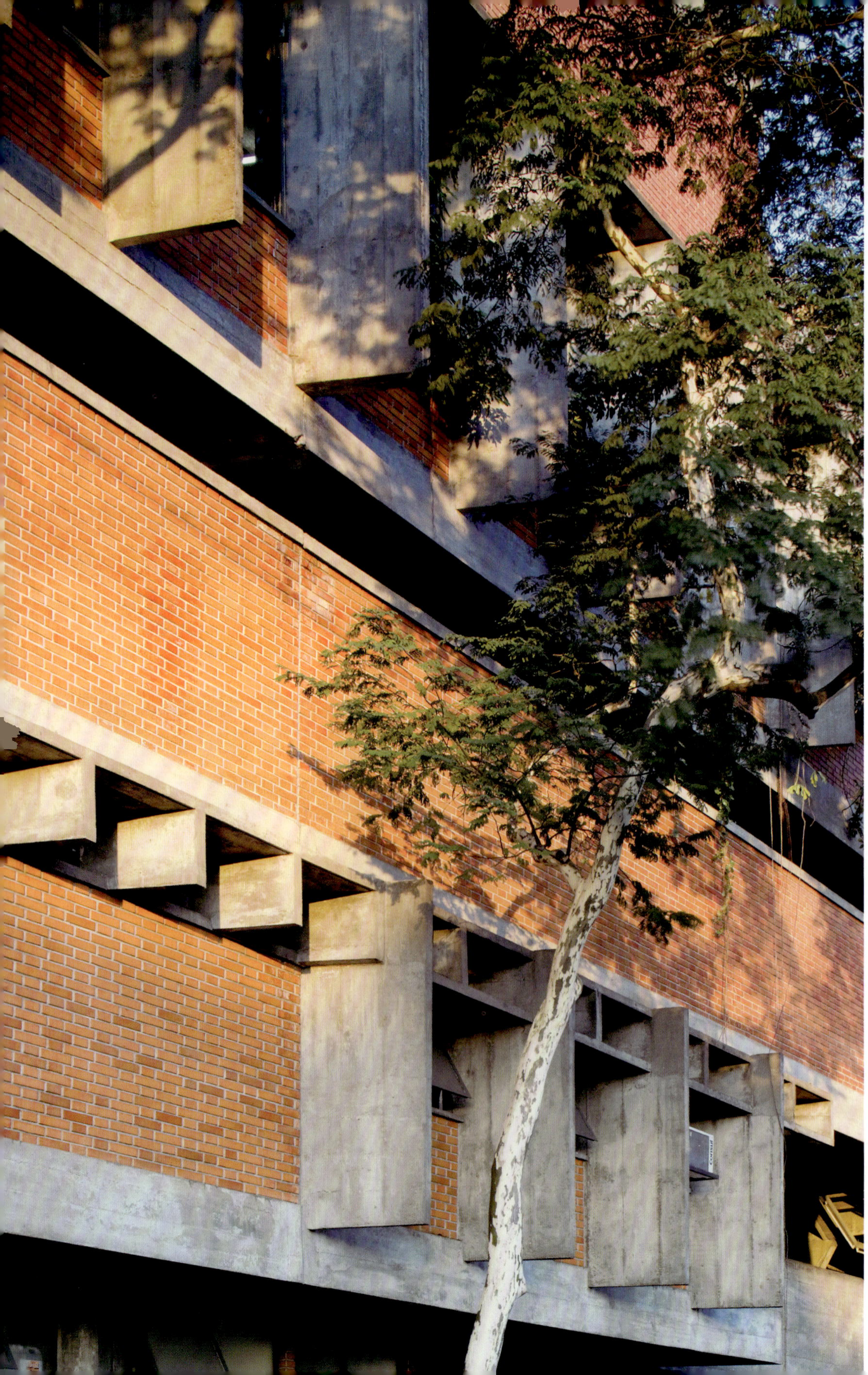

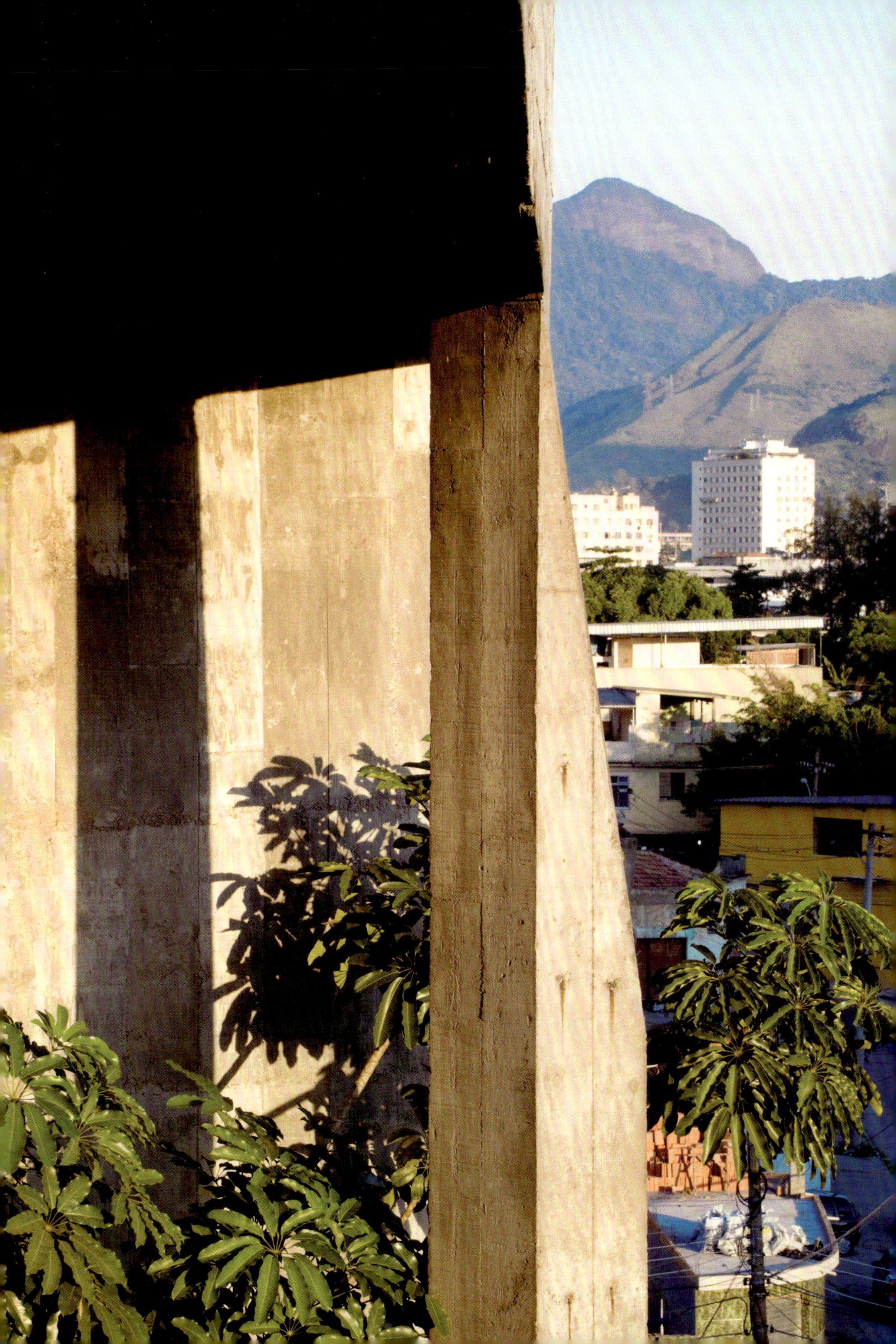

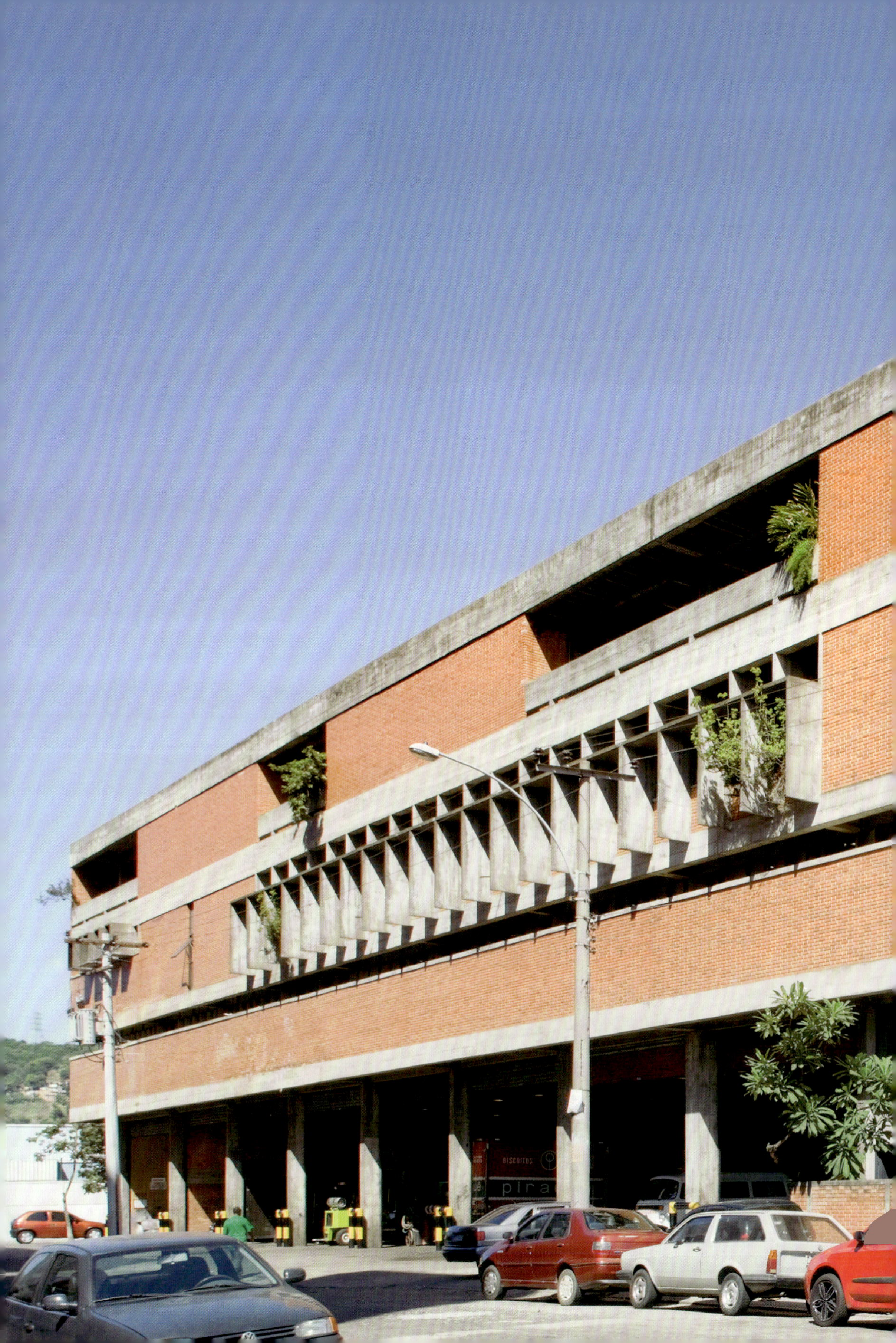
BISCOITOS

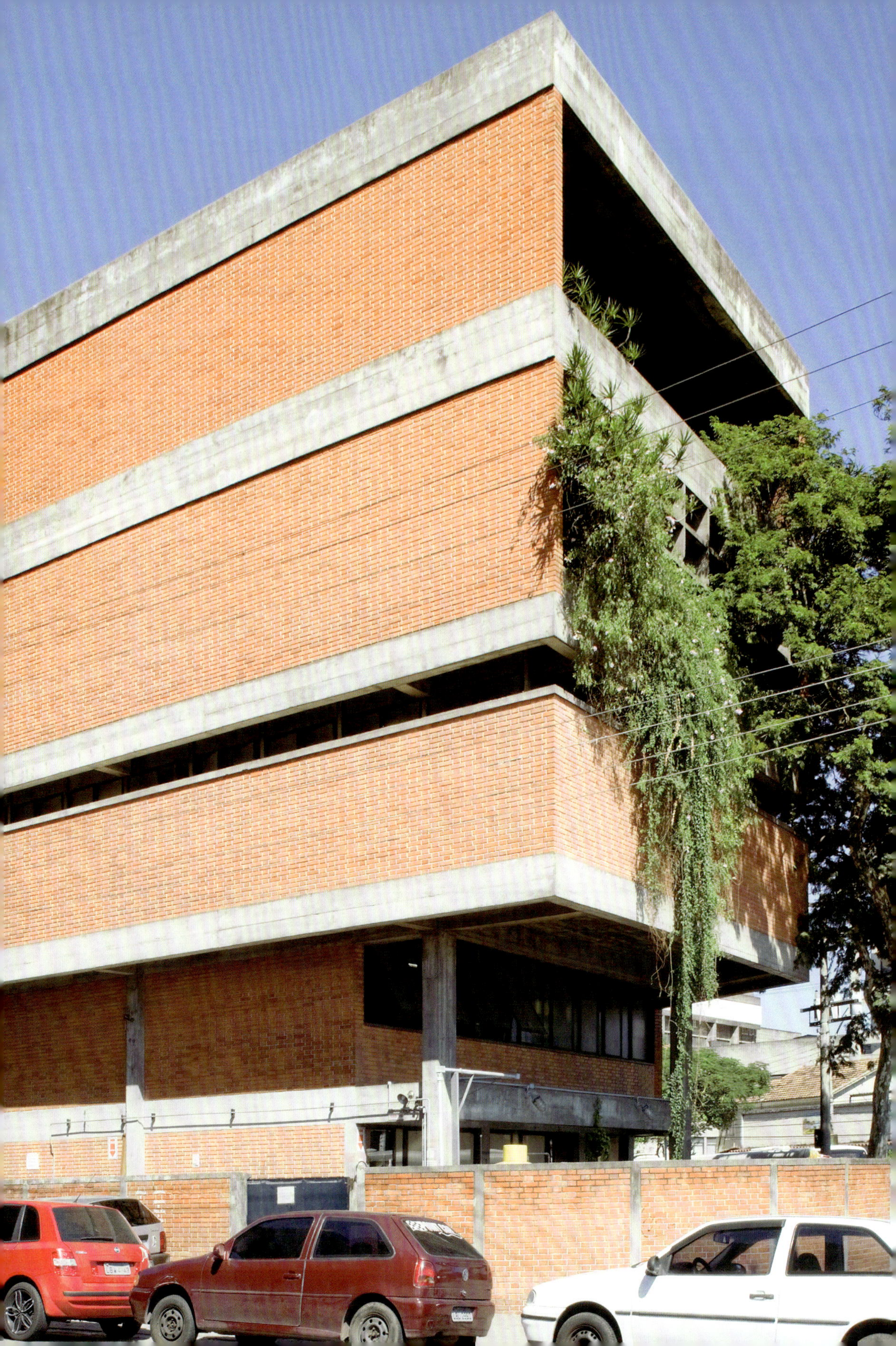

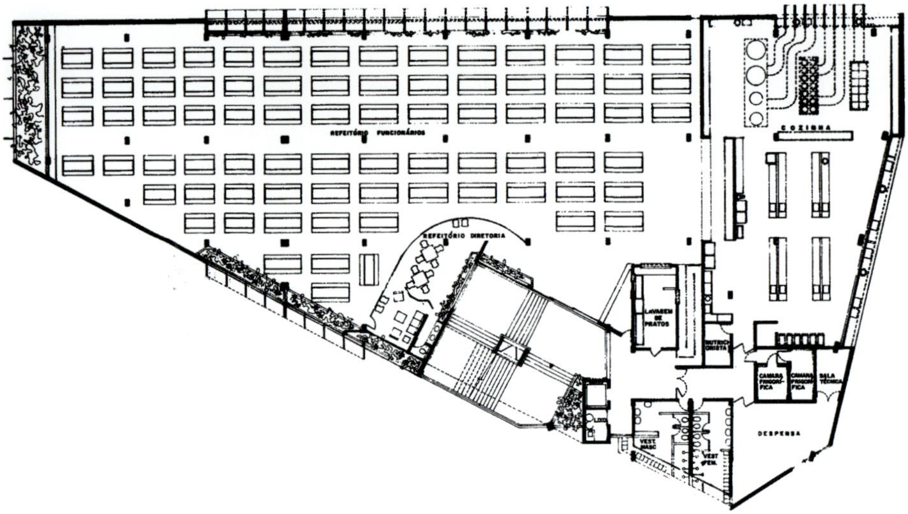
REFEITÓRIO FUNCIONÁRIOS
COZINHA
REFEITÓRIO DIRETORIA
LAVAGEM DE PRATOS
CAMARA FRIGORÍFICA
CAMARA FRIGORÍFICA
SALA TÉCNICA
DESPENSA
VEST. MASC.

Quando atravessamos a rua para visitar o terreno, notando as calçadas repletas de funcionários deitados ou sentados no chão, perguntei ao Celso se não queria fazer uma área de lazer e descanso sobre o último pavimento, o do restaurante. Alertei que não seria uma obra barata. Ele aceitou, entusiasmado, e empolguei-me ainda mais com o projeto.

No dia seguinte, fui direto ao Cezimbra falar do projeto. Manifestei minha determinação de fazer o projeto de qualquer maneira, e ele mais uma vez prometeu pensar no assunto e me dar a resposta depois.

Telefonou-me, dias depois, para dizer que a diretoria da Promon havia concordado em assumir o projeto, desde que a Piraquê aceitasse as bases que costumava usar para tais contratos.

Levei ao Rio a proposta, o mais enxuta possível, e percebi que os valores assustaram o meu cliente. Eu sabia que o preço era mais alto que o dos escritórios pequenos, mas esperava que aceitasse. Reforcei a ideia do projeto integrado, da coordenação profissional moderna, usei todos os argumentos de venda dos nossos coordenadores. De qualquer forma eu não estava disposto a abrir mão do projeto, que em 1974 foi premiado pelo IAB-SP.

EDIFÍCIO JERÔNIMO OMETTO
Planta do segundo pavimento, com refeitório de funcionários e de diretoria, cozinha, serviços e sanitários Terraço de lazer com pérgola e jardim. Foto de 1978

VIAGEM A CHICAGO

Ainda em 1972, surgiu a oportunidade de uma viagem aos Estados Unidos para resolver questões de projetos que a Promon estava desenvolvendo aqui no Brasil para clientes norte-americanos. Fui a Nova York e a Detroit. Um feriado alongaria o fim de semana seguinte e, assim sendo, resolvi fazer uma excursão até Chicago, parando no caminho em umas casas de Frank Lloyd Wright. Aluguei um carro com uns colegas da Promon, que também estavam por lá a trabalho, e fomos todos juntos.

Encantados com a beleza da paisagem em volta da perfeita estrada, com o excesso de verde, fomos a toda velocidade até a primeira parada, que já era minha conhecida por meio de livros, a casa Goetsch-Winkler, projetada em 1939 pelo velho Frank, num lugar chamado Okemos, um nome apenas, pois nem vizinho se via da casa rodeada de verde. Um carro meio velho na via de acesso denunciava a presença de habitantes, e nos animamos a tocar a campainha. Fomos atendidos por uma moça, vestida de jeans surrados e uma camisa de estampado esmaecido, sorridente e com os cabelos desgrenhados. Explicamo-nos arquitetos brasileiros admiradores de Frank Lloyd Wright, que fora o autor do projeto da casa, e ficaríamos muito felizes se ela nos permitisse visitá-la.

A moça sorriu, principalmente quando entendeu que eu estava lhe ensinando quem projetara a casa, e nos convidou a entrar. Na sala, apresentou-nos um rapaz de aparência semelhante e também muito simpático. Perguntaram se conhecíamos a casa de revistas ou de livros, concordamos, e então passaram a mostrá-la, com um conhecimento de causa digno de guias gabaritados. Vendo que algumas partes estavam em conserto, uma esquadria aqui, um beiral ali, perguntei se possuíam a casa havia muito tempo.

Ambos riram, eram apenas inquilinos, mas amavam a casa, respeitavam o seu valor arquitetônico e o trabalho do Wright, estudavam a sua obra e queriam deixá-la como nova. Perguntei então qual dos dois era arquiteto. Nenhum dos dois! Ele era advogado; ela, bióloga, ou algo assim, mas amavam arquitetura, estudavam como hobby. Se um dia tivessem dinheiro tentariam comprar a casa, mas parecia que a dona não estava disposta a vender.

Saímos espantadíssimos com o caso, imaginando se seria possível encontrar, no Brasil, um advogado e uma bióloga dedicados a estudar arquitetura como cultura e a restaurar uma casa do Lucio Costa ou do Rino Levi.

Chicago me surpreendeu tanto quanto Detroit, pela presença maciça do verde, pelos parques lindos. Visitamos as principais obras do centro, procuramos especialmente as do Louis Sullivan, do Henry Hobson Richardson, mas também as novas do Mies van der Rohe e de outros. Subimos ao alto do então novíssimo John Hancock, projetado pelo SOM e fomos ao Illinois Institute of Technology – o IIT – ver a escola de arquitetura projetada pelo Mies. Visitamos ainda a Robie House e fomos ver o Unity Temple, no Oak Park – ambas obras do Wright –, bairro onde sabíamos que havia inúmeras casas do mestre. Impressionei-me, neste templo de 1906, sede da Congregação Unitário-universalista, com a iluminação promovida pelo belo teto, à semelhança da FAU, do nosso querido Artigas.

Um cartaz, à entrada, anunciava para aquela tarde excursões "guided pedestrian tours" pelo bairro, mostrando mais de vinte casas do Wright, de diversas épocas. Imediatamente nos inscrevemos e corremos ao centro para almoçar, porque a primeira partiria da igreja às três.

Para espanto nosso, encontramos já um grupo de mais de cinquenta pessoas à espera. Os organizadores dividiram-nos em grupos de sete ou oito, cada qual partindo com um guia, todos jovens de seus vinte e poucos anos.

Nossa guia era uma jovem alta, ruiva, que felizmente falava pausada e muito claramente. Contava a época do projeto, às vezes alguma circunstância particular do programa, analisava as linhas, inseria-o no conjunto da obra do arquiteto, comparando-o com outros. Impressionado com sua segurança sobre tudo o que falava e com sua aparência tão jovem, emparelhei-me com ela no percurso entre duas casas e perguntei-lhe se era arquiteta ou estudante. Qual nada, era psicóloga! Arquitetura ela estudava como hobby!

Encantado, mas intrigado, troquei de grupo, só para averiguar o que seria o outro guia, se essa moça era uma exceção. Numa esquina sombreada por enormes carvalhos, cruzamos com um dos grupos, guiado por um rapaz de aparência muito séria e compenetrada.

Primeiro acompanhei-o por duas casas, constatando que o conhecimento revelado sobre elas e sobre teorias de arquitetura ainda parecia superior ao que eu verificara na jovem ruiva. Numa travessia de rua, abordei-o e fiz a mesma pergunta. Ele era economista e estudava arquitetura nos fins de semana, também como hobby! Fiquei com vontade de voltar à igreja do Wright e fazer uma prece para que o Brasil chegasse, um dia, àquele nível cultural.

Edifício-escultura

Numa tarde de 1974, o superintendente da área de telecomunicações da Promon, Raimundo Galvão, me contou de um enorme contrato assinado com a Telesp, na época a empresa estatal de telefonia de São Paulo, do qual fazia parte o projeto de um edifício de equipamentos destinado a ser o prédio mais alto do Brasil. Fazia questão que eu fosse o arquiteto.

Porém, como mais de 70% do edifício seria ocupado por equipamentos, em ambientes fechados, tudo com ar-condicionado, se eu quisesse fazer janelas, elas teriam que ser permanentemente fechadas – e opacas, para que não entrasse sol – ou falsas, se eu preferisse. Contou-me dos problemas de um prédio semelhante em

Curitiba, cheio de janelas de correr; tiveram de selar todas, e esse selamento necessitava manutenção constante.

Isso foi o que mais me entusiasmou no projeto, mais do que a altura. Com um programa desses, poderia criar um prédio quase escultórico, sem os compromissos com iluminação e ventilação naturais, e muito menos insolação. Em princípio não entendeu bem o meu entusiasmo, mas logo percebeu minhas intenções de dar-lhe justamente o caráter de prédio de equipamentos e não a aparência comum de um prédio de escritórios.

Edifício sede da Telesp, perspectiva externa, projeto não construído, São Paulo SP, 1974

Para enriquecer a plástica do prédio, havia necessidade de uns sete pavimentos para uso humano, escritórios, salas de operação de telefonistas, salas de apoio e um hotel de curta permanência, para os que iniciassem ou terminassem o turno de madrugada. Isso permitiu um embasamento diferenciado para o prédio, cujos pavimentos superiores ficariam fechados, mas esculpidos em volumes, segundo as necessidades de composição volumétrica que se moldassem às necessidades dos equipamentos, no grau de liberdade compatível com um projeto desse caráter.

Onde o programa permitia, introduzi um ou outro pavimento de menor área, destacando seus recuos, com os blocos de quatro ou cinco pavimentos enriquecendo o contorno da torre. Tirei o máximo partido dos dutos de cabos e de instalações várias, inclusive de ar-condicionado, locando-os com intenções plásticas que não brigassem com as necessidades técnicas, fazendo com que o bloco, aos poucos, adquirisse o aspecto de um totem.

Foi decidido que faríamos uma viagem ao exterior para conhecer prédios com programas semelhantes em face da complexidade do programa. O primeiro roteiro previa doze a treze dias, mas logo apareceu mais um prédio, em Copenhague, depois outro perto de Amsterdã, dignos de serem visitados, e chegamos a quinze, dezesseis dias.

Após quase vinte dias, voltei à prancheta, completando as plantas, cortes e fachadas do prédio, para passar aos projetistas e desenhistas. Não senti necessidade de qualquer modificação, em função do que vi em sete países. Feitos os reajustes para concordância técnica ou estética, entreguei-me à montagem da perspectiva exata que mostraria a torre em toda a sua grandeza.

Dias depois, Galvão me pediu que interrompesse o projeto, apesar de quase pronto. Corri à sua sala e ele me contou que, por economia, a maior parte dos equipamentos do prédio seria incluída num enorme prédio que a Telebrás – a empresa nacional de telecomunicações – estava construindo perto do local. Nosso projeto perdia completamente o sentido.

Residência no Morumbi

Havia anos que não me aparecia uma casa para projetar. No dia de meu aniversário, jantando com a família, fui tirado da mesa por um telefonema. A pessoa apresentou-se como amiga de clientes para os quais eu havia feito o projeto de uma sede de fazenda. Tinha passado o fim de semana lá e se encantado com a sede, queria que eu fizesse o projeto de sua casa, num terreno no Morumbi. Combinei encontrá-la na noite seguinte. Voltei exultante para a mesa, comentando que o telefonema havia sido um presente maravilhoso de aniversário!

Fui ao apartamento da senhora – no sétimo andar de um edifício de alto luxo – munido de gravador cassete e pasta com papel e lápis, para registrar o programa. O casal me recebeu com simpatia e ficamos ouvindo – o marido e eu – seus comentários sobre a sede da fazenda, sobre o terreno do Morumbi e sobre o que ela desejava para a nova casa. Quando lhe perguntei pelo programa, desdobrou sobre as nossas pernas a planta topográfica do terreno e foi me indicando a rua, a inclinação do terreno, o norte, a calçada, onde seria a entrada da casa etc. Interrompi sua fala, para ponderar que melhor seria ela dizer as peças que queria, os tamanhos, as relações, mas ela continuou explicando como seria toda a distribuição.

Com esforço, consegui dizer que o que ela estava me explicando era como projetaria a casa, e o que deveria me fornecer era o programa da casa, para que eu fizesse o projeto. Ela poderia resolver todo o programa, mas precisava me dar liberdade para fazer o projeto.

Ela reagiu indignada – como moraria em uma casa que não fosse criada por ela? Meu espanto foi enorme, principalmente pelo constrangimento de participar de uma cena absurda. Por que me chamou? Por que havia falado tanto de sua admiração pela sede da fazenda? Não conseguia conter a minha indignação. Falei que, para pôr no papel o que tinha em sua cabeça, seria melhor chamar um desenhista-projetista!

O marido então me interrompeu, emitindo a sua primeira opinião da noite. Disse que realmente a esposa não precisava de um arquiteto, que seria ela própria!

Encantada com o aparte do marido, ela agradeceu-o e – voltando-se para mim – pediu a indicação de um bom desenhista-projetista. Reuni todas as reservas de paciência, controle e educação para não dizer o que o casal precisava ouvir e para sair do apartamento, encerrando a cena com o mínimo de dignidade.

COMIND

Em 1976, quando a Promon foi chamada para uma licitação do projeto do centro administrativo do grupo Comind, em Barueri, Décio Zagottis, nosso chefe de departamento, homem de mentalidade aberta, com quem eu me dava muito bem, me chamou para uma conversa. O escritório Rino Levi havia proposto uma associação conosco. Ele fazia questão de que eu participasse da equipe autora com mais um dos nossos colegas. Pelo escritório da Rino Levi seriam os arquitetos Roberto Carvalho Franco – sócio – e Alberto Xavier – funcionário. Chamei o Léo Bomfim Júnior para completar a equipe, devido a sua experiência e tarimba política.

Logo na primeira reunião, Roberto propôs uma grande terraplenagem. Queria criar no terreno, muito desnivelado, uma esplanada que pudesse conter um prédio retangular, muito mais fácil de arranjar, para quaisquer divisões dos escritórios. A ideia de modi-

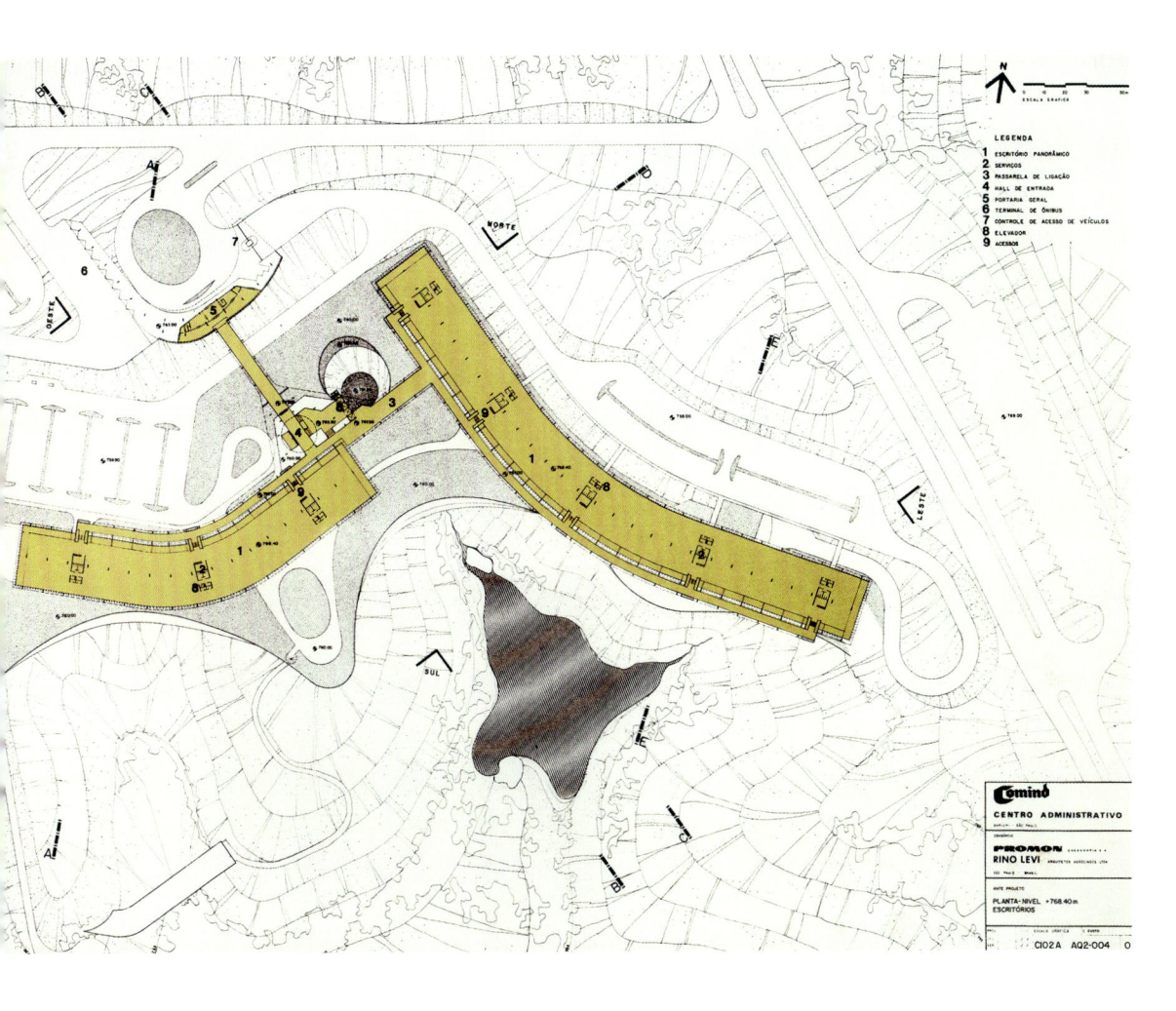

CENTRO ADMINISTRATIVO COMIND, planta de anteprojeto dos escritórios na cota de nível 768,40, Barueri SP, 1976

ficar tão radicalmente o terreno não nos seduziu. Tanto Alberto quanto Léo e eu preferíamos deixar o declive intacto e adaptar às curvas do terreno algum prédio ou conjunto de blocos. Apelamos para o custo do terrapleno para defender uma solução mais orgânica de prédios longilíneos, curvos, acompanhando a linha de limite de um platô na parte mais alta do terreno e, na parte baixa, pensamos em uma pequena barragem que contivesse um lago.

Nossa solução venceu por maioria de votos. Propusemos dois prédios longos, ambos com menos de trinta metros de largura por aproximadamente duzentos metros de comprimento, separados por um espaço de cinquenta metros, interligados por uma galeria contendo um único par de elevadores para integrar áreas localizadas sob uma grande laje de recorte curvo, na altura do platô.

O cliente havia pedido uma solução horizontal que não se baseasse em elevadores: os dois prédios curvos ficaram com apenas três pavimentos, ligados por escadas situadas a cada trinta metros de distância. Localizamos a galeria em semibalanço na fachada, entre o primeiro e o segundo pavimento, mas sem lhes tapar a vista, de modo que meio lance de escada descesse ao pavimento inferior e meio subisse ao intermediário; o superior ficaria um lance e meio de escadas acima.

Nós quatro, acompanhados do Júlio Queiroz, levamos o material, com as lindas perspectivas feitas pelo Luiz Vallandro, à diretoria do grupo. O presidente contestou a solução dos prédios de arranjos complicados e compridos, que exigiriam grandes caminhadas. Outros diretores o apoiaram, exceto o vice-presidente que, encantado com a solução e entendendo o seu espírito, se juntou a nós em sua defesa. Baseou-se mais nos custos da terraplenagem e de suas muralhas de contenção, destacou a beleza do anteprojeto e defendeu a praticidade da circulação periférica, que retirava o movimento dos escritórios. Foi uma parada dura, mas acabamos vencendo.

Muito poderia ser escrito sobre a obra, tamanho canteiro, com um projeto sofisticado, cheio de curvas e de níveis. Mas infelizmente o grupo Comind entrou em crise no meio dos trabalhos, cortando mais da metade do projeto.

Centro Administrativo Comind
À esquerda, obra em andamento; maquete tridimensional
À direita, implantação

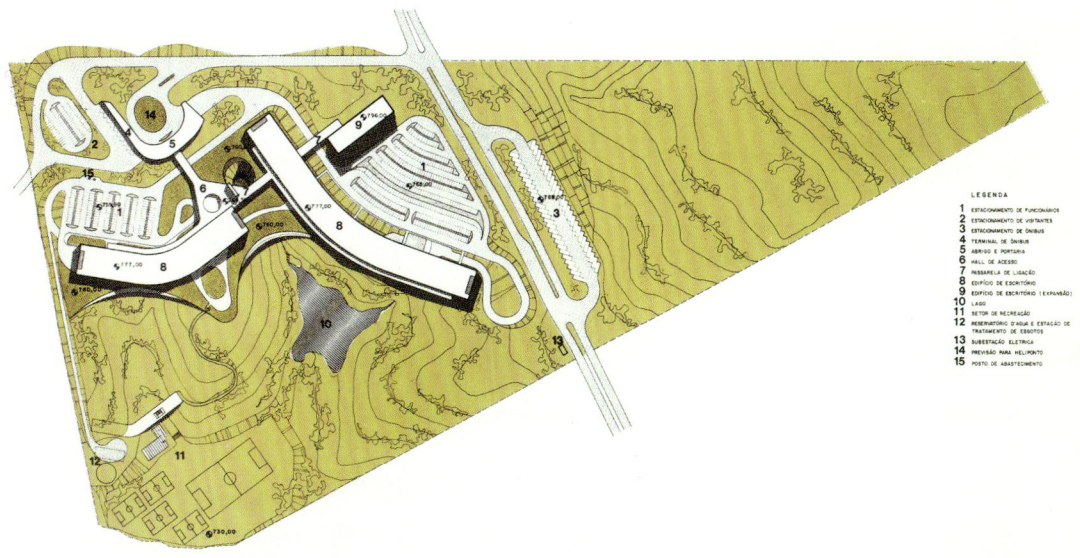

EDIFÍCIO MACUNAÍMA

DESINTERESSE POR BOA ARQUITETURA   Sempre me perguntei por que, numa cidade como São Paulo, onde trabalharam e trabalham arquitetos do mais alto nível, a maioria dos incorporadores entrega a criação de seus edifícios ao mesmo elenco de arquitetos medíocres, quando não verdadeiramente ruins.

Há pouquíssimos edifícios projetados por arquitetos como Paulo Mendes da Rocha, Joaquim Guedes, João Walter Toscano, Telésforo Cristófani, Eduardo de Almeida, Abrahão Sanovicz. Estes dois últimos, que nos anos 1970 projetaram prédios exemplares para a construtora Forma-Espaço, nunca mais criaram um único edifício para incorporação. Não tenho notícia de prédios de Jon Maitrejean, Lina Bo Bardi, Ubirajara Gilioli, Sérgio Pileggi, dos irmãos Ottoni, Hans Bross, Paulo Bastos ou de Arnaldo Martino. Tampouco soube de alguma obra nova de Salvador Cândia, Israel Sancovski, do escritório Rino Levi, Pedro Paulo de Melo Saraiva ou José Luiz Fleury,

CENTRO ADMINISTRATIVO COMIND, perspectiva do hall de acesso. Desenho de Vallandro Keating

arquitetos que já tiveram muita placa em tapumes paulistas, em décadas passadas.

Uns dois ou três arquitetos, cujo padrão de arquitetura é bem superior ao dos eleitos das incorporadoras, conseguem projetar considerável número de prédios, graças a esquemas particulares, familiares ou sociais; ou de venda bem trabalhada. Eles melhoram um pouco o nível das construções da cidade.

Uma construtora cujo dono é um engenheiro também metido a arquiteto há anos explora o filão dos endinheirados, oferecendo-lhes a tradição comprada, com o chamado neoclássico. Nessa linha sempre vendeu muito bem apartamentos caríssimos, onde a arquitetura era substituída pela aplicação de cornijas, balaustradas e janelinhas ovais, com plantas inadequadas, que sequer um padrão de elegância ofereciam.

Visitei uma vez um apartamento enorme na avenida Higienópolis, num arranjo de terreno digno dos musicais dos anos 1950, da Atlântida Cinematográfica. A planta era tão primária que, com três portas abertas, do seu banheiro a madame podia ver o banheiro da cozinheira, situado a vinte metros, nos fundos do apartamento. Comodamente sentadas poderiam combinar o menu do jantar, apesar do risco de serem vistas por uma visita que entrasse no hall social, sem aviso.

Avaliando muito por baixo o nível cultural de seus possíveis clientes, os incorporadores apelaram para nomes franceses para as residências e ingleses para os escritórios, cometendo erros risíveis, lançando inúmeros *palais*, *châteaux* e *mansions*.

Há anos me questiono sobre o desprezo da maioria dos incorporadores pela qualidade arquitetônica de seus prédios. O normal seria que eles procurassem realizar obras de arquitetura significativa, não só para venderem melhor, mas também para elevar o conceito de suas empresas. Desconfio que isso se deva aos preços baixos de projetos não detalhados e também à docilidade com que aceitam as imposições dos clientes que, na interpretação do que seja o gosto do comprador, menosprezam sua inteligência e cultura.

INTERESSE POR BOA ARQUITETURA   Os últimos edifícios que havia projetado foram os da Penha. Mas retomei o tema em fins de 1976, quando os primos de minha mulher, Coleta e Fernando Albino de Oliveira, procuravam um apartamento para comprar. Faziam

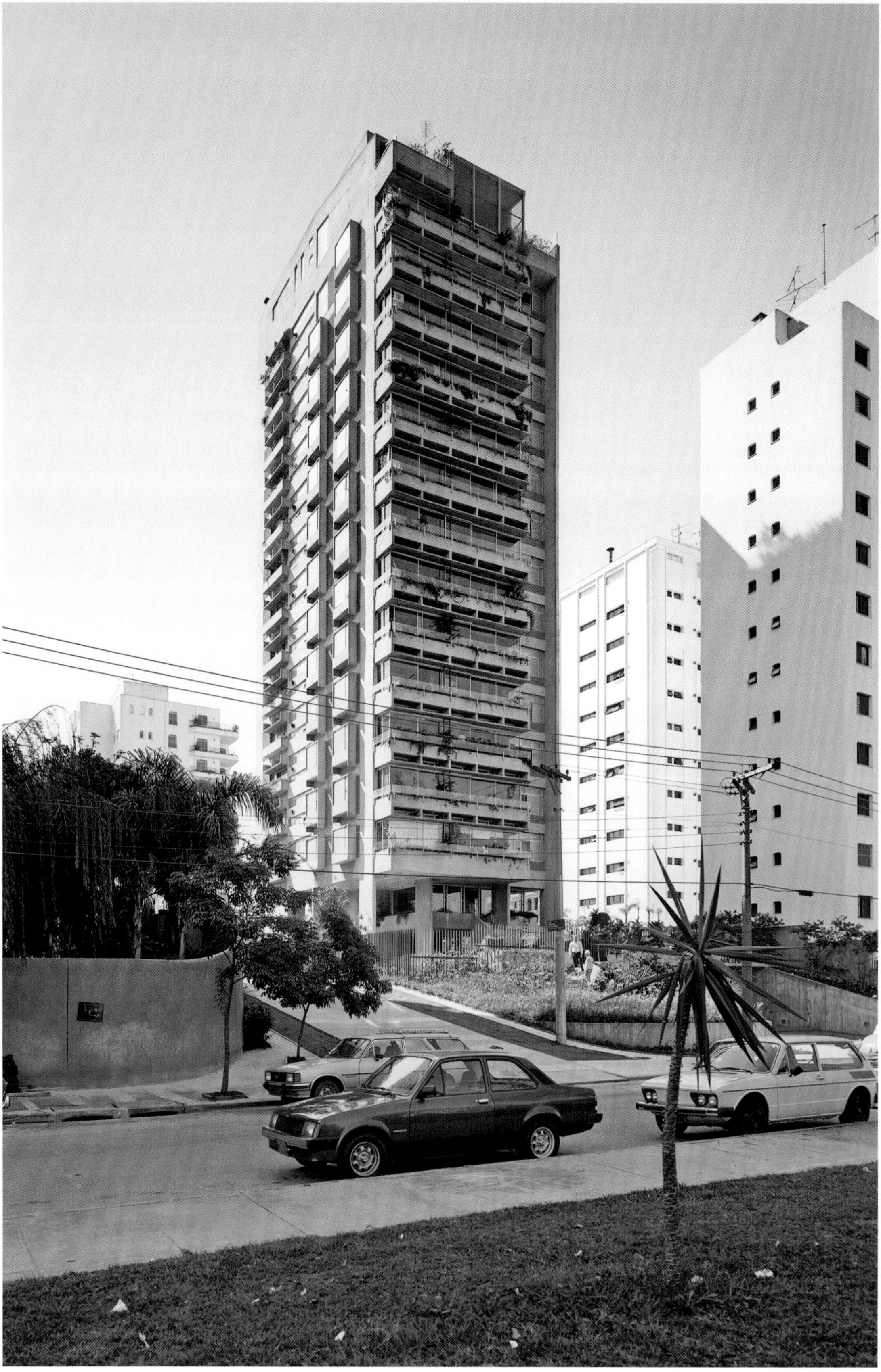

questão de um apartamento de bom padrão, num prédio com arquitetura de qualidade. Contemporânea, portanto.

Nada lhes agradava. A maior parte do que viam era imitação de arquitetura contemporânea, estilo neoclássico ou o chamado "mediterrâneo". Faltava o pós-moderno, que na época ainda não era moda no nosso mercado imobiliário.

As plantas também não lhes agradavam. Quando perguntavam qual arquiteto havia feito o projeto, os vendedores diziam que eram projetos de arquitetos da construtora. Um vendedor mais franco chegou a dizer que não precisavam de arquiteto, que este era eventualmente chamado para dar um "molho" na fachada e nos pilotis.

Coleta tinha certa familiaridade com a arquitetura desde menina, pois Flávio Marinho Rego projetara a casa de seus pais na Gávea. O casal imaginava muito bem que tipo de arquiteto se prestaria a dar um "molho" em uma fachada!

Cansados da procura, juntaram-se a um grupo de amigos na mesma situação e me perguntaram se não lhes podia projetar um edifício que a Promon incorporasse. Como a Promon não era incorporadora, indiquei um incorporador do qual tinha boa impressão, pela seriedade e qualidade de sua construção. Levei em conta o fato de esse incorporador ter um grupo de investidores que viabilizavam os seus empreendimentos.

A proposta que preparamos na Promon foi bem-aceita pelos futuros proprietários, mas não pelo incorporador, que nunca havia pago em escala tão alta os projetos. Mas quando argumentei que os condôminos o pagariam, ele aceitou. O local escolhido foi a avenida Arruda Botelho, no Alto de Pinheiros, em cujo lado par podiam-se construir edifícios com vista garantida, pois o lado ímpar já fazia parte da área com as restrições da Companhia City, estritamente unifamiliar.

Projeto   Logo os clientes se pronunciaram, como programa, por doze tipos e mais um dúplex de cobertura. Com esse dado lancei-me ao projeto. Como a frente para a avenida e a vista eram limitadas, percebi que para ela só poderia abrir as salas e uma suíte. Mas recortando a fachada lateral norte poderia, no fundo, abrir uma janela da suíte principal para o mesmo lado, deixando ainda o seu dormitório, assim como os outros dois ao lado, insolados pelo sol poente, na fachada posterior.

Edifício Macunaíma, fachadas SE e SO, São Paulo SP, 1976

Na fachada sul, dando para a rua lateral, ficaram a lavanderia, a cozinha e as salas de almoço e de jantar. Como essas duas poderiam facilmente ser devassadas pelo prédio em frente, criei jardineiras em balanço na fachada, fechando-as por fora do balanço com vidro translúcido. Joguei com esses volumes e com os de marquises protetoras de chuva e de vista das lavanderias, para enriquecer, com as aberturas das cozinhas, a composição da fachada.

Baseei a plástica do prédio no jogo dos elementos – construtivos, estruturais e de vedação – aproveitando-lhes as cores e texturas naturais, em conjunto com as aberturas. Na fachada da avenida, coloquei jardineiras diante das salas, para que o verde do primeiro plano se fundisse ao verde do bairro à frente. O conjunto dos seus volumes com os dos quebra-sóis pendurados nelas, pedidos pelo sol matutino e pela alta luminosidade do resto do dia, também procuraram valorizar a volumetria da frente.

EDIFÍCIO MACUNAÍMA, fachada principal

Quando usei a mesma solução no prédio da praia de Botafogo, em 1958, não conhecia prédios com o uso tão integrado de jardineiras na fachada. Havia uma ou outra, sob janelas. Depois as jardineiras viraram moda e foram encampadas pelas incorporadoras, que passaram a usá-las como elementos decorativos de fachadas, e não como ambientadores de espaços internos.

Mesmo sabendo que os arquitetos associariam as jardineiras a modismos de projetistas medíocres, não as descartei. Aprendi que não se pode fazer arquitetura com medo da crítica dos colegas, nem, por outro lado, deixar de considerá-la e de procurar nela o que houver de válido.

Na fachada dos fundos criei placas fixas de venezianas pré-fabricadas, de concreto, para permitir a abertura das janelas no fim da tarde, sem o incômodo do sol poente. Aproveitei a cobertura não só para criar um espaço diferenciado no salão, deixando-o parcialmente com pé-direito duplo, mas também para modular o volume superior do prédio, trabalhando seu coroamento.

Consegui organizar a planta com as circulações verticais – social e de serviço – ligáveis e, à sua volta, no interior do apartamento, uma circulação interligando diretamente os setores social, íntimo e de serviço, com a preservação da privacidade de cada uma, independentemente de abertura ou fechamento de portas. São condições que considero necessárias ao padrão de conforto e de elegância de uma moradia.

Para o paisagismo, desde o começo eu quis Roberto Burle Marx. Como Fernando se entusiasmou com a ideia, pedi uma proposta ao Haruyoshi, o braço direito do Roberto. Fiquei contentíssimo com o projeto do Roberto. Sendo ele quem era, aceitei todas as suas sugestões de modificação na arquitetura dos pilotis, no sentido de integrar melhor os nossos projetos. Com a carta branca que lhe demos, incluiu nesse trabalho uma ideia antiga, que nunca havia executado nos projetos anteriores: criou uma série de vulcões – ou seios – que, revestidos da pedra portuguesa do piso, em um desenho de curvas em três cores, elevam-se a dois ou três metros de altura, dando continuidade ao piso, contendo jarros de bromélias embutidos.

OBRA A luta pela defesa do projeto do edifício Macunaíma começou logo no início da obra.

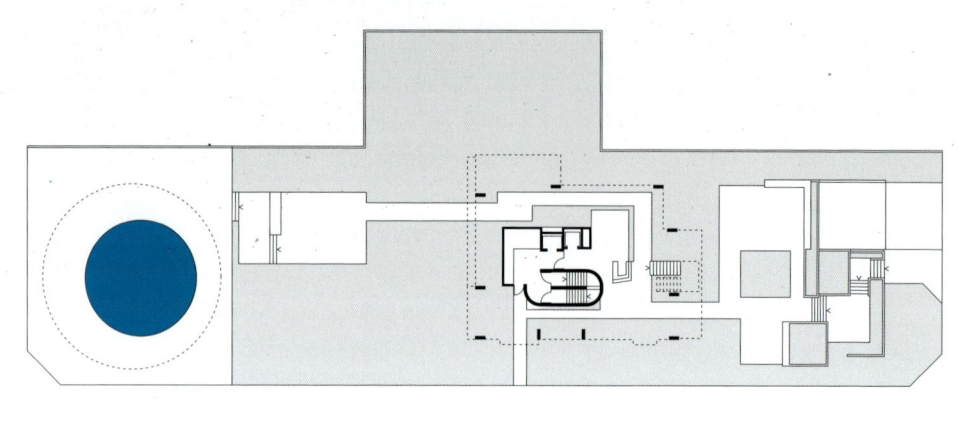

Edifício Macunaíma
Implantação e planta
do pavimento térreo
Planta do pavimento
tipo

1. suíte
2. dormitório
3. sala de estar
4. sala de jantar
5. sala de almoço
6. cozinha
7. área de serviço
8. quarto de empregado
9. hall de serviço
10. hall social

Desenhei as fôrmas de concreto aparente com cuidado – tábua por tábua – para que sua colocação refletisse o trabalho da estrutura e seu desenho lhes acentuasse as linhas de força, as continuidades, quando havia, e as independências, segundo os casos. Dispus as juntas transversais alternadas, para não introduzir linhas contínuas perpendiculares ao sentido das vigas e pilares. Isso foi especialmente planejado para que durante as concretagens as diferentes fases não deixassem marcas.

Assim como a maior dimensão das tábuas acompanhava sempre o sentido dos elementos – horizontais nas vigas e jardineiras, e verticais nos pilares – desenhei a fôrma dos tetos da área dos pilotis enfatizando sempre a maior dimensão dos painéis. No coroamento, estudei cuidadosamente o arranjo entre as tábuas horizontais, verticais e inclinadas. Nas partes aparentes do cilindro achatado da escada, preocupei-me com que os sarrafos verticais tivessem juntas em diferentes alturas, sem continuidade.

Recomendei muito que não se reaproveitassem tábuas em nenhum elemento aparente. Mas, minha primeira surpresa foi justamente essa: no segundo pavimento, encontrei fôrmas com tábuas cheias de sobras de cimento. Chamei o mestre, recriminei-o, mandei desmanchar e telefonei para o engenheiro da construtora, que ficou de providenciar a substituição. Achei que o caso estivesse resolvido.

No terceiro pavimento, de novo encontrei as tábuas cheias de aderência, em vigas já armadas, esperando a concretagem. Quando chamei o mestre e reclamei, soube que o engenheiro da incorporadora era quem o mandava reutilizar as tábuas. Telefonei novamente para o engenheiro e reclamei do seu procedimento – não entendia o interesse dele em estragar a obra. Mesmo tendo enfatizado a importância da tábua nova no concreto aparente e ele prometendo que não aconteceria mais aquilo, a luta durou até praticamente a cobertura!

Na fase da alvenaria, foram paredes fora das medidas – o engenheiro detestava consultar desenhos e era defendido pelo incorporador. Fernando, como líder do grupo, era o meu recurso extremo na defesa do projeto.

No trato das esquadrias, a incorporadora fazia modificações no projeto para baratear o custo. Eu reagi. Fiz questão de que nas quinas, na varanda e na sala, não ficasse montante fixo quando abertas as folhas. Como isso encarecia um pouco a janela, o caso foi levado aos condôminos que, alertados pelo Fernando, exigiram a manutenção do projeto. Mas no tratamento da anodização, não consegui impor a coloração café, que acrescentaria 12% ao custo final. As esquadrias ficaram na cor natural do alumínio, prejudicando muito a composição do edifício.

Semanas depois apareceu a compradora da cobertura, com seu decorador. Ela não gostou da escada helicoidal que eu projetei na parte social, levando aos ambientes de cima, e o decorador desenhou outra, com dois lances retos, encostada a uma grande janela que tinha função especial na composição do coroamento do prédio.

Expliquei a ela que a escada não poderia ficar encostada no painel de vidro. Ela me disse, então, que seu decorador tinha percebido o problema e já tinha a solução. O decorador me entregou um desenho que simplesmente modificava o projeto da fachada, puxando o painel de vidro para a face de uma caixa de concreto que eu havia aplicado nos andares inferiores, nas salas de almoço, mas que não havia repetido no coroamento, onde o desenho seria diferente. Explicou que era "só" eu repetir a caixa que havia projetado nos outros pavimentos e a escada ficaria afastada do vidro!

Expliquei exaustivamente as razões estéticas do projeto, mas nem o decorador nem a cliente aceitaram. Ofereci-me para projetar gratuitamente uma outra escada de lances retos, que fosse compatível com o painel de vidro, e eles concordaram. Em dois dias entreguei o projeto de uma escada feita em chapa de aço, com espessura suficiente para ficar rígida, mas de visual muito elegante. No entanto, o decorador considerou o aço incompatível com a sua linha, e a cliente pediu que a incorporadora executasse o seu projeto.

O engenheiro pediu-me que reconsiderasse. Dizia que não podia contrariar os clientes. Mas aquela modificação atentava contra o projeto; só me interessava fazer arquitetura com qualidade, e isso não seria possível se a estragasse por vontade de clientes que não entendem do assunto.

Duas semanas depois, o amigo Gonga me pediu para conhecer a obra e levei-o na minha visita periódica. Quando chegamos ao décimo terceiro, surpreendi-me ao ver as fôrmas da escada, já prontas para receber a ferragem, segundo o projeto que eu havia vetado. Fiquei furioso, minha pulsação disparando. Sem pensar em mais nada para impedir aquela falta de respeito, peguei um pedaço de pontalete de um metro de comprimento que estava por perto e golpeei a fôrma violentamente. Ouvindo aquela barulheira num pavimento onde não havia um único operário trabalhando, Gonga correu até onde eu estava e me perguntou o que eu estava fazendo. Parei para explicar e logo éramos dois a destruir irremediavelmente a armação de tábuas e sarrafos.

De volta à Promon, telefonei ao Fernando que se divertiu com a história, ligou para o incorporador e recomendou-lhe que não voltasse a iniciar aquela fôrma sem a minha aprovação.

Refeita a fôrma da escada segundo minhas indicações, o casal acabou vendendo o apartamento. Aqueles dois, que apenas passaram pela história do prédio e nem chegaram a habitá-lo, quase haviam estragado sua fachada.

No começo da construção dos seios do jardim de Burle Marx, novos problemas apareceram. Muitos condôminos se assustaram com aqueles volumes grandes, brotando do piso do jardim de acesso, ainda com sua armação de ferros amarrados por arames. Telefonaram-me, pedindo o cancelamento, e como o Fernando foi contra e exigiu que continuasse, fizeram uma reunião para tratar do assunto.

Edifício Macunaíma, jardim no térreo com projeto paisagístico de Roberto Burle Marx

Nessa reunião falei sobre a diferença entre o aspecto atual, passageiro, deveras feio, com aquelas ferragens amarradas por arames, e o que resultaria no final, com os jarros embutidos e as bromélias. Propus que deixassem se completar a obra, para julgá-la como fora idealizada pelo Roberto, contei casos que refletiam o seu nome internacional e pedi licença para me retirar, não querendo constrangê-los com minha presença. Dias depois soube que os condôminos decidiram respeitar o projeto de Burle Marx.

Plágio   Pouco antes de se mudar, numa viagem a Porto Alegre, Fernando encontrou um amigo que lhe mostrou a planta de um apartamento comprado da mesma incorporadora, no Alto de Pinheiros. Ficou espantado com a semelhança de seu apartamento! Ao pé do desenho, assinava como autora a arquiteta com a qual o incorporador dizia que gostava de trabalhar.

De volta a São Paulo, telefonou-me, contando o caso.

Dias depois, Léo Bomfim Júnior veio à minha sala com uma pasta na mão, espantadíssimo: um corretor havia tentado lhe vender um apartamento em um edifício a uma quadra da avenida Arruda Botelho, com planta praticamente igual à do Macunaíma! Ao ver o desenho, espantei-me, pois as únicas diferenças estavam no lavabo, deslocado pela projetista uns metros, e no perímetro da planta, mais regular, devido ao terreno retangular. Mas a solução era a mesma, escadas e elevadores no centro, igualmente distribuídos, as salas nas mesmas posições, cozinha, área, quartos e banheiros.

Edifício Macunaíma, jardim na fachada principal

Meus colegas na Promon compararam os dois desenhos, o modelo e a cópia. Um deles, munido de um gravador, ligou para o escritório da tal arquiteta e teve sorte de que ela atendesse. Ele então se fez passar pelo arquivista da incorporadora. Disse que estava organizando os desenhos do edifício Macunaíma e sentira falta de uma planta do pavimento tipo que havia sido emprestada a ela para copiar, no edifício perto da Arruda Botelho. A arquiteta mordeu a isca e reagiu dizendo que não tinha que devolver nada, que quando lhe entregaram a planta disseram que era uma fotocópia e podia ficar com ela. Meu colega ainda pediu confirmação, era a cópia do edifício Macunaíma, do arquiteto Fragelli, que haviam dado para copiar? Resposta positiva.

Ele então me passou a fita e perguntou como eu iria processar a arquiteta, se individualmente ou pela Promon, lembrando que ela havia perdido mais de um processo por plágio e deturpação de obras de arquitetos. Mas não me passava pela cabeça entrar na Justiça. O projeto fora contratado pela Promon e, apesar da minha autoria caracterizada, só a companhia poderia mover a ação, o que provavelmente não ocorreria. Além do mais, a modificação da posição do lavabo poderia servir de base, nas mãos de um bom advogado e de um juiz mais fraco, para descaracterizar o plágio. Guardei a fita, apenas satisfeito com a comprovação da desonestidade.

Nova sede da Promon

Primeira opção Quando a Promon resolveu construir sua sede própria, em 1974, e nossa equipe foi encarregada de procurar o terreno, confiei essa tarefa ao Jorge Utimura.

Sempre preocupado em conferir um caráter mais cultural à companhia, valorizando a busca de qualidade e de tecnologia avançada, Tamas desejava um local próximo à Cidade Universitária, planejando futuros trabalhos de pesquisa desenvolvidos em conjunto com a universidade.

Depois de algumas tentativas frustradas nessa região, apareceu um terreno grande, quase quadrado, a um preço bem razoável, no fim do Itaim. Um chanfro do quadrado, porém, confinava com o projetado alinhamento da futura avenida, provisoriamente denominada avenida do Córrego do Sapateiro, atual Juscelino Kubitschek.

A instrução era projetar um prédio com a área total que considerasse as mais otimistas previsões de crescimento da companhia, o que, mesmo assim, ficaria muito abaixo da área de seis vezes a do lote, permitida pelo Código de Obras na região.

Era importante para o bom funcionamento de grandes projetos, como refinarias ou indústrias petroquímicas, que os elementos das equipes de cada projeto se localizassem todos em áreas contínuas, para que todos os técnicos envolvidos tivessem o mais estreito contato. Essa era a vantagem de áreas extensas: com divisórias reformuláveis, seria possível criar espaços específicos para cada projeto e fase. Mas o aspecto dos ambientes resultantes desses arranjos não seria o mais agradável, tendendo para o de galpão industrial.

Assim, projetei um prédio baixo, poucos pavimentos, cada qual com a maior área possível, mas recortando o seu perímetro, para evitar grandes distâncias entre qualquer ponto de trabalho e as janelas. O módulo da estrutura ficou de dez metros, procurando um vão que, dentro de uma realidade econômica, minimizasse o número de pilares.

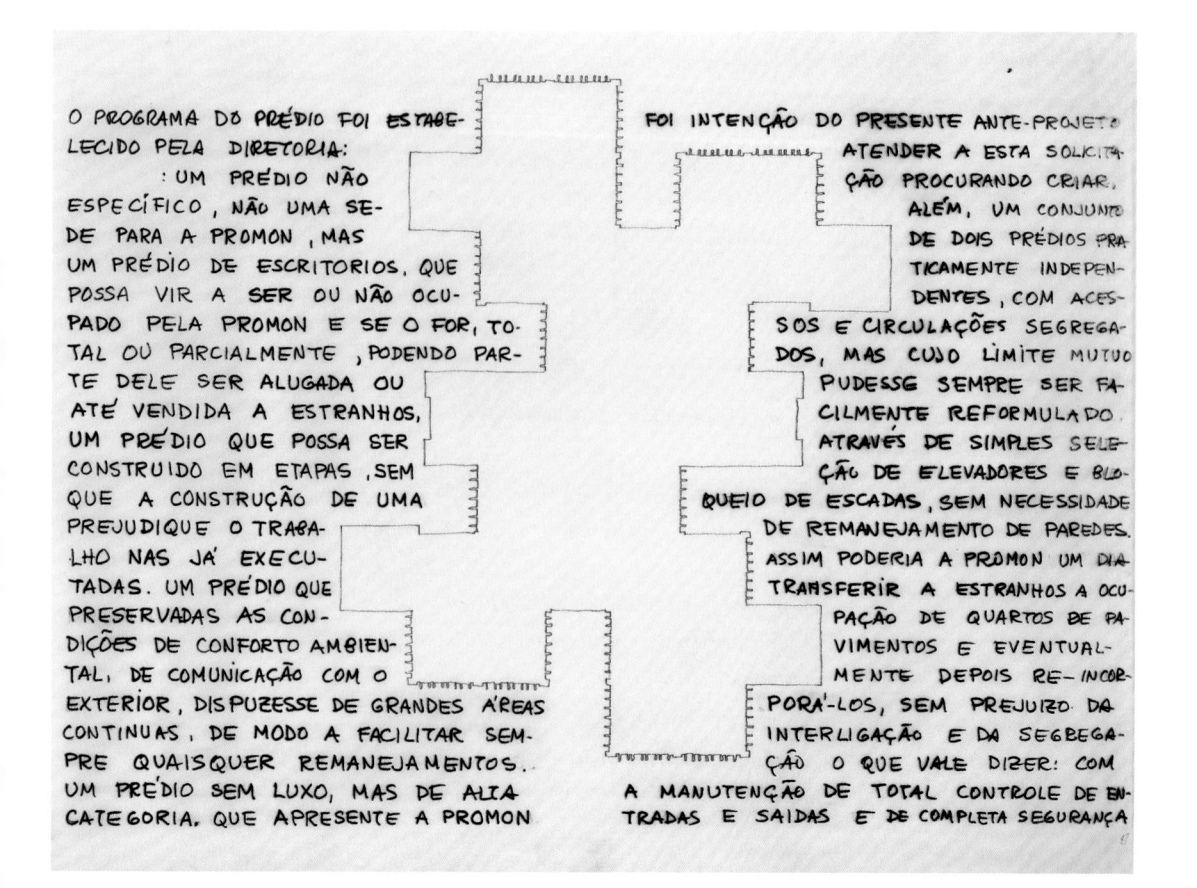

O PROGRAMA DO PRÉDIO FOI ESTABELECIDO PELA DIRETORIA:

: UM PRÉDIO NÃO ESPECÍFICO, NÃO UMA SEDE PARA A PROMON, MAS UM PRÉDIO DE ESCRITÓRIOS, QUE POSSA VIR A SER OU NÃO OCUPADO PELA PROMON E SE O FOR, TOTAL OU PARCIALMENTE, PODENDO PARTE DELE SER ALUGADA OU ATÉ VENDIDA A ESTRANHOS, UM PRÉDIO QUE POSSA SER CONSTRUÍDO EM ETAPAS, SEM QUE A CONSTRUÇÃO DE UMA PREJUDIQUE O TRABALHO NAS JÁ EXECUTADAS. UM PRÉDIO QUE PRESERVADAS AS CONDIÇÕES DE CONFORTO AMBIENTAL, DE COMUNICAÇÃO COM O EXTERIOR, DISPUZESSE DE GRANDES ÁREAS CONTÍNUAS, DE MODO A FACILITAR SEMPRE QUAISQUER REMANEJAMENTOS. UM PRÉDIO SEM LUXO, MAS DE ALTA CATEGORIA, QUE APRESENTE A PROMON

FOI INTENÇÃO DO PRESENTE ANTE-PROJETO ATENDER A ESTA SOLICITAÇÃO PROCURANDO CRIAR, ALÉM, UM CONJUNTO DE DOIS PRÉDIOS PRATICAMENTE INDEPENDENTES, COM ACESSOS E CIRCULAÇÕES SEGREGADOS, MAS CUJO LIMITE MÚTUO PUDESSE SEMPRE SER FACILMENTE REFORMULADO ATRAVÉS DE SIMPLES SELEÇÃO DE ELEVADORES E BLOQUEIO DE ESCADAS, SEM NECESSIDADE DE REMANEJAMENTO DE PAREDES. ASSIM PODERIA A PROMON UM DIA TRANSFERIR A ESTRANHOS A OCUPAÇÃO DE QUARTOS DE PAVIMENTOS E EVENTUALMENTE DEPOIS RE-INCORPORÁ-LOS, SEM PREJUÍZO DA INTERLIGAÇÃO E DA SEGREGAÇÃO. O QUE VALE DIZER: COM A MANUTENÇÃO DE TOTAL CONTROLE DE ENTRADAS E SAÍDAS E DE COMPLETA SEGURANÇA

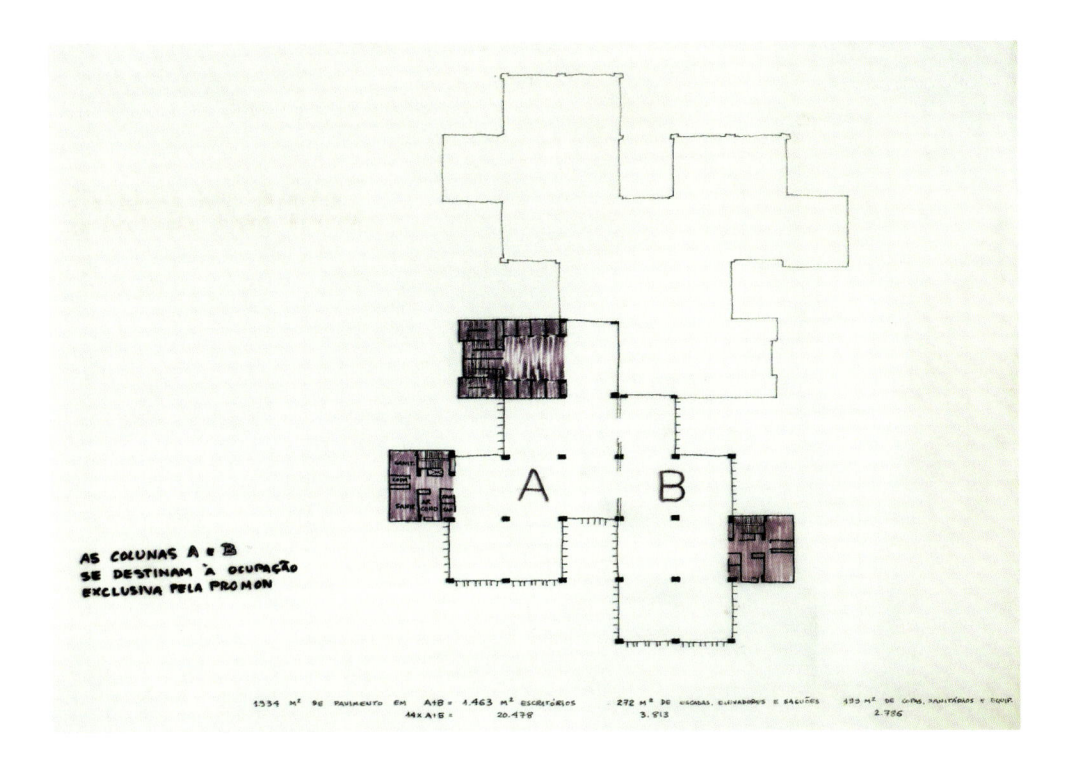

Dessa solução resultariam ambientes menos formais, sem a dureza das grandes perspectivas. Os blocos de circulação vertical e de sanitários, salas e dutos verticais de equipamentos e de tubulações foram dispostos na periferia, para não interromper as áreas de escritórios e para enriquecer a volumetria das fachadas.

O projeto foi muito bem-aceito por todos da companhia, e uma vez aprovado formalmente, passei a prepará-lo para entregar aos desenhistas encarregados dos documentos necessários à aprovação na prefeitura.

Novo projeto   Porém, perto do fim do ano, nos chegou a informação de que uma modificação estava por ser feita no Código de Obras, diminuindo para quatro vezes a área passível de ser construída naquela zona. A área do meu projeto ainda era inferior a esse novo limite, mas o valor do terreno cairia, a menos que a companhia desse entrada, na prefeitura, de um projeto que aproveitasse o máximo de área aprovável no momento.

Imediatamente me pediram que modificasse o projeto, aumentando a área construída. Solicitaram-me ainda o máximo de flexi-

Condomínio São Luiz, sede da Promon, São Paulo SP, 1974
À *esquerda*, memorial descritivo do estudo preliminar
À *direita*, planta esquemática do estudo preliminar

p. 360-361, plantas do estudo preliminar

FIGUREMOS UMA HIPÓTESE DE OCUPAÇÃO MIXTA FUTURA:

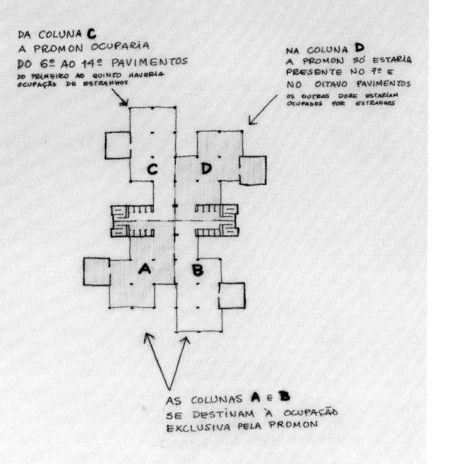

DA COLUNA C A PROMON OCUPARIA DO 6º AO 14º PAVIMENTOS
DO PRIMEIRO AO QUINTO HAVERIA OCUPAÇÃO DE ESTRANHOS

NA COLUNA D A PROMON SÓ ESTARIA PRESENTE NO 7º E NO OITAVO PAVIMENTOS
OS OUTROS DIAS ESTARIAM OCUPADOS POR ESTRANHOS

AS COLUNAS A e B SE DESTINAM A OCUPAÇÃO EXCLUSIVA PELA PROMON

DO PRIMEIRO AO QUINTO PAVIMENTO A DISTRIBUIÇÃO SERIA ESTA:

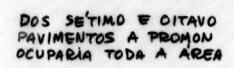

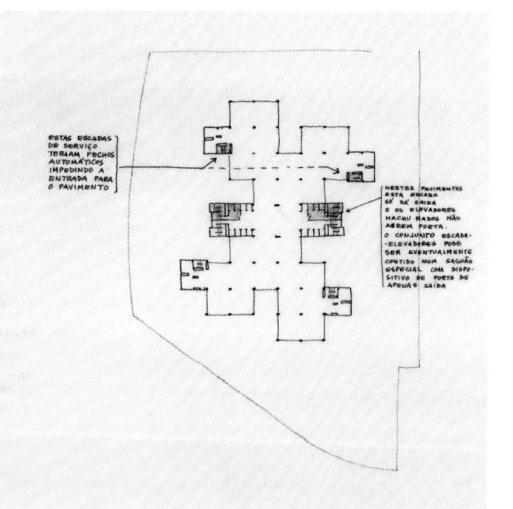

DOS SÉTIMO E OITAVO PAVIMENTOS A PROMON OCUPARIA TODA A ÁREA

ESTAS ESCADAS DE SERVIÇO TERIAM FECHOS AUTOMÁTICOS IMPEDINDO A ENTRADA PARA O PAVIMENTO

NESTES PAVIMENTOS ESTÁ AFIXADA SÓ A SAÍDA E OS ELEVADORES MACIÇOS NÃO ABREM PORTA. O CONJUNTO ESCADA-ELEVADORES PODE SER EVENTUALMENTE CONTIDO NUM SAGUÃO ESPECIAL COM DISPOSITIVO DE PORTA DE APENAS SAÍDA

O PAVIMENTO PILOTIS FICARIA QUASE EXCLUSIVAMENTE PARA USO DA PROMON, COM UMA ÁREA ININTERRUPTA DE APROXIMADAMENTE 60 x 120 M. A PROMON TERIA COM ISSO GRANDE COMODIDADE, VARIADAS POSSIBILIDADES DE APROVEITAMENTO E GRANDE FACILIDADE DE CONTROLE, VISANDO A SEGURANÇA.

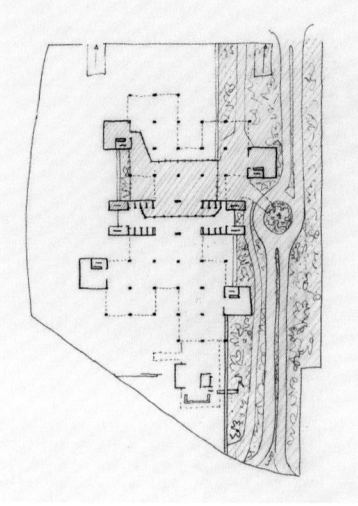

VARIANTE A

POSSIBILIDADE DE SEPARAÇÃO ENTRE PROMON E ESTRANHOS NO MESMO PAVIMENTO:
(COM ACESSO PELAS DUAS VIAS)

VANTAGENS PARA O PRÉDIO ESTRANHO:
MAIOR CATEGORIA; MAIOR COMODIDADE PARA PEDESTRES.

VANTAGEM PARA O CONJUNTO:
MAIS 20 VAGAS NA GARAGEM

DESVANTAGEM PARA O CONJUNTO:
DIVISÓRIA REFORMULÁVEL NO SAGUÃO DO PILOTIS.

DESVANTAGENS PARA A PROMON:
MENOR ÁREA E MENOS CONTÍNUA NO PILOTIS. MENOR CATEGORIA.

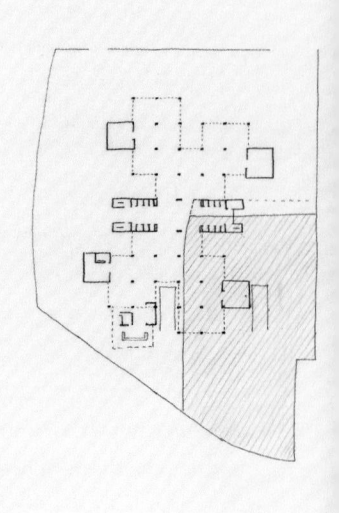

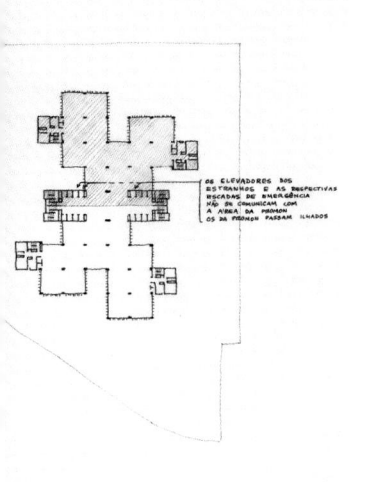

NO SEXTO E DO NONO AO DÉCIMO QUARTO PAVIMENTOS SERIA ESTA A DIVISÃO:

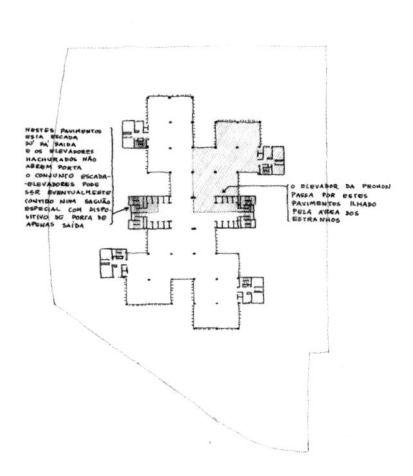

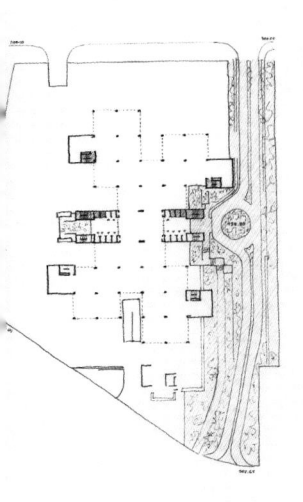

O ACESSO DO PRÉDIO, PARA ESTRANHOS SERIA ATRAVÉS DE PISTAS AJARDINADAS, COM RAMPA MÁXIMA DE 10%, LIGANDO À RUA (1 M acima) E À AVENIDA (3,80 M acima) UMA PRACINHA COM JARDIM, ESPELHO D'ÁGUA E ESCULTURA.

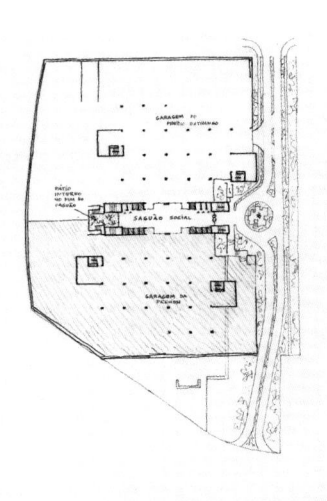

VARIANTE B

POSSIBILIDADE DE SEPARAÇÃO ENTRE PROMON E ESTRANHOS NO MESMO PAVIMENTO
(COM ACESSO PELA AVENIDA)

INCONVENIENTES:

PREJUDICARIA A SOLUÇÃO DE ACESSO DA PROMON; LOCALIZARIA OS ESTRANHOS NAS COLUNAS B E D

VANTAGENS:

PRESERVARIA MAIOR E MAIS CONTÍNUA ÁREA DE PILOTIS PARA A PROMON

ALÉM DAS VANTAGENS E DESVANTAGENS DA VARIANTE A

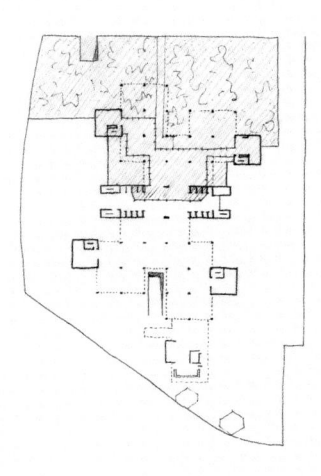

VARIANTE C

POSSIBILIDADE DE SEPARAÇÃO ENTRE PROMON NO MESMO PAVIMENTO
(COM ACESSO PELA RUA L.C.M.)

VANTAGENS PARA O PRÉDIO ESTRANHO:

ACESSO MAIS DIRETO E CÔMODO, UMA VEZ NA RUA

IMAGEM MAIS EXCLUSIVA (DA RUA NÃO SE PERCEBE O COMPARTILHAMENTO)

VANTAGENS PARA A PROMON:
ÁREA DO PILOTIS MAIS CONTÍNUA TODA A FRENTE PARA A AVENIDA EXCLUSIVA (COM MANUTENÇÃO DE ACESSO DE EMERGÊNCIA PARA A RUA)

DESVANTAGEM PARA OS ESTRANHOS:
BAIXO PADRÃO (AO MENOS ATUALMENTE) DA RUA L.C.M.

bilidade, para que a Promon pudesse mais tarde dispor das áreas desocupadas como lhe conviesse.

Refiz o trabalho, muito aproximado do espírito do anterior. A planta continuou recortada, mas, devido às normas para incêndios, foi dividida em quatro quadrantes, separados por uma cruz imaginária, cada qual com os mesmos metros quadrados de escritório, e seus apoios de circulação e de serviços.

Como dificilmente ocuparíamos o prédio todo no futuro, estudei a opção de projetar dois edifícios num mesmo bloco, cada qual com sua entrada independente, mas com possibilidade de intercomunicação de áreas. Isso porque a dinâmica de cada projeto e contrato – os novos e os terminados – obrigava a Promon a alugar temporariamente conjuntos de salas em diversos edifícios vizinhos ao de sua sede original.

Na área livre em frente à fachada leste, criei uma praça rebaixada, comunicando-se com a rua e a futura avenida por meio de suaves rampas. Em frente a um espelho d'água com repuxo decorativo, localizei a entrada do prédio a ser alugado, procurando conferir maior nobreza às rampas, à praça e ao grande hall que, apesar de estar abaixo do nível da rua, escaparia ao aspecto de subsolo por situar-se entre a praça e um pátio interno. Neste hall poderiam parar todos os elevadores, dispostos em quatro conjuntos de quatro, cada qual destinado a um quadrante do pavimento tipo. Todo o pavimento de pilotis ficaria para a Promon, diretamente acessível pelas duas ruas. A repartição de áreas de uso se definiria com o fechamento – se fosse o caso – dos quatro halls de elevador e escada nos pavimentos, e com a parada dos elevadores nos pilotis ou no hall inferior. Seria como um bloco dividido em dois por um diafragma móvel. Isso daria maior flexibilidade à Promon, que a qualquer momento poderia incorporar ou liberar qualquer quarta parte de pavimento do conjunto, tirar de um prédio e juntar ao outro.

Cada quadrante, que pela lei de incêndio deveria se ater a um máximo de oitocentos metros quadrados, teve de ser separado dos vizinhos por paredes corta-fogo, só podendo ligar-se a eles por portas largas. Para conseguir áreas úteis desimpedidas, foram localizados, em um bloco prismático na periferia, acessos verticais – um hall com quatro elevadores e uma escada de segurança, como a criada para o projeto de Furnas – e, em outro, de planta quadrada,

DEPARTAMENTO DE ARQUITETURA DA PROMON

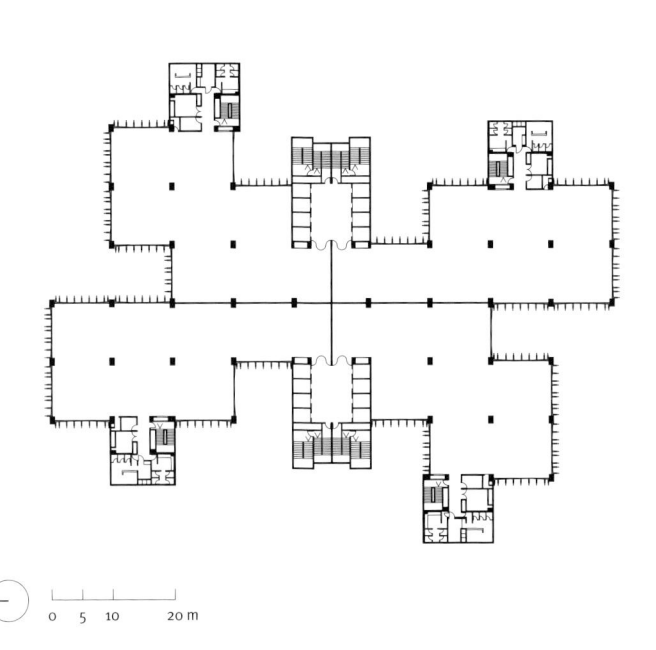

CONDOMÍNIO SÃO LUIZ
À esquerda, maquete tridimensional
À direita, plantas dos pavimentos tipo e térreo do projeto final

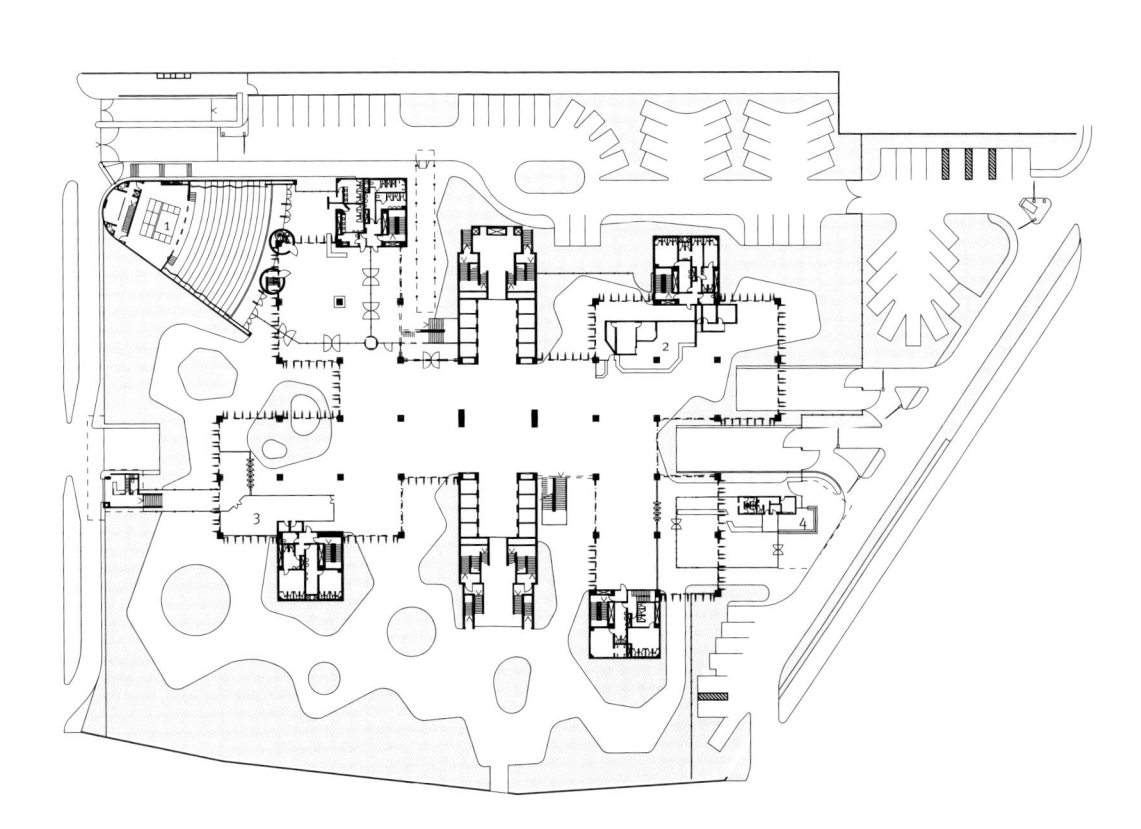

0 5 10   20 m

sanitários, copa, sala de equipamentos de ar-condicionado e uma escada de comunicação.

Para dar aparência de força e resistência a estes prismas fechados, que também trabalhariam pelo contraventamento da grande estrutura, tratei o concreto com textura semelhante à de uma galeria de metrô em Montreal, numa versão mais econômica. Essa textura também traria mais verticalidade ao conjunto, que tinha gabarito limitado a catorze pavimentos úteis, pela proximidade do aeroporto de Congonhas. Assim também tratei, nas escadas de segurança, as partes que se apoiam diretamente no solo. As que não se apoiam no solo ganharam forma lisa, de tábuas – uma linguagem mais leve – aplicada também aos pilares e vigas das fachadas e tetos, assim como às suas lajes. O sentido das tábuas acentuou o da estrutura, e sua junção foi programada para preservar a mensagem de continuidade.

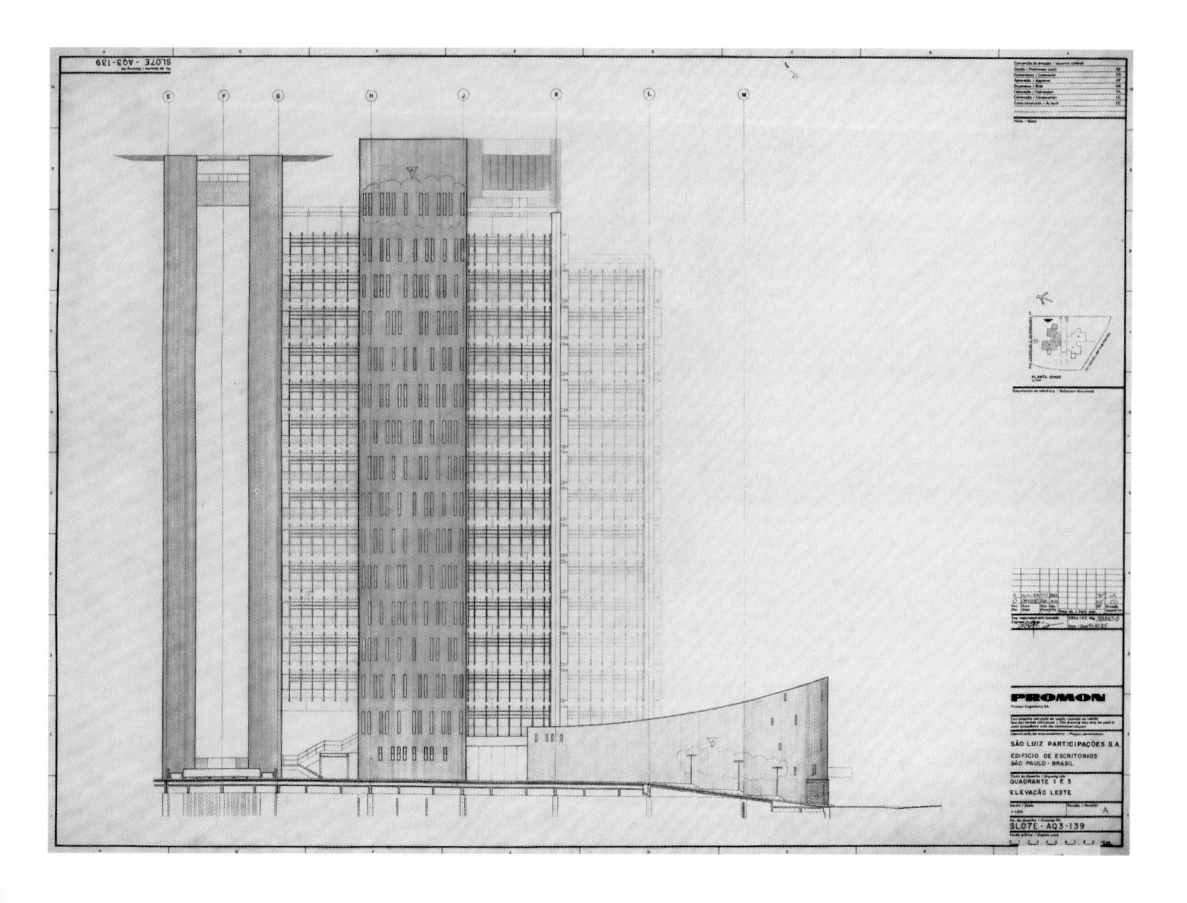

Inicialmente, pensei nas esquadrias indo do piso ao teto, mas um colega engenheiro da Promon do Rio me alertou para o fato de que essa solução criaria problemas de arranjo interno, de sobrecarga térmica e custo elevado. Aceitei a ponderação, estudei a criação do peitoril em tijolo à vista, mas acabei optando pelos blocos de concreto que, se pintados, poderiam acrescentar uma cor às fachadas, tornado-as menos cinzas, mais vivas. Logo pensei num vermelho-goiabada e felizmente sabia ser cor da preferência do Tamas, que consultei e aprovou, sem titubear.

Era indispensável que todo esse tratamento não ficasse limitado pelas esquadrias, mas penetrasse no interior do prédio, dando continuidade aos elementos que vinham de fora.

Situação delicada   Em 1983, com o agravamento da crise econômica do país e a consequente falta de grandes projetos, ficou cada vez mais difícil para a Promon bancar minhas horas de trabalho como chefe do departamento. Algumas vezes alguém da direção tocava no assunto, buscando alternativas ou hipóteses pouco viáveis de projetos que me ocupassem de maneira lucrativa. Mas, cada vez mais, eu me sentia como um problema para a empresa.

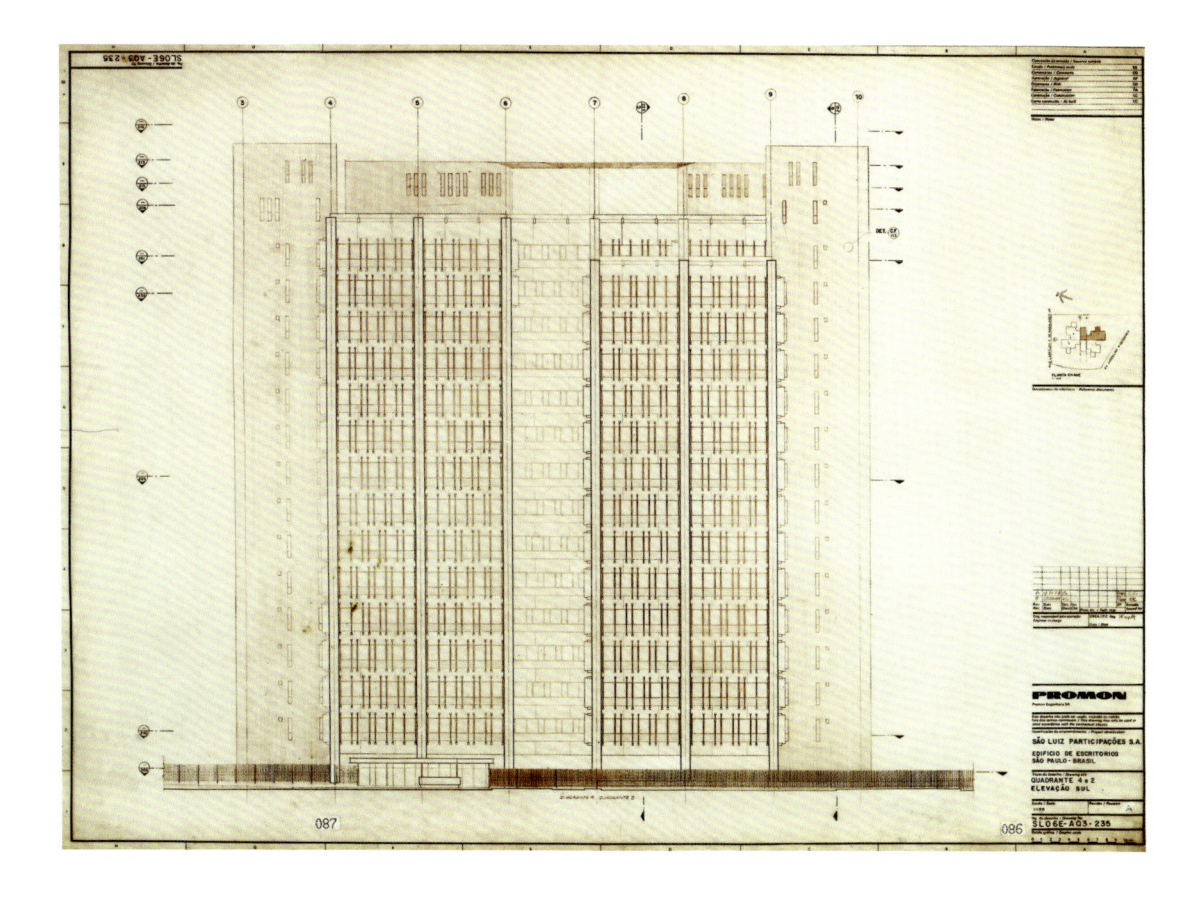

Condomínio São Luiz
À esquerda, fachada leste
À direita, fachada sul

Condomínio São Luiz

Condomínio São Luiz. Fotos de 2009
À esquerda, jardim na cobertura do edifício
À direita, brises

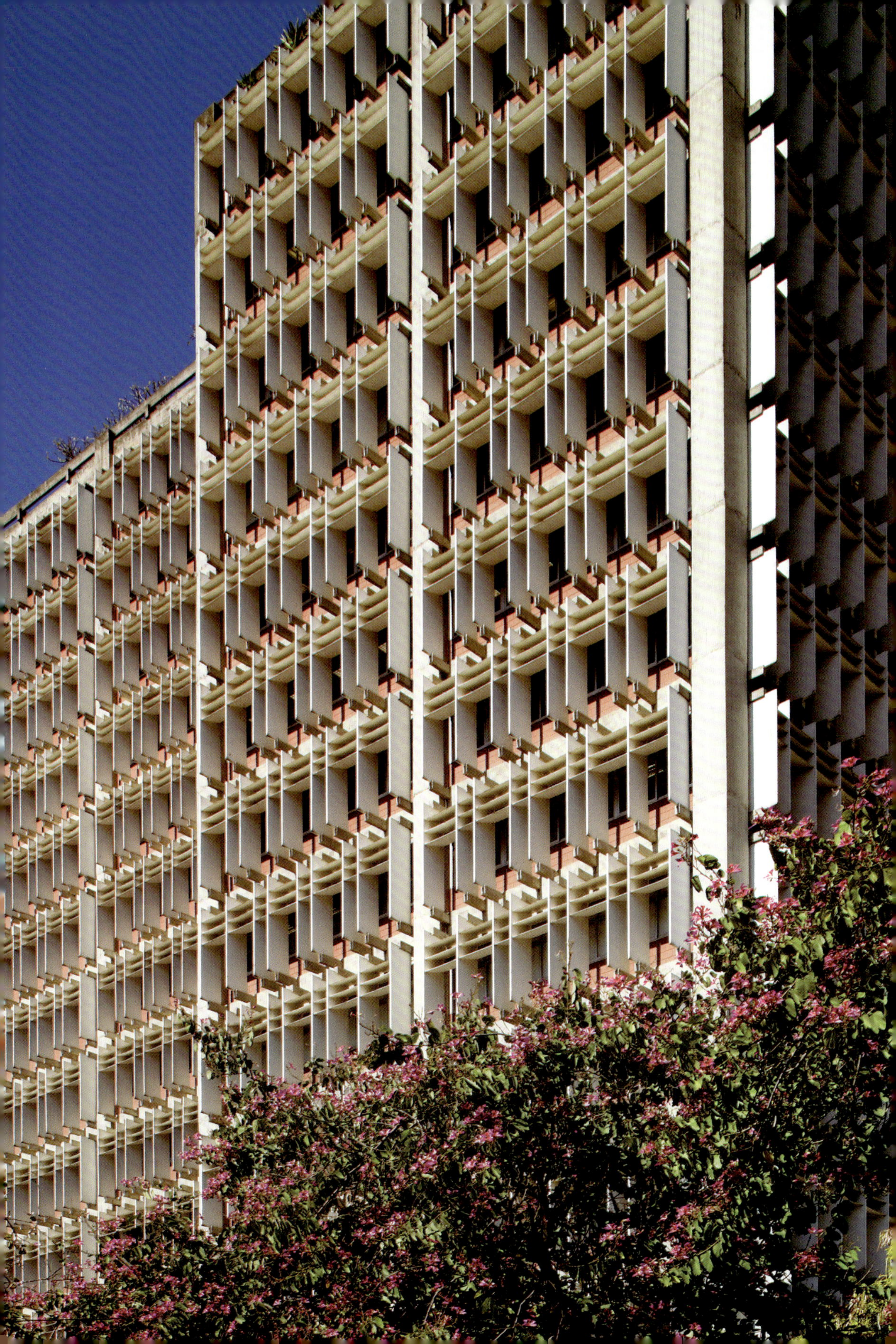

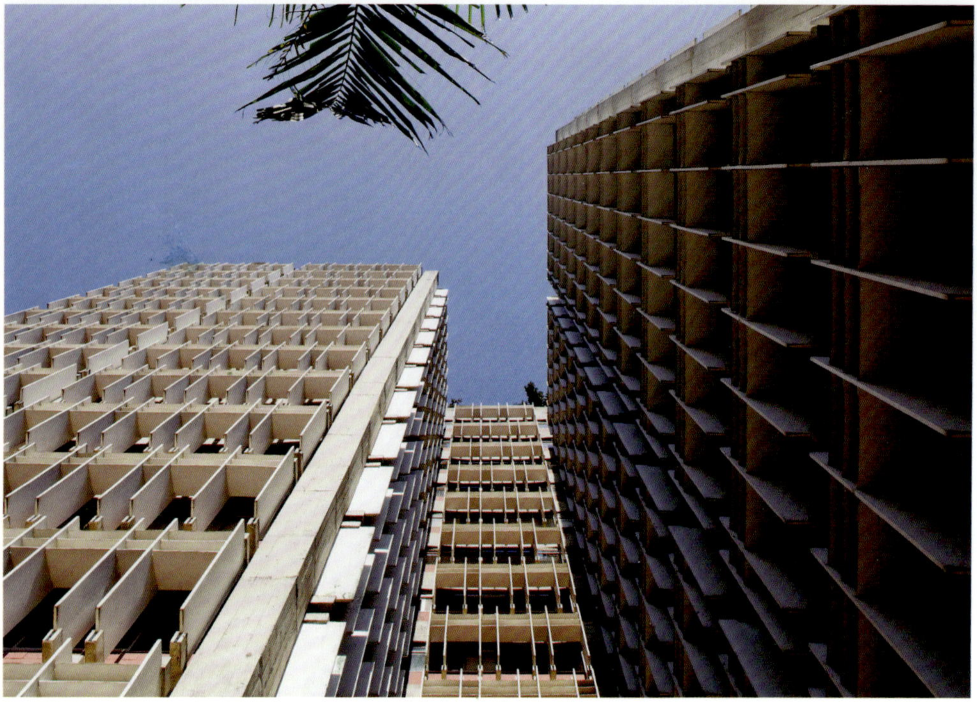

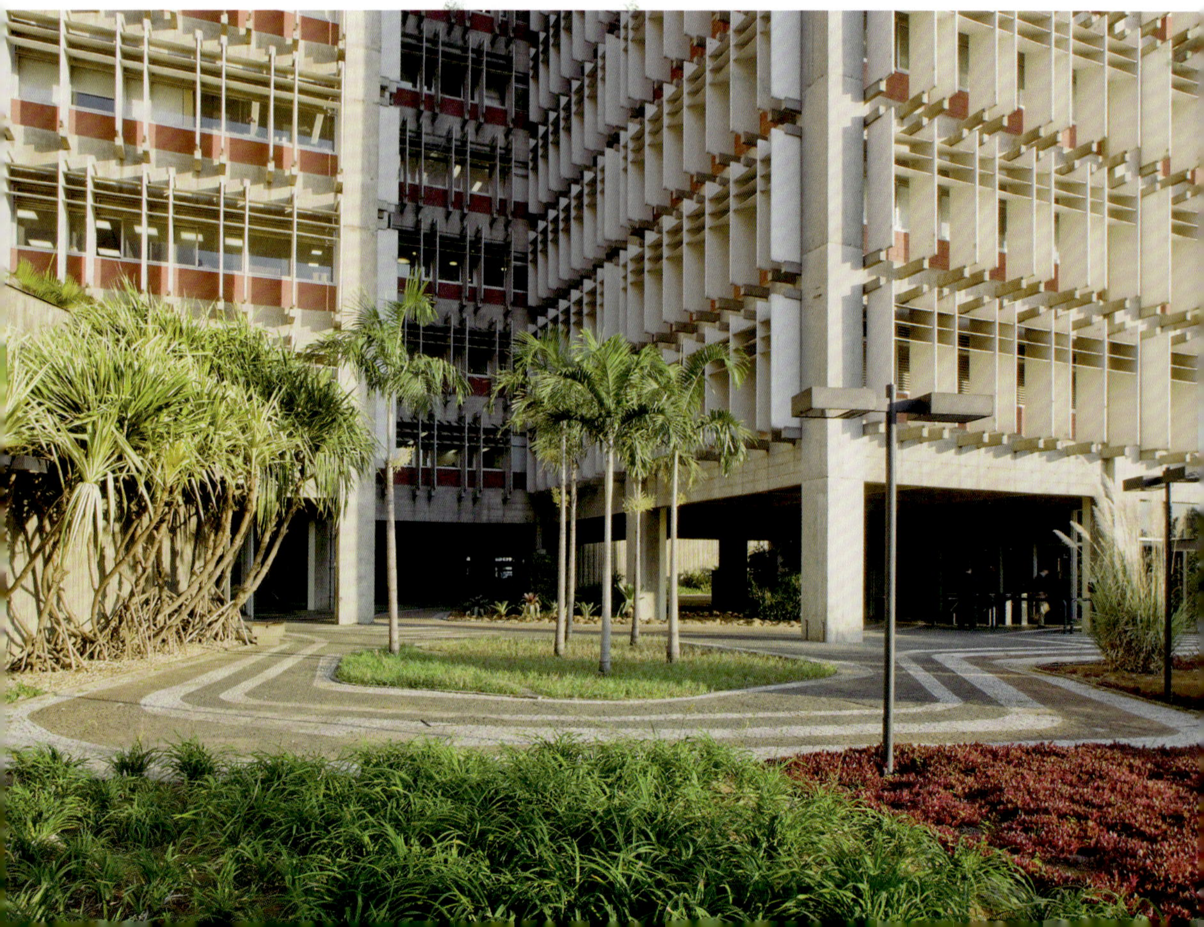

Condomínio São Luiz. Fotos de 2009
À esquerda, jogo volumétrico das fachadas; jardim no térreo
À direita, volume do auditório à sombra; conjunto construído

Condomínio São Luiz. Fotos de 2009
À esquerda, piso em pedra portuguesa do térreo; saguão dos elevadores
À direita, interior do auditório; jardim no térreo

p. 372-373, vista da av. Presidente Juscelino Kubitschek

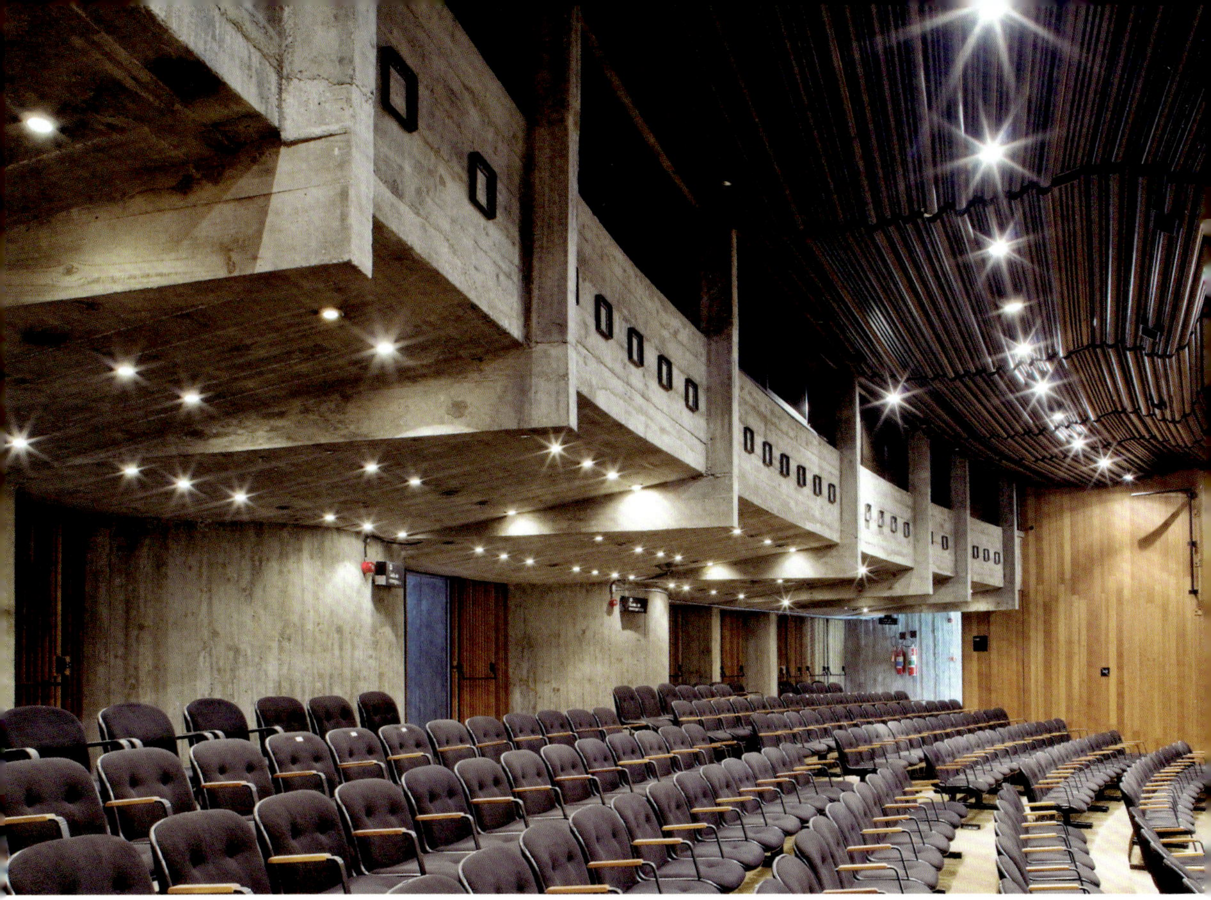

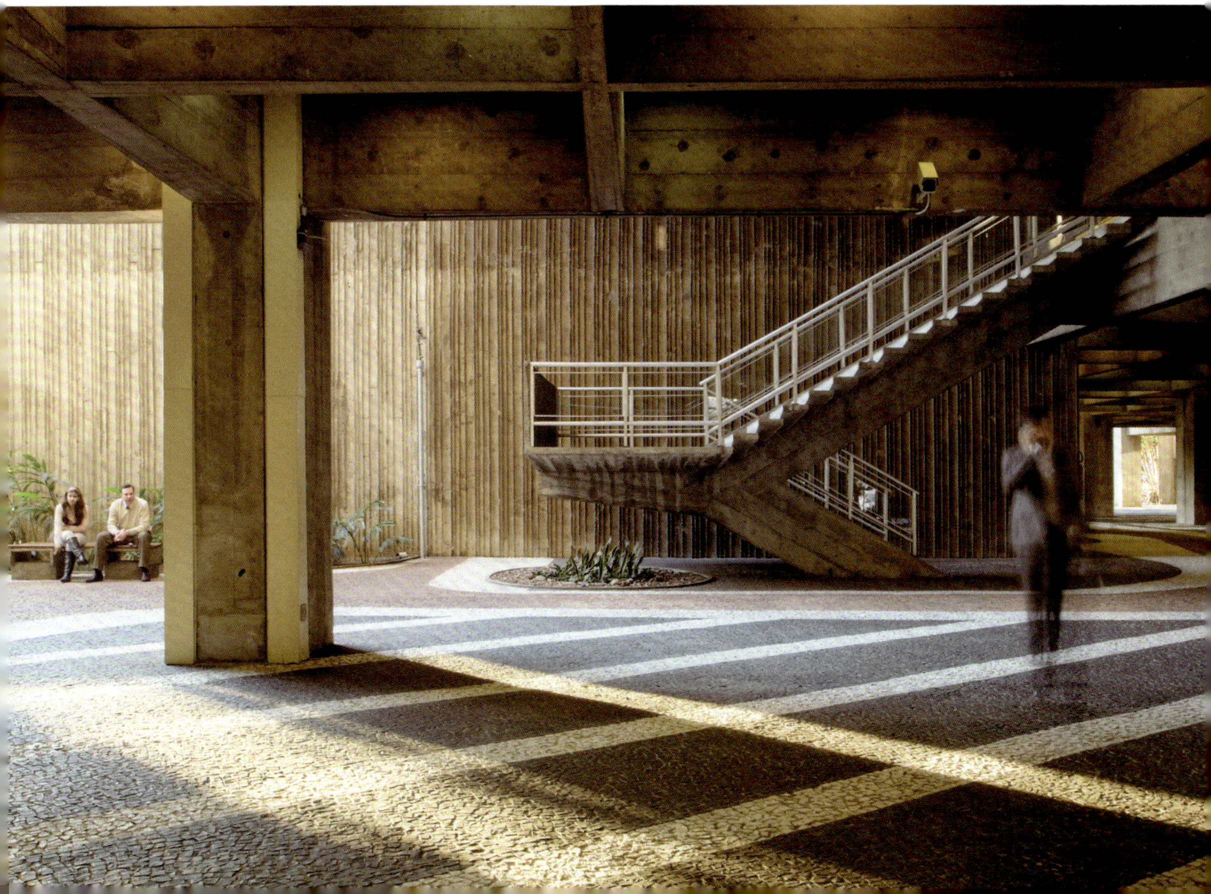

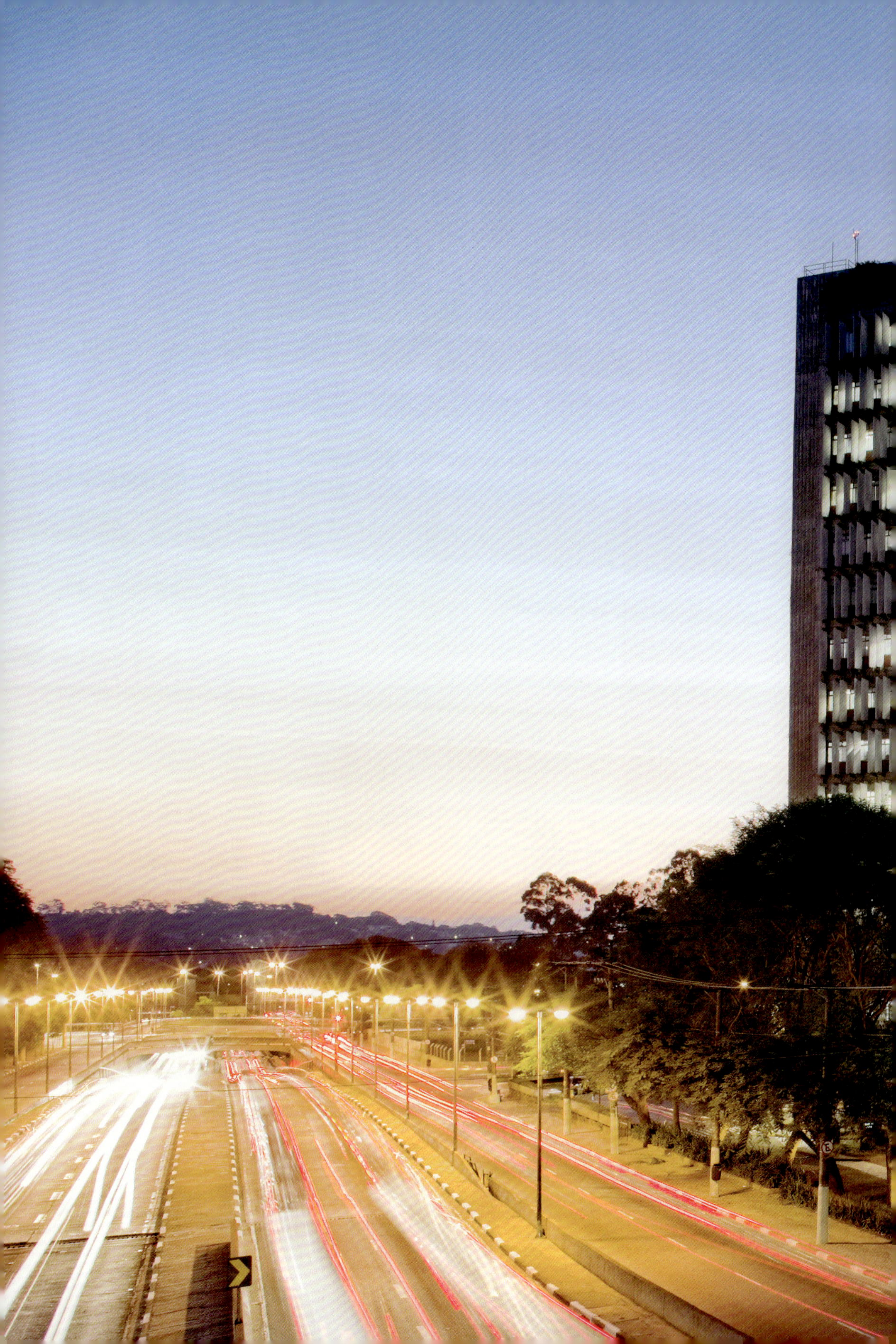

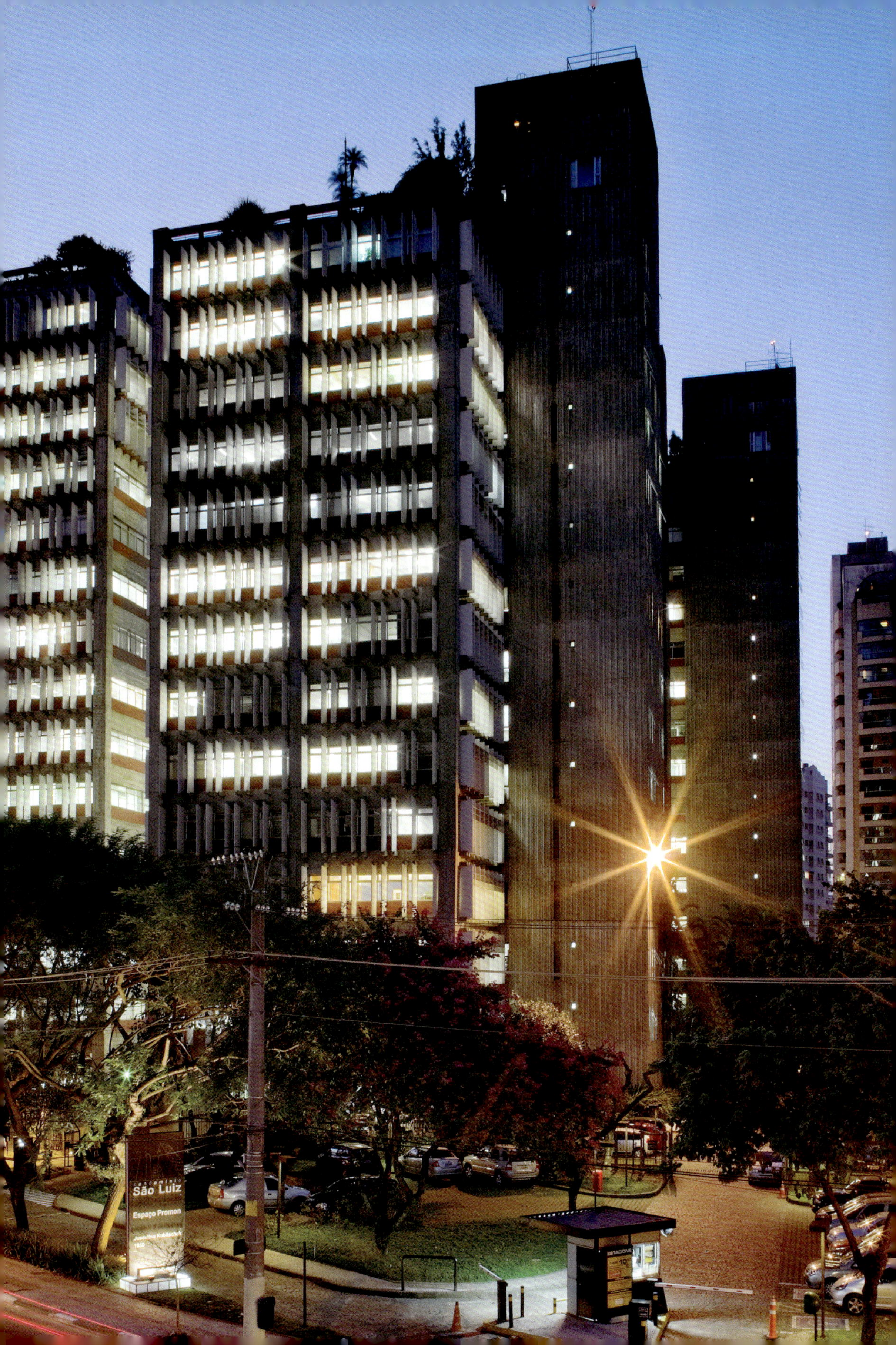
São Luiz
Espaço Promon

Ao mesmo tempo em que a obra da futura sede chegava perto do fim, eu sentia também cada vez mais próximo o dia em que teria que deixar a Promon. E assim foi.

Fiquei muito deprimido com o meu desligamento da Promon. Lembrava das lutas pela boa arquitetura que havia tido em todos aqueles anos na Promon e pensava se devia me arrepender ou não. Entristecia-me o desligamento da equipe que tinha formado e que era tão amiga, e também porque não me mudaria para o prédio da nova sede, que havia projetado. Mesmo após a minha saída, fizeram questão que eu continuasse ligado à empresa através de consultorias.

Tarefa mais difícil foi esvaziar a velha mapoteca, tremendo trambolho que me acompanhava desde o Rio. Havia sido enviada pelo Maurício Sued para o escritório da Rossi, na rua Sete de Abril, no final de 1961, e depois para os escritórios da Promon, quando fora contratado pela empresa.

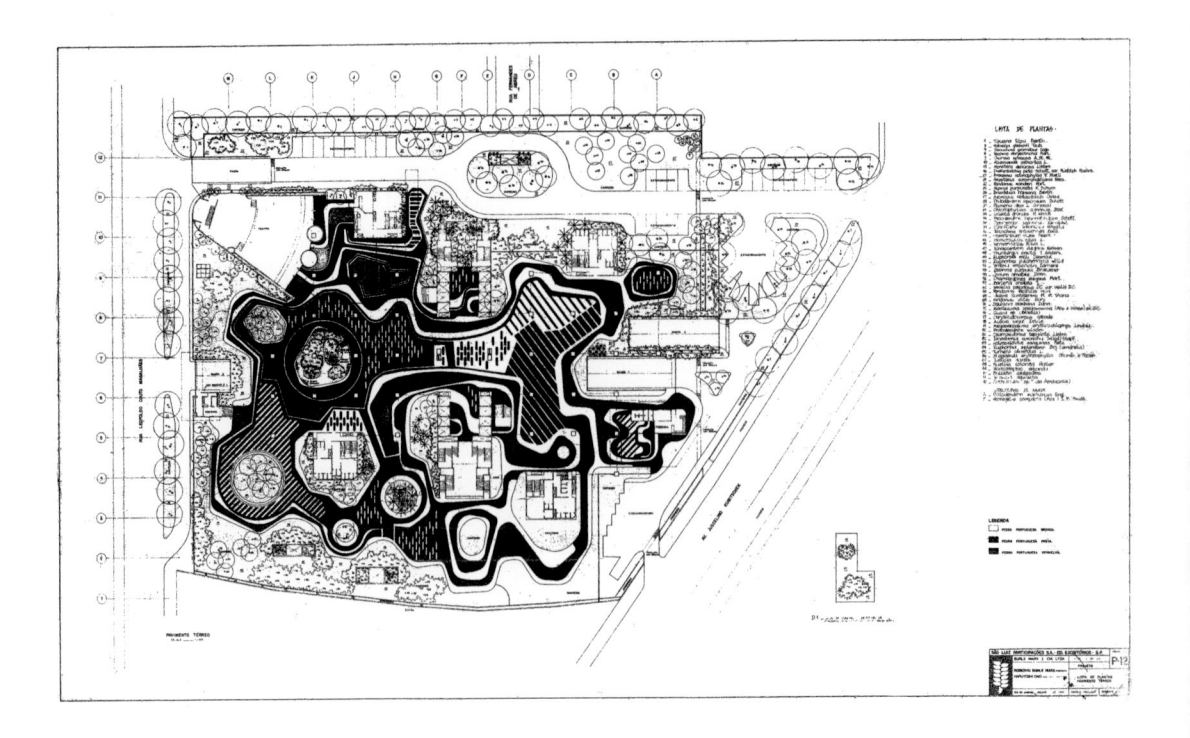

Cheguei com os rolos empilhados desordenadamente – nunca tive disposição e tempo para classificá-los. Agora precisava enfrentar a tarefa, pois na minha casa não haveria lugar para tudo isso. Minha colaboradora e amiga, Helena Ozolins – admitida como estagiária quando estudava na FAU – ofereceu-se para me ajudar a classificar e rotular todos os rolos, contendo quase toda a minha produção de tantos anos de arquitetura.

Foi como um mergulho no passado – muitos desenhos de cuja existência eu já nem me lembrava foram aparecendo! Joguei no lixo o máximo de papéis, mas acabei não tendo coragem de me desfazer de alguns absolutamente sem importância, que me traziam boas recordações.

Helena e eu fechamos os grandes embrulhos, com material de embalagem da companhia contratada para a mudança da Promon. Um dia, enchi o carro com eles e levei-os para minha casa de fim de semana, em Ibiúna, onde ficaram num pequeno quarto trancado. A outra parte – rolos ligados a obras ainda em pauta – foi para o escritório de nossa residência paulistana.

Condomínio São Luiz
À esquerda, planta de paisagismo, escritório Roberto Burle Marx
À direita, fachada sul.
Foto década de 1970

Consultorias   O prédio da sede, chamado depois de Condomínio São Luiz, inaugurado parcialmente em 1983, foi projetado com área muito superior às suas necessidades. Como vimos, no início da construção havia intenção de que as áreas excedentes fossem alugadas, mas com o agravamento da crise do país e o consequente encolhimento do mercado de consultoria, cogitou-se a venda de partes do prédio, o que poderia, inclusive, acelerar a construção dos quadrantes restantes.

Nessa época, já desligado da Promon, fiquei sabendo, por amigos arquitetos da nossa antiga equipe, que o prédio fizera sucesso entre empresas interessadas em comprar áreas de escritório. Os executivos estrangeiros ficaram especialmente entusiasmados com minha escada de incêndio. Alguns pediram cópias dos desenhos do prédio para enviá-las aos Estados Unidos, para estudo do departamento de arquitetura da empresa.

Uma tarde, o diretor responsável pelos investimentos imobiliários da Promon, Plínio Queiroz, convocou-me para uma conversa a respeito de uma consultoria. Contou que a companhia tinha resolvido transformar o auditório. Além da destinação inicial, com todas

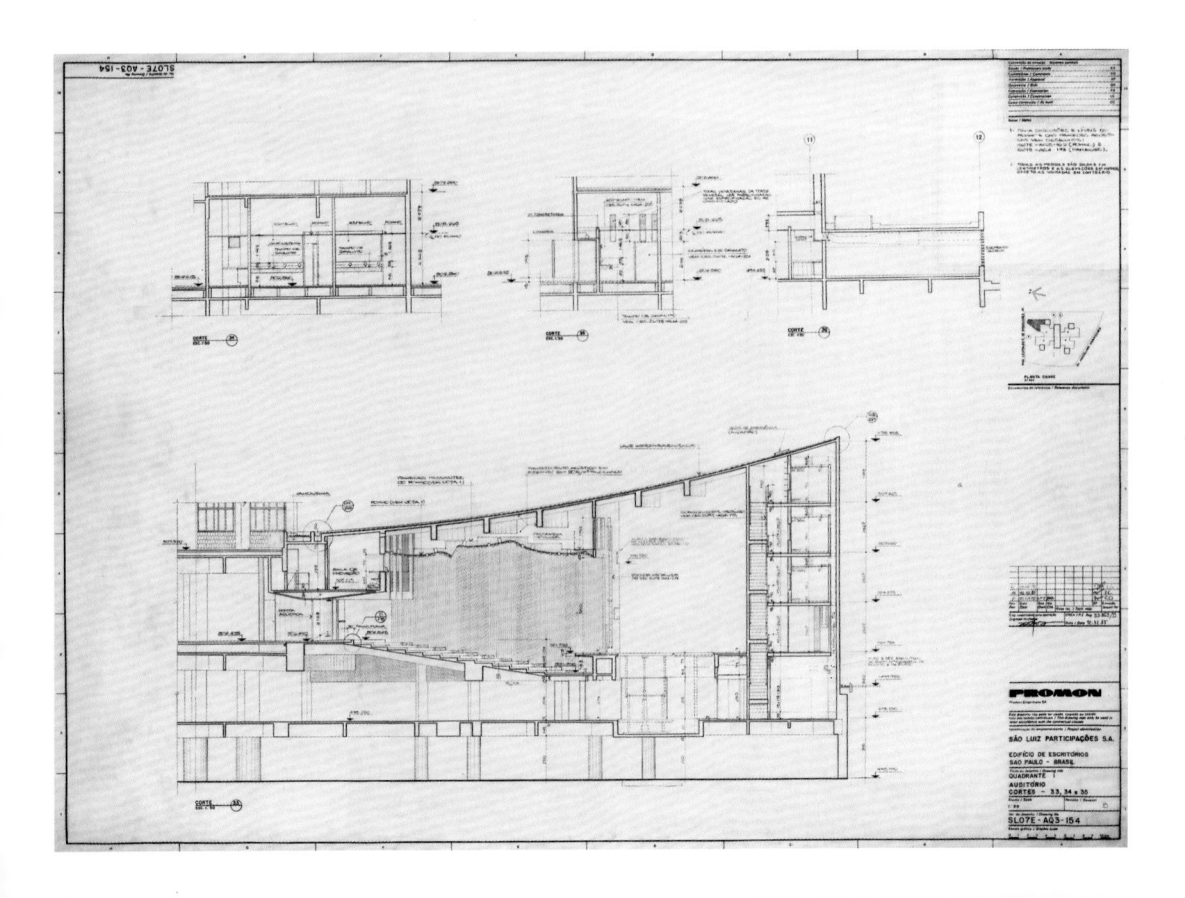

Condomínio São Luiz, corte longitudinal da Sala São Luiz

as facilidades para receber assembleias, simpósios e conferências, Tamas queria que pudesse funcionar como uma perfeita sala de espetáculos, de música, dança, teatro, cinema e vídeo. Explicou-me também que, como a Promon estava vendendo grandes partes do prédio, isso determinava algumas modificações no seu funcionamento, cujo térreo e seus acessos precisavam ser reformulados para o novo uso.

A determinação para que me contratassem para esses serviços partiu do Tamas, o que me motivou. Conversamos sobre a maneira de trabalhar, sobre a remuneração horária e sobre o apoio que receberia do Departamento de Arquitetura. Expliquei-lhe a necessidade de contratarmos colaboradores especialistas para o auditório, falei do Aldo Calvo para a parte cênica e do Igor Sresnewsky para a acústica, no que ele concordou.

Tive imenso prazer na elaboração do projeto, inclusive no trato com os consultores. A troca de ideias e propostas com Igor foi muito interessante: um pingue-pongue em que ele sugeria algo pela acústica, eu modificava um pouco, ele variava mais um pouco e chegávamos por fim a uma solução bonita. O teto da plateia teria uma curva traçada por ele, que refletisse e dispersasse o som – sua indicação era uma superfície lisa de gesso. Seria pintada de preto, combinação minha com o Aldo, buscando continuidade com o teto visual do palco, em placas verticais pretas.

Não me agradou a superfície lisa preta, então perguntei ao Igor se não poderíamos juntar, inscrita na curva de seu traçado, uma série de tubos de diâmetros variados, os quais eu pintaria de preto. Imediatamente ele aceitou e até gostou, porque aumentaria ainda mais a dispersão do som.

O colega Rubens de Azevedo Junior – já naquele tempo um sábio do computador, mestre no manejo do AUTOCAD – colocou na tela uma série que defini com os cinco diferentes calibres de tubos, em ordem sempre variada para que neles fosse inserindo os insufladores de ar-condicionado. Isso teria sido impossível de fazer com precisão e em tempo hábil sem esse recurso informático.

O teatro, que veio a se chamar Sala São Luiz, hoje Espaço Cultural Promon, foi muito bem recebido, tanto por especialistas, como pelo público, pelo fácil acesso e por possuir estacionamento no subsolo, coisa rara naqueles tempos. Seu sucesso rendeu-me alguns convites para projetar outras obras do gênero.

Residência do arquiteto

Residência do arquiteto, Ibiúna SP, 1ª fase, 1968: quartos, sala e cozinha; 2ª fase, 1988: varanda, abrigo de barcos e piscina. Fotos de 2009
À esquerda, azulejos desenhados pelo arquiteto
À direita, janela da sala de estar, com vista para represa

p. 380-381, fachada sul

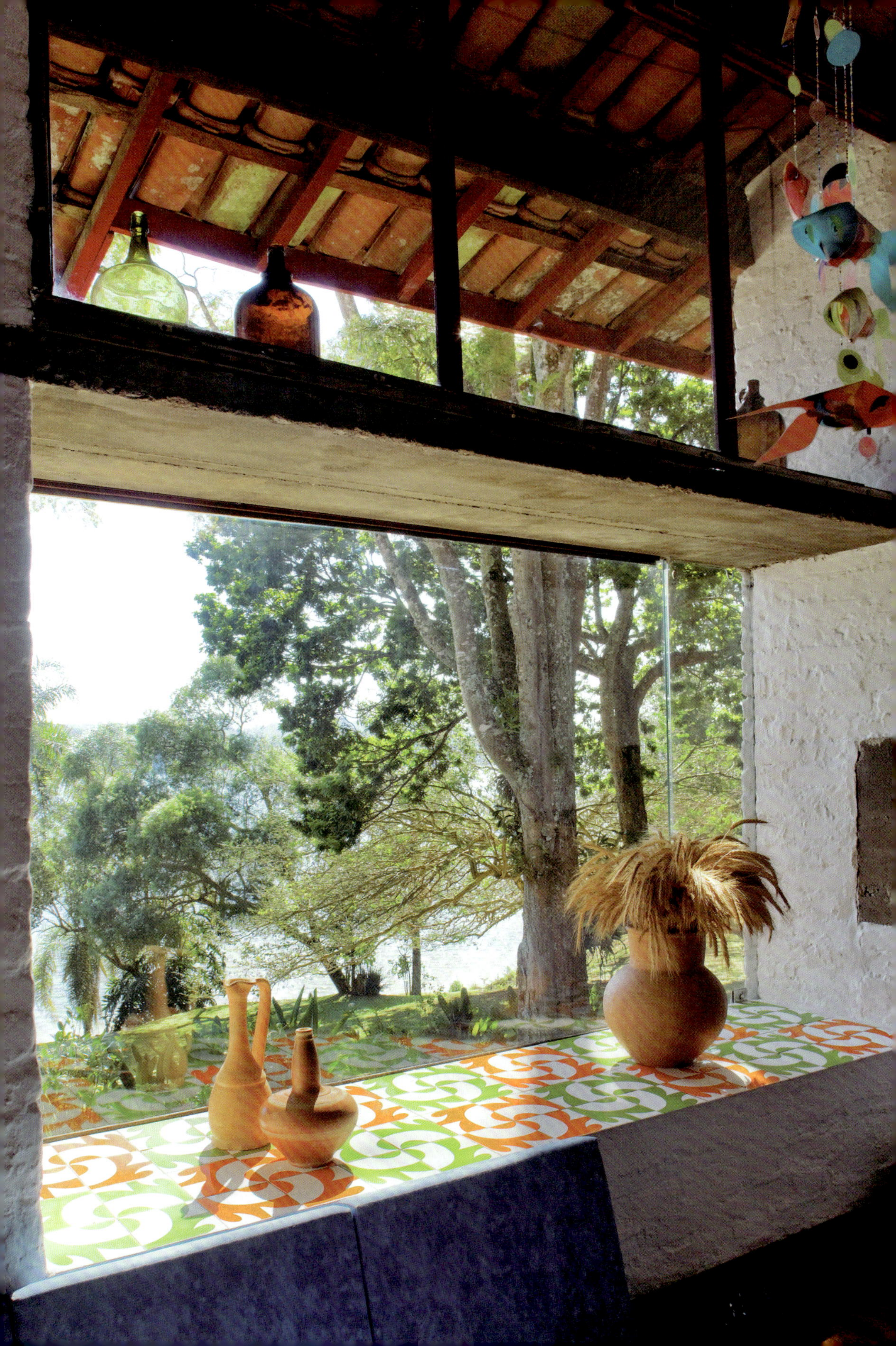

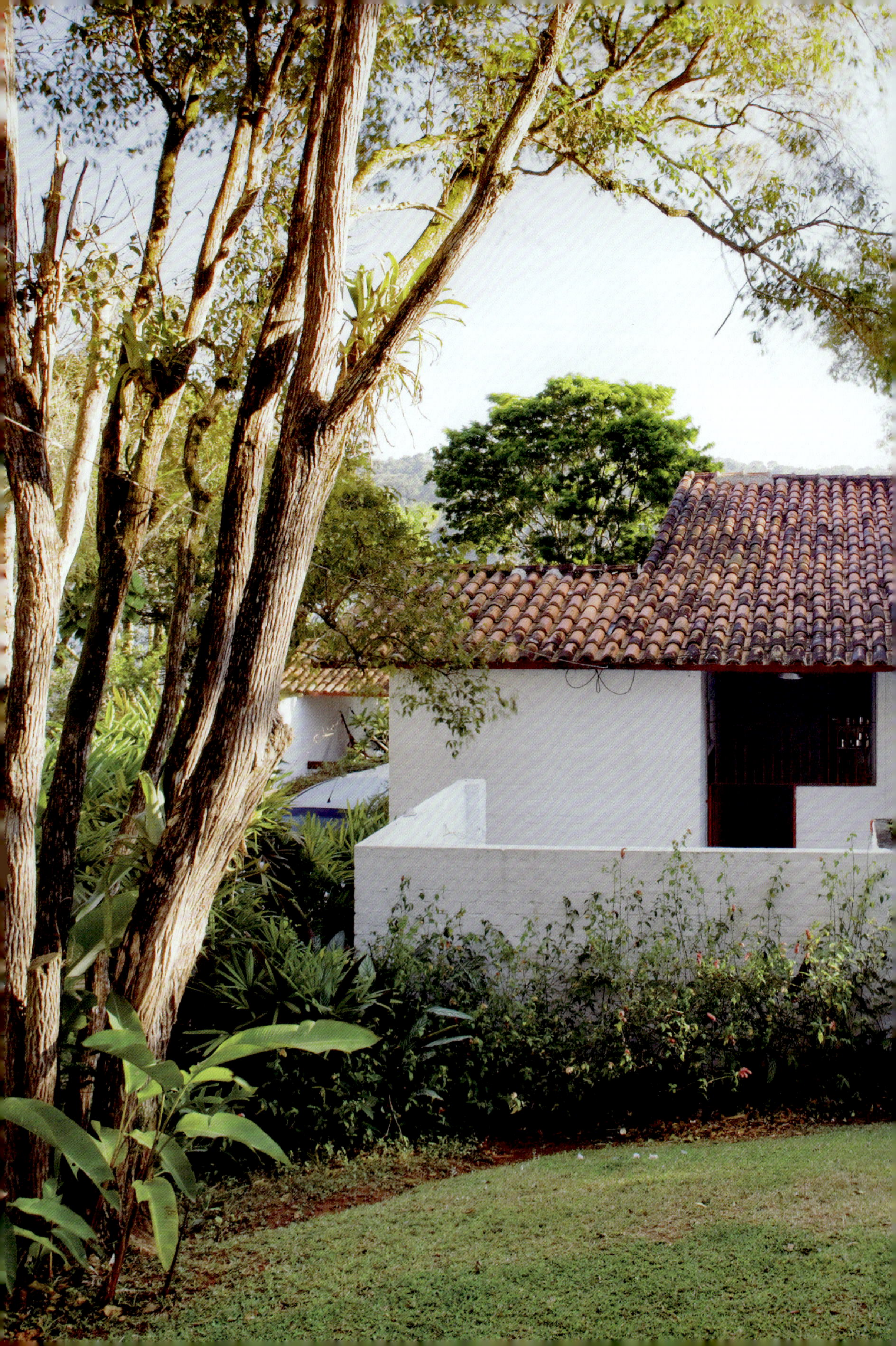

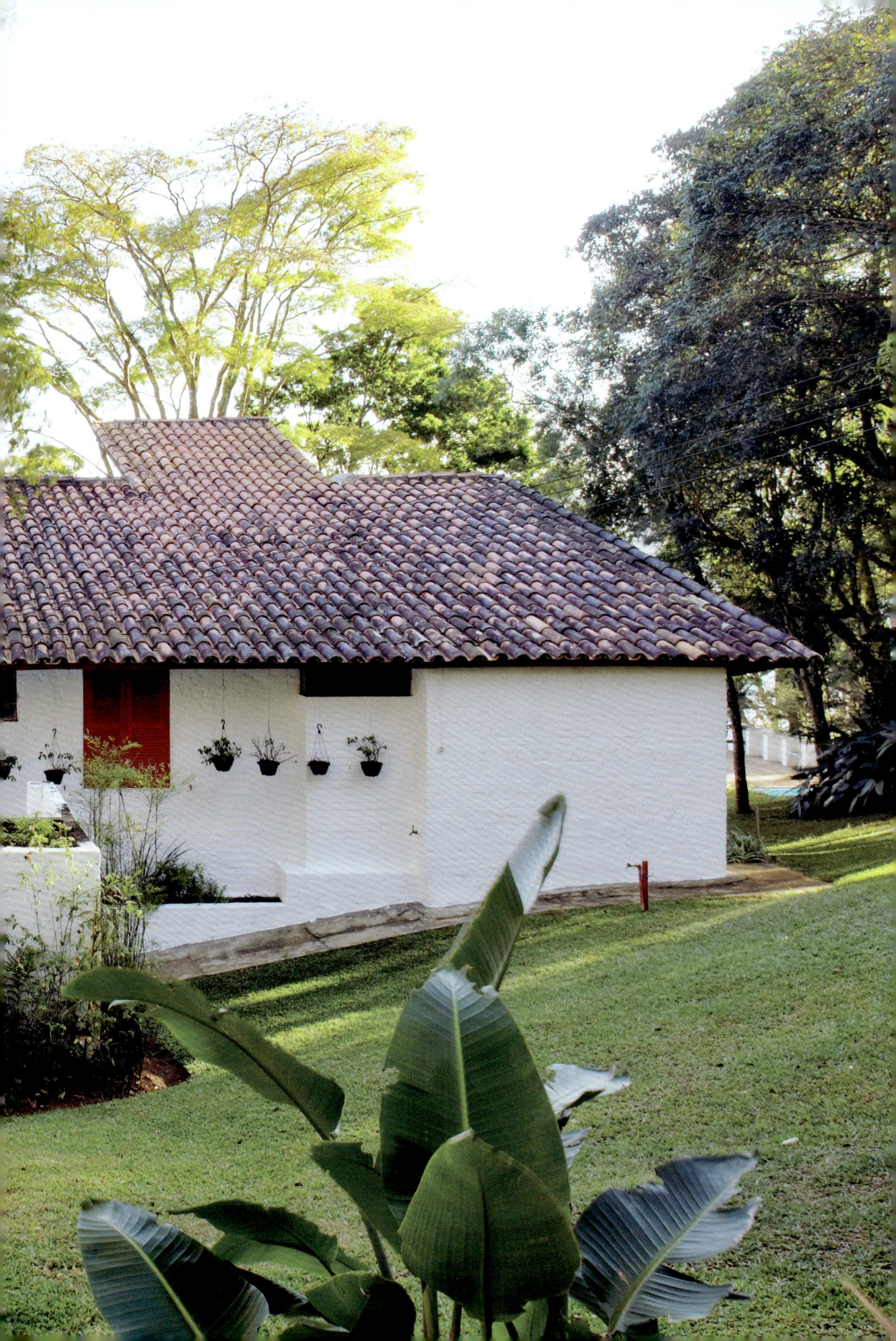

RESIDÊNCIA DO ARQUITETO. Fotos de 2009
À esquerda, vistas do terraço
À direita, fachadas norte e leste

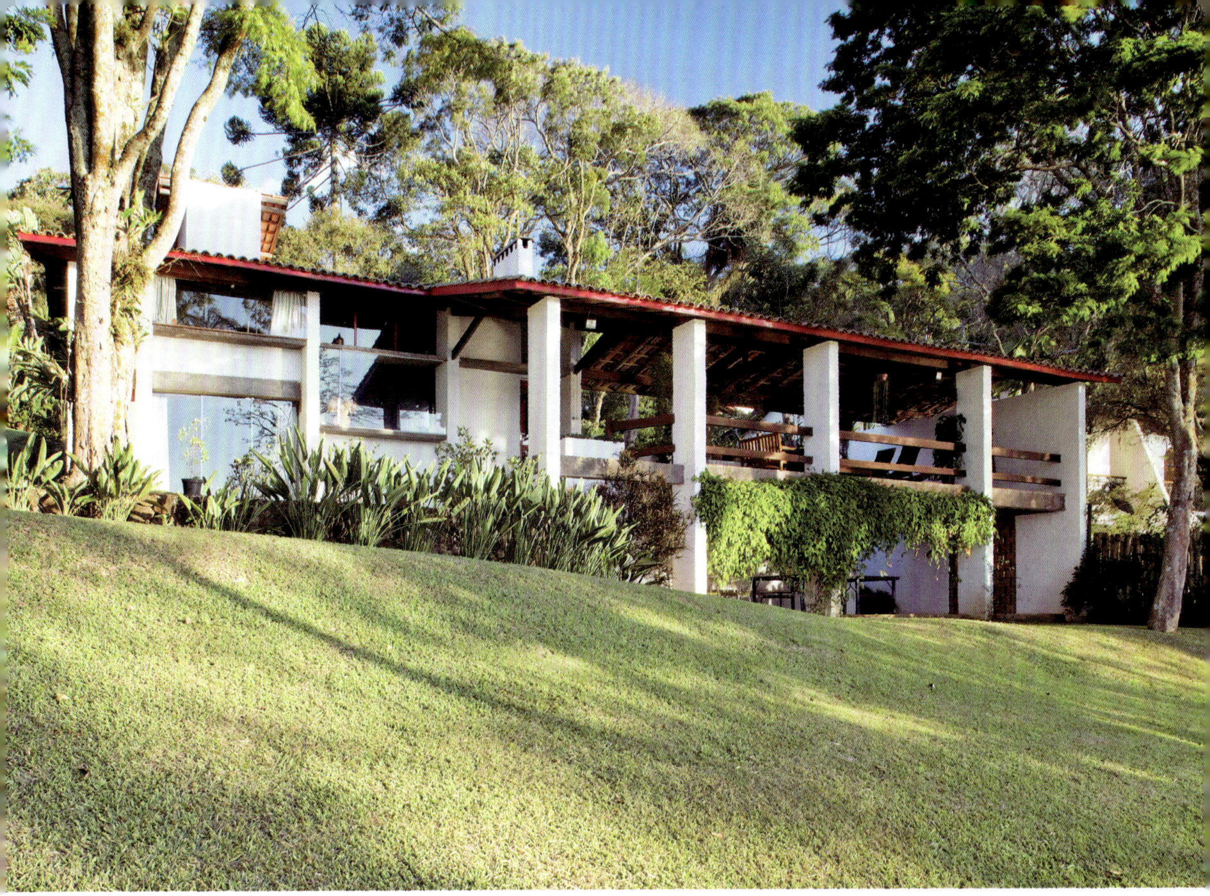
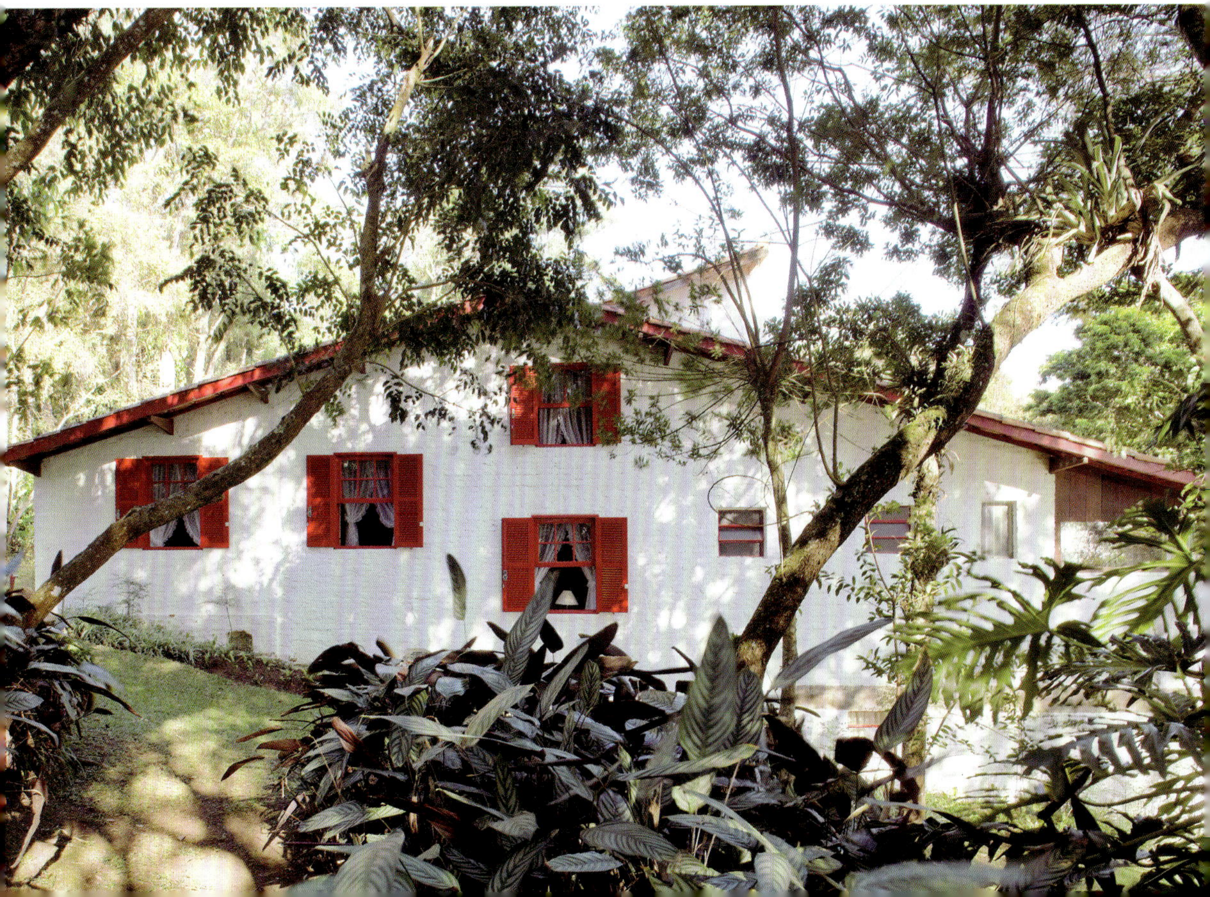

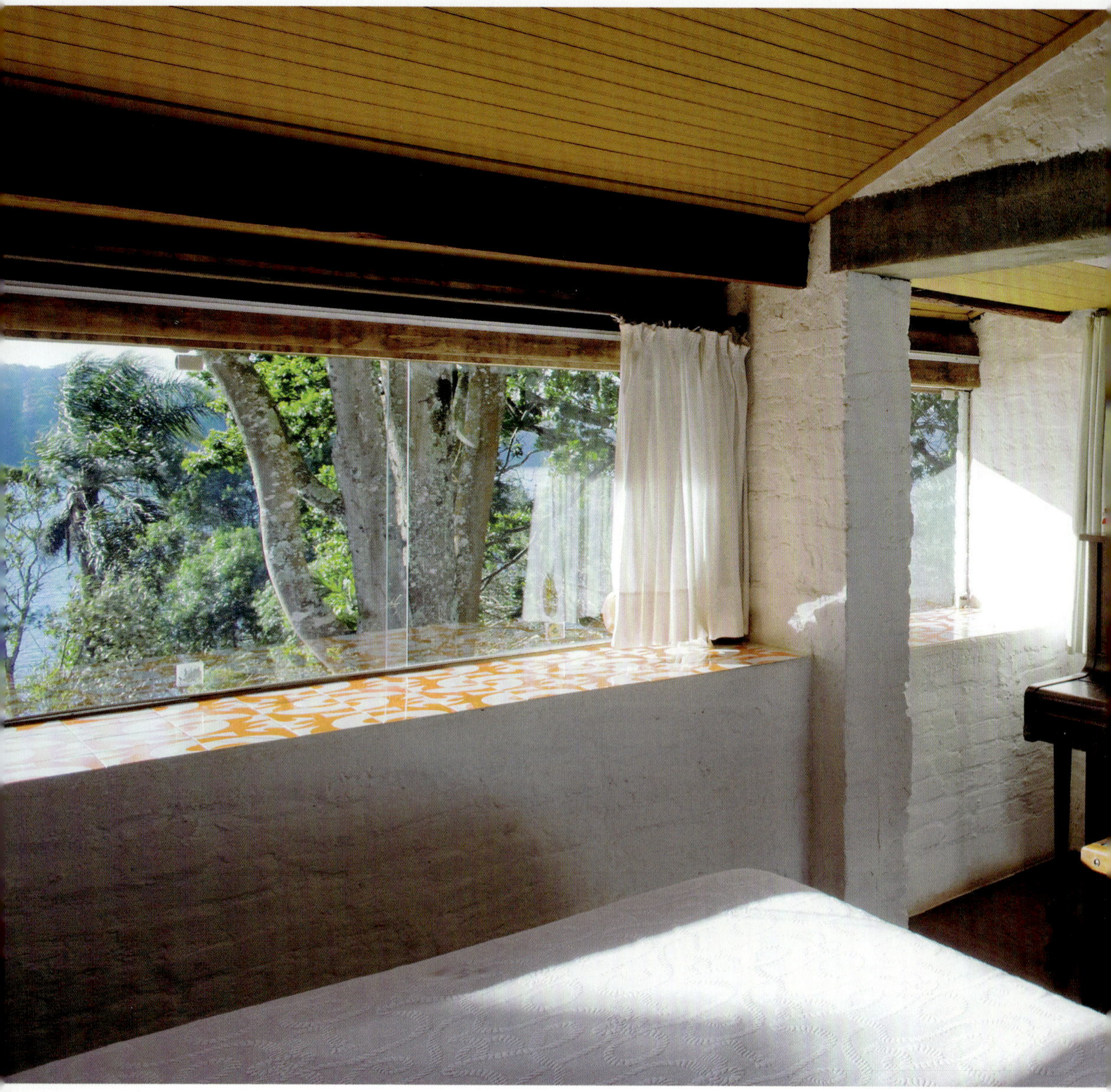

DEPARTAMENTO DE ARQUITETURA DA PROMON

RESIDÊNCIA DO ARQUITETO. Fotos de 2009
À *esquerda*, suíte
À *direita*, estar; cozinha

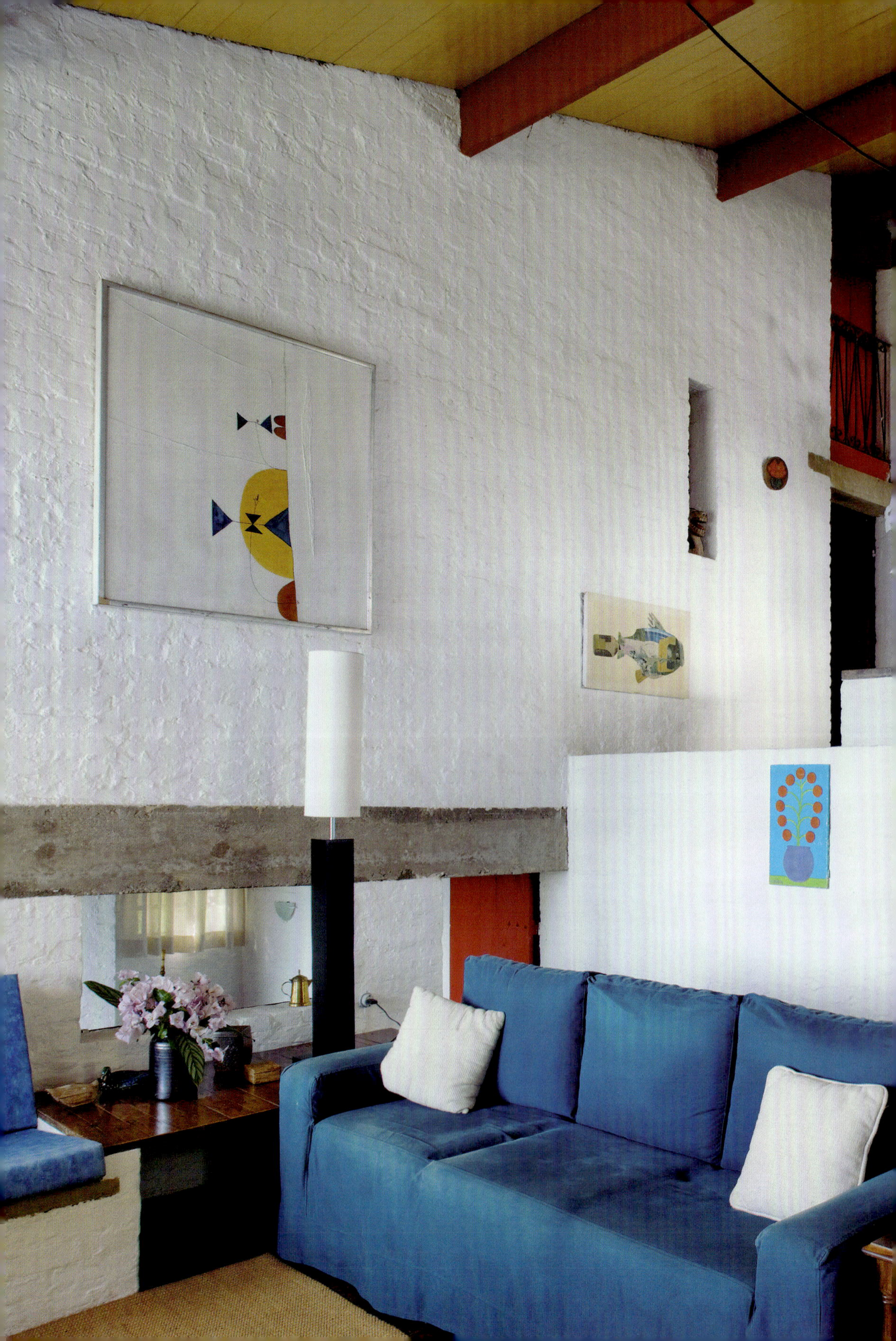

Departamento de Arquitetura da Promon

Residência do arquiteto, estar. Foto de 2009

1. dormitório
2. escritório
3. caixa d´água

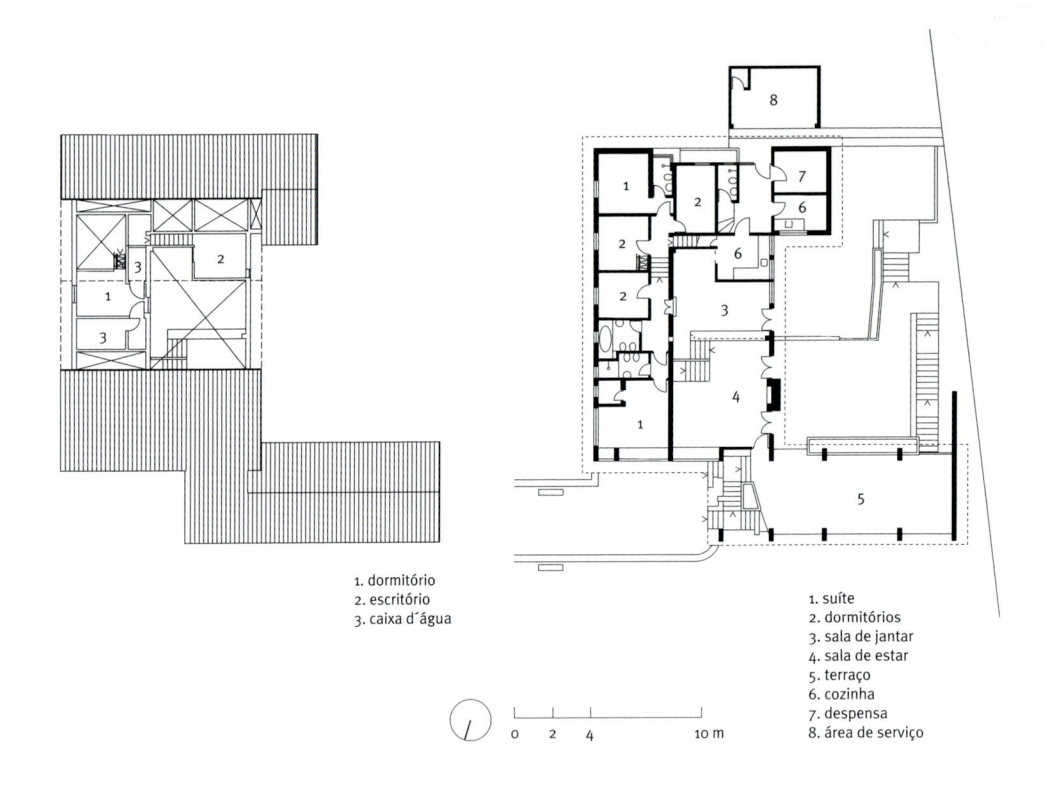

1. suíte
2. dormitórios
3. sala de jantar
4. sala de estar
5. terraço
6. cozinha
7. despensa
8. área de serviço

0 2 4   10 m

388

DEPARTAMENTO DE ARQUITETURA DA PROMON

RESIDÊNCIA DO ARQUITETO. Fotos de 2009
À esquerda, plantas do sótão e térreo; vistas do estar
À direita, corte; plantas do pavimento inferior e subsolo da piscina; vista da piscina e jardim

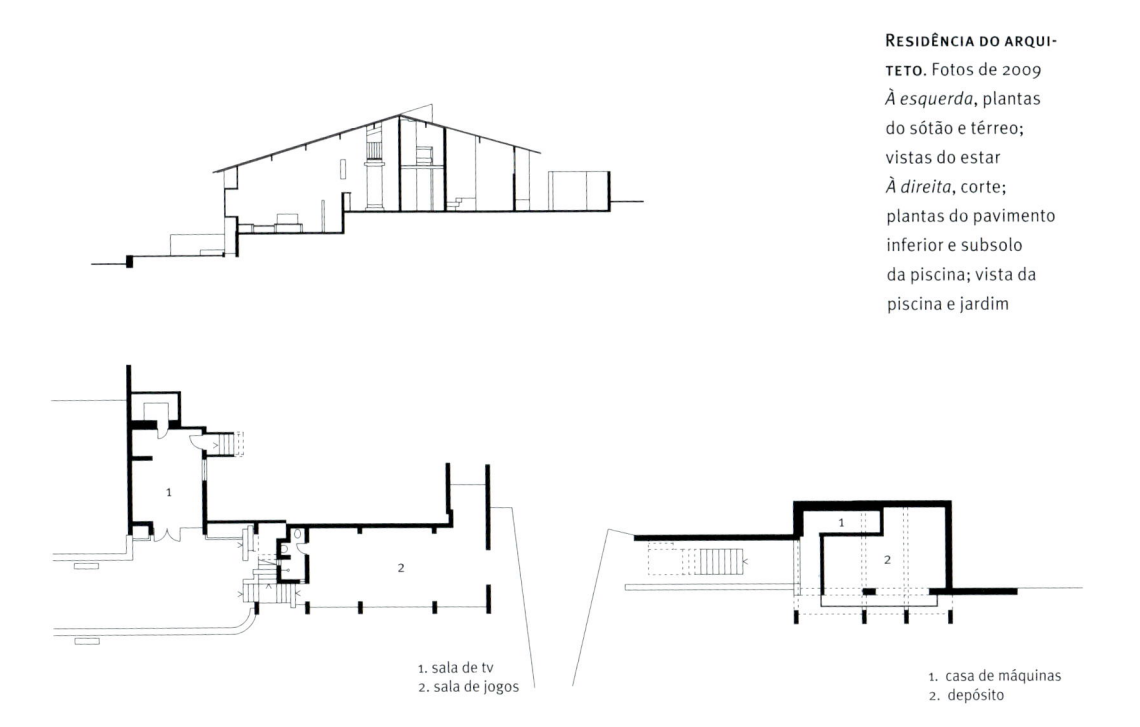

1. sala de tv
2. sala de jogos

1. casa de máquinas
2. depósito

Residência José Gregori

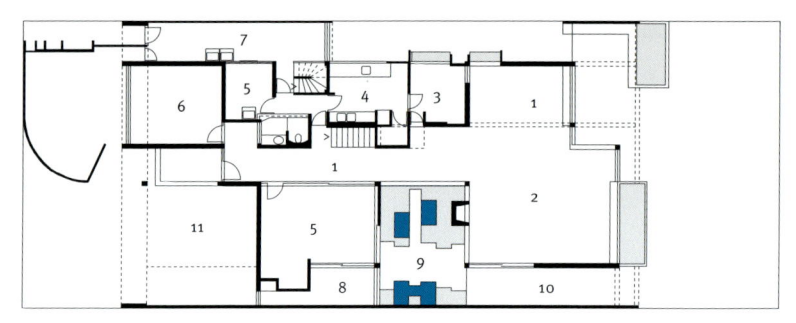

1. jantar
2. estar
3. café
4. cozinha
5. escritório
6. sala jovens
7. serviço
8. pátio escritório
9. pátio interno
10. pátio sala
11. garagem

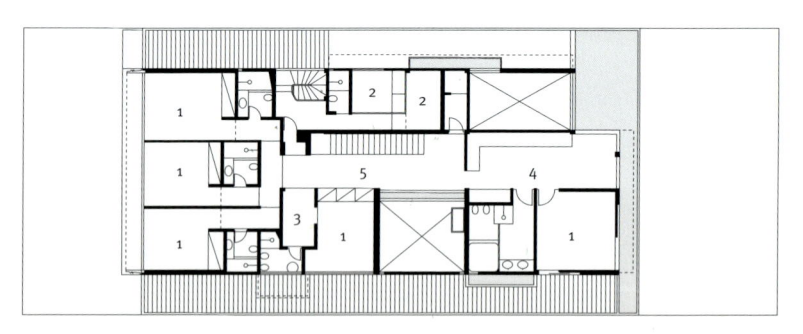

1. suíte
2. dormitório
3. saleta
4. closet
5. circulação

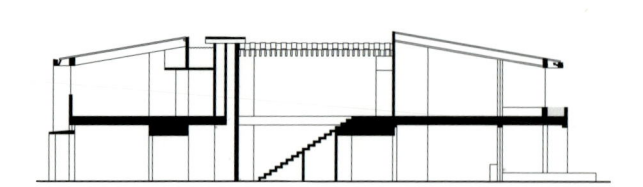

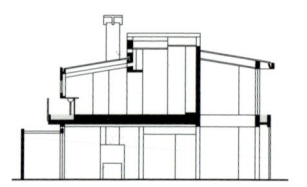

DEPARTAMENTO DE ARQUITETURA DA PROMON

RESIDÊNCIA JOSÉ GREGORI, São Paulo SP, 1975
À esquerda, plantas do pavimento térreo; cortes
À direita, fachadas posterior e principal

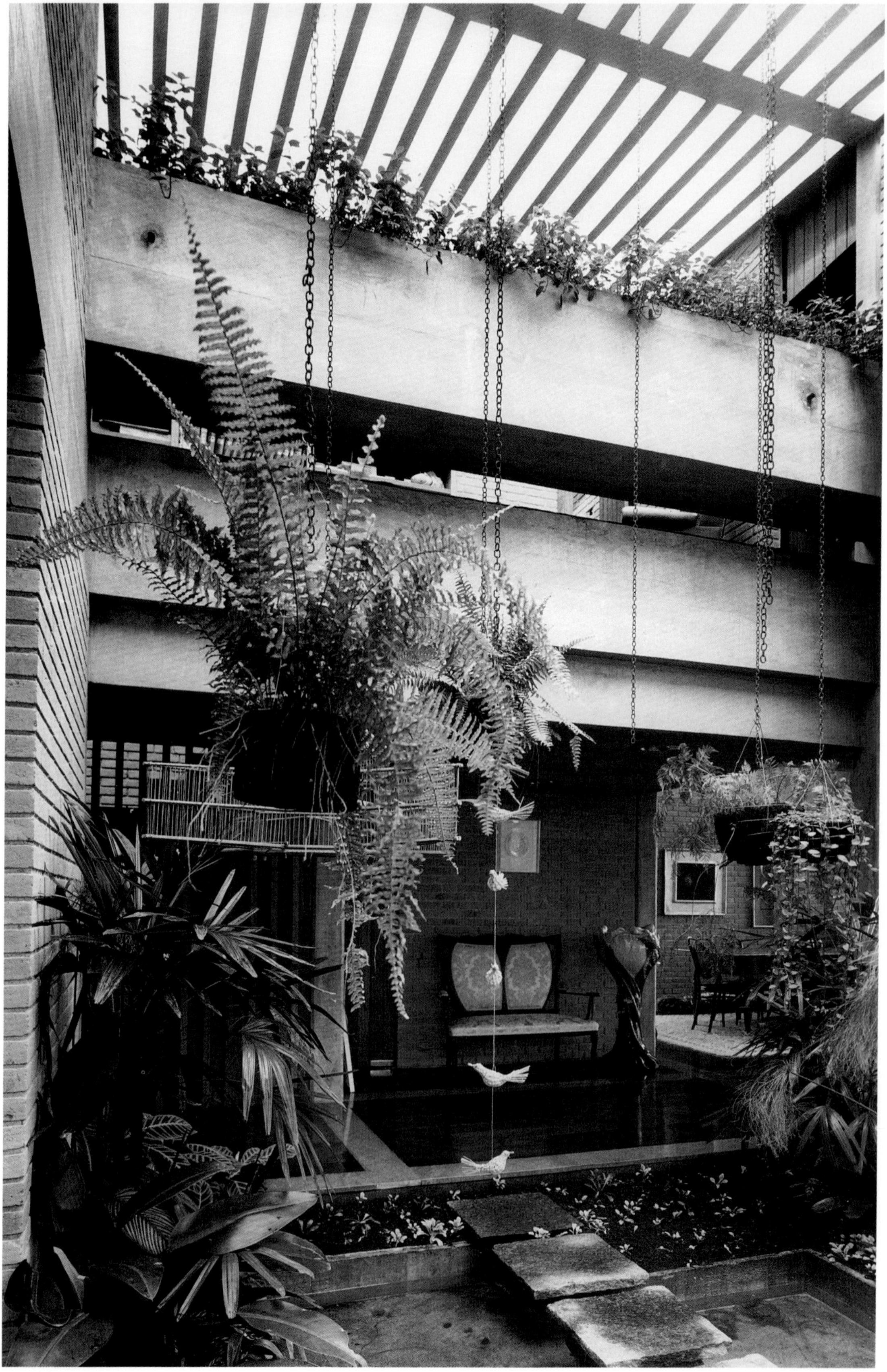

Residência José Gregori
À esquerda, pátio interno
À direita, pátio interno, jantar, estar e pérgola

Residência Ernesto D'Orsi

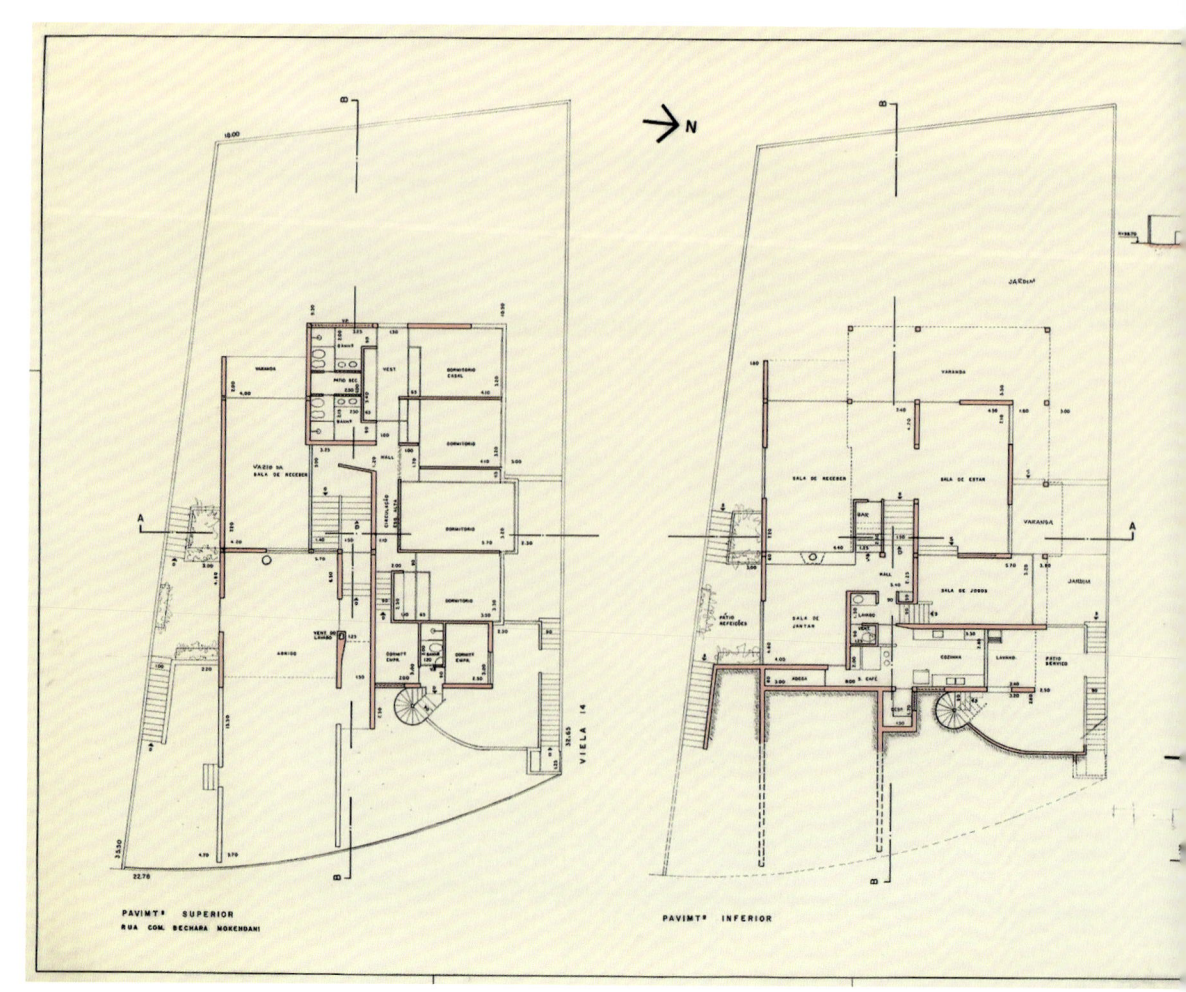

DEPARTAMENTO DE ARQUITETURA DA PROMON

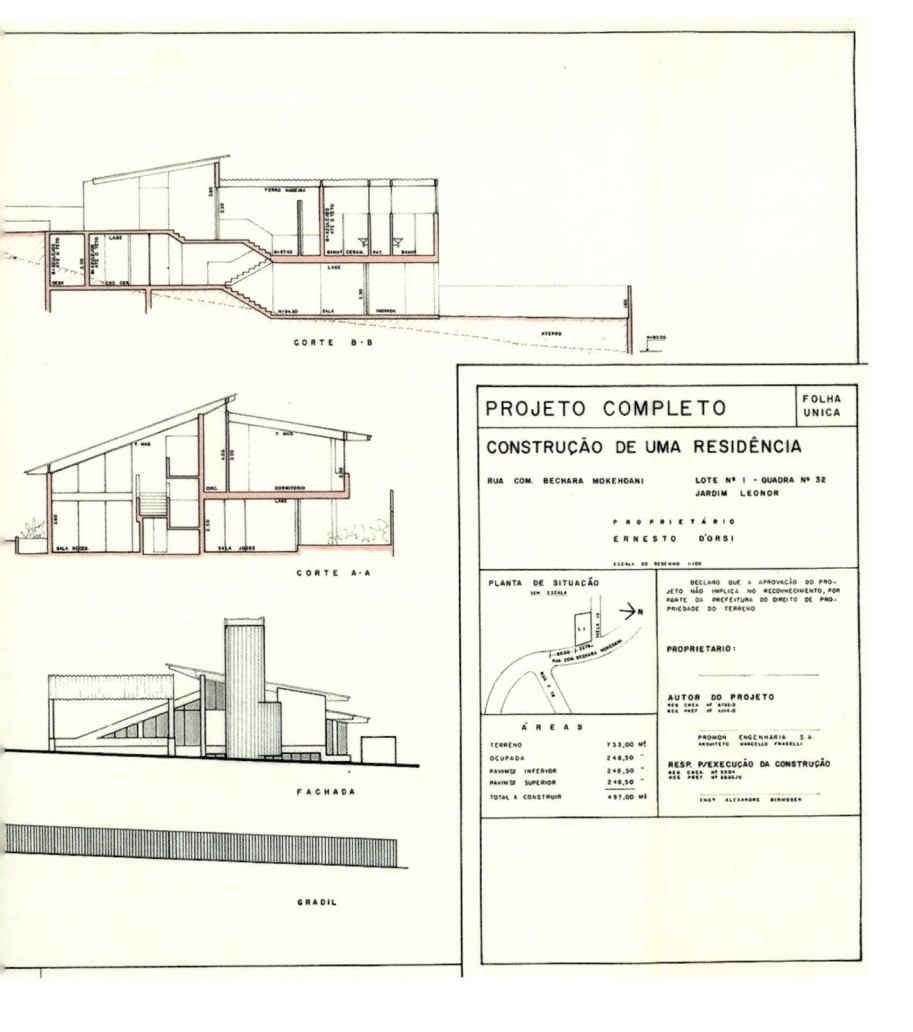

RESIDÊNCIA ERNESTO D'ORSI, São Paulo SP, 1976
À esquerda, fachada principal
À direita, perspectiva da fachada principal
Abaixo, projeto legal

Residência Ernesto D'Orsi
À esquerda, estar; fachada posterior
À direita, vista da sala de jantar

Departamento de Arquitetura da Promon

16 · 9¹⁵

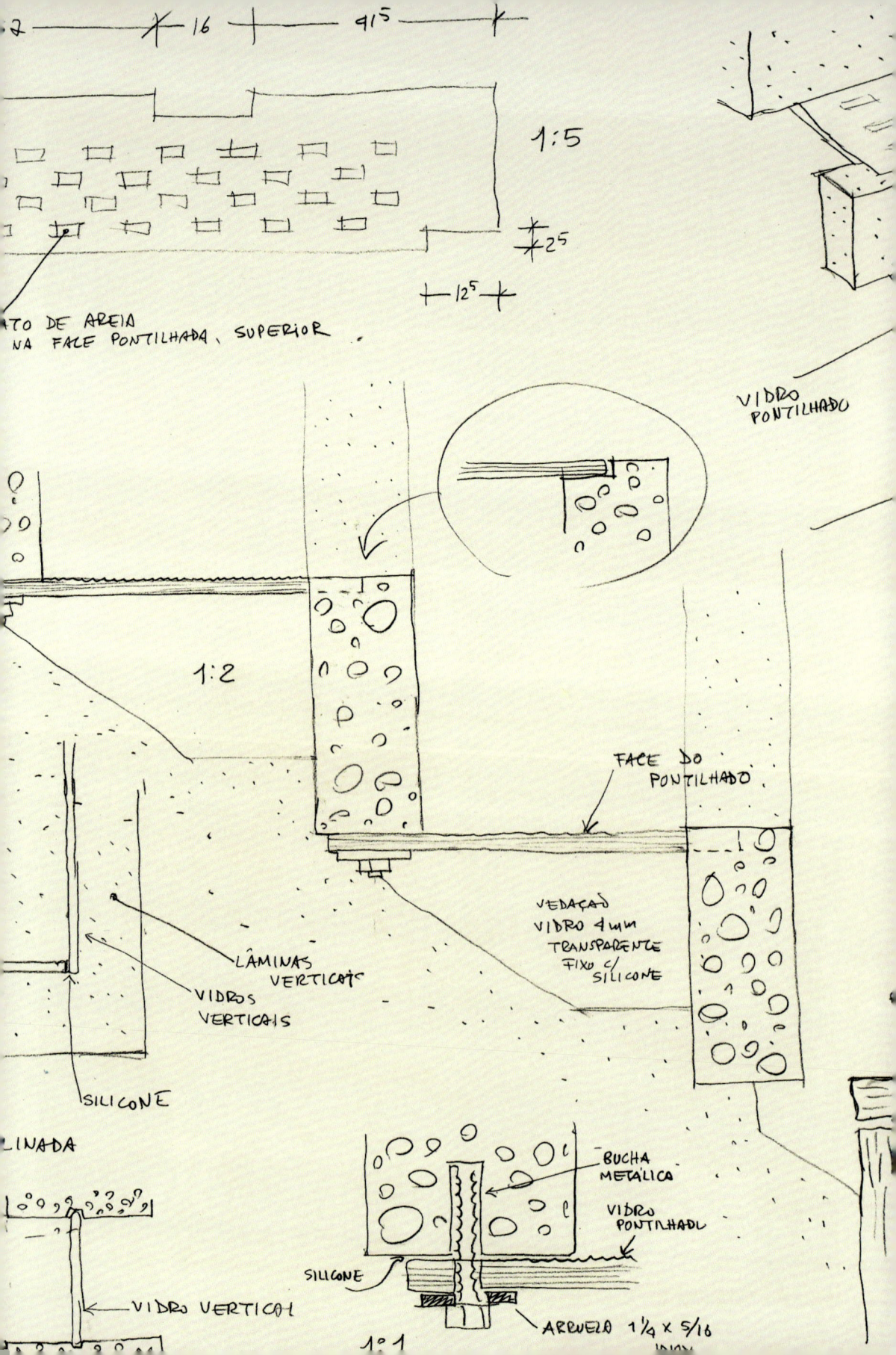

1:5

·2⁵
12⁵

TO DE AREIA
NA FACE PONTILHADA, SUPERIOR.

VIDRO PONTILHADO

1:2

FACE DO PONTILHADO

LÂMINAS VERTICAIS
VIDROS VERTICAIS

VEDAÇÃO
VIDRO 4mm
TRANSPARENTE
FIXO c/ SILICONE

SILICONE

LINADA

VIDRO VERTICAL

BUCHA METÁLICA
VIDRO PONTILHADO
SILICONE
ARRUELA 1¼ × 5/16

1:1

VISTA SUPERIOR

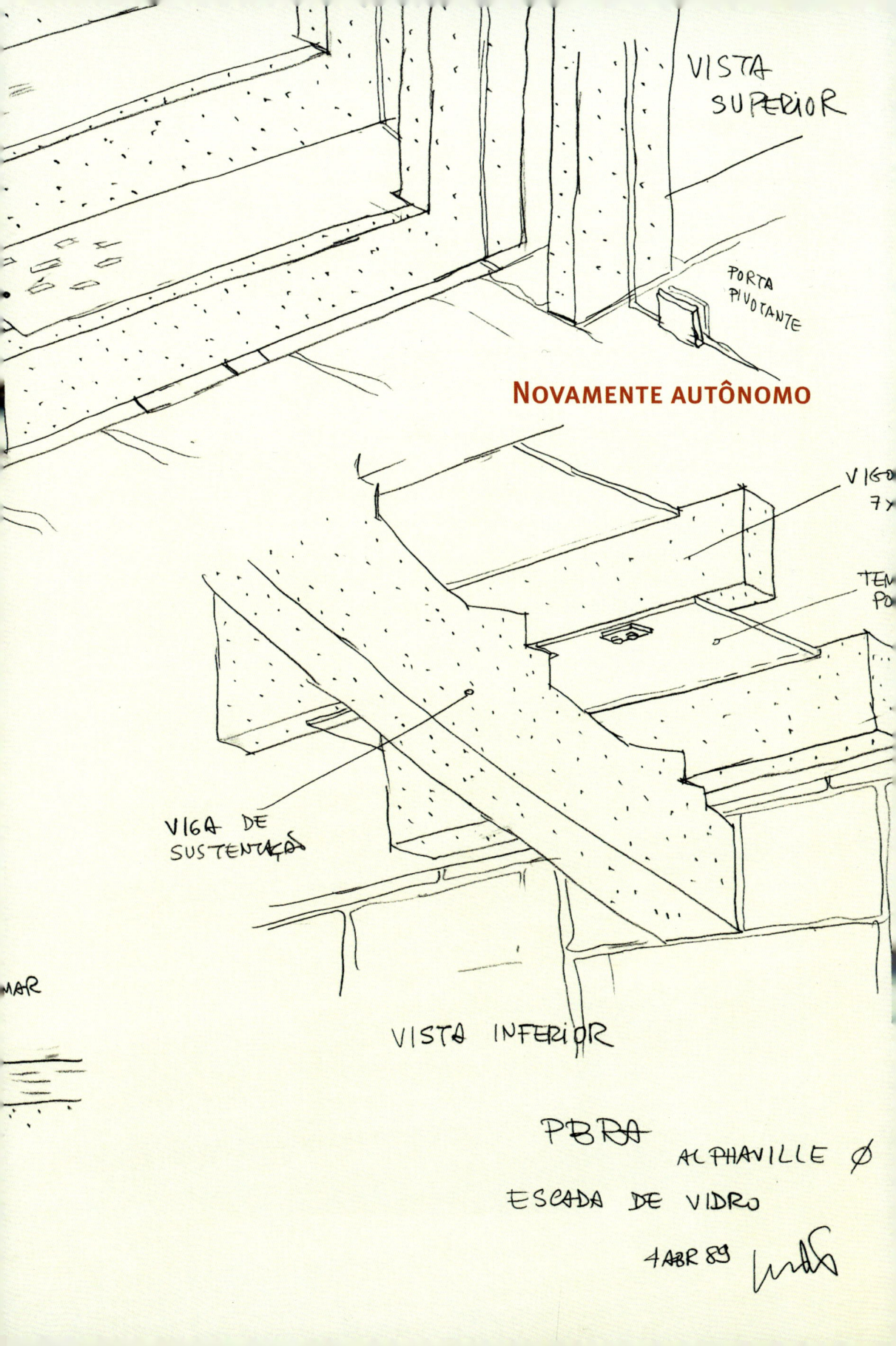

PORTA PIVOTANTE

NOVAMENTE AUTÔNOMO

VIGO 7 x

TEM PO

VIGA DE SUSTENTAÇÃO

MAR

VISTA INFERIOR

PBRA ALPHAVILLE Ø
ESCADA DE VIDRO
4 ABR 89

Converbrás

Num fim de tarde, Léo Bomfim me visitou em casa. Ele tinha saído da Promon por iniciativa própria, meses antes de mim. Para me animar, disse que eu me daria bem como profissional liberal, que quando as pessoas soubessem que não era mais da Promon, choveriam projetos. Não conseguia participar do seu otimismo, pois havia muito tempo que ninguém me oferecia projetos – os tempos estavam difíceis. Ele insistia, tinha certeza de que eu não era procurado porque todos sabiam que o meu vínculo era com a Promon. Agora, viriam me procurar.

Mas não foi o que aconteceu. Conhecedores do meu trabalho dentro da Promon, imaginei que os diretores de qualquer concorrente poderiam supor o que aconteceria se me contratassem com honorários compatíveis com meu currículo, numa época de mercado em retração.

Enquanto isso eu ia tocando projetos de alguns clientes antigos, que me conheciam desde antes da Promon. Era o caso de Celso Colombo, com sua indústria Piraquê.

Sem poder expandir-se em seus primeiros terrenos, a Piraquê começou a comprar lotes numa quadra próxima ao prédio Jerônimo Ometto, que eu havia projetado em 1972. Fui chamado, no início dos anos 1980, para desenvolver o anteprojeto de um edifício para a Converbrás, empresa que integra o conglomerado Piraquê.

Devido à extrema dificuldade de se acharem novas áreas livres na redondeza, a encomenda era quase a de um desdobramento do terreno em cinco, superpostos, pois todo o programa eram cinco pavimentos com ocupação máxima, grandes vãos, pés-direitos altíssimos, permitindo as mais variadas ocupações.

Inicialmente só definiram os equipamentos para a fábrica de embalagens plásticas que, a partir do processamento dos grãos de polipropileno, produziriam o filme. Este seria estampado por impressoras já em operação na fábrica, gerando os rolos que alimentavam as empacotadoras automáticas, também já operando havia anos.

p. 398-399, **RESIDÊNCIA EM ALPHAVILLE**, croquis de detalhes técnicos, São Paulo SP, 1989

EDIFÍCIO CONVERBRÁS, Rio de Janeiro RJ, 1980. Fotos de 1989
À esquerda, fachada NE
À direita, fachadas NE e NO

Ainda em fase de projeto, fui participado de outro processo a ser instalado no prédio: uma fábrica de gordura, de óleo e de margarina de soja. Eles compravam muita gordura – se passassem à produção, otimizariam o investimento com a venda de óleo e margarina, diversificando os seus produtos.

Àquela altura, os clientes podiam fazer um balanço dos prédios em que trabalhavam havia vinte anos. Sempre tiveram problemas com as esquadrias: o ferro se oxidando até a ruptura, apesar da distância do mar; o preço elevado do alumínio, somado à sua fragilidade; e os vidros se quebrando nos movimentos de fechamento e abertura. Pediram-me então o estudo de uma solução alternativa.

Como o clima do Rio não exigia fechamento contra frio, mas sim ventilação constante, além de certa proteção contra o excesso de insolação, propus a conjugação de quebra-sóis com vidros fixos, defasados verticalmente para abertura protegida contra chuva, tudo incorporado em caixas pré-moldadas de concreto branco – feito com cimento branco e areia lavada – para melhor reflexão de luz, e buscando efeito estético em contraste com a cor do tijolo.

EDIFÍCIO CONVERBRÁS
À esquerda, detalhe da cobertura. Foto de 1989
À direita, plantas do térreo e pavimento tipo; fachada; corte transversal

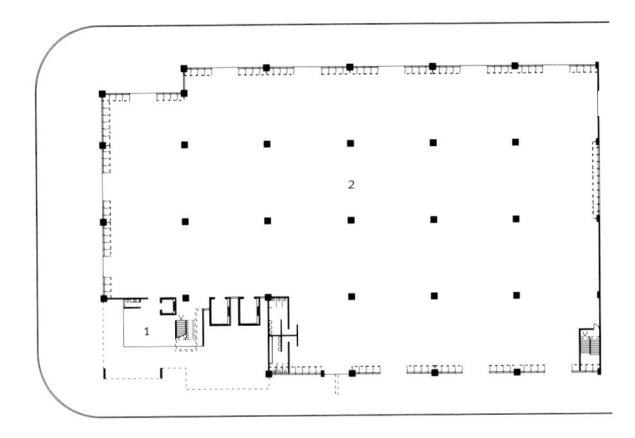

1. entrada
2. garagem

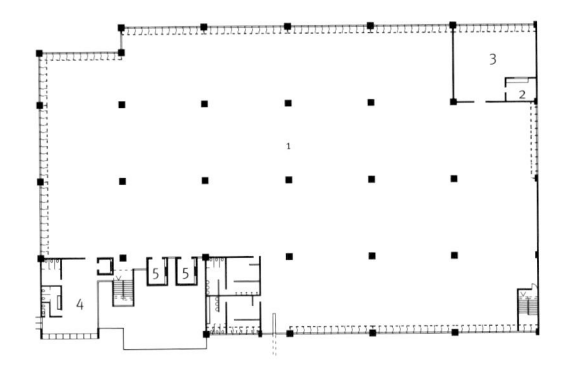

1. área industrial
2. cozinha
3. refeitório
4. escritório
5. elevador de carga

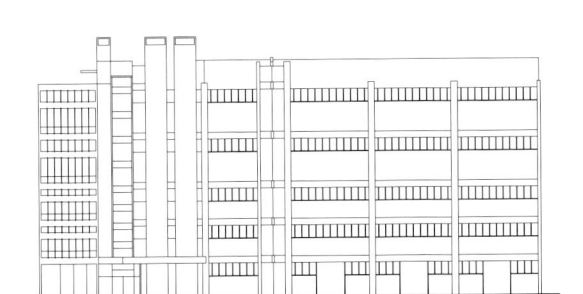

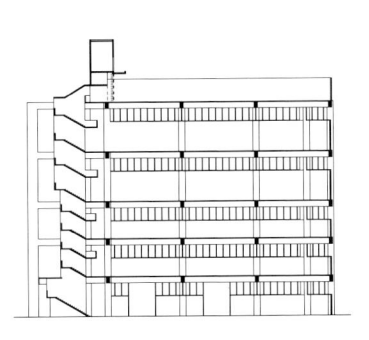

Com altura de dois metros e pouco, colocadas lado a lado, as caixas criaram faixas contínuas em todas as fachadas, iluminando fartamente toda a área menos profunda e permitindo ótima ventilação cruzada, sem qualquer caixilho ou elemento móvel. Apenas numa torre destinada a receber escritórios e laboratórios, as caixas foram substituídas por caixilhos de alumínio, protegidos por placas de quebra-sol, também em concreto branco. As paredes foram construídas em tijolo laminado, deixado aparente interna e externamente, estabelecendo a identificação com os demais prédios do conjunto.

Como o processo seria automatizado e limpo, exigindo mínima participação humana, os clientes pediram um piso não necessariamente resistente à abrasão, mas fácil de manter, o que resolvemos com cerâmica esmaltada, material praticamente inédito numa indústria.

Edifício Converbrás, volumes de escadas e elevadores na fachada so. Foto de 1989

Restaurante SEW Motors

Obra de arte   Em 1984, fui procurado pelo Haruyoshi Ono, primeiro assistente do Roberto Burle Marx, anunciando o chamado de um industrial para que lhe projetasse um edifício. Convocou-me para uma reunião em Guarulhos, na sua indústria. Ele voaria para Cumbica, onde eu o apanharia. A reunião era na sede da indústria sew, cujo jardim era projeto recente do Roberto. O cliente – Rainer Hartmut Blickle, filho do presidente e maior acionista de uma multinacional sediada na Alemanha – queria construir, no jardim, um prédio para servir como restaurante a todos os funcionários, de operários a diretores. Para que o prédio pudesse se inserir no jardim, que o cliente e sua mulher – diretora encarregada da imagem da indústria – tanto apreciavam, queriam que fosse uma obra de arte, algo que se parecesse mais com uma escultura do que arquitetura.

Discordei, afirmando que seria uma obra de arquitetura e não uma escultura, mas o senhor Blickle, mal me entendendo, disse que estavam dispostos a gastar o necessário para construir um prédio digno do jardim. Não queriam um prédio comum em meio ao jardim do Burle Marx, queriam uma obra de arte!

Mas, por mais bonito que fosse, o prédio tinha que ser arquitetura e não escultura. Essa arquitetura, principalmente, tinha que ter um caráter compatível com a atividade industrial, por mais bonito, artístico e agradável que precisasse ser. Situação inédita, aquela, depois de tantos anos defendendo a aplicação da boa arquitetura, contra clientes que ou não se interessavam ou que só se preocupavam com economia, estava eu defendendo o direito de fazer só arquitetura, ainda que gastando menos.

Autocensura   Havia muito eu perseguia uma grelha ortogonal de vigas de concreto aparente, com uma hierarquia de alturas, segundo os vãos, criando um espaço mais variado e talvez mais rico que o definido pela grelha de altura constante, como as que eu tanto admirava, na Unitarian Church, do velho Wright, na FAU do Artigas e no Harmonia, do Fábio Penteado. Comecei a trabalhar nessa ideia num anteprojeto feito para um grande restaurante destinado à Arábia Saudita – ainda na Promon, uma operação que não vingou – e as perspectivas me empolgaram. Agora eu tinha a oportunidade de retomá-la.

A preocupação do casal proprietário do prédio pela qualidade e a consequente liberalidade orçamentária me animaram a especificar para a grelha o concreto branco. Eu buscava esta solução desde 1957, mas só a adotara em elementos de pequeno porte, como pérgolas, quebra-sóis e caixas substitutas de esquadrias. Eu sabia – pelo engenheiro estrutural – que o custo maior do cimento branco não onera muito o da estrutura e proporcionalmente menos o da obra.

Assessorado por esse engenheiro, fixei em dez metros o módulo das colunas, ligadas pelas vigas de maior altura, aproximadamente dois metros. Apoiado nos meios dessa vigas, uma cruz de vigas mais baixas, de 1,75 metro, com as bases num plano mais alto, define quatro quadrados de cinco metros por vão. Em cada um destes, nova cruz de 1,5 metro, com bases ainda mais altas, subdivide-o em quadrados de 2,5 metros de lado, sobre os quais se apoiam troncos de pirâmides de placas também brancas, com cinco centímetros de espessura, portantes de uma esquadria com vidro horizontal e réguas verticais de ventilação.

Assim a grelha, variada em suas alturas pela lógica dos vãos, se apresenta sempre diferente aos olhos do observador que se desloca, os lanternins aparecendo em maior ou menor grau, de acordo com o ângulo de visão. No piso, inicialmente previsto de granito e mármore, a projeção da geometria das vigas, pirâmides e lanternins determina o desenho das placas.

Restaurante da Indústria SEW Motors

Restaurante da Indústria SEW Motors, São Paulo SP, 1984. Fotos de 1989
À esquerda, bloco de serviço
À direita, detalhe da cobertura sobre os acessos

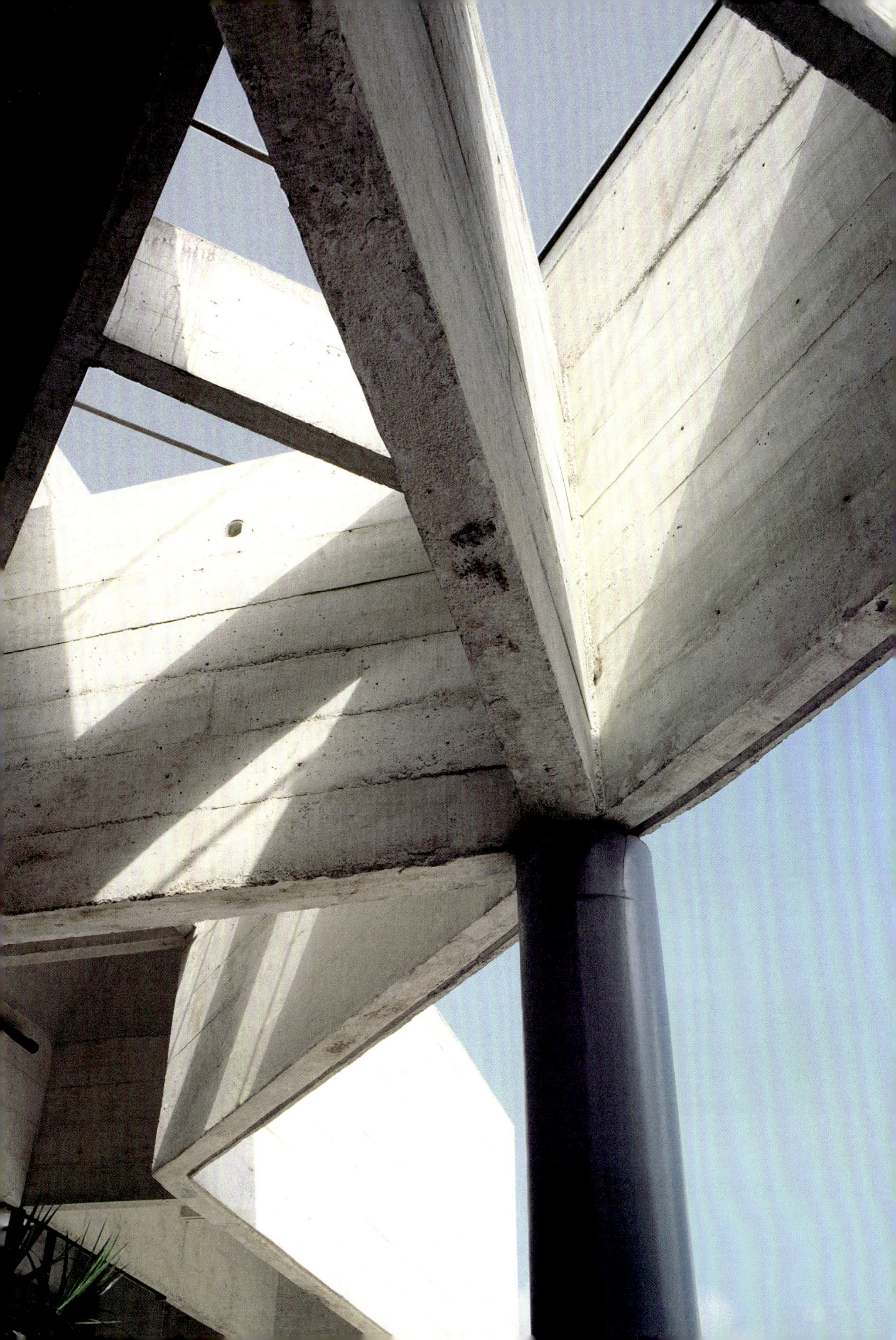

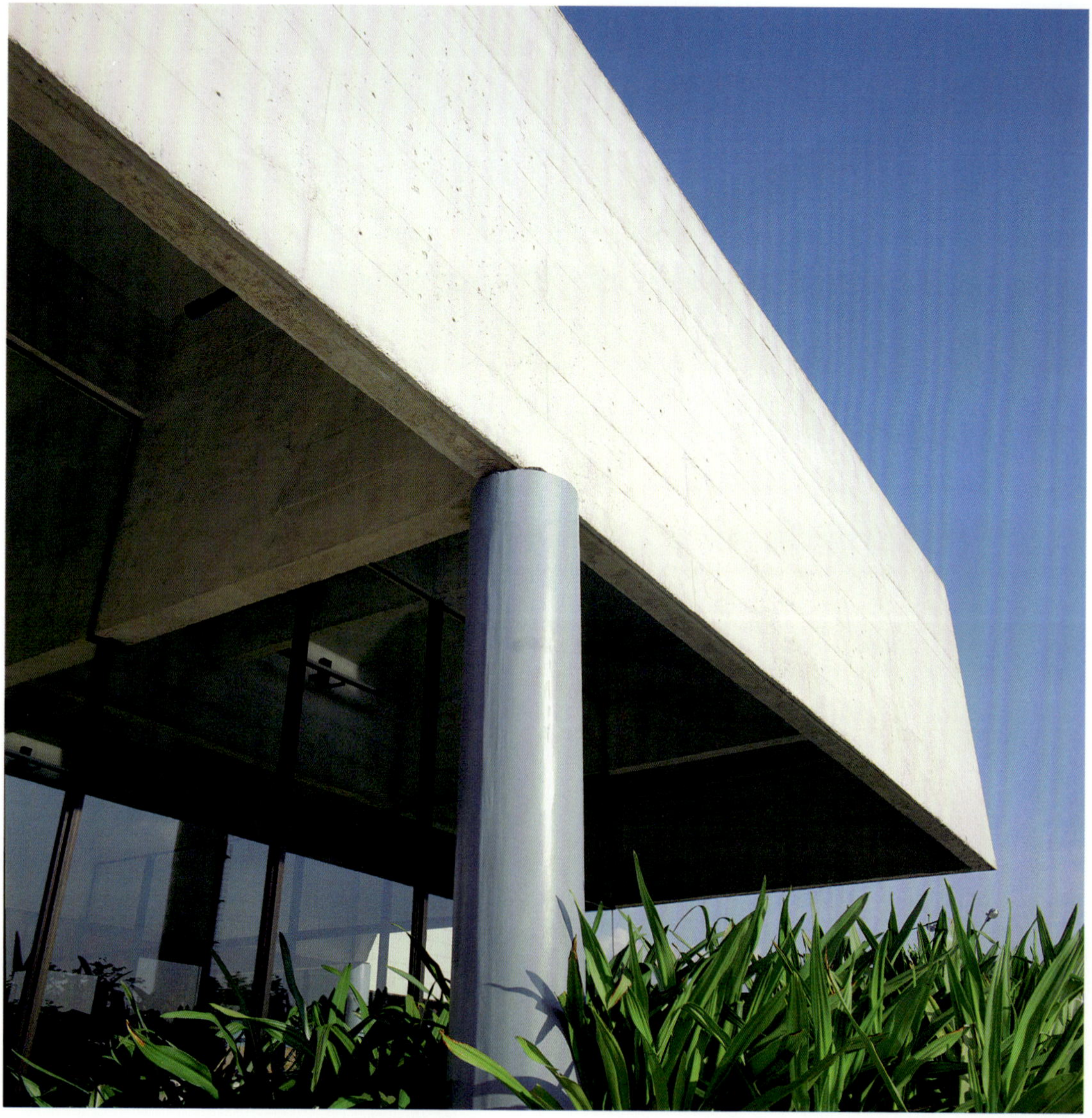

Novamente autônomo

Restaurante da Indústria SEW Motors, projeto paisagístico de Roberto Burle Marx. Fotos de 1989

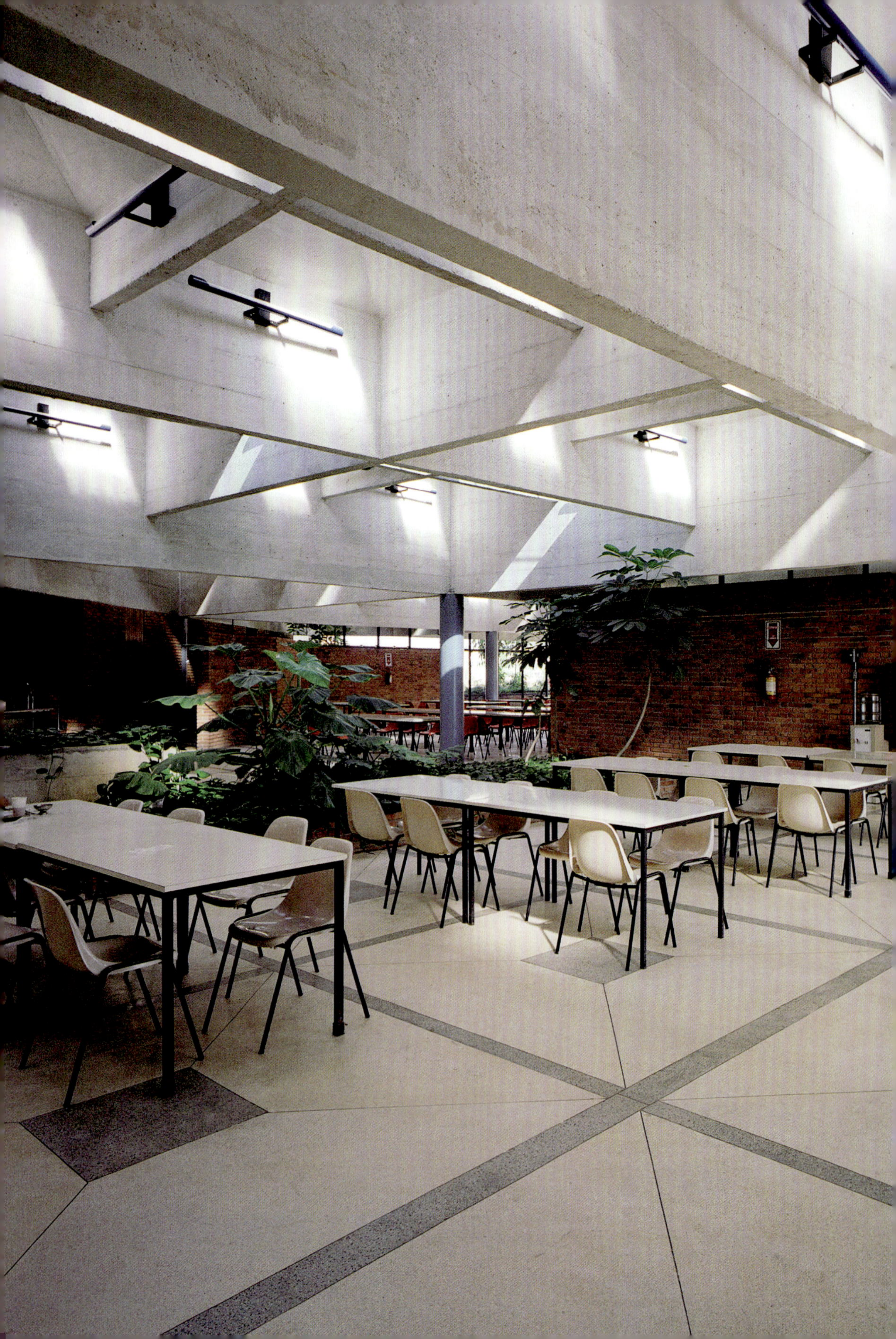

Novamente autônomo

Restaurante da Indústria SEW Motors, refeitório dos funcionários. Foto de 1989

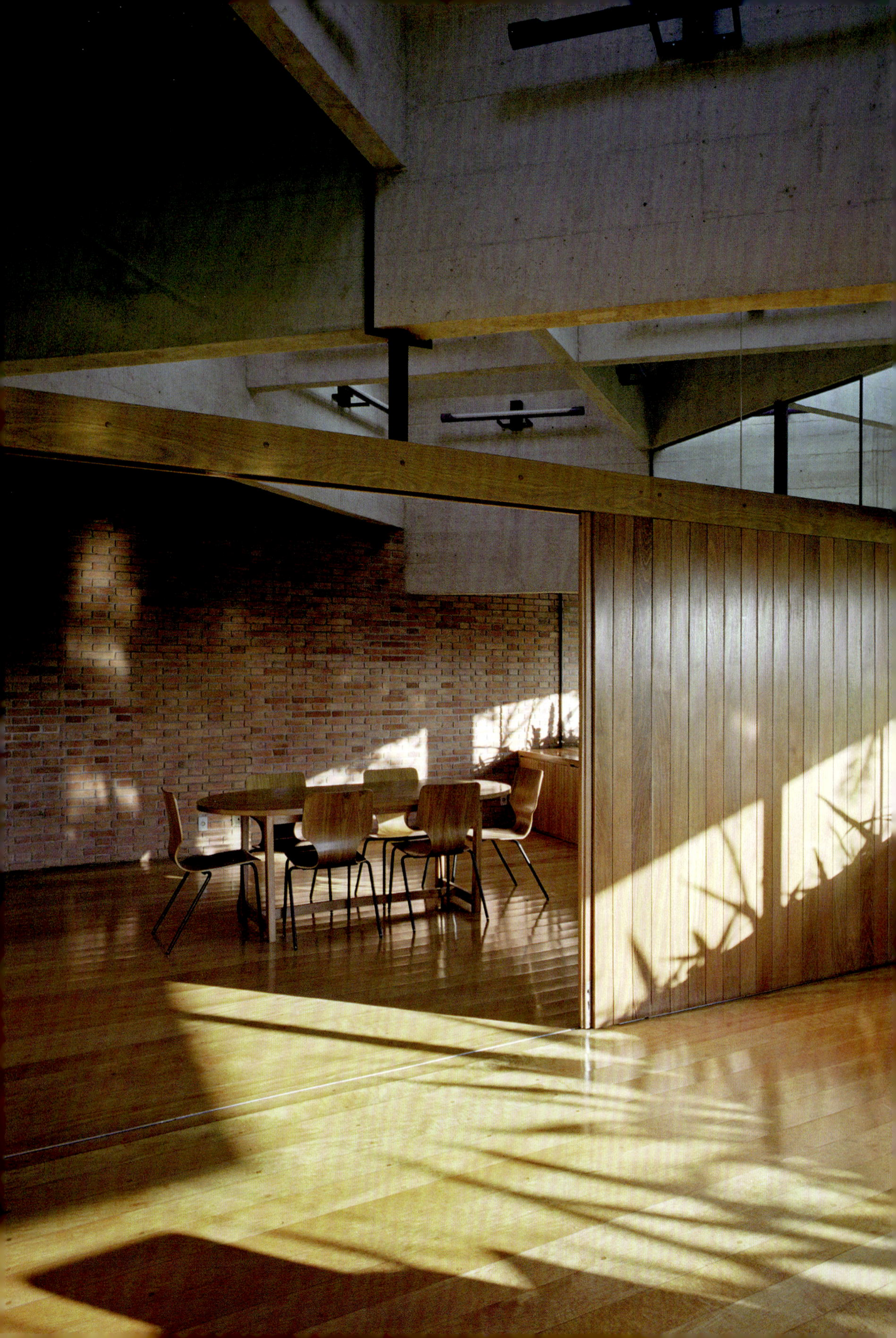

Novamente autônomo

Restaurante da Indústria SEW Motors, salas de refeição da diretoria. Fotos de 1989

Os topos das colunas – que concebi cilíndricas –, apesar de admitirem os tubos condutores de águas pluviais, recebem os nós da grelha, em apoio articulado por placa de neoprene. Também voltando a uma procura antiga, de alguns projetos residenciais, resolvi fazer as colunas em concreto azul e brilhante. O azul seria dado por pigmento que, para maior garantia, pedi ao senhor Blickle que mandasse vir da Alemanha. O brilho seria dado pela fórmica lisa das fôrmas. Escolhi o azul para fazê-lo cantar com o tijolo, material das paredes e jardineiras que complementam os grandes painéis de vidro no fechamento do prédio.

Para minimizar a ocupação do jardim, localizei o prédio numa extremidade, com a parte de serviço já sobre um talude que nasce no alinhamento de uma rua lateral, seis metros abaixo. Desejava todo esse bloco retangular, de cozinha, despensas, vestiários e anexos, em balanço, sobre cachorros estruturais bem massudos, mas o engenheiro estrutural insistiu na impossibilidade de tais apoios, que substituí por mãos francesas cheias, o que não correspondeu ao planejado inicialmente.

As vigas da grelha se articulam com esse retângulo num ângulo de 45 graus, sugerido pelo melhor arranjo dos diferentes ambientes do refeitório, o que resultou num recorte de planta bastante variado, com planos de vidro e de parede fazendo diferentes ângulos entre si. Analisando o anteprojeto desenhado e perspectivado, concluí que não o teria concebido antes de conhecer as obras pós-modernas.

Por menos que eu aprecie essa tendência, sempre reconheci nela – quase que vendo nisso suas únicas qualidades – uma quebra das amarras que nos envolveram ao longo de anos de admiração pelas belíssimas obras dos grandes arquitetos do século.

Poucas obras pós-modernas, menos ainda as nacionais, provocaram em mim alguma admiração e deleite estético. Em sua maioria só consigo ver o recurso fácil para conquistar o admirador leigo, o

ROBERTO BURLE MARX ENTRE MARIA AMALIA E MARCELLO FRAGELLI, 1985

RESTAURANTE DA INDÚSTRIA SEW MOTORS, corte esquemático

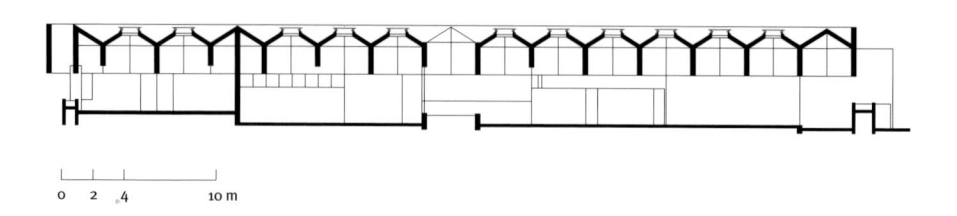

desinformado de arquitetura, que ainda tem nostalgia dos efeitos sugestivos de luxo e riqueza das obras de antanho, daquele que não consegue julgar a arquitetura, tampouco ver nela beleza sem tomar como referência os elementos e símbolos dos estilos estabelecidos. Mas um efeito elas e os escritos de seus apóstolos, Venturi, Jenks, tiveram em mim: fizeram-me ver que eu estava submetido a uma autocensura de regras, muitas das quais não tinha lido, nem nos escritos de Wright e Mies, mas deduzido do que havia visto; nas obras deles e de todos os Le Corbusier, Aalto, Gropius, Breuer, Neutra, Sert, Niemeyer, Reidy, Robertos, que havia assimilado, sem contestação.

EFEITO PERDIDO Antes do início da concretagem, compareci à sede da empresa responsável, para combinar os detalhes do concreto branco das vigas e lajes da cobertura e do azul das colunas. A SEW não havia trazido da Alemanha o corante azul, mas os técnicos da usina me garantiram que o nacional não desbotaria e mostraram-me, para escolher, vários corpos de prova com diferentes tons de azul. Para o branco, pedi cuidado na escolha de areia bem clara e o máximo de claro para a pedra. Tudo muito bem, até quando foram concretadas e desenformadas a grelha e as colunas. O branco estava bastante bom, apenas me decepcionando umas ligeiras manchas amarelas atribuídas pelos engenheiros ao desmoldante. As colunas saíram maravilhosas: perfeitas, brilhantes, de um azul lindo, vivo. Entretanto, pareciam-se mais com algum basalto nobre do que com concreto.

Poucos dias depois, as da periferia, expostas à luz solar, já se apresentavam menos azuis e mais cinzas, o que me deixou infeliz. O jovem engenheiro da obra tentava me consolar, propondo pintá-las para que ficassem como eu queria. Mas, como fazê-lo compreender a importância da verdade, no material aparente?

Acrescentou-se novo problema, este não diagnosticado até hoje, nem os técnicos especialistas chamados conseguiram definir se o apoio articulado, ou o tingimento, o haviam provocado: os topos de algumas colunas – não muitas – começaram a esboroar, ameaçando toda a grelha de ruir.

Um "macaqueamento" foi feito: a demolição parcial dos topos e reconcretagem, já com cimento normal, pois o tingido de azul estava condenado. Acabei me resignando a pintar as colunas de tinta poliuretana brilhante, no mesmo tom de azul, e ninguém – nem os construtores, nem mais nenhum envolvido na obra – pôde entender a razão da minha pena de ver enterrado o concreto aparente azul brilhante, pois achavam que a pintura havia devolvido aos pilares exatamente o aspecto inicial.

Mais tarde o engenheiro estrutural soube que o pigmento azul nacional descora à luz do sol, o que não acontece com o preto e com os vizinhos do vermelho.

Luta gratificante   Quando a obra já estava bem adiantada, aconteceram dois problemas sérios para o prédio: o agravamento da crise econômica nacional e a morte do pai do cliente. O sr. Blickle foi chamado com urgência à Alemanha. Demorou-se alguns dias, até o funeral e as reuniões sobre a sucessão do poder, voltando já designado à presidência da multinacional e tendo de se mudar para Frankfurt.

Deixando aquele prédio de ser sua sala de almoços diários, as notas cada vez mais altas da construtora foram se tornando incômodas. Eu que tinha lutado para evitar um prédio caríssimo, inadequado a um complexo industrial, cheguei a ser criticado por ter feito uma arquitetura muito cara. Concordei em rever o projeto, as esquadrias, os vidros temperados, as coberturas das pirâmides, para baixar o custo, sem sacrificar muito a arquitetura.

De qualquer forma, mandei fotografar o prédio e entreguei o material ao Vicente Wissenbach, da revista *Projeto*,[25] que me havia pedido algo para publicar. Alegrei-me ao ver na capa uma bela foto do Cristiano Mascaro e, no interior, a reportagem. Achei que valeu a pena tanta luta!

Com esse novo projeto criei coragem para alugar uma sala na avenida Paulista. Eu sentia que ficar trabalhando em casa prejudicaria a minha imagem, junto aos possíveis clientes. Foi com certa emoção que coloquei a placa de alumínio, com as letras em relevo, na porta da sala 912 do Bloco B do Conjunto Nacional.

Volta ao ensino

Em 1982, no lançamento do livro de Teru Tamaki e Ernesto Zamboni,[26] o nosso querido "comendador", encontrei muitos colegas amigos, entre eles o Vasco e o Tito, que não via desde a época do metrô. Contaram-me que estavam dando aula na Universidade

ANÚNCIO EM JORNAL DO NOVO ESCRITÓRIO, C. 1985

Mackenzie e o Vasco Mello, que chefiava o Departamento de Projeto, perguntou se eu não gostaria de voltar a ensinar.

Claro que sim! Sentia falta, principalmente do contato com os jovens, com o desafio de suas dúvidas, perguntas, da cobrança de orientação, que faziam com que, no mínimo, eu equacionasse os problemas que resolvia na prancheta, sem uma conscientização racional de todos os procedimentos criativos, de todas as opções de caminhos. Também sentia falta do contato com os colegas professores, agora que eu havia me enclausurado em minha casa, projetando o que havia – quando havia –, fechado em meu escritório doméstico.

O Vasco ficou de me chamar na primeira oportunidade, antecipando que seria logo, pois um colega tinha falado recentemente em pedir licença, por mais de um ano. Voltei ao Mackenzie muito contente, passando a dar duas aulas em duas manhãs inteiras por semana. Senti não reencontrar vários colegas que foram meus companheiros nos idos de 1964 a 1967, colegas de grande valor profissional, como Salvador Cândia, Telésforo Cristófani, Paulo Bastos, David Ottoni e outros que por circunstâncias várias estavam fora dos quadros da faculdade – infelizmente para ela e para os alunos. Mas alegrei-me ao ver o excelente Miguel Forte e ainda uma série de professores mais moços, ex-alunos – além do

25 *Projeto* 121, maio 1989, pp. 79-83.

26 *Cartilha urbana: ABC da consciência humanurbana*. São Paulo: Projeto, 1982.

Vasco e do Tito Livio, Flávio Marcondes e José Carlos Ribeiro de Almeida, responsável, em 1964, quando presidente do diretório, pela minha primeira convocação.

Colocaram-me no quinto ano, orientando os alunos nos trabalhos de graduação, o que achei pouco compensador, devido ao baixo índice de jovens com suficiente base de conhecimento e, pior, sem consciência disso.

Eu até já havia esquecido da crise de 1964 na faculdade quando surgiu uma outra, relacionada aos interesses religiosos da instituição mantenedora da universidade. Essa crise resultou na falta de liberdade de ação do diretor e consequente demissão de nosso amigo Vasco, cuja posição, em defesa dos interesses do correto ensino profissional de arquitetura, irritaram a reitoria.

Quando eu soube que na Faculdade de Arquitetura da USP abriram-se quatro vagas para professor de projeto, inscrevi-me, desejoso de mudar para lá minha atividade didática. Além de mim foram selecionados Ubirajara Gilioli, Teru Tamaki e José de Almeida Pinto. Iniciamos as aulas em outubro e, apesar de eu não ter muito trabalho de arquitetura, quatro meios períodos por semana pesaram para mim. Acabei ficando somente com as aulas na FAU USP.

Novas residências

Diversos clientes   Entre 1983 e 1990, pude projetar algumas novas residências, programa que sempre me fascinou.

Fiz um projeto num terreno bem grande, na Granja Viana, que permitiu uma casa térrea, muito espalhada e informal, com os telhados agitados, à caça de sol direto. Este foi para um casal jovem – Patrícia e Paulo Rossetto – ela, filha de grandes amigos.

Pouco depois, fui procurado por meu antigo companheiro da Promon, Humberto Rossi, então engenheiro na Alcan. Pediu-me assessoria para a compra do terreno de sua casa, o que foi bom, pois o arquiteto quase sempre descobre qualidades ou defeitos para o melhor aproveitamento do lugar. Escolhemos um terreno não muito grande no Morumbi, com um aclive para o fundo que possibilitou um arranjo em vários níveis, integrado por uma área coberta por pérgola envidraçada sobre um conjunto de lances de escada, resultando num espaço rico e inesperado.

Outro projeto foi para um jovem engenheiro de muito valor, com uma carreira promissora, num loteamento novo, nas imediações de São Paulo – Alphaville – onde me interessava muito fazer uma obra.

Ao mesmo tempo, Irene e Carlos Siffert, amigos de longa data, compraram o terreno vizinho da casa que eu lhes havia projetado em 1970 e pediram para que projetasse a ampliação, integrando os dois terrenos. Das quatro, essa foi a única não prejudicada pela crise econômica que continuava se agravando. Nas outras três, os clientes precisaram modificar materiais e detalhes para baratear a construção, prejudicando a arquitetura.

RESIDÊNCIA EM ALPHAVILLE, plantas e corte do anteprojeto, São Paulo SP, 1989

RESIDÊNCIA EM ALPHAVILLE

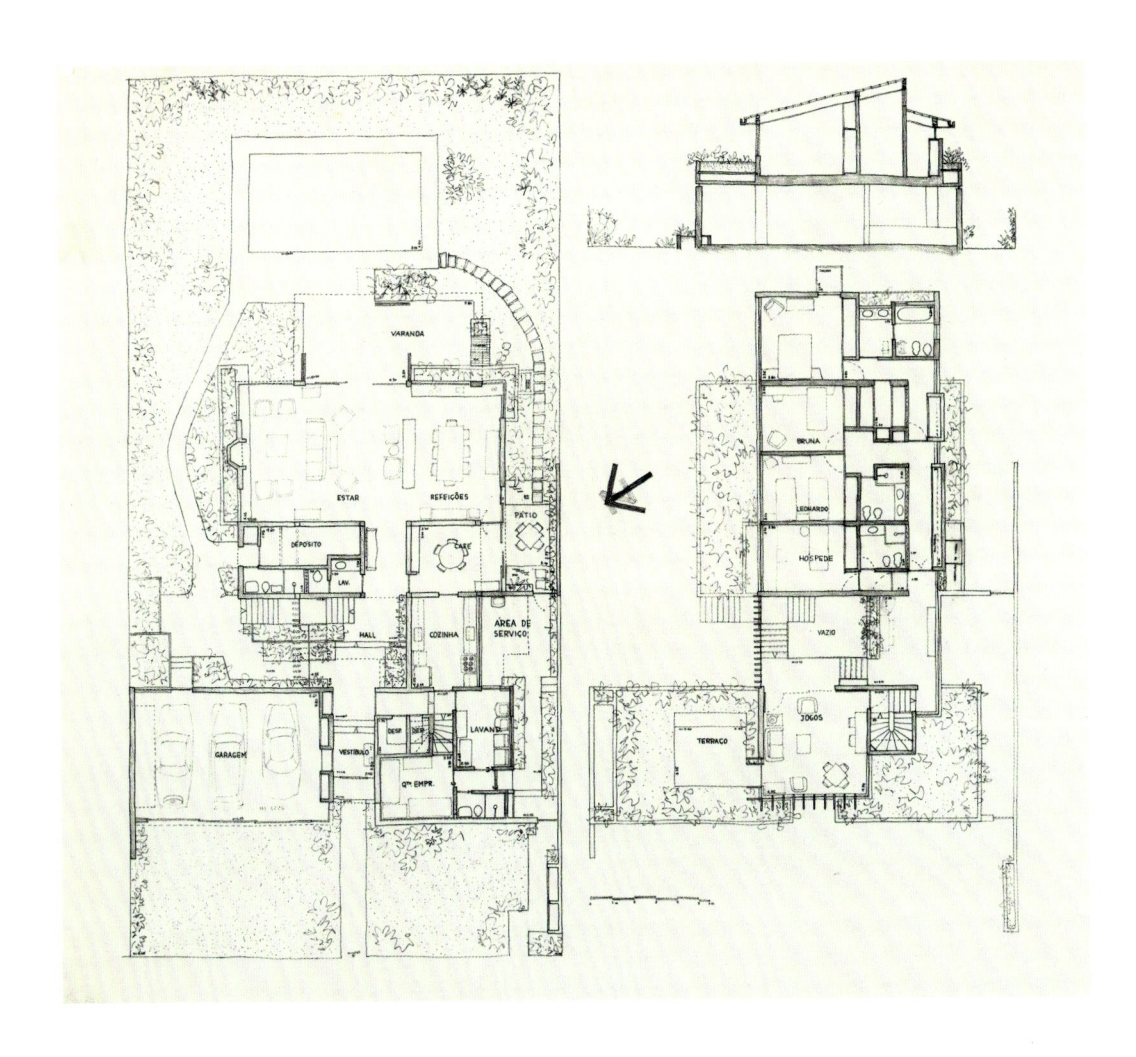

Meu cliente, engenheiro muito meticuloso, viciado em seu microcomputador doméstico, organizou uma planilha com os procedimentos ideais para a execução do plano e para a seleção do arquiteto. Abriu uma concorrência entre quatro profissionais indicados por um colega de trabalho – entre eles, o irmão de seu colega e eu – e mandou uma carta impressa por uma impressora matricial, fazendo o convite, expondo o programa, o terreno e pedindo prazo, preço e condições de pagamento para o projeto.

Telefonei a ele, apresentei-me e mostrei-lhe a inconveniência de escolher arquiteto com base nesses parâmetros. Perguntei se consideraria bom procedimento um doente escolher o seu cirurgião pedindo preços e tempos de duração da operação. Embora ele tenha retrucado dizendo que os casos eram bem diferentes, insisti preocupado com que minha arquitetura não lhe agradasse. Sugeri que pedisse aos quatro arquitetos para mostrarem residências de sua autoria.

Na semana seguinte, levei o casal a três obras minhas, entregando-lhes então, a minha proposta. Na semana posterior, o engenheiro me telefonou, participando ter sido eu o escolhido e me convocando para uma reunião em sua casa. Fui para lá munido de papel, caneta e gravador, para melhor fixar as nuanças de programa que estabelecêssemos.

Sentamo-nos em volta de uma mesa de jogo, o engenheiro serviu uísque e comecei a entrevista. Perguntei-lhes a razão da escolha. Eu havia pensado em começar perguntando o que mais tinha agradado – ou não – do que tinham visto, para poder direcionar o anteprojeto no sentido das preferências do casal. A esposa tomou a palavra. Começou a contar sobre a visita que havíamos feito à residência de José Gregori, que havia achado a casa horrorosa, que nem queria entrar quando viu a fachada! Meu espanto era maior que o constrangimento do marido, apesar de eu ter reagido com simpatia e sorrindo.

Já à vontade, ela continuou. Disse que o marido insistiu para que entrasse e, quando o fez, surpreendeu-se: ficou maravilhada, achou o interior da casa lindíssimo, com o pátio interno, com a luz natural, enfim, tudo a agradou! E que assim havia sido com as demais, não gostando do exterior de nenhuma, mas adorando o interior.

Lembrei-me do meu pai, falando das casas de Campo Grande e da casa dos Oliveira Penna, na Gávea: que eu sabia fazer casas

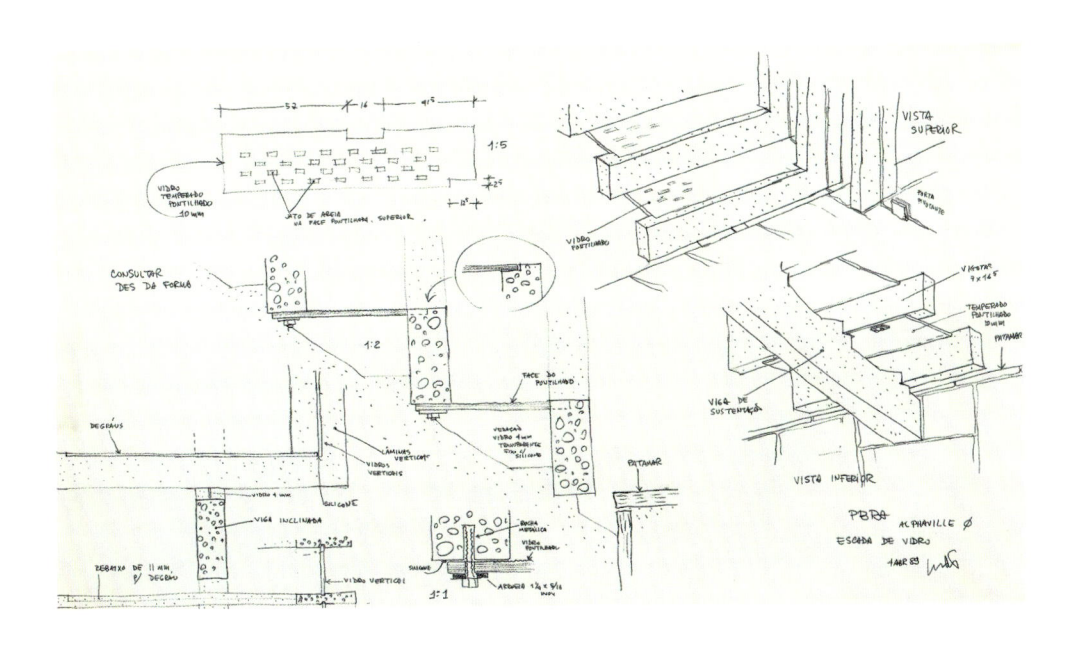

RESIDÊNCIA EM ALPHAVILLE
À esquerda, perspectiva do hall e fachadas
À direita, detalhes construtivos da escada de vidro

Residência em Alphaville

Residência em Alphaville. Fotos de 2009
À esquerda, sala de jogos
À direita, detalhe da escada

p. 424-425, fachada posterior

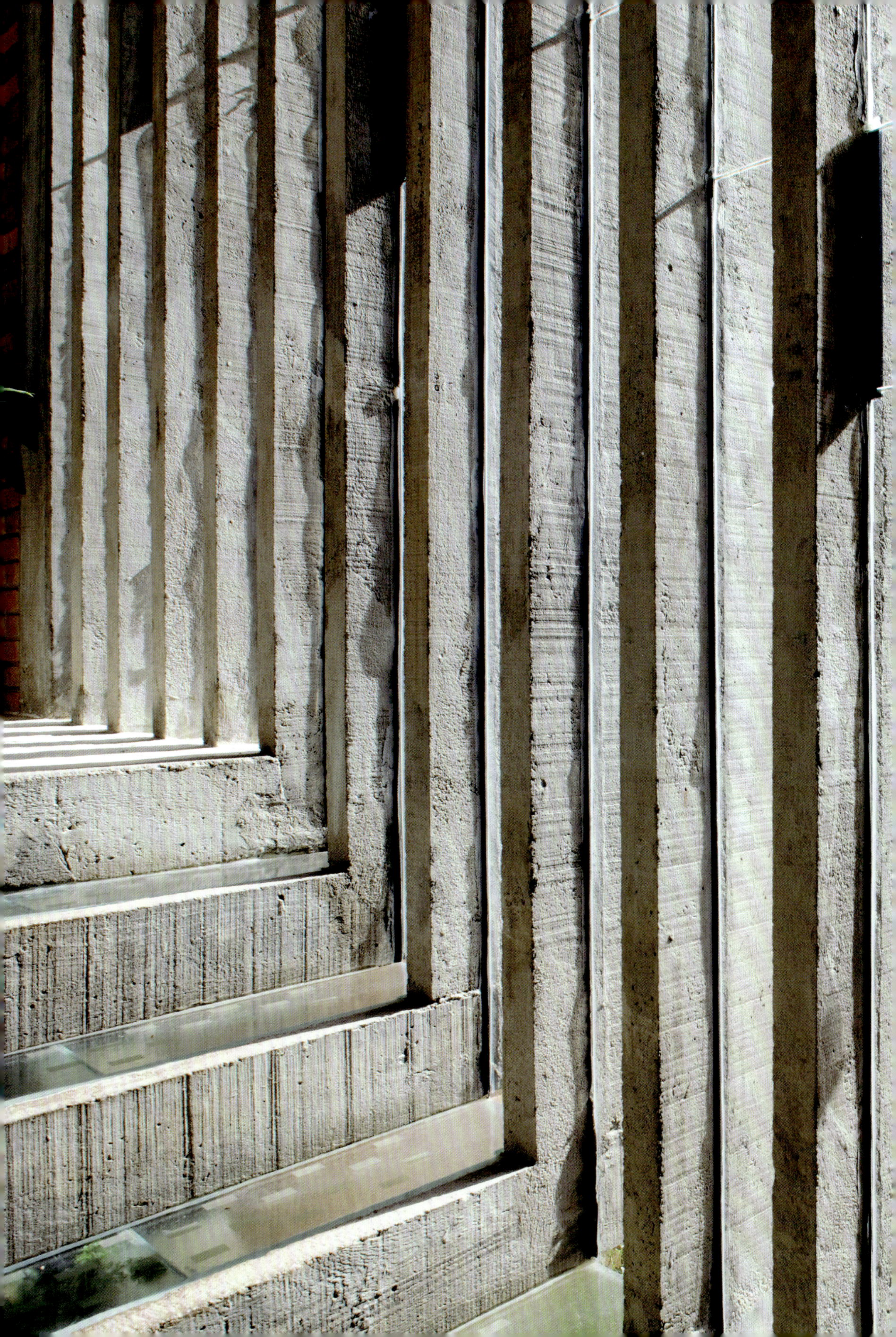

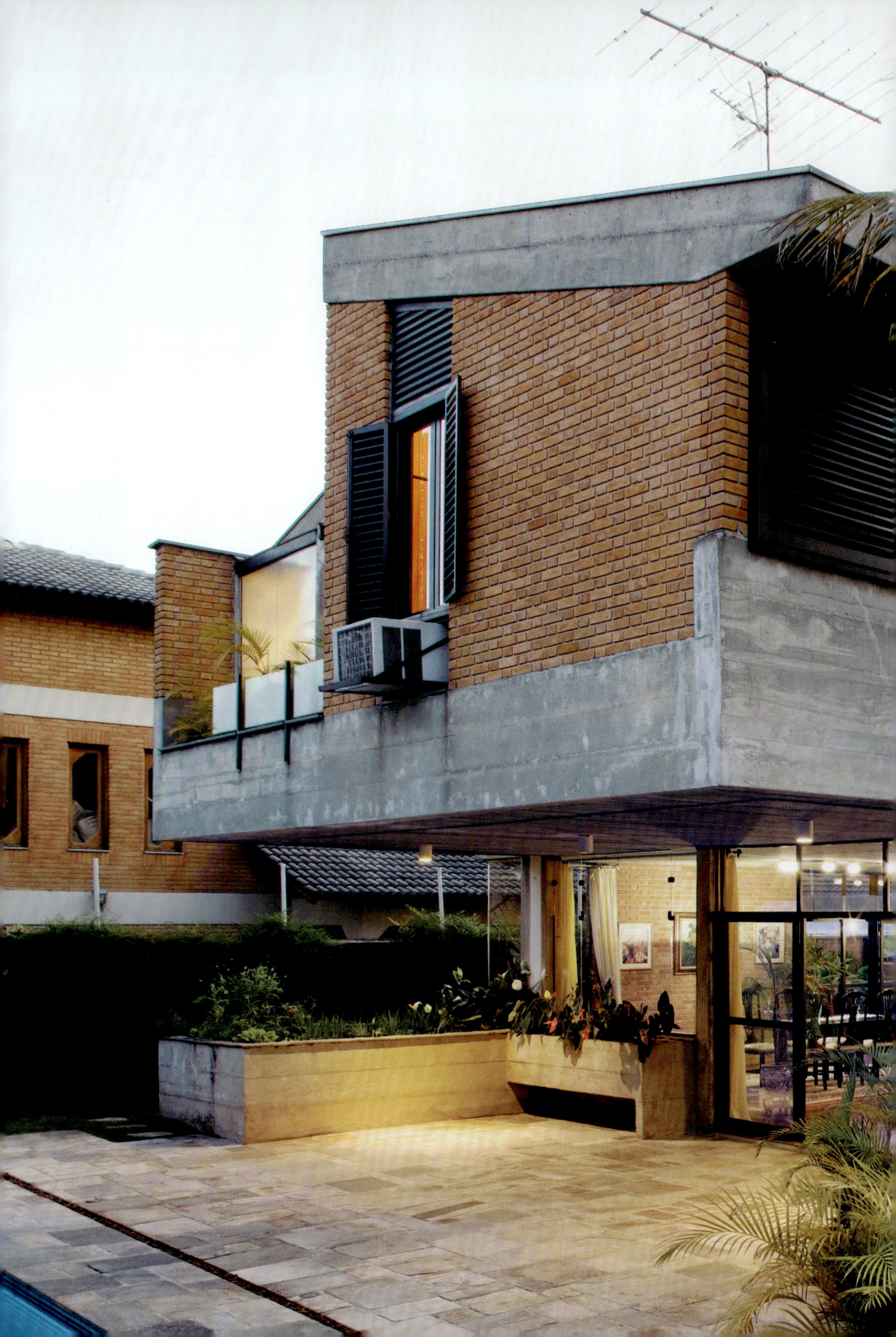

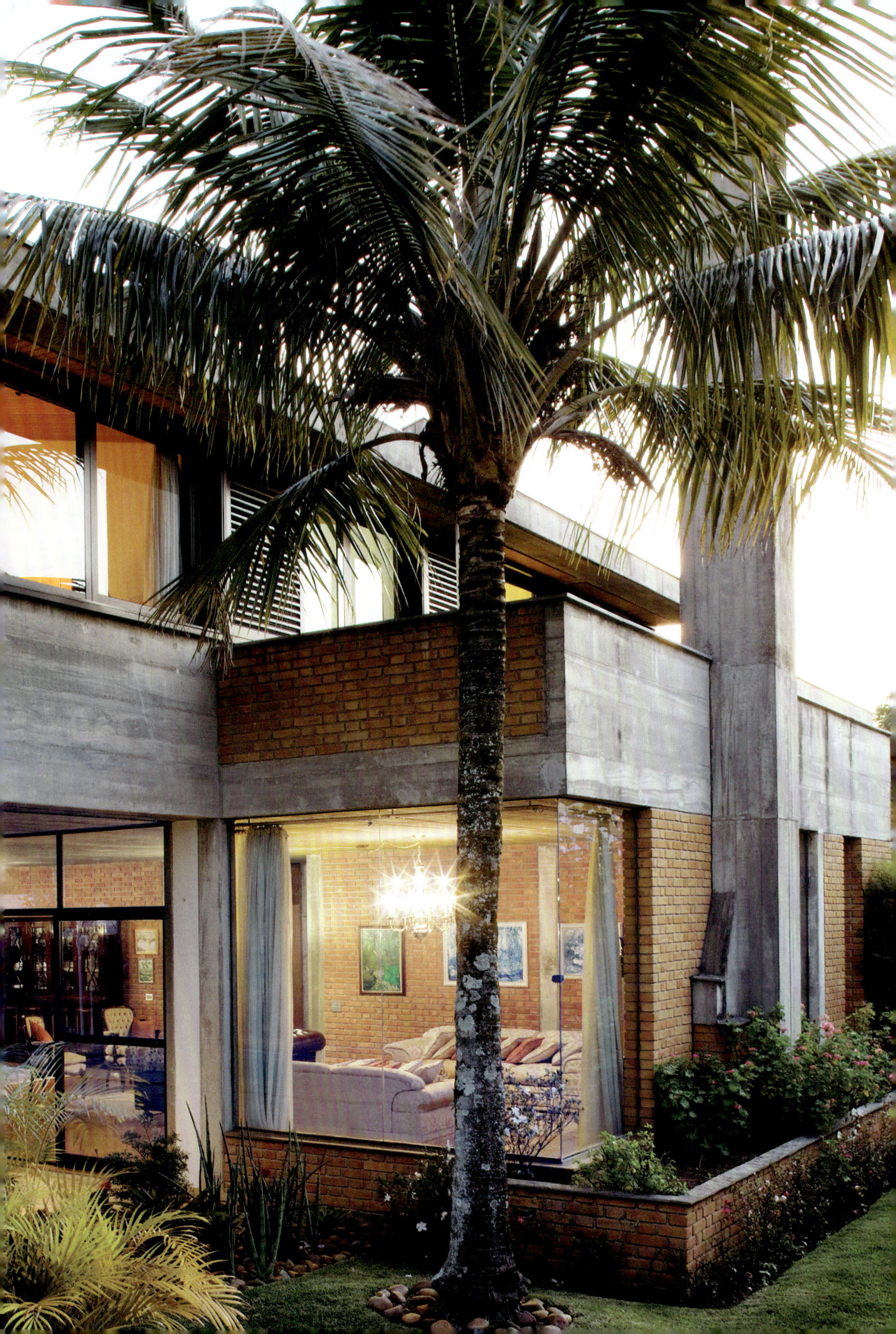

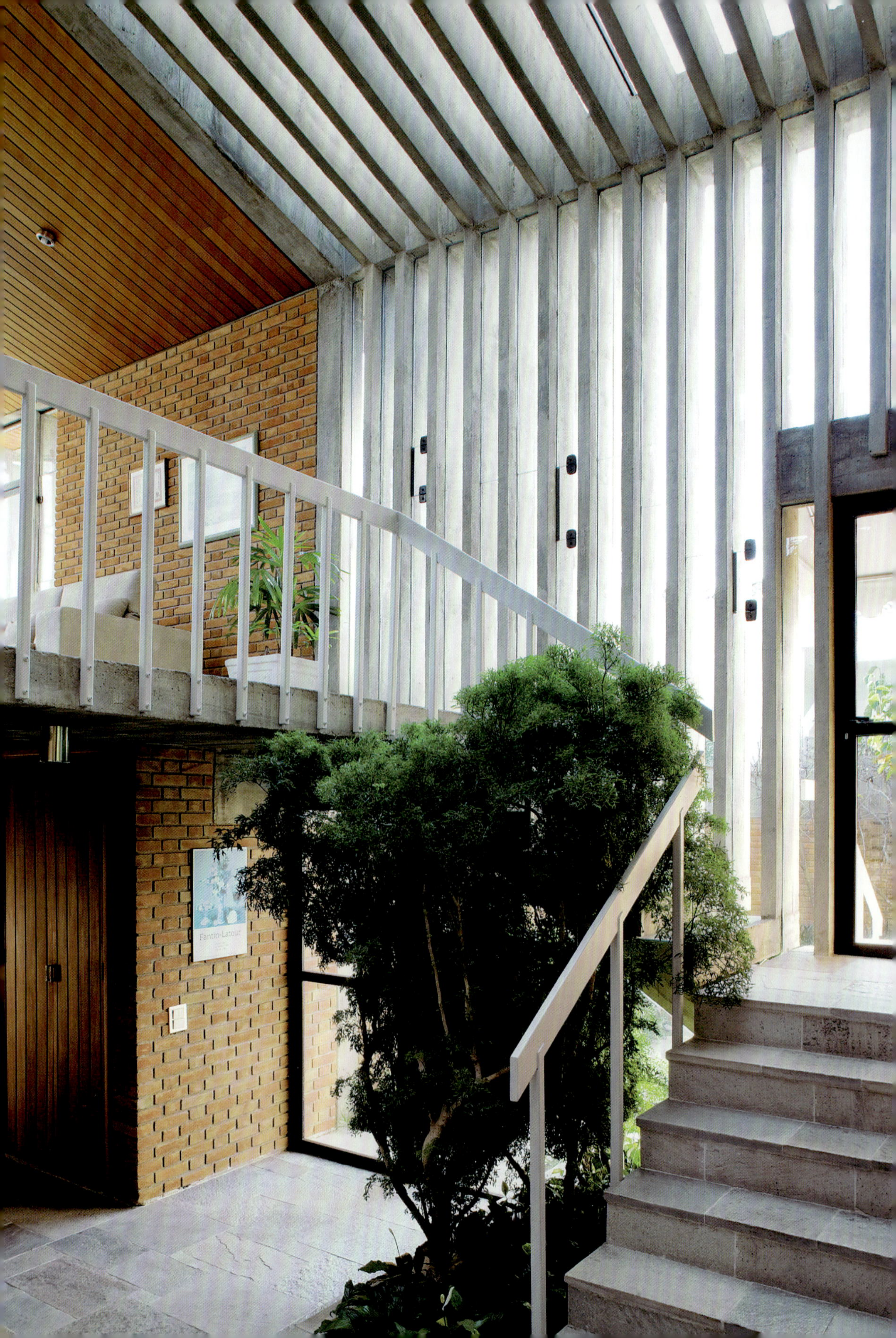
Fantin-Latour

Residência em Alphaville. Fotos de 2009
À esquerda, escada com iluminação zenital
À direita, vistas do acesso ao pavimento superior

p. 428-429, fachada principal

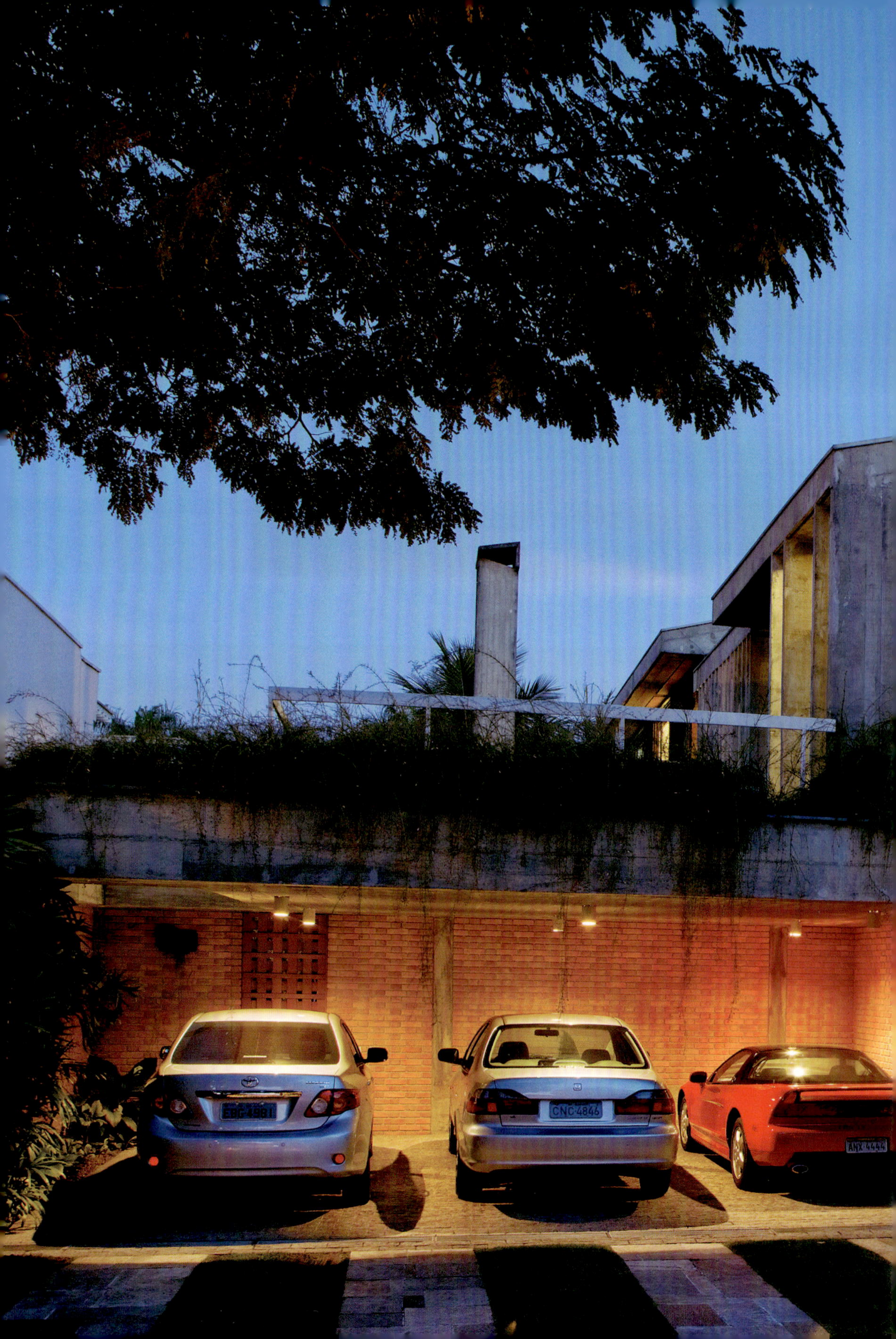

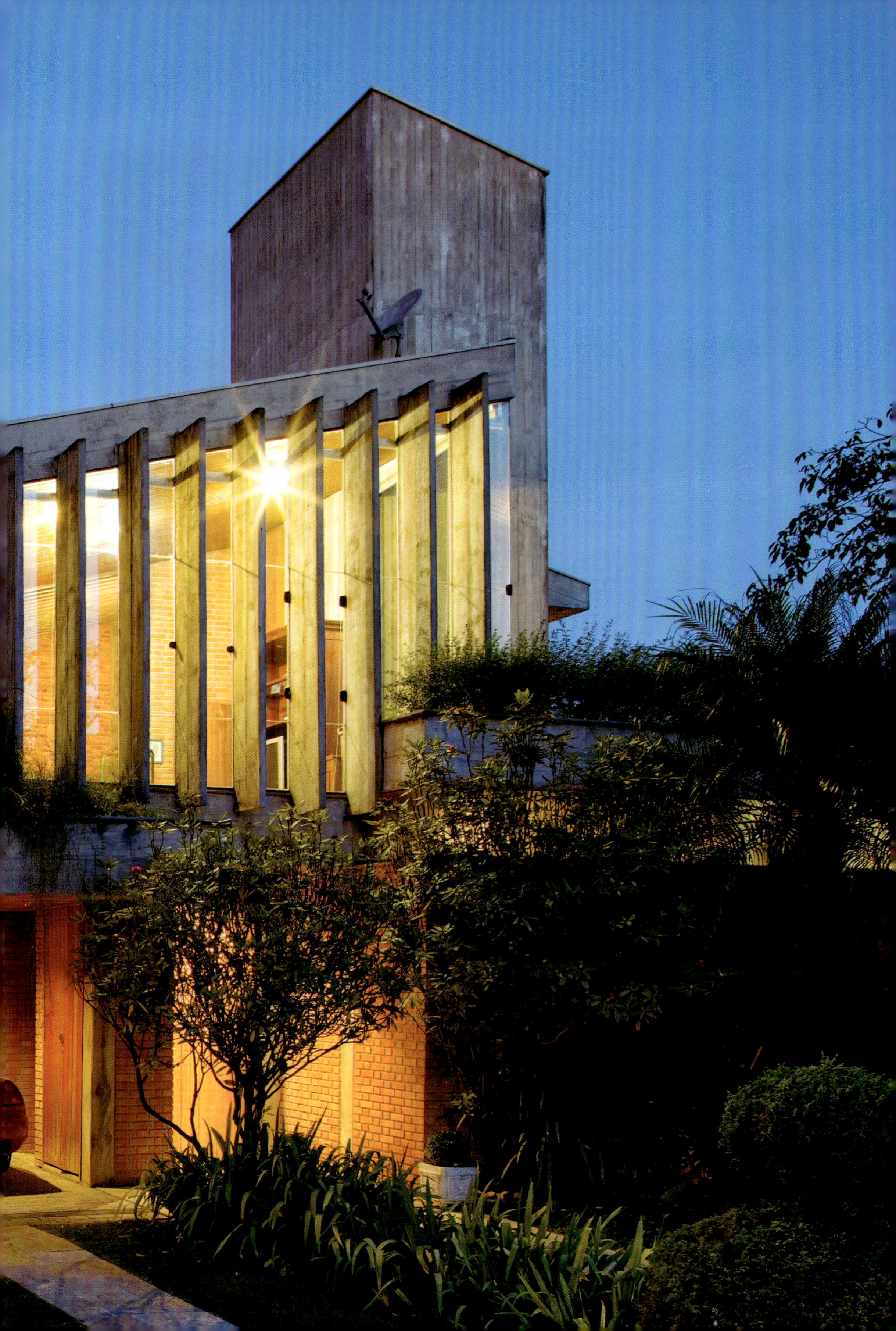

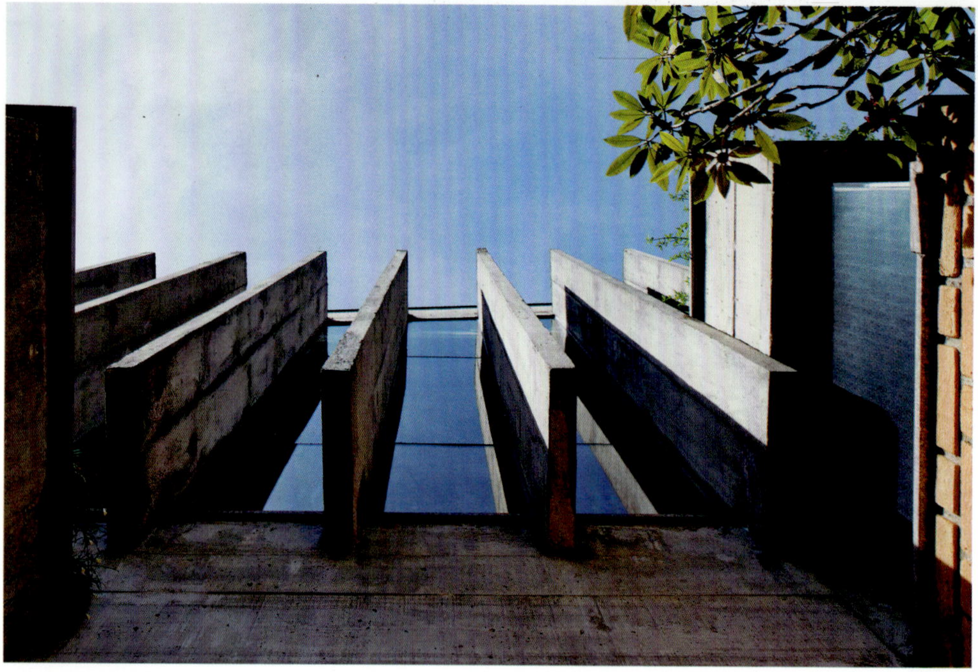

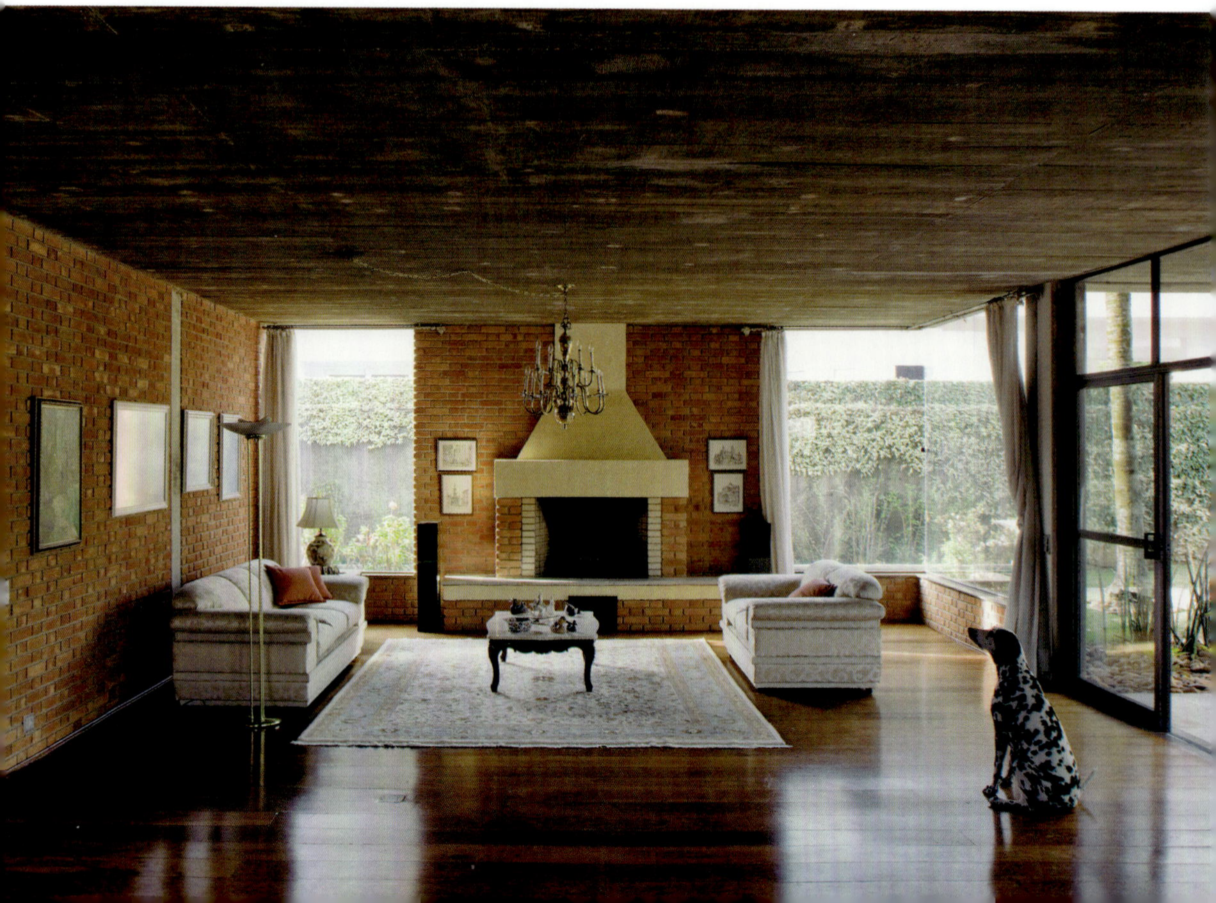

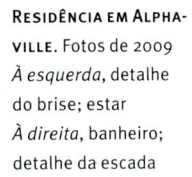

Residência em Alphaville. Fotos de 2009
À esquerda, detalhe do brise; estar
À direita, banheiro; detalhe da escada

lindas por dentro, mas que precisava aprender a fazer fachadas bonitas. E também de minha mulher e alguns filhos, que sempre acusam de feia a fachada da nossa casa do Alto de Pinheiros – que, por precaução, não havia colocado no roteiro da visita.

Confidenciei à mulher do engenheiro que ela não era a primeira, que meu pai já dizia isso, que minhas casas eram lindas por dentro, mas que eu precisava aprender a fazer fachadas bonitas, e que minha família achava feia a nossa casa de São Paulo. O marido riu com vontade e a mulher sentiu-se ainda mais triunfante.

Passamos a conversar sobre o estilo da casa. Depois de eu prometer me esforçar para conseguir uma fachada bem bonita, ela me assustou quando disse não estar bem certa se queria uma casa em estilo colonial ou alemão, pois na Alemanha havia alugado uma casa linda, "em estilo bem alemão".

Eu não havia tido esse tipo de problema desde 1970, na fazenda dos Levy. Com o máximo de calma, expliquei sobre a autenticidade na arquitetura, sobre a falta de sentido de se imitarem estilos de outros países ou épocas. Arrematei dizendo que nunca faria uma coisa dessas. Timidamente, então, ela me perguntou: e se quando eu lhe mostrasse o projeto, e ela achasse a fachada muito moderna, pedisse para eu fazer uma coisa "mais ou menos colonial"? Interrompi-a e, com bom humor, respondi que aí então ela procurasse um arquiteto "mais ou menos"!

O marido gargalhou e eu o acompanhei. Ela terminou rindo conosco, dando o assunto por encerrado. Passamos, então, para o programa físico da casa, número de salas, de quartos, armários, piscina, abrigo de carros e tudo o mais.

Três semanas depois, quando apresentei o meu anteprojeto, com uma fachada caprichadíssima, desenhada por mim em lápis de cor, me pareceu que a cliente tinha achado as linhas bonitas. As plantas foram muito elogiadas, assim como a perspectiva que fiz do hall da escada, mas sobre a fachada, nenhum dos dois se pronunciou. Curioso, cobrei. Ela, com um belo sorriso, sentenciou que estava bem melhor.

A maior lição dessa casa foi que um arquiteto nunca deve confiar demais no trabalho do projetista estrutural.

Convidei para esta parte do projeto um engenheiro que já havia estruturado alguns prédios para mim, inclusive alguns de grande porte, sempre respeitando muito os meus anteprojetos. Nessa casa, confiei que seu trabalho manteria o padrão e verifiquei com maior cuidado apenas as medidas horizontais, onde geralmente se localizam os maiores erros, sem me preocupar detalhadamente com a conferência de níveis, coisa fácil de compreender e normalmente respeitada. Não sei se o engenheiro confiou o projeto das fôrmas a um projetista menos qualificado, ou cuidadoso, mas fato é que, após concretados os baldrames, apareceram vigas que deveriam ficar enterradas, aflorando sessenta, oitenta centímetros. Algumas tiveram que ser demolidas e reconcretadas, pois obstruíam passagens, mas uma que feria a arquitetura foi impedida pelo cliente de ser corrigida. Fiquei muito abatido com esse problema, pois cabia-me ter detectado os erros, na conferência.

Mais tarde, tive ímpetos de deixar a obra, como fiz em tantas ocasiões, em função de divergências estéticas com clientes, mas talvez a experiência dos anos acumulados, ou a crise econômica se agravando, ou mesmo a proximidade com o cliente amigo, tenham feito com que acompanhasse a obra até o fim, mesmo que não concordasse com várias das modificações.

Reflexões

É tristíssimo para um arquiteto ver uma obra sua, concebida com emoção, criada com toda uma filosofia, com inúmeros cuidados de proporções, de equilíbrio e com muitos significados especiais, ser mutilada por clientes que não compreendem que esses detalhes fazem uma unidade, cujo equilíbrio não pode ser quebrado sem prejuízo para o resultado global da mesma.

Mas algumas histórias que colegas contavam de suas relações com clientes de gabarito, ou mesmo outras que eu havia vivido, deixavam-me deprimido com a condição do arquiteto.

Clientes que, por anos e anos trabalhando com o mesmo arquiteto, sempre respeitando seu trabalho, sempre zelando pela fiscalização da obra, evitavam o desvirtuamento do projeto, ainda que em detalhes.

Clientes que o arquiteto sempre imaginou tão sensíveis a tudo o que ele havia projetado, que reagiam como se compreendessem todas as intenções de seus projetos, onde moravam e trabalhavam, mas que um dia chegavam e elogiavam uma obra, feita, às vezes, sem arquiteto, um pastiche arquitetônico qualquer e ainda diziam que o seu arquiteto adoraria a obra quando a conhecesse.

Isso sempre deixa qualquer bom arquiteto deprimido, se perguntando como os clientes veem sua arquitetura. Imaginando se estariam menos satisfeitos, caso seus projetos fossem de uma incorporadora qualquer. Se tivessem tido como arquiteto um "mediterrâneo", ou fanático do "colonioso", não estariam tão satisfeitos como estão agora?

Já refleti muito sobre essa questão e conversei outras tantas vezes com colegas e amigos, sobre esse assunto que hoje é válido em qualquer arte: a dificuldade de linguagem entre o artista e o apreciador. É claro que nenhuma arte pode ser feita só para os especialistas, para os que estudaram esta ou aquela arte. A arte sempre atingiu o público leigo, no passado, o menos preparado, mas todo artista atual sente que a sua expressão cada vez tende a atingir faixas mais estreitas do público.

Beethoven teve enterro de rei, apesar das obras mais tardias, mas não imaginamos Stockhausen, Penderecki ou outro contemporâneo recebendo homenagens de um público tão amplo. No nosso meio, os artistas – já não digo os de vanguarda, mas os que refletem a criação dos tempos modernos – têm um público reduzido, apesar de sempre recheado pelos que não se emocionam com a sua arte, mas se sentem obrigados a admirá-la, porque respeitam a opinião dos entendidos.

Com a evolução moderna da arquitetura, foram sendo abandonados os símbolos fáceis de beleza e até de luxo. Se em muitas épocas os arquitetos procuravam a beleza no emprego de ornatos, colunas e cornijas, frontões e outros elementos de leitura fácil, os de hoje a buscam no jogo dos espaços, das proporções, nas texturas dos materiais explorados em suas diferentes possibilidades, nas suas linguagens, ou até nos sistemas construtivos. Tudo num jogo ainda não codificado pela maioria dos observadores.

A leitura e o julgamento, antes facilitados pelas regras dos similares, agora já não têm guias nem catálogos. Aquelas pessoas que apreciam uma fachada que contém citações de prédios consagrados, ao se deparar com as novas formas, puras e limpas, podem até ser atingidas pela beleza essencial das proporções, das formas e principalmente dos espaços. Mas quase nunca conseguem entender que aquilo tenha uma razão, que haja muito pensamento por trás. Concluem que arquitetura moderna é pura questão de gosto pessoal, que significa liberdade absoluta, falta de princípios e de regras, de pensamento, o vale-tudo.

Muitas vezes eu percebo que um cliente adora a casa que fiz para ele, mas que no fundo ele gosta do concreto porque acha bom ser moderno, aprecia o balanço porque é ousado. Vejo que ele não percebeu metade das intenções do meu projeto. O pior é que às vezes eu sinto que se eu fosse mediterrâneo ou "modernoso" ele seria capaz de ter a mesma vibração. Ele gosta da minha voz, mas não entende as minhas palavras.

ÚLTIMOS PROJETOS

ALCAN   Ainda no começo da obra da residência dos Rossi, conversando uma manhã no canteiro da obra com o Humberto, ele me contou que havia encontrado o Silvio Heilbut, um antigo colaborador meu, na Alcan, vendendo um projeto. Fiquei surpreso, pois não sabia que lá eles compravam projetos. Humberto ficou ainda mais surpreso quando lhe disse do meu interesse em trabalhar com eles. Como era chefe do Departamento de Engenharia, se dispôs a me receber para conversarmos.

Quando fui a Utinga, em Santo André, onde ficava o Departamento de Engenharia da grande multinacional, saí com a encomenda de um anteprojeto para aquela unidade. Foi aprovado, mas como no Canadá haviam mudado os planos para o local, foi-

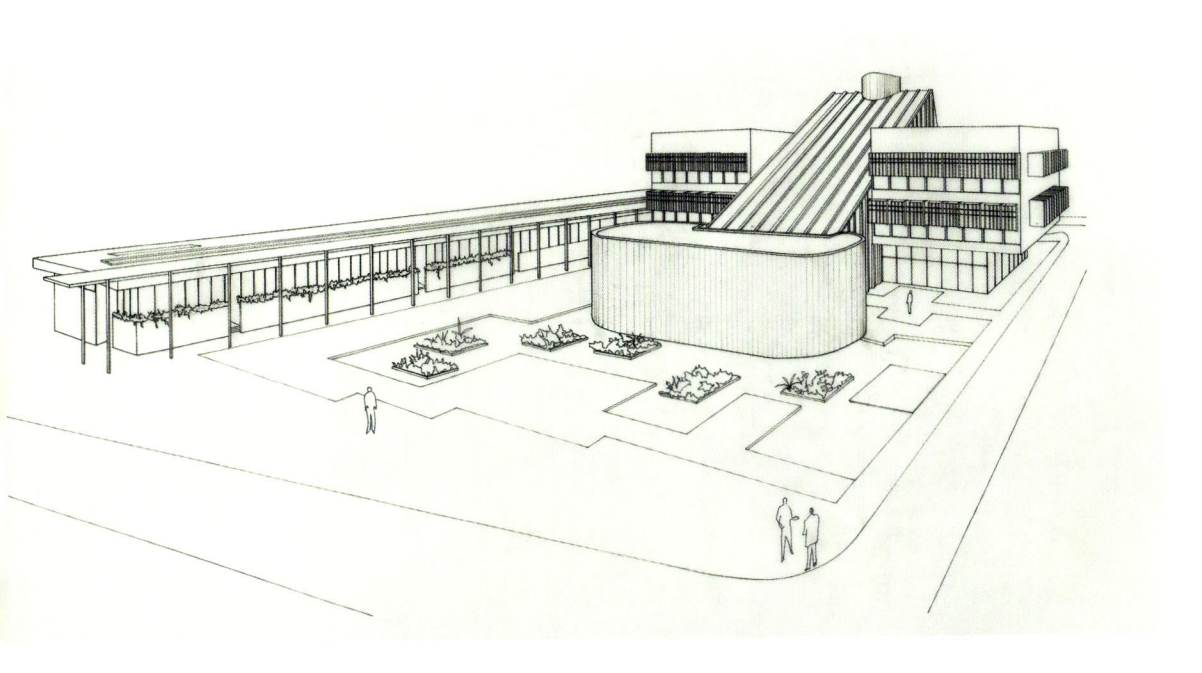

CENTRO ADMINISTRATIVO DA ALCAN, perspectiva externa do conjunto, São Caetano do Sul SP, 1990

me encomendado o projeto do centro administrativo da unidade de São Caetano.

Apesar de o anteprojeto ter sido muito apreciado, sentia dificuldade em conseguir que o detalhamento me fosse entregue. Em reuniões com engenheiros da Alcan, ou com engenheiros de alguma consultora, tinha ouvido falar da necessidade de que uma organização maior detalhasse um projeto daqueles. Uma vez, o próprio Humberto admitiria, junto com outros chefes da indústria, a possibilidade da contratação de uma empresa especializada para detalhar o meu projeto.

Depois disso, convidei-o para almoçar e lhe contei minha experiência na HMD. Expliquei que o que faz a equipe é o contrato.

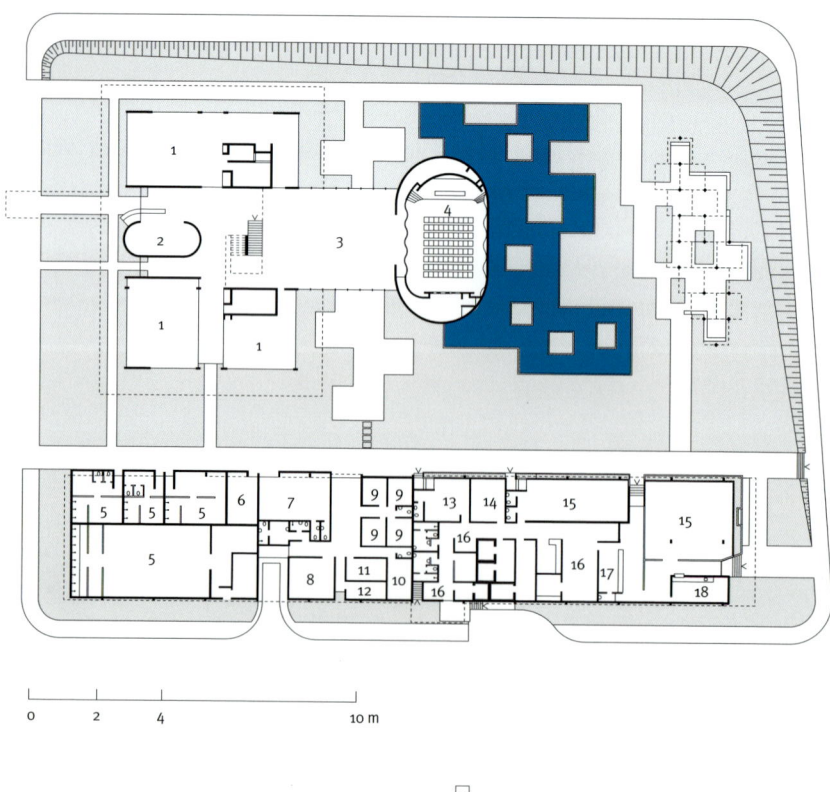

1. escritório
2. portaria
3. atrium
4. auditório
5. vestiários
6. pessoal
7. banco
8. enfermaria
9. consultórios
10. consultório odontológico
11. exames
12. farmácia
13. sala vip
14. despensa
15. refeitório
16. cozinha
17. distribuição
18. copa de lavagem

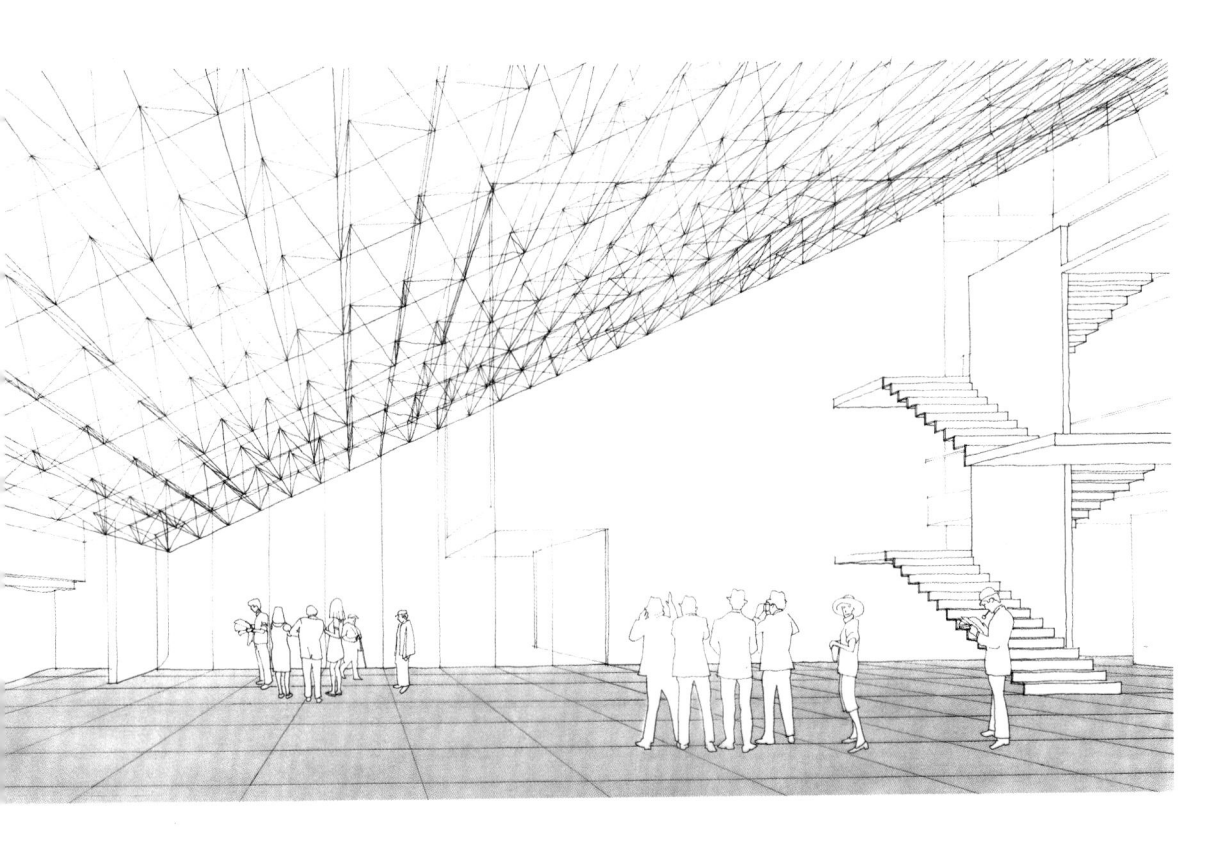

E a qualidade da arquitetura quem dá é o arquiteto. Com um bom contrato na mão eu armaria uma equipe em uma semana. Quando os alemães me pediram para projetar as quinze estações em seis meses, eu era sozinho, mas uma vez autorizado a contratar, juntei – em menos de dez dias – uma equipe de ótimos arquitetos, projetistas e desenhistas. Acabei ganhando a parada – minha proposta para o projeto global, incluindo detalhamento e fiscalização, foi aprovada.

Quando fui chamado para estudar o novo restaurante da usina de Saramenha, perto de Ouro Preto, viajei até lá para dar um parecer sobre a possibilidade de aumentar o existente ou construir um novo. No avião, o coordenador da Alcan, um engenheiro nissei muito eficiente, me contou que antes eles tomavam preço de alguns arquitetos para os projetos da companhia, mas que agora haviam resolvido não procurar outros, que a ordem era: aparece projeto, chama o Marcello Fragelli!

Fiquei eufórico com aquela conquista tão conveniente, depois da interrupção do plano de expansão da Piraquê, que havia me garantido trabalho por quase trinta anos.

CENTRO ADMINISTRATIVO DA ALCAN
À esquerda, implantação e planta do pavimento térreo; corte esquemático
À direita, perspectiva do átrio

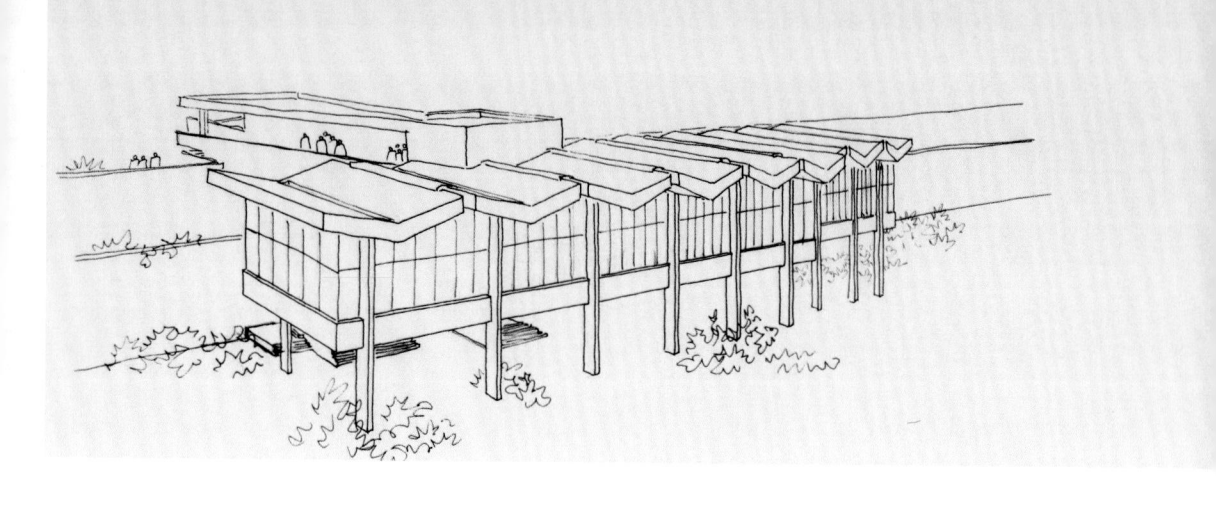

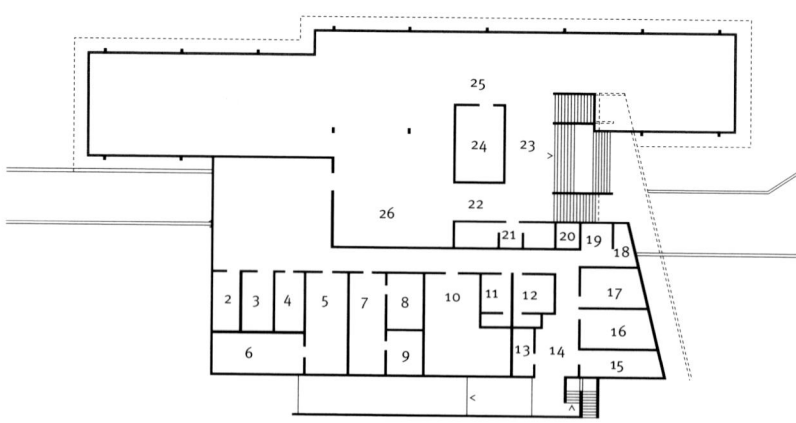

1. setor cocção
2. lavagem panelas
3. confeitaria
4. c. f. laticínios
5. c. f. vegetais
6. legumeria climatizada
7. açougue climatizado
8. c. f. carnes
9. c. f. congelados
10. despensa
11. escritório da empresa
12. escritório da concessionária
13. c. f. lixo
14. doca
15. copa de café
16. vestiário feminino
17. vestiário masculino
18. pré-higienização de vegetais
19. serviço
20. deposito de material de limpeza (estoque)
21. sanitários do refeitório
22. módulos para bandejas / talheres
23. café
24. copa de lavagem
25. refeitório
26. distribuição

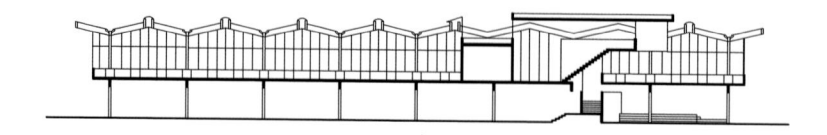

OPÇÃO C

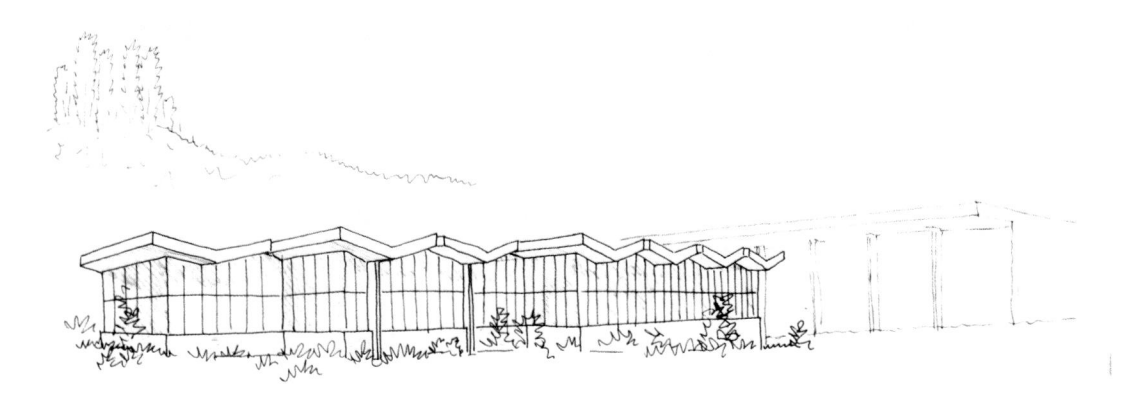

DOIS TEATROS   Além de suas qualidades arquitetônicas e acústicas, o teatro do prédio da Promon fez muito sucesso pelo conforto excepcional de ter a garagem um pavimento abaixo, sempre com vagas à noite e de acesso absolutamente seguro.

Rendeu-me também duas encomendas de projeto.

Uma foi trazida por Yolanda Borghoff, amiga envolvida com movimentos culturais em São José dos Campos, que me indicou ao prefeito para transformar um cinema da prefeitura em sala de concertos. A outra foi a encomenda de um teatro para seiscentos lugares, em Campo Grande, patrocinado pela Federação das Indústrias – o presidente de lá pediu ao presidente da federação daqui a indicação de um arquiteto. Este falou da sala da Promon e indicou o meu nome. Pelo sobrenome ele procurou meus primos de lá, que lhe deram os números do telefone.

Ambos os projetos me empolgaram, principalmente o teatro de Campo Grande, um programa fascinante! Para as propostas procurei novamente o Aldo Calvo e o Igor Sresnewsky.

Quando os clientes já haviam aceitado, tomou posse o novo governo federal, em 1990, bloqueando o dinheiro em bancos. No dia seguinte à posse, ambos me telefonaram cancelando os projetos.

Pouco depois, os projetos da Alcan foram interrompidos e adiados *sine die*.

Com muita pena, tive que dispensar o último colaborador, a colega Maria Cristina André Campos. Em troca, recebi Álvaro Macedo, amigo que chegou do Rio, à procura de trabalho, trazendo como bagagem o seu computador e o fascinante editor de texto… deste texto.[27]

RESTAURANTE DA ALCAN, Ouro Preto MG, 1990
À esquerda, perspectiva externa; planta; corte
À direita, perspectiva externa

27   Entre 1988 e 1994, Marcello Fragelli ainda manteve escritório próprio em São Paulo, onde contou com a colaboração dos arquitetos Angelo Bucci, Alexandre Cafcalas, Beatriz Pimenta Corrêa, Jaqueline Vieira, José Guilherme de Silos Margara, Juan Gadea, Marcelo Morettin e Paulus Magnus. Em março de 1994, devido a problemas de saúde, afastou-se das atividades profissionais como autônomo e aposentou-se na FAU USP.

Marcello Fragelli
na plataforma da
estação Armênia,
c. 1999

POSFÁCIO Por diversas mãos

Em 1996, dois de nós – Eliana Tachibana e Mita Ito – decidimos pleitear uma bolsa de iniciação científica à Fundação de Amparo à Pesquisa do Estado de São Paulo (Fapesp), sob a orientação do professor Abrahão Sanovicz, com a finalidade de estudar e catalogar a obra de um arquiteto que tivesse seu acervo de trabalho depositado na Biblioteca da FAU USP. Entre os diversos arquitetos constantes na lista, selecionamos Marcello Fragelli por sugestão de Márcio Bariani, que já conhecia e admirava sua obra.

Diante da impossibilidade de estudarmos a totalidade de uma obra tão extensa, adotamos como critério de seleção de projetos sua localização em São Paulo. Ao visitá-los, fomos conhecendo pouco a pouco a rica produção de Marcello Fragelli, e a cada passo que dávamos, mais ficávamos cativados pelo trabalho do arquiteto e surpresos com quão grande parte de sua obra não era conhecida pela comunidade arquitetônica. Na ocasião, fomos recebidos gentilmente por proprietários de residências e pudemos conhecer algumas das lutas do arquiteto na defesa da integridade de seus projetos, muitas delas travadas com os próprios clientes.

Para a redação do relatório final da pesquisa, em 1998, realizamos uma entrevista com o arquiteto. Foi o primeiro contato direto com Marcello Fragelli, que desde 1994 encontrava-se afastado da atividade profissional por motivos de saúde. Ele nos contou diversas histórias sobre as obras pesquisadas e nos acompanhou em visitas a algumas delas. Soubemos, então, que pretendia publicar um livro de memórias. O texto estava pronto e seu amigo e colega Álvaro de Macedo estaria preparando uma versão final. Afirmamos na ocasião que era imprescindível a publicação do livro para que sua trajetória profissional pudesse ser divulgada de maneira mais ampla.

Três anos depois, na falta de qualquer notícia sobre a publicação do livro, procuramos o arquiteto para saber como andava o projeto e, ao constatarmos que pouco ou nada havia sido feito desde então, propusemos ajudar de alguma forma. Para nossa surpresa, Fragelli nos passou a tarefa de organizar o texto, pois seu amigo não pôde realizá-lo em função de outros compromissos. Aceitamos o encargo com muito entusiasmo – e um pouco de apreensão diante da enorme responsabilidade –, iniciando o trabalho no segundo semestre de 2001.

O texto, escrito entre o final dos anos 1980 e 1994, encontrava-se fragmentado em tópicos diversos, com várias versões de cada um. Nossa primeira tarefa foi a de ler todo o material, separá-lo por assuntos e montar uma só versão de cada um deles. Somente no final deste texto-base surgiu a ideia de o livro ser também ilustrado com projetos e obras.

Iniciamos o processo de pesquisa consultando e analisando todo o material existente no arquivo da FAU USP, o que resultou em uma pré-seleção dos projetos que poderiam ser publicados. Nesse período, assim como em toda a fase de produção posterior, contamos com o apoio entusiasmado de Neusa Kazue Habe, Rosilene Lefone Garcia e Maria Iracema da Silva Ferreira, da equipe do Setor de Projetos da Biblioteca da FAU USP.

O contato direto com as fontes nos deu uma visão mais clara da carreira de Fragelli e pudemos então estruturar o texto de maneira coerente e cronológica, além de hierarquizar as passagens que poderiam ser ou não publicadas em função de sua ligação com os projetos pré-selecionados. Foi constante nesse período o contato com o arquiteto – com o qual discutimos a evolução do seu trabalho – e com sua esposa, Maria Amalia, que nos ajudou na complementação de lacunas e na revisão de dados do texto.

Durante o processo, apesar da confiança na qualidade do material que tínhamos em mãos, éramos acometidos por dúvidas sobre se um livro de memórias – e não somente de projetos – seria recebido com interesse por arquitetos e estudantes. Consultamos diversos amigos e colegas, expondo parte do trabalho, mas a opinião decisiva veio do professor e arquiteto Lúcio Gomes Machado, que nos incentivou a seguir na direção tomada.

Em meados de 2006, com um boneco do livro em mãos, propusemos o projeto do livro para Abilio Guerra e Silvana Romano, da Romano Guerra Editora, que assumiram desde então a coordenação de todo o processo de trabalho. O conceito original da edição foi reordenado com a inclusão de ensaios fotográficos inéditos de Nelson Kon e a seguir foi realizado o projeto cultural graças às participações de Mariah Villas Boas e Gabriela Pileggi, da VB Oficina de Projetos, que ficaram responsáveis pelos trâmites junto ao Ministério da Cultura para obtenção do Pronac, regulamentado pela Lei Rouanet.

Em 2008, nós e a Romano Guerra Editora fomos recebidos por Celso Colombo e seus dois filhos, Celso Colombo Filho e Sergio Colombo, proprietários da Indústria Piraquê, para os quais Marcello Fragelli projetou a maior parte do conglomerado industrial no Rio de Janeiro e suas casas particulares. Logo a seguir, a mesma equipe foi recebida por Paulo Fragelli, da Promon Engenharia, empresa na qual o arquiteto trabalhou boa parte de sua carreira. O enorme respeito que Marcello Fragelli merece até hoje destes amigos e antigos clientes explica a recepção carinhosa que merecemos e o apoio irrestrito que deram à publicação na forma de patrocínio.

Durante o processo de produção, a pesquisa realizada anteriormente ganhou outra dimensão. A presença de Cristina Fino e Maria Claudia Mattos foi fundamental para a reestruturação de praticamente todo o texto. Durante este processo minucioso e demorado, foram novamente verificados todos os nomes citados e diversos dos fatos narrados, solucionando-se problemas de grafias, de incongruências factuais e de estilo narrativo. Na confirmação de nomes, datas e fatos, foi essencial a entusiasmada ajuda do arquiteto Sergio Rocha, do Rio de Janeiro, e dos arquitetos Álvaro de Macedo, Flávio Marcondes, Flávio Pastore, João Batista Martinez Corrêa, Luiz Gonzaga Camargo, Marcos Pelaes, Silvio Heilbut e Vasco de Mello, todos da equipe original do projeto do metrô de São Paulo. Esta parte do trabalho – dirigida por Cristina Fino e que contou com a participação ativa de Maria Amalia Fragelli – foi responsável pela confecção do índice onomástico e se concretizou com a competente preparação e revisão de texto de Regina Stocklen.

Também foi necessária uma pesquisa iconográfica complementar e retornamos ao acervo da biblioteca da FAU USP, tanto para a preparação e seleção final do material a ser fotografado, como para a busca de informações complementares, momento em que se reiterou a irrestrita colaboração das bibliotecárias da instituição, inclusive na confecção da ficha catalográfica, a cargo de Dina Uliana e Letícia de Almeida Sampaio. O registro fotográfico do material levantado foi feito por Bruno Borovac, assistente do fotógrafo Nelson Kon, o que possibilitou a formidável documentação presente ao longo deste livro – com arquivos digitais tratados por Jorge Bastos – e serviu de base para os desenhos em CAD, realizados pela equipe formada pelos arquitetos Alessandro Muzi e Camila Raghi, com a consultoria da arquiteta Ivana Barossi Garcia.

Em busca de imagens até então desconhecidas ou não encontradas, a pesquisa ganhou a participação ativa da equipe da editora, tornando possível fechar lacunas diversas graças à ajuda inestimável de diversos personagens. Do Rio de Janeiro, colaboraram Georgina Staneck, Anna Naldi e Maria Luiza Silva de Sousa, bibliotecárias da Fundação Biblioteca Nacional; Elizabete Rodrigues de Campos Martins, professora e coordenadora do Núcleo de Pesquisa e Documentação da FAU UFRJ; Márcio Roberto, arquiteto titular da M. Roberto Arquitetos; Maria Elisa Costa, arquiteta e coordenadora da Casa de Lucio Costa; e Sergio Rocha, arquiteto e antigo amigo de Fragelli. De São Paulo, contamos com a gentileza do casal Silvana e José Carlos de Mendonça, dos fotógrafos Ana Ottoni, Cristiano Mascaro e, de forma muito especial, José Moscardi Jr.

Na produção dos ensaios fotográficos de Nelson Kon foi necessária também a colaboração de diversas pessoas. Nas sessões realizadas no Rio de Janeiro, contamos com a fundamental participação de Celso Colombo Filho – que nos franqueou as dependências de sua indústria e de sua própria casa, além de disponibilizar um helicóptero para as fotos aéreas – e de Jorge Mesquita e Vinícius Magalhães, funcionários da Piraquê em Madureira que ciceronearam a equipe de fotografia. Em São Paulo, já com a colaboração do assistente de fotografia Bruno Borovac, as sessões fotográficas contaram com a efetiva ajuda de Eliane Odone, Renato Viégas, Marcello Borg, Lui Carolina Tanaka, Leonardo Fernandes de Aguiar, Maria Amalia Fragelli e Marcello Fragelli.

O design gráfico avançou muito em relação ao boneco de 2006 e virou realidade na gráfica Pancrom, onde contamos com apoio constante das equipes comercial e técnica, além da ajuda extra no acompanhamento de impressão de Jorge Bastos.

Um livro deste porte só é viável quando realizado por diversas mãos. Como se viu na descrição acima, foram muitos os que trabalharam na concretização deste livro e a eles – mesmo àqueles que por imperdoável esquecimento estejam dali ausentes – devemos nosso enorme agradecimento. Mas são dois os personagens que merecem nossa especial gratidão: Maria Amalia Fragelli, por sua paciência e dedicação nas leituras e revisões do texto; e Marcello Fragelli – autor da história aqui narrada e da obra que tanto nos inspira e comove – pelo apoio e confiança em nosso trabalho.

Eliana Tachibana, Márcio Bariani e Mita Ito

ÍNDICE ONOMÁSTICO

Os números de páginas em itálico referem-se às legendas das imagens

Aalto, Alvar, 415
Accioly de Sá, Paulo, 43, 44
Accioly, José Pompeu, 28, 38
Accioly, Yolanda de Alencar, 28, *28*, *30*
Aertsens, Michel, 18, 80, 199
Alencar, Lourdes de, 79
Alencar, Tellina de, 28
Almeida Pinto, José de, 418
Almeida, Eduardo de, 346
Andrade e Silva, Hermínio, 28
André Campos, Maria Cristina, 439
Angelo (família Fragelli), *27*
Anievas, Agustin, 94
Antonio (família Fragelli), *27*
Antunes Ribeiro, Paulo, 47, 49, 50, 78, 81
Asbun, Pepe, 201
Assmann, Plínio, 302-305
Atala, Fuad, 108
Azevedo Junior, Rubens de, 377
Baddini, Dinah, 117n
Badura-Skoda, Paul, 79n
Bahia, Luiz Alberto, 108
Bandeira, Manuel, 79
Bardi, Lina Bo, 346
Barros Sawaya, Silvio de, 240
Barros, Adhemar de, 54
Bastos, Paulo, 213, 214, 302, 346, 417
Bernardes, Sérgio, 79, 81
Blickle, Rainer Hartmut, 404, 414, 416
Blond Gomez, Luis Antonio, 316
Bologna, Francisco, 132
Bomfim Júnior, Léo, 343, 344, 356, 400
Bonaparte, Jerônimo, 98
Borghoff, Yolanda, 439
Borromini, Francesco, 83
Boschi, Antônio Marcos, 241n
Braga, Rubem, 79
Branco, Aluísio, 108
Bratke, Oswaldo, 58
Breuer, Marcel, 100, 415
Brito e Silva, Manoel, *218*, *219*
Bross, Hans, 346
Bross, João Carlos, 212, 213
Bucci, Angelo, 439n
Burle Marx, Roberto, 38, 72, 80, *177*, *180*, *181*, 282, 351, 355, 356, *355-357*, *374*, 404, *409*, *414*
Cafcalas, Alexandre, 439n
Calcagni, Angelo, *27*
Calcagni, Palmira, *27*
Calvo, Aldo, 377, 439
Campello, Marcello Graça Couto, 32, 40, *40*, 91, 92
Campofiorito, Ítalo, 55, 63
Cândia, Salvador, 214, 346, 417
Cardoso da Silva, Jair, 241n
Carvalho Franco, Roberto, 343
Castello Branco, Humberto de Alencar, 188
Castro Mello, Ícaro de, 48, 82, 95, 100, 121, 137
Cauduro, João Carlos, 296, 297, 299
Cavalcanti, Temístocles, 29
Ceccon, Claudius, 188
Ceppas, Antônio, 84
Cerqueira César, Roberto, 95, 100
Cezimbra, Márcio, 225, 226, 319, 337
Cocteau, Jean, 298
Coelho e Melo, Gil Mendes, 240
Colombo, Celso, 157, *158*, *159*, 172, 173, 184, 324, 337, 400
Colombo, Sergio, *160*
Colombo Filho, Celso, *6*, *7*, *161-171*
Corona, Eduardo, 48, 213, 214
Costa, Edmundo de, *71-73*
Costa, Lucio, 26, 28, 30, 55, 338
Costa, Maria Elisa, *22*, *23*, 55, *55*
Cristófani, Telésforo, 199, 213, 214, 346, 417
Cuppoloni (família), 121, 132, 134, 137
Cuppoloni, João Rossi, 120-122, 130-132, 134
Denon, Francisco, 241n
Derenzi, Luiz Carlos, 136
Dias, Antônio, 46
D'Orsi, Ernesto, 394-397
Dorsa Garcia, Rogério Antonio, 240
Engert, Ellida, 45, 46, 51, 95, 96, 99
Faria Lima, José Vicente, 224, 230
Fernandes, Almir, 18
Fernandes, Marlene, 18
Fernandes, Millôr, 188
Ferreira, Ney, 189, 192
Ferreira Chaves, Arnaldo Grandmasson, *40*
Fleury de Oliveira, José Luiz, 19, 189, 214, 346
Forte, Miguel, 213, 417
Fragelli, Augusto (Guto), 94
Fragelli, Beatriz (Bibi), 94
Fragelli, Carlos, 70, 266
Fragelli, Gilda, *30*
Fragelli, José, 26, *27*
Fragelli, José (Zeca), 141-144, *143*, *144*
Fragelli, Lourdes, 141, 144, 145, *143*, *144*
Fragelli, Marcello Accioly, 21, 30, 36, 40, 80, 94, *136*, *284*, *285*, *305*, *414*, *440*
Fragelli, Roberto, *30*
Fragelli, Rodrigo (Guigo), 94, 123
Fragelli, Sebastião, 26, *27*, *28*, 134, 136
Fragelli, Teresa, 26, *27*
Fragoso Pires (família), 102, 203
Fragoso Pires, Ana Lucia, 107
Fragoso Pires, Tasso, 101, 104, 106, 107, *102-107*, 194, 199, 209
Franco, Mário, 249, 286
Frascino, Tito Livio, 239, 305, *305*, 316, 416, 418
Gadea, Juan, 439n
Galvão, Raimundo, 339, 341
Garcia Rosa, Ary, 47, 78, 80, 81, 95, 96, 100, 119
Garcia Rosa, Gilda, 95
Giedion, Sigfried, 46
Gilioli Vasco de Mello, Ubirajara, 239, 272, 289, 293, 304, 305, *305*, 346, 416, 418
Giovanni, mestre, 103-105, 107
Gregori, José, *390-393*, 421
Gregório, mestre, 203-206
Gropius, Walter, 415
Guedes, Joaquim, 19, 346
Guimarães Rosa, João, 95
Heep, Franz, 213
Heilbut, Silvio John, 239, 240, 287, 304, 305, *305*, 314, 435
Henriques Toledo, Aldary, 81
Hori, Tetsuro, 302
Jaeger, Karl-Heinz, 225-227, 230-232, 234, 235, 237, 238, 243
Jenks, Charles, 415
Johansen, John, 100
Johnson, Philip, 80, 81, 96-100, 145, 309
Jucá, Rivaldo L., 21
Junqueira, Carlos, 122, 137, 153, 200, 205, 308
Junqueira, Cecília, 122, 153, 205
Kajino, Takehiko, 241n
Kneese de Mello, Eduardo, 48
Konder Netto, Marcos, 81, 117, 119, 188
Kubler, Jean, 63
Kubrusly, Jorge, 24
Lacerda, Carlos, 111, 123
Lacorte, Orlando, 37
Lasdun, Denys, 248
Le Corbusier [Charles-Edouard Jeanneret], 38, 55, 415
Le Nôtre, André, 38
Lemos, Carlos, 247, 312
Lenghiel (engenheiro húngaro), 288
Levi, Rino, 338, 343
Levy (família), 319, *319-323*, 432
Levy, Herbert, 320, 322, 323
Levy, Maria Stella, 189, 320
Levy, Nelson, 322, 323
Levy, Wally, 322
Lippi Rodrigues, Ivan, 122
Lobo Carneiro, Fernando, 66
Luiz (família Fragelli), *27*
Macedo Neto, Álvaro de, 18, 19, 239, 253, 304, 305, *305*, 439
Machado, Edgard, 315, 317, 318
Mäckel, Carl, 226, 234, 238
Magalhães, Thomaz, 153, 224
Magnus, Paulus, 439n
Maitrejean, Jon, 346
Makray, Tamas, 122, 137, 153-156, 224, 225, 308, 319, 357, 365, 377
Mansart, François, 38

Marcondes, Flávio, 97, 239, 252, 291, 304, 305, *305*, 314, 418
Marinho Rego, Flávio, 81, 117, 349
Mariquinha (família Fragelli), *27*
Maron, Günter, 243, 245, 291-293
Martinelli, Dante, 138, 140
Martinez Corrêa, João Batista (João Bom), 239, 267, 278, 279, 291, 299, 304, 305, *305*, 314
Martino, Arnaldo, 346
Martino, Ludovico, 296, 298, 299
Mascaro, Cristiano, 416
Massao Kawano, João, 241n
Mastrobuono Rodrigues, Wilson, 241n
Matarazzo, Ciccillo, 82
Maurício, Jayme, 108
Mello Parlato, Fausto dos, 241n
Melo Saraiva, Pedro Paulo de, 346
Memória, Archimedes, 35, 111
Mendes da Rocha, Paulo, 136, 137, 346
Menescal, Ricardo, 37, 199
Mercadante, Ernani, 240, 272, 287, 304, 305, *305*
Mies van der Rohe, Ludwig, 65, 80, 96-100, 309, 338, 415
Milano, Carla, 19
Mindlin, Henrique, 78, 80-84, 97
Moholy-Nagy, László, 96
Moholy-Nagy, Sibyl, 96, 98, 99
Moniz Sodré Bittencourt, Niomar, 115, 137
Monteiro Coimbra, Arthur (Bubi), 51, *51*, 52, *52*
Montesano, Dario, 20
Moreira, Jorge Machado, 28, 32, 47, 78-80, 82, 84, 95, 96
Moreira, Pina [Giuseppina Pirro], 32, 82, 95, 137
Morettin, Marcelo, 439n
Moscardi, José, 18, 199, 207
Neutra, Dionne, 83, 84
Neutra, Richard, 82-84, 113, 415
Nicolau (família Fragelli), *27*
Niemeyer, Oscar, 26, 28, 38, 44, 50, 68, 78, 83, 84, 113, 136, 235, 415
Noguchi, Isamu, 98
Nogueira Batista, Maurício, 79, 108
Noschese, José, 189, 192
Noschese, Josefina, 189-192
Oda, Rioji, 241n
Oliveira Camargo, Luiz Gonzaga de (Gonga), 239, 288, 304, 305, *305*, 314, 354
Oliveira Guimarães Filho, Cyro de, 226
Oliveira Penna, família, 421
Oliveira, Coleta de, 347
Oliveira, Fernando Albino de, 347, 351, 353, 355, 356
Olympio, José, 120
Ono, Haruyoshi, 282, 351, 404
Ortenblad Filho, Rodolpho, 214
Ottoni, David, 214, 346, 417
Ottoni, Dácio Araújo Benedicto, 346

Ozolins, Helena, 374
Pacheco Jordão, Vera, 120
Paço Filho, Amadeu, *195-198*
Padilha, Orlando Meirelles, 32, *40*
Paesani, Alfredo, 213, 214
Parkin, John Cresswell, 101
Pastore, Flávio Raphael Soares, 206, 240, 287, 288, 304, 305, *305*
Pei, I. M., 155
Pelaes, Marcos Antônio Busto, 240, 305, *305*
Penderecki, Krzysztof, 434
Penteado, Fábio, 19, 137, 157, 172, 213, 214, 405
Peregrino Junior, 29
Pereira Martins, Cândida, *145-147*
Pereira Martins, Etalívio, 145, 146, 147, 148, 151, 321
Pereira Martins, José, *145-147*
Perret, Auguste, 65, 242
Pfeiffer, Hugo, 293
Pileggi, Sérgio, 346
Pilon, Jacques, 97
Pimenta Corrêa, Beatriz, 439n
Pinheiro, Therezinha de Jesus Estelita, *40*
Pirro, Giuseppina. Ver, Moreira, Pina
Pompeu Pinheiro, Gerson, 28, 32
Portinho, Carmen, 82, 115, 137
Poussin, Nicolas, 98
Prestes Maia, Francisco, 224
Prochnik, Wit Olaf, 81, 95, 96, 99
Quadros, Jânio, 54, 123
Queiroz e Silva, Luiz Arnaldo, 240, 289, 305, *305*
Queiroz, Júlio Cesar, 153, 155, 156, 308, 345
Queiroz, Plínio, 376
Queiroz, Rachel de, 79
Ramírez Vásquez, Pedro, 199
Rebouças, Diógenes, 48
Reidy, Affonso Eduardo, 26, 28, 29, 38, 46, 49, 78, 80, 82, 94, 113, 137, 309, 415
Rennó, Gil, 200, 201, 203-206, *202-207*, 225
Rennó, Léia, 200, 201, 203, 205, 206
Rennó, Nina, 200
Ribeiro, Roberto José Vilar, 32, 40, *40*, 120, 121
Ribeiro de Almeida, José Carlos Isnard, 213, 418
Ribeiro do Valle, Vilma, *40*
Richardson, Henry Hobson, 338
Richetti, João, 137, 138, 140
Righetto, Renato, 25, 31
Roark, Howard, 46
Roberto, Marcelo, 28, 45, 49, 50, 80
Roberto, Maurício, 32, 45, 49-53, 78-80, 108, 111, 188
Roberto, Milton, 45, 46, 47, 48, 49, 50
Rocha (marceneiro), 52, 58, 59
Rocha, Sergio Augusto, 24, 25, 31, 39, 40, *40*, *44*, 91, 92, 94, 95, 101, 116, 117, 119
Rodrigo, Armando Lasarco, 136, 191, 199
Romano, Guilherme, *56*, *57*, *124*, *125*

Rossetto, Patrícia, 418
Rossetto, Paulo, 418
Rossi, Agnelo, 130, 131, 134
Rossi, Humberto, 418, 435
Rubin, Marc, 214
Sá Lessa, Francisco de, 84
Saarinen, Eero, 154
Saihara, Kazuyuki, 241n
Saldanha, Augusto, 92, *92*, *93*, 94
Saldanha, Maria Amalia Camossa, *94*, 95, 194, 205, *414*
Sancovski, Israel, 302, 346
Sanovicz, Abrahão, 346
Santos, Maria Therezinha, *40*
Schubert, Franz, 101
Sert, Josep Lluis, 415
Siffert, Carlos, 419
Siffert, Irene, 419
Silos Margara, José Guilherme de, 439n
Silveira, Flavio Léo Azeredo da, *80*, 82, 95, 119, 137
Soares, Paulo César (Baco), 240
Sodré, Antônio Cândido, *75*
Souza e Silva, Paulo Sérgio de, 312, 314
Sresnewsky, Igor, 377, 439
Stockhausen, Karlheinz, 434
Sued, Maurício, 31, 32, 39, 40, *40*, 44, 52, 58, 63, 91, 92, 122, 374
Sullivan, Louis, 338
Sumner, Anne Marie, 19
Tamaki, Teru, 20, 416, 418
Tange, Kenzo, 81
Teixeira Soares, Pedro, 120
Teixeira Soares, Vera, 120
Toscano, João Walter, 346
Utimura, Jorge, 304, 305, 357
Vallandro Keating, Luiz Antônio, 240, *242*, 305, *305*, 345
Vasconcellos, Sylvio de, 48
Veiga de Paula, Aloysio, 137
Venturi, Robert Charles, 415
Verônica (secretária), 243
Vicente (família Fragelli), *27*
Vieira, Jaqueline, 439n
Vilanova Artigas, João Batista, 48, 199, 200, 338, 405
Vital Brazil, Álvaro, 19
Wenzel, Friedrich, 230-233, 235-238, 254, 255, 266
Wiener, Paul Lester, 96
Wilheim, Jorge, 301
Wissenbach, Vicente, 416
Wright, Frank Lloyd, 46, 309, 337-339, 405, 415
Xavier da Silveira, Noêmio, 302
Xavier, Alberto, 343, 344
Zagottis, Décio, 343
Zamboni, Ernesto, 416
Zettel, Jayme, 63
Zevi, Bruno, 46, 97
Zimbres, Paulo, 301

QUARENTA ANOS DE PRANCHETA
MARCELLO FRAGELLI

PESQUISA
Eliana Tachibana, Márcio Bariani
e Mita Ito

COORDENAÇÃO EDITORIAL
Abilio Guerra, Silvana Romano
Santos e Cristina Fino

ENSAIOS FOTOGRÁFICOS
Nelson Kon

ASSESSORIA CULTURAL
VB Oficina de Projetos Ltda
Mariah Villas Boas e Gabriela Pileggi

DESENHOS
Alessandro Muzi e Camila Raghi;
Ivana Barossi Garcia (consultoria)

FOTOS DE ESTÚDIO
Bruno Borovac

TRATAMENTO DE IMAGENS
Jorge Bastos

PREPARAÇÃO DE TEXTO
Maria Claudia Mattos, Eliana
Tachibana, Márcio Bariani e Mita Ito

ÍNDICE ONOMÁSTICO
Maria Claudia Mattos

REVISÃO DE TEXTO
Regina Stocklen

PROJETO GRÁFICO E DIAGRAMAÇÃO
Eliana Tachibana

PRODUÇÃO GRÁFICA
Jorge Bastos

GRÁFICA
Pancrom

PATROCINADORES
Piraquê e Promon

CRÉDITOS DE IMAGENS
FOTÓGRAFOS
Ana Ottoni – p. 440

Beto Felício – p. 400, 401, 402, 404

Cristiano Mascaro – p. 406, 407, 408, 409, 410-411, 412-413, 413

José Moscardi – p. 2, 134, 135, 148, 149, 151, 152, 204, 205, 206, 207, 237, 238, 239, 240, 241, 243, 246, 247, 266, 267, 268 (2ª), 269, 270, 271, 272, 278, 279, 286, 287, 289, 290, 293, 319, 320, 321, 322, 323, 324, 325, 336, 343, 344, 348, 350, 355, 356, 362, 375, 391, 392, 393, 394, 396, 397

Michel Aertsens – p. 52, 59, 60, 64, 66, 67, 72, 73, 76, 77, 85, 86, 87, 88-89, 104, 105, 106, 107

Nelson Kon – p. 4-5, 6-7, 8-9, 10-11, 12-13, 158, 159, 160, 162, 163, 164-165, 166, 167, 168, 169, 170-171, 172, 174, 175, 176-177, 178, 179, 180-181, 182-183, 253, 256, 257, 258, 259, 260, 261, 262, 263, 264-265, 326, 327, 328, 329, 330, 331, 332, 333, 334-335, 366, 367, 368, 369, 370, 371, 372-373, 378, 379, 380-381, 382, 383, 384-385, 385, 386-387, 388, 389, 422, 423, 424-425, 426, 427, 428-429, 430, 431

ACERVOS
Biblioteca FAU USP – p. 56-57, 65, 69, 71, 88, 89, 102, 103, 106 (3ª), 124, 125, 126, 126-127, 127, 128-129, 130, 131, 133, 139, 140, 143, 144, 145, 146, 147, 153, 190, 191, 192, 195, 196-197, 198, 203, 208, 209, 210, 211, 212, 215, 216-217, 217, 218, 218-219, 219, 220, 221, 306-307, 310-311 (2ª), 312, 316, 340, 358, 359, 360, 360-361, 361, 394-395, 395, 398-399, 419, 420, 421, 435, 437, 438 (1ª), 439

Condomínio São Luiz – p. 364, 365, 374, 376

Fundação Biblioteca Nacional, Brasil – p. 110, 112, 114

Maria Amalia Fragelli – p. 93, 94, 414

Maria Elisa Costa – p. 22-23, 55

Marcello Accioly Fragelli – p. 24-25, 27, 28, 30, 36, 39, 44, 80, 132, 136, 173, 242, 255, 268 (1ª), 282, 284-285, 305, 309, 313, 336 (1ª), 343, 345, 346, 417

Núcleo de Pesquisa e Documentação, FAU UFRJ, Brasil – p. 51, 52

Sergio Augusto Rocha – p. 40, 91, 92, 116, 117, 118, 119

PUBLICAÇÕES
Acrópole – p. 63 (n. 246, abr. 1959, p. 214-5), 75 (n. 227, set. 1957, p. 402-6), 76 (n. 236, nov. 1961, p. 400)

Arquitetura – p. 186-187 (n. 16, out. 1963, p. 20-1)

Companhia do Metropolitano de São Paulo/ Hochtief, Deconsult, Montreal. *O metrô de São Paulo – Sistema integrado de transporte rápido coletivo da cidade de São Paulo*. São Paulo, Companhia do Metropolitano de São Paulo, 1968 – p. 222-223, 254-255, 273, 274, 275, 276, 277, 280, 281, 295

Folha de S. Paulo – p. 250 (8 out. 1967, p. 20, 1º caderno)

O Estado de S.Paulo – p. 251 (31 dez. 1967, p. 21)

PERSPECTIVAS ARTÍSTICAS
Quando identificados os autores, seus nomes são citados nas legendas. As demais são de autores desconhecidos ou do próprio arquiteto Marcello Fragelli

DESENHOS NOVOS
Redesenhos – p. 150, 160, 161, 202, 227, 233, 270-271, 283, 299, 310-311, 317, 352, 363, 388, 389, 390, 403, 414, 436, 438

A reprodução ou duplicação integral ou parcial desta obra sem autorização expressa do autor e dos editores se configura como apropriação indevida dos direitos intelectuais e patrimoniais do autor.
© Marcello Fragelli
Direitos para esta edição
Romano Guerra Editora
Rua General Jardim 645 conj. 31 – Vila Buarque – 01223-011 São Paulo SP Brasil
Tel: (11) 3255.9535 / 3255.9560
rg@romanoguerra.com.br
www.romanoguerra.com.br
Printed in Brazil 2009
Foi feito o depósito legal

Fragelli, Marcello Accioly
    Marcello Fragelli: quarenta anos de prancheta / Marcello Fragelli - - São Paulo : Romano Guerra Editora, 2010.
    448 p. : il.

ISBN: 978-85-88585-18-8

1. Arquitetos 2. Autobiografias 3. Arquitetura Moderna (Brasil) I.Título

CDD 720.92

Serviço de Biblioteca e Informação da Faculdade de Arquitetura e Urbanismo da USP